JN440954

드론이 지배한 21세기 참호전

러시아-우크라이나 전쟁, 2년의 궤적

드론이 지배한

러시아-우크라이나 전쟁, 2년의 궤적

21세기 참호전

정병주 지음

한울
아카데미

차례

저자의 글

"익숙한 미래의 전쟁이었습니다."

원고를 마무리할 즈음, 러시아-우크라이나 전쟁을 단 한마디로 정의해 보라고 한다면 뭐라 해야 할지 많은 고민 끝에 준비했던 대답이다. 원래 이 전쟁에 대해 수백 장의 원고를 준비하고는 있었으나 책까지 내리라고는 예상하지 못했다. 그런데 집필 동기는 의외로 너무나 갑자기 찾아왔다.

2021년 12월 말, 연말연시 분위기 속에서 필자도 장삼이사와 같은 마음으로 지인들과 술자리에서 여러 가지 주제를 이야기하고 있었다. 주변의 지인들은 필자가 정치학을 전공하고 전쟁에 관심이 많음을 알고 있었기에 "러시아가 진짜로 전쟁을 일으킬까?"라고 넌지시 묻는 경우가 많았다. "설마 푸틴이 아무리 그래도 전쟁까지야 하겠어?"라고 추임새를 넣는 친구도 있었고, "러시아가 마음만 먹으면 우크라이나는 일주일 내에 끝날걸?" 하면서 마치 전장에 갔다 온 것처럼 전쟁 스토리를 읊는 지인도 있었다.

"푸틴은 100% 우크라이나를 침공할 거야"

지인들에게 던진 나의 대답이었다. 2021년 연말부터 2022년 2월 초까지는 TV 뉴스나 유튜브와 같은 소셜 미디어에서 전면전 가능성은 크지 않다는 내용이 주류였던 시기였다. 그러나 나의 관점에서 푸틴의 우크라이나 침공은 시기와 규모의 문제였을 뿐 가부의 문제는 아니었다. 물론 미래를 100% 예측할 수 있는 방법은 없다. 그러나 푸틴의 우크라이나 침공을 100%라고 확신한 것은 미래에 대한 예측이 아니라 과거에 대한 복기에서 나왔다.

푸틴의 과거를 추적하면 얼마나 오랫동안 이 전쟁을 마음속에 담아 왔는지 알 수 있다. 푸틴은 1990년 냉전 말기에 동독 드레스덴 주재 KGB 요원으로 활동하면서 소련 붕괴를 현장에서 직접 체험했는데, “나는 소련이 어떻게 유럽에서 지위를 상실했는지 쓰디쓴 기억을 안고 모스크바로 돌아왔다”라고 할 만큼 서유럽 세력 확대에 대한 트라우마가 생겼다. 또한 1990년 크렘린궁에서 열린 고르바초프 소련 대통령과 베이커 미 국무장관의 회담을 지켜보면서 “독일이 통일되더라도 나토군은 동쪽으로 단 1인치도 움직이지 않을 것”이라고 한 베이커 장관의 말에 속았다는 분노를 가슴에 품었다.

21세기 새 밀레니엄으로 들뜬 분위기에도 신생 러시아의 미래는 밝지 못했다. 옐친 대통령의 실정으로 위대했던 제국은 IMF에 모라토리엄까지 선언하며 국가부도의 위기에 내몰렸고, 북해를 호령하던 무적의 전략잠수함들도 유지비를 댈 수 없어서 하나씩 고철로 분해되고, 항공모함은 해상 공원으로 팔려 나갔다. 소련과 순망치한(脣亡齒寒)이라던 동구권 국가들은 구소련 공화국에서 독립해 도미노처럼 NATO에 가입했고, 러시아는 말 그대로 알몸으로 시베리아에 나앉은 형국이었다. 이러한 상황을 목도한 푸틴은 1999년 대통령에 당선되자마자 위대한 러시아의 재건을 유일무이한 목표로 삼았다. 푸틴 대통령이 거듭 연장된 임기를 거치며 행했던 모든 정책은 결국 위대한 러시아를 재건하기 위한 과정이었고, 그 최종 방점은 러시아-벨라루스-우크라이나를 하나의 제국으로 묶어 EU와 NATO의 동진을 막고 패권국의 위상을 되찾는 것이었다. 체첸전쟁(1999), 남오세티야 전쟁(2008), 크름반도 합병(2014), 돈바스 전쟁(2014), 시리아 내전(2015) 등 무수한 전쟁과 분쟁에 개입한 것은 결국 우크라이나를 점령하기 위한 사전 코스였다. 푸틴 대통령이 우크라이나 특별군사작전을 하달하는 것은 시기의 문제였을 뿐 피하거나 멈출 수 있는 선택의 문제는 아니었다.

“아마 최소한 3년은 싸울 것 같은데?”

이는 전쟁이 언제 끝날지에 대한 나의 일관된 답이었다. 지인들은 나에게 애당초 누가 이길지는 물어보지도 않았다. 러시아의 승리는 변수가 아니라 상수였다. 2022년 2월 24일 푸틴의 특별군사작전으로 본격적인 전쟁이 발발하자 어김없이 지인들 간의 대화가 이어졌다. “핵을 안 떨어뜨려도 러시아가 밀어붙이면 몇 주 안에 전쟁이 끝나겠지.” “우크라이나가 NATO도 아니고, 미군이 못 들어가니까 러시아가 금방 이기겠지.” 많은 미디어의 예측도 이와 유사했다. 그런데 이 책의 출간을 앞둔 시점(2024년 12월)에도 여전히 전쟁은 진행형이다. 대부분의 예측이 틀렸던 것이다.

이번에도 필자는 미래를 예측한 것이 아니다. 또 과거를 복기해 보았고, 그 결론은 항상 같았다. ‘이 전쟁은 장기전이 확실하며, 승자와 패자의 구분 없이 치명적인 피해를 낼 것이다.’ 그런데 왜 많은 이들과 미디어는 러시아의 조기 승리를 예상했을까? 간단히 말하자면, 러시아 연방군과 푸틴의 이미지는 마치 밈(meme)처럼 불굴의 군대와 지도자로 각인되어 있었다. 그러나 푸틴과 러시아 연방군의 지난 20여 년간의 궤적을 되돌아보면 러시아의 군사력에 너무나 많은 모순이 있음을 알게 되며, 그 모순의 단편들을 한데 모으면 러시아군이 현대(미래)전에서 제대로 된 전투력을 발휘할 수 없다는 결론에 도달한다.

이 책은 단편으로 흩어져 있던 러시아 군사력의 실체를 하나의 퍼즐로 완성하는 과정처럼 구성되었다. 현대(미래)전에서 가장 중요한 ISRTA(정찰감시와 표적획득), 새로운 무기체계와 검증된 과거의 전술의 조합, 보급과 지원의 중요성, 그리고 지휘와 편제로 나누어 ‘예상을 벗어난 러시아군의 군사력’이라는 실체에 보다 근접하고자 했다. 이 책은 러시아-우크라이나 전쟁의 결말을 담고 있지는 않지만, 원래 집필의 의도가 러시아군의 군사력 실체를 연구하는 것이기에 종전 후 개정 증보판을 내거나, 연구를 더해 별도의 책으로 21세기의 전쟁 이야기를 담아내려 한다.

출간을 앞두고 필자를 도와준 모든 분들에게 감사를 드리지 않을 수 없다.

특히 가장 가까이에서 연구자의 길을 걸을 수 있도록 물심양면으로 도와준 가족이 없었다면 이 책은 빛을 볼 수 없었을 것이다. 베트남전 참전 용사이자 일평생 군에서 국가를 위해 헌신한 아버지께 가장 먼저 이 책을 드린다. 이 책이 나올 수 있도록 수년간 주마가편(走馬加鞭)을 해 주신 이근욱 교수님께 특별히 감사를 드린다. 그리고 학문적 지도와 도움을 주신 김영수 교수님, 하상응 교수님, 김영완 교수님, 이장욱 박사님께도 감사와 존경을 드린다. 학회 및 세미나를 통해 제 연구에 관심과 조언을 보내 주신 모든 교수님들과 전문 연구원님들, 그리고 대학원생들에게도 감사를 드린다.

끝으로 전쟁을 연구하는 사람으로써, 전쟁이 얼마나 많은 이들에게 고통을 주고 후세에 부담을 지우는지 너무나 잘 안다. 현재 진행 중인 러시아-우크라이나 전쟁, 이스라엘-하마스 전쟁이 즉시 멈추기를 바라며, 그 땅에 사는 모든 사람들의 안녕과 평화를 바란다.

2024년 12월 정병주

추천사

윤광웅(제39대 국방부 장관)

이 책은 이제까지 출간된 러시아-우크라이나 전쟁과 관련된 도서 중 군사력이라는 본질에 가장 근접한 책이라 단언할 수 있습니다. 정치의 최종적인 단계와 수단은 전쟁이라는 말이 있듯이, 러시아-우크라이나 전쟁은 결국 정치의 충돌이 만들어 낸 비극적인 결말이라는 형태로 이 세상에 큰 여파를 주고 있습니다. 저자는 이 책을 구성하면서 전쟁의 배경에 대해 역사적 흐름, 정치적 충돌 그리고 경제적 영향을 통시적으로 파악하여 러시아-우크라이나 전쟁을 포괄적으로 설명하고 있습니다. 그러나 무엇보다 이 책의 백미라 할 수 있는 부분은 미래전, 혹은 우리가 이미 경험하고 있는 현재의 전쟁에서 가장 중요한 군사력의 본질이 무엇인지를 예리한 통찰력으로 짚어 냈다는 점입니다.

이제까지 군사력을 다룬 많은 저서와 논문들은 주로 4차 군사혁명, 즉 인공지능과 최첨단 하이테크 무기에 집중하여 미래전을 그려 내는 것이 일반적이었습니다. 누가 더 많은 스텔스 전투기를 보유하느냐, 혹은 누가 더 많이 이지스 구축함이나 순항 미사일을 전력화하느냐가 미래전의 요결이라고 본 것입니다. 그러나 이 책은 그런 4차 군사혁명을 뛰어넘어 전통적인 군사력의 본질을 미래전(혹은 현대전)에 투영했다는 점에서 작가의 혜안이 돋보입니다. 저자는 누가 먼저 적을 보느냐, 누가 먼저 판단하느냐, 그리고 누가 먼저 이동하여 공격하느냐 하는 전쟁의 기본적인 3원칙을 다시 내세워 러시아-우크라이나 전쟁을 조망하고 있습니다. 특히 저자가 ISRTA, 즉 전장에서 정보를 수집하고 표적을 정하는 능력을 전쟁의 핵심요소로 보고 있다는 점은 놀랍도록 단순하지만 전쟁의 본질을 가장 잘 읽어 낸 것이라 하겠습니다.

이 책을 보면서 전쟁은 인공지능이 결정한다, 혹은 첨단 스텔스 무기가 중요하다는 지엽적인 논쟁을 떠나, 고대부터 현재 그리고 미래까지 이어지는 군사력의 핵심 "먼저 보고 판단하는 자가 전쟁의 승패를 결정한다"라는 원칙을 되새기지 않을 수 없습니다. 아울러 전쟁의 본질은 정치의 충돌이지만 전쟁의 과정은 군사력의 충돌 그 이상도 이하도 아니라는 점을 말씀드립니다. 이와 같은 시각에서 이 책은 러시아-우크라이나 전쟁을 한눈에 조망하는 레퍼런스가 될 것입니다.

이근욱(서강대학교 정치외교학과 교수)

"못 끝낼 텐데……." 첫 인상은 부정적이었습니다. 2019년 정병주 박사가 대학원 면접을 보았고, 저는 제한된 시간에 박사과정을 끝내기 어렵다고 판단하여 불합격으로 평가했습니다. 하지만 다른 심사위원들은 관련 분야에 대한 열정이 있기 때문에 충분히 끝낼 수 있다고 보았고, 정병주 박사는 2020년 2월에 입학해 3월부터 코로나19와 함께 박사과정을 시작했습니다. 정병주 박사의 군사문제에 대한 전문성은 온라인 수업에서도 빛을 발휘했습니다. 그때 저는 2019년 정병주 박사에 대한 제 평가가 편견이자 선입관이며 잘못된 예단이었음을 깨달았습니다.

2022년 2월 러시아가 우크라이나를 전면침공하면서, 정병주 박사의 군사문제에 대한 전문성은 더욱 돋보이게 되었습니다. 전쟁 자체는 끔찍한 일입니다. 러시아와 푸틴의 현상 변경 성향으로 지난 3년 동안 100만 명에 가까운 사람들이 죽거나 다치는 비극이 초래되었으며, 1991/1992년 냉전이 종식된 이후 30년 동안 유지되었던 동부 유럽의 안정이 파괴되었습니다. 그리고 저는 또다시 잘못 판단했습니다. 전면침공이 시작되기 직전까지 러시아가 군사력을 사용하지 않으리라 보았고, 단순히 위협한다고 생각했습니다. 하지만 정병주 박사는 훨씬 정확한 통찰력을 보여 주었습니다. 푸틴이 침공할 것이라고 예측했으며, 그 예측이 맞았습니다.

그리고 비극적인 전쟁이 생각하지도 못한 방향으로 진행되었습니다. 러시아는 물량과 수량에서 우위에 있음에도 불구하고 우크라이나를 제압하지 못했으며, 서유럽 국가들이 러시아(소련)에 대해 갖고 있는 "러시아 스팀롤러(Russian Steamroller)"의 이미지는 무너졌습니다. 전쟁이라는 현상을 객관적으로 분석하는 일은 고통스럽습니다. 하지만 이 과정에서 전쟁에 대한 이해가 증가하며, 군사력 사용에 대한 지식이 향상됩니다. 러시아의 우크라이나 전쟁 또한 예외는 아니었습니다.

정병주 박사는 "물량과 수량에서 우위에 있는 러시아가 왜 우크라이나를 쉽게 제압하지 못하는가?"에 대한 학술적 분석을 시도했습니다. 이른바 "4차 산업혁명" 기술에 의해 군사기술이 혁명적으로 변화하리라는 예측이 팽배한 가운데 정병주 박사는 기존 예측에 얽매이지 않고 러시아의 우크라이나 침공을 관찰했습니다. 인공지능과 드론이 미래 전장을 지배하리라는 예상은 실현되지 않았고, 오히려 고전적인 참호와 포격전이 러시아의 우크라이나 침공을 규정하게 되었습니다. 러시아와 우크라이나 양국의 전술역량은 개탄스러웠으며, 전장에서의 작용-반작용으로 개별 병력이 생존하기 위한 진화만 지속되었습니다. 정병주 박사의 통찰력은 이와 같이 복잡한 전장을 분석하는 데 빛을 발했습니다.

러시아는 ISRTA 능력이 부족했고, 첫 2년 동안 물량에서 우위를 선점했음에도 불구하고 침공의 정치적 목적을 달성하는 데 실패했습니다. 지상군 전술과 무기체계는 새로운 ISRTA 환경에 적응하지 못했고, 러시아가 목표를 정밀타격하지 못하고 목표물 근처에 무조건 화력을 집중하면서 보급문제는 더욱 악화되었습니다. 이것은 지금까지 러시아의 우크라이나 침공에 대한 분석에서 간과되었던 부분입니다.

지도교수 역할을 하면 가르치기보다는 더 많이 배웁니다. 이번에도 마찬가지였습니다. 이 과정에서 저의 판단이 잘못되었다는 사실을 알려 준, 그리고 러시아의 우크라이나 침공에 대해 탁월한 분석을 수행한 정병주 박사의 노력과 능력에 새삼 감탄했습니다. 정병주 박사님, 감사드립니다.

이억수(제26대 공군참모총장)

저자는 이번 러시아-우크라이나 전쟁에서 우크라이나군이 막대한 물량을 가진 러시아군을 상대로 선전한 개전 초기의 현상에 대해 단 하나의 명쾌한 답을 제시합니다. 그것은 바로 고대 병법에서도 강조되던 선견, 즉 적의 규모와 의도를 파악하는 능력이 가장 중요하다는 것입니다. 현대와 미래의 공군력에서는 물량 중심의 타격력보다 지능화되고 신속한 감시정찰 표적획득 능력이 중요해질 것입니다. 이 책은 러시아-우크라이나 전쟁을 포괄적으로 조망하면서 그 미래상을 활자로 그려 냈다는 점에서 의미가 있습니다.

김종환(제31대 합참의장)

이 책은 러시아-우크라이나 전쟁을 분석한 수많은 책들 중 전쟁의 본질에 가장 근접한 분석 틀을 제공합니다. 러시아 연방군이 어째서 그토록 낮은 전쟁수행능력을 보여 주는지에 대해 답하기 위해, 저자는 감시정찰 표적획득이라는 대전제를 구상하고, 첨단무기체계나 기술적인 접근 이외에도, 군의 기본이라 할 수 있는 지휘체계와 군수 그리고 지상군 전술이라는 기준을 세워 이 전쟁을 조망합니다. 또한 이 책은 한국군이 미래를 어떻게 구상해야 할지 기준점을 보여 줍니다.

장준규(제46대 육군참모총장, 예비역 육군대장)

2022년 러시아-우크라이나 전쟁은 그동안 대테러 전쟁이나 특수작전 중심에서 전선을 형성한 정규전 형태로 진행되고 있고 드론이라는 새로운 무기체계가 본격적으로 등장한 것이 특징입니다. 남북이 대치한 현실에서 북한이 장비와 물자, 그리고 병력까지 러시아에 지원함으로써 군사적 긴장이 높아지고 있는 현실 아래 이 전쟁을 연구하고 분석한 이 책은 군인뿐 아니라 모든 사람의 필독서가 되어야 합니다.

김현일(예비역 해군중장)

변화하는 전쟁의 양상을 살피고 대비하는 일은 국가안보를 위해 꼭 필요합니다. 러시아-우크라이나 전쟁은 UAV, USV가 주도하는 현대전의 실체를 살펴볼 수 있는 기회를 제공했습니다. 저자는 군사력을 중심으로 이 전쟁을 분석하고, ISRTA 능력이 전쟁의 승패와 전황을 결정하는 요소라고 주장합니다. 이 책이 무인체계가 핵심인 'AI 기반 유·무인 복합 전투체계' 건설을 추진하는 우리 군에 좋은 참고자료가 되리라 생각합니다. 또한 '전쟁 억제'와 '전승보장'에 관심 있는 분들에게 최신 전쟁 분석서로 이 책을 추천합니다.

러시아-우크라이나 전황 지도(2013, 2014, 2022, 2023년 변화 과정)

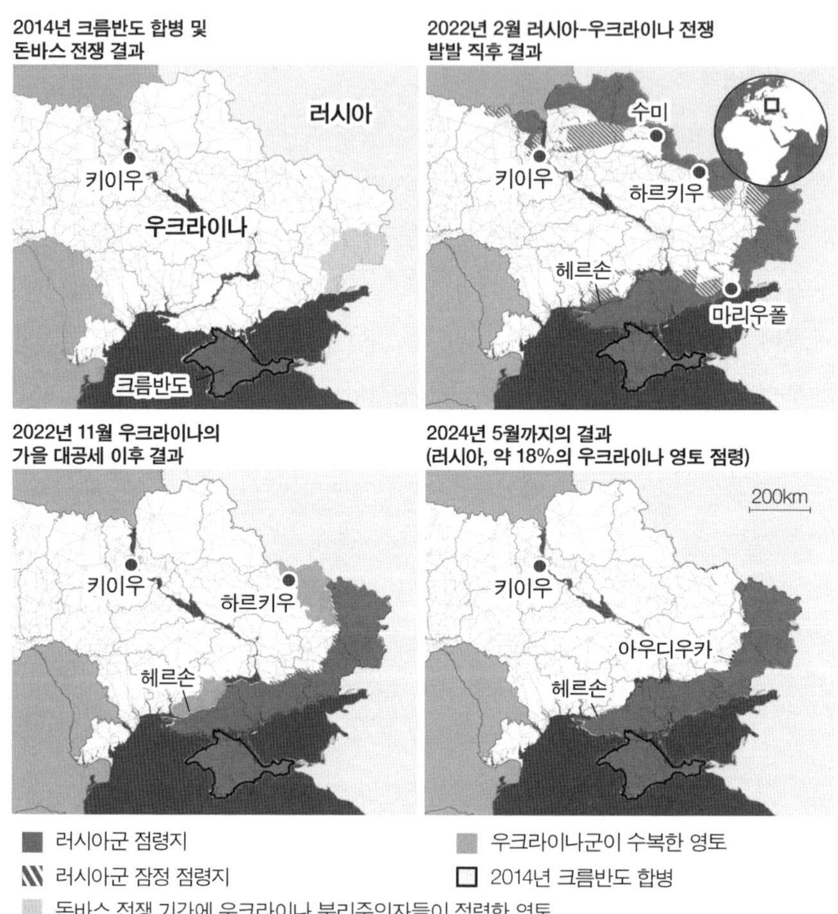

러시아-우크라이나 분쟁 연표

1. 크름반도 병합과 돈바스 전쟁

2014년

2월 18~20일: 키이우에서 '유로마이단' 시위가 격화되어 수십 명 사망

2월 21일: 우크라이나 대통령 빅토르 야누코비치, 파면 후 러시아로 망명

2월 27일: 친러 반군세력, 크름반도 주요 정부건물 점령

3월 18일: 러시아, 크름반도 병합 선언

4월 7일: 도네츠크와 루한스크주에서 분리주의 반군세력이 자치공화국 수립 선언

5월: 우크라이나 정부군과 반군 전투 격화

9월 5일: 민스크 I 협정 체결

10월: 교전 재개

2015년

2월 12일: 민스크 II 협정 체결, 정전과 철수 합의

4월 1일: EU, 러시아 제재 연장 결정

8월 24일: 우크라이나 독립기념일, 도네츠크에서 무력충돌 발생

10월 2일: 민스크 프로세스 지속을 위한 파리 회담

12월 1일: 우크라이나에서 우크라이나-NATO 연합훈련 실시

2016년

1월 1일: 우크라이나-EU 자유무역협정 발효

3월 14일: 우크라이나 정부군과 분리주의 세력 간 대규모 교전 발생

4월 27일: EU, 우크라이나에 경제지원 패키지 승인

5월: 도네츠크 교전 격화로 다수 사상자 발생

9월 21일: 도네츠크와 루한스크 지역의 휴전 및 병력 철수 합의

10월 4일: 러시아, 우크라이나에 대한 제재 연장 결정

12월 23일: 크리스마스 정전 협정 체결

2017년

1월: 아우디우카에서 교전 재개, 민간인 피해 발생

2월: 우크라이나 외무부, 돈바스 전쟁 3년간 사망자 1만 명 발표

3월 1일: 우크라이나 정부, 도네츠크 및 루한스크주에 경제 봉쇄조치

5월: 돈바스 교전 격화. 우크라이나, 러시아 소셜 미디어 금지

6월 19일: 미국, 우크라이나에 군사지원 승인

10월 18일: 우크라이나 의회, 동부 분쟁지역 특별자치법 연장

12월 25일: 크리스마스 휴전 협정

2018년

1월 18일: 우크라이나 의회, 동부지역 반테러작전 법안 승인

6월 1일: NATO-우크라이나, 군사협력 강화 발표

8월 7일: 우크라이나와 돈바스 분리주의 세력 간 교전 재개

11월: 우크라이나 정부, 러시아 남성의 입국 금지 및 계엄령 선포 임시회 개최

12월 24일: 크리스마스 정전 협정

2019년

4월 21일: 볼로디미르 젤렌스키, 우크라이나 대통령 당선

6월 3일: 우크라이나-NATO 합동군사훈련 개최

10월: 민스크 협정 이행을 위한 우크라이나 병력 철수 시작

12월 29일: 우크라이나와 분리주의 반군세력 간 포로 교환

2020년

3월 1일: 코로나19 확산으로 러시아-우크라이나에서 교전 감소

6월 15일: 우크라이나-NATO 협력 강화 합의

7월 22일: 휴전협정 개시

10월 8일: 젤렌스키 대통령, 크름반도 해방전략 발표

2021년

2월 2일: 우크라이나, 친러 방송국 차단

8월 23일: 우크라이나, 크름반도 반환을 위한 '크름 플랫폼' 국제회의 개최

9월 16일: 러시아-벨라루스 합동군사훈련

10월 26일: 우크라이나, 터키산 드론으로 친러 세력에 첫 장거리 타격

11월: 러시아, 전투병력 우크라이나 국경에 추가 배치

2. 러시아-우크라이나 전쟁 발발

2022년

2월 24일: 러시아, 우크라이나 전면침공 개시

3월: 러시아, 키이우 등 북부전선 공세 강화

4월: 우크라이나, 흑해함대 기함 모스크바 격침. 러시아, 부차 민간인 학살

5월 20일: 러시아, 남부 요충지 마리우폴 항구 점령

6월 30일: 러시아, 동부 요충지 리시찬스크 점령

7월: 우크라이나, 헤르손시 탈환작전 개시

8월 9일: 우크라이나, 크름반도 사키 공군기지 습격

9월: 우크라이나, 동부지역 탈환작전 개시

10월 8일: 우크라이나 특수부대의 크림대교 파괴 공작

11월 11일: 러시아, 헤르손 철수. 양군, 드니프로강 공방전 개시

2023년

1월 17일: 러시아, 도네츠크주 솔레다르 점령

2월: 영국 국방정보부, 러시아군 누적 사상자 20만 명으로 추정

3월 2일: 우크라이나, 러시아 영토 브란스크주 일부 침공

4월 27일: 우크라이나, 흑해 즈미이니섬 전투 개시

5월: 러시아, 바흐무트 점령. 우크라이나, 시베르스키도네츠강 전투 승리

6월 5일: 우크라이나 남부와 동부전선에서 대반격 실시

7월: 우크라이나, 남부 크린키 지역 점령

9월: 우크라이나, 미사일 및 드론으로 세바스토폴 대공습

2024년

1월: 북부전선 하르키우에서 북한제 KN-23 탄도미사일 사용

2월 17일: 러시아, 도네츠크주 아우디우카 점령

5월 10일: 러시아, 하르키우주 보우찬스크 침공

7월: 우크라이나, 러시아군 누적 사상자 55만 명으로 추정 (2022년 총 병력 110만 명의 절반)

8월 6일: 우크라이나, 러시아 영토 쿠르스크주 침공

주요 용어

A

A2/AD: Anti-Area Access Denial (반접근 지역거부)

ABCS: Army Battle Command System (육군 전투지휘 시스템)

AEW: Anti-Electronic Warfare (대전자전)

AEW&C: Airborne Early Warning & Control (공중조기경보 및 통제)

AFV: Armored Fighting Vehicle (장갑전투차량)

AGM: Air to Ground Missile (공대지 미사일)

ALB: Air Land Battle (공지전투)

APFSDS: Armor Piercing Fin Stablized Discard Sabot (철갑탄)

APC: Armoured Personnel Vehicle (장갑수송차량)

ASW: Anti-Submarine Warfare (대잠전)

AWACS: Airborne Warning and Control System (공중경보 및 통제체제)

B

BMD: Боевая машина десантная, БМД (공수전투차, 러시아제 공수장갑차의 약자)

BMP: Боевая Машина Пехоты, БМП (보병전투차, 러시아제 보병전투차의 약자)

BTG: Battalion Tactical Group (대대전술단)

C

C4ISR: Command, Control, Communications, Computers, Intelligence, Surveillance and Reconnaissance (지휘, 통제, 통신, 컴퓨터, 정보, 감시, 정찰체계)

CAS: Close Air Support (근접항공지원)

CIWS: Close In Weapons System (근접방어체계)

CTC: Combat Training Center (전투훈련센터)

E

ECM: Electronic Counter Measures (전자방해기술)

ECCM: Electronic Counter-Countermeasures (ECM 방어대책)

EW: Electronic Warfare (전자전)

F

FMS: Foreign Military Sales (대외군사판매)

G

GBU: Guided Bomb Unit (항공유도폭탄)

H

HARM: High Speed Anti-Radiation Missile (고속 대방사 유도탄)

HAWK: Homing All the Way Killer (호크 대공 미사일)

HEAT: High Explosive Anti Tank (대전차고폭탄)

HUMINT: HUMan INTelligence (인간정보)

HGV: Hypersonic Glide Vehicle (초음속 활공체)

HIMARS: High Mobility Artillery Rocket System (고기동포병로켓시스템)

I

ICE: Indices for Combat Effectiveness (전투효과지수)

IEW: Intelligence and Electronic Warfare (정보 및 전자전)

IFF: Identification Friend or Foe (적·아 식별)

INS: Inertial Navigation System (관성항법장치)

ISRTA: Intelligence Surveillance Reconnaissance Target Acquisition (감시정찰 표적획득 정보)

J

JAM: Jamming (전파방해)

JSTARS: Joint Surveillance and Target Attack Radar System (합동감시표적공격레이더체계)

JISR: Joint Intelligence, Surveillance and Reconnaissance (합동정보감시정찰)

JWS: Joint Weaponeering System (합동 무기체계 지수)

L

LAW: Light Antitank Weapon (경대전차화기)

LGB: Laser Guided Bomb (레이저 유도 폭탄)

LGM: Laser Guided Missile (레이저 유도 미사일)

LPD: Landing Platform Dock (도크형 수송 상륙함)

LRBM: Long Range Ballistic Missile (장거리 탄도미사일)

LSD: Landing Ship Dock (도크형 양륙함)

LST: Landing Ship Tanks (전차 상륙함)

M

MANPADS: Man-Portable Air-Defense System (휴대용 지대공 미사일 시스템)

MBT: Main Battle Tank (주력전차)

MDO: Multi-Domain Operations (다영역전투작전)

MEDEVAC: Medical Evacuation (의무후송)

MLRS: Mutiple Launch Rocket System (다연장로켓시스템)

MPI: Military Performance Index (전투효과지수)

N

NATO: North Atlantic Treaty Organization (북대서양조약기구)

NCO: Non-commissioned Officer (부사관)

NCPI: Naval Combat Power Indices (해군 전투력 지수)

NCW: Network Centric Warfare (네트워크 중심 전쟁)

NPT: Nuclear Non-Proliferation Treaty (핵확산금지조약)

O

OMG: Operational Maneuver Group (작전기동군)

P

PGM: Precision Guided Munition (정밀유도폭탄)

Q

QDR: Quadrennial Defense Review (4년 주기 국방검토보고서)

R

RMA: Revolution in Military Affairs (군사혁신)

RSOI: Reception, Staging, Onward movement and Intergration (수용, 대기, 전방이동 및 통합)

S

SALT: Strategic Arms Limitation Talk (전략무기제한협정)

SAM: Surface to Air Missile (지대공 미사일)

SEAD: Suppression of Enemy Air Defence (적 방공망 제압)

SSBN: Strategic Submarine Ballistic Nuclear (전략 핵추진 전략잠수함)

START: Strategic Arms Reduction Treaty (전략무기감축조약)

T

TA: Target Acquisition (표적획득)

TOW: Tube-launched, Optically-tracked, Wire-guided Missile (광학 유도 대전차 미사일)

U

UAV: Unmanned Aerial Vehicle (무인기)

UGV: Unmanned Ground Vehicle (무인지상차량)

USV: Unmanned Surface Vehicle (무인해상함정)

W

WEI: Weapon Effectiveness Index (무기효과지수)

WUV: Weighted Unit Value (무기체계 가중치)

주요 인물

러시아 측

1. **블라디미르 푸틴**(Vladimir Putin): 러시아 연방 대통령. 2014년 크름반도 합병과 2022년 우크라이나 침공을 지시했으며 2024년 기준으로 20년째 장기 집권 중.
2. **발레리 게라시모프**(Valery Gerasimov): 러시아군 총참모장이자 국방부 제1차관으로 현대 러시아군의 기본 군사전략을 수립했으며 2024년 기준으로 러시아군의 최고위 핵심인물.
3. **세르게이 쇼이구**(Sergei Shoigu): 우크라이나 침공 당시 러시아 국방장관이었으나 2024년 5월 이후 푸틴 대통령의 국가안전회의 서기로 영전했음.
4. **예브게니 프리고진**(Yevgeny Prigozhin): 푸틴 대통령의 최측근이자 민간 군사기업 바그너 그룹의 설립자. '푸틴의 요리사'라는 별명이 있으나 실제 요리사는 아니고 군납 급식업체 및 석유회사를 운영하는 기업인 출신. 우크라이나 전장 중 가장 중요한 요충지 중 하나인 바흐무트를 점령하는 데 1등 공신이었으나 전투 과정 중 바그너 그룹에 대한 차별적 대우에 불만을 품고 쿠데타를 시도했다가 암살 당함(2023.8.23).
5. **세르게이 수로비킨**(Sergey Surovikin): 러시아-우크라이나 전쟁 초기 러시아 연방군 부사령관. 항공우주군 사령관을 역임하고 체첸내전, 시리아 내전 등 다수 해외 전쟁에 참전 경험이 있는 보수 강경파. 우크라이나 대공세를 저지한 '수로비킨 라인'이라는 방어전술을 고안한 인물이지만 바그너 그룹의 쿠데타에 연루되어 해임.
6. **올레그 살류코프**(Oleg Salyukov): 2014년 크름반도 합병, 돈바스 전쟁, 2022년 러시아-우크라이나 전쟁 기간 동안 계속 지위를 유지하고 있는 러시아

육군 총사령관으로 쇼이구 및 게라시모프와 동갑. 러시아군 3대장 중 한 명.

7. **니콜라이 예브메노프**(Nikolai Yevmenov): 돈바스 전쟁, 러시아-우크라이나 전쟁 개전 당시 러시아 해군 총사령관이었으나 흑해함대 전투력의 3분의 1을 상실한 뒤 해군기지 방어 실패의 책임을 지고 2024년 3월 보직 해임.
8. **알렉산드르 주라블료프**(Aleksandr Zhuravlyov): 체첸전쟁 등 다양한 국지전에 참전하여 러시아 육군의 전술체계 확립에 기여했으나 러시아-우크라이나 전쟁 발발 후 돈바스 지역 작전 실패를 이유로 해임.
9. **이고르 오시포프**(Igor Osipov): 러시아 흑해함대 사령관이었으나 흑해함대 기함인 모스크바함의 격침, 세바스토폴 군항 공습 피해, 흑해지역 작전 실패 등으로 해임.
10. **세르게이 악쇼노프**(Sergey Aksyonov): 러시아 마피아 출신의 정치인으로 크름반도에서 반우크라이나 정권을 세워 크름반도를 러시아에 합병시킨 후 미승인 크름 자치공화국 총리가 됨.

우크라이나 측

1. **볼로디미르 젤렌스키**(Volodymyr Zelensky): 2019년 당선된 우크라이나 제6대 대통령. 희극배우 출신으로 개전 초기에는 군부를 완전히 장악하지 못했으나 NATO와 협력체계 구축, 정적이었던 포코셴코 전 대통령 포섭, 군 지휘부 교체 등으로 권력 장악에 성공.
2. **발레리 잘루즈니**(Valerii Zaluzhnyi): 2021년 7월부터 2024년 2월까지 우크라이나군 제2대 총사령관으로 재임. 전쟁 초기 기동방어전술로 러시아군의 침공을 저지하여 '강철의 장군'이라는 별명을 얻고 국민영웅이 됨. 2023년 여름 대공세 실패 및 젤렌스키 대통령과의 갈등으로 해임.
3. **올렉산드르 시르스키**(Олександр Сирський): 러시아 출신으로 2024년 2월부터 우크라이나군 제3대 총사령관으로 재임 중. 전쟁 초기 키이우 방어

전, 2022년 가을 대반격작전, 북부전선 방어전에서 승리함으로써 발레리 잘루즈니 총사령관 해임 이후 후임 총사령관이 됨. 병력 희생을 마다하지 않는 방어전술로 인해 '도살자'라는 별명이 있음.

4. **올렉시 네이즈파파**(Oleksiy Neizhpapa): 2020년부터 우크라이나 해군 총사령관으로 재임 중. 해군전력이 사실상 붕괴된 우크라이나 해군을 드론과 미사일 전력 중심으로 재편하고 크름반도 공습을 통해 흑해함대 전투력의 3분의 1을 파괴하는 데 성공.
5. **페트로 포로셴코**(Petro Poroshenko): 우크라이나 재벌 출신으로 제5대 대통령 역임. 2014년부터 2019년까지 재임 기간 중 친유럽 반러시아 정책을 견지했으나 돈바스 전쟁 대응 및 정부의 부정부패 개혁에 실패하면서 재선에 실패. 러시아-우크라이나 전쟁 발발 이후 젤렌스키 대통령과 '피신 없는 결사항전'을 공동선언하고 협력.
6. **빅토르 야누코비치**(Viktor Yanukovych): 2010년부터 2014년까지 집권한 우크라이나 제4대 대통령. 러시아계 우크라이나인으로 친러 정책을 펼쳤으나 경제위기, 정파 분열 등 국내 정치경제적 혼란을 초래하여 파면되고 러시아로 망명.
7. **올렉시 레즈니코우**(Oleksiy Reznikov): 2023년까지 우크라이나 국방부 장관으로 재임하면서 우크라이나에 F-16 전투기 등 서방제 무기 및 편제 도입을 주장. 이후 국방부 내부의 부패 스캔들에 책임을 지고 사임.
8. **이반 바카노프**(Ivan Bakanov): 젤렌스키 대통령과 죽마고우로 2022년 전쟁 초기 우크라이나 보안국(SBU) 수장이었으나 베네딕토바 검찰총장과 함께 러시아에 협력한 간첩 및 반역 혐의로 해임.
9. **드미트로 마르첸코**(Dmytro Marchenko): 2019년 방산비리로 처벌 받았으나, 2022년 개전과 함께 복귀하여 북부전선 미콜라이우 방어전투에서 성공하고 헤르손 반격작전에도 수훈을 세운 러시아 육군 소장. 2023년부터 우크

라이나군의 방어전술에 대해 비판적 입장을 견지.

10. **미콜라 올레슈크**(Mykola Oleshchuk): 2021년부터 2024년 8월까지 우크라이나 공군 사령관 재임. 우크라이나 방공시스템을 조직하는 데 노력했으나 서방으로부터 제공 받은 F-16 전투기 운용 실패의 책임을 지고 해임.

서론

너무나 많은 예상이 빗나간 우크라이나 전쟁

“우크라이나의 군사적 위협을 용인할 수 없으며, 돈바스 지역의 러시아인을 보호하기 위해 특별군사작전을 실시한다.”

러시아 연방 공화국 블라디미르 푸틴 대통령은 2022년 2월 24일 현지 시각 오전 5시 50분을 기해 우크라이나에 대한 사실상의 전면침공 명령을 하달했다. 특별군사작전 명령의 하달 즉시 우크라이나 수도 키이우에는 개전 첫날 장거리 순항 미사일의 공습이 가해졌으며, 수도 키이우뿐만 아니라 우크라이나 주요 도시 및 교통, 전력, 가스, 상수도 등을 포함한 기간시설 역시 러시아 연방군의 공습을 피할 수 없었다. 따라서 이날 푸틴 대통령의 특별군사작전 명령은 국지적인 군사작전이라기보다는 사실상 전면전을 개시한 선전포고라고 해도 과언이 아닐 것이다.

전 세계인의 이목을 집중시킨 만큼, 2002 러시아-우크라이나 전쟁에 대한 시각 또한 천차만별이다.[1)] 시각에 따라 러시아 연방 창건 이래 최초로 발생한 국가 간 전면전으로 규정할 수도 있을 것이며, 혹은 일종의 비정규전과 유사했던 2014년 돈바스 전쟁의 연장선으로 볼 수도 있을 것이다. 2022년 러시아-우크라이나 전쟁은 전쟁선포가 아니라, 푸틴 대통령이 국방부 장관에게 지시한 특별군사명령으로 시작되었기 때문에 이 전쟁이 국제법상 전면전인지 제한전인지는 명확하게 규정하기 어려운 측면이 존재한다.

이 전쟁이 정규전인지, 혹은 특수한 군사작전인지를 가리는 형식적인 측면에 대한 논의 외에도, 이 전쟁이 내포하는 내용 차원에 대한 논의도 다양하다. 이 전쟁에 대한 논의의 방향은 다양하지만, 이 책에서 중점적으로 다룰 분야는 정규전의 측면에서 본 러시아 연방군의 전쟁수행능력이다. 전쟁은 결국 국가 간 군사력의 충돌이 본질이다. 전쟁의 승리 확률을 높이거나 피해를 줄이기 위해 군사력을 증강시키고, 전쟁을 예방하기 위해 군사력을 통제하려 한다는 주장은 선험적으로 근거가 충분하기 때문에 전쟁을 분석함에 있어서 우선 군사력을 중심축으로 보는 것은 타당하다.

그러나 군사력 분석이 전쟁 분석에 중심이라고 하지만, 우크라이나 전쟁 초기에 드러난 다양한 언론 보도 및 연구 자료를 볼 때, 아직도 군사력을 병력의 규모나 무기의 비축양으로 측정하고, 인구·국토의 크기 및 자원의 규모로 전쟁의 향방을 예상하거나 분석하는 경향이 주류임을 어렵지 않게 알 수 있었다. 핵전력을 제외하더라도 러시아 연방군의 재래식 군사력이 압도적으로 우세하다고 예상되었기 때문에 러시아의 조기 승리가 확실시되기도 했다. 또한 우크라이나가 방어전을 더 효과적으로 수행할지라도 궁극적으로 전쟁에서 패하고 국토의 상당수를 상실하거나, 친러시아적 정부로 교체될 가능성이 높다고 보는 시각이 지배적이었다.

그러나 전면전이라는 판도라의 상자가 열리자마자 많은 이들의 예상, 즉 러시아 연방군의 신속한 결전, 압도적 전투, 조기 승리라는 초기의 예상은 대부분 빗나가기 시작했다. 개전 일주일 정도가 경과한 후 러시아 연방군의 공세는 거의 대부분의 전선에서 돈좌되기 시작했으며, 약 한 달 정도 후 돈바스 등 일부 전선에서만 러시아의 공세가 지속되면서 단기전으로 예상되었던 전쟁은 장기전의 늪에 빠져 버렸다. 오히려 개전 7개월 후에 우크라이나는 키이우-체르니히우(Chernihiv)-수미(Sumy)-하르키우(Kharkiv)를 수복하며, 러시아 연방군에게 감당하기 어려운 수준의 출혈을 강요하기도 했다.

이 모든 상황을 종합해 볼 때, 재래식 전력에서 압도적인 차이가 나는 러시아-우크라이나 양국 간의 전면전 양상은 당초 예상했던 것과 전혀 달랐다는 결론을 내릴 수밖에 없었다. 이 정도의 현실에 맞닿는다면, 당초 예측과 상반된 결과가 나온 이유가 무엇인지에 대한 의문이 들 수밖에 없는 게 자연스러운 의식의 흐름일 것이다. 우선 가장 먼저 떠오르는 질문은 '러시아 및 우크라이나에 대한 군사력 평가가 잘못된 것이 아닌가?'이다. 이러한 의문점은 바로 이 책을 집필하게 된 가장 직접적인 동기였다.

이와 같은 의문에 답하기 위하여 이 책에서는 2022년 러시아-우크라이나 전쟁의 정치 경제적 배경을 간략히 분석한 후, 전쟁 발발 이후 600일의 실제 전투와 전략을 중심으로 러시아 연방군 및 우크라이나군의 전쟁수행능력을 들여다보는 것을 주 내용으로 삼았다. 전쟁 발발 800일 이후지만, 어느 정도 검증 가능한 자료를 기반으로 집필하는 데는 600일 정도의 전황을 중심으로 삼는 것이 합리적이라고 판단했다. 추후 2022년에 시작된 러시아-우크라이나 전쟁이 종결되고, 보다 많은 자료가 도출된다면 개정판 통해 이 전쟁을 좀 더 포괄적으로 구성할 수도 있을 것이다. 이 책은 개전 직후부터 600일까지의 전황을 중점적으로 다루며, 그에 대한 자료는 전투에서 입증된 실제 사례를 기준으로 삼았다.

이 책에서 필자는 기존의 시각에서 탈피하여, 러시아-우크라이나의 전쟁 양상을 결정하는 데 가장 주요했다고 판단한 요소로써, 드론 등이 포함된 ISRTA(감시정찰 표적획득 정보)를 언급하고자 한다. ISRTA는 우크라이나 전장에서 실제 전황을 결정짓는 핵심적 원동력이었다. 또한 ISRTA에 영향을 주고받는 주요 요소로써, 지상군 무기 및 전술체계, 보급 및 전투지원체계, 그리고 편제 및 지휘 체계를 선정했고 이 요소들을 우크라이나 전장에서 러시아와 우크라이나의 군사력을 구분하는 결정적 전쟁 메커니즘이라 규정했다. 즉, ISRTA라는 원동력을 중심으로 각각의 세 가지 전쟁 메커니즘이 어떻게 상호작용했는지를 살펴봄으로써 2022년 러시아-우크라이나 전쟁을 포괄적으로 조망하고 분석하고자 했다.

이 책의 구성

이 책의 구성은 다음과 같다. 1부와 2부에서는 러시아-우크라이나 전쟁의 배경과 돈바스 전쟁을 간략하게 분석하고 왜 러시아와 우크라이나는 전쟁을 피할 수 없었는지를 살펴볼 것이다. 3부와 4부에는 전쟁 발발 이후 시간의 순서와 각 전선에서 벌어진 전투의 개괄적인 내용이 담겨 있는데 당초 많은 사람들이 예상했던 것보다 훨씬 길어진 이 전쟁을 보다 쉽게 이해할 수 있도록 전쟁의 흐름을 복기하는 구성으로 채웠다. 5부는 이 책에서 가장 중요하게 다룰, 전쟁 양상을 결정짓는 ISRTA가 중심이다. 러시아 연방군과 우크라이나군의 ISRTA 대비와 작전 운용의 차이를 비교할 것이다. 2022년 러시아-우크라이나 전쟁에서 ISRTA가 사실상 전쟁의 양상을 결정한 가장 중요한 군사력 요소임을 밝히고, ISRTA 능력의 차이가 러시아와 우크라이나의 전장에서 희비를 가르는 분기점이 되었음을 밝히고자 한다.

6~8부에서는 ISRTA와 연계된 실제 전장의 군사력 운용에 대해 다룬다. 여기서는 세 가지 전쟁 메커니즘으로 구분하는데, 그중 첫 번째는 지상전투의 무기 및 전술체계에 대한 내용이 중심이다. 이번 전쟁에서 부각된 지상군 전투의 특징은 과거와 달리, 실시간으로 변화하는 전장의 상황을 입수하고 분석하여 목표를 타격할 수 있는 ISRTA 능력의 차이가 지상작전의 승패에 결정적으로 작용하는 요소라는 관점을 담고 있다. 특히 2014 돈바스 전쟁 이후

개혁과 변화 대신 여전히 냉전형 무기체계와 전술에 의존한 러시아 연방군의 문제점뿐만 아니라, NATO(북대서양조약기구) 및 기타 지원국들로부터 신속하게 도입된 우크라이나군의 지상군 무기체계와 전술의 변화가 어떤 역할을 했는지 주요 전투 및 전황을 통해 기술한다. 대부분의 전선에 걸쳐 보다 우수한 ISRTA의 지원을 받은 우크라이나군의 무기체계와 전술이 양적으로 우위에 있는 러시아 연방군의 냉전형 무기체계와 전술에 비해 기동성, 정확성, 사거리 등에서 우위를 보임으로써 전황에 직접적인 영향을 미쳤음을 알 수 있다.

두 번째 전쟁 메커니즘으로서, 지속가능한 전쟁의 원동력이라고 할 수 있는 보급(군수)과 전투지원체계를 거론하고자 한다. 러시아-우크라이나 전쟁에서 초기 전황에는 명백하게 드러나지 않았으나, ISRTA의 우세 속에서 우크라이나의 방어 태세가 강화되고, 그 반대로 ISRTA의 부족으로 러시아 연방군의 공세가 둔화되면서 보급과 전투지원체계의 문제는 전쟁의 향방을 결정할 변수가 되었다. 러시아 연방군은 길어진 보급선과 부족한 운송수단의 한계에 봉착한 반면, 우크라이나군은 ISRTA의 지원으로 보급부대를 우회하여 타격하는 양상이 지배했다. 전쟁이 장기화되면서 보급은 더 이상 물자의 수송과 배분에 그치는 문제가 아니라 ISRTA와 연계되어 전투 양상을 결정하는 주요한 메커니즘이 된 것이다. 주요 전투 및 전황을 분석함으로써 러시아 연방군 및 우크라이나군이 ISRTA를 보급과 전투지원체계에 어떻게 활용했는지 그 차이를 비교할 것이다.

세 번째 전쟁 메커니즘으로서, 편제와 지휘체계에 관한 내용을 중점적으로 다룰 것이다. 돈바스 전쟁을 전후로 러시아 연방군이 확립한 새로운 편제인 BTG(대대전술단)과 우크라이나군의 NATO식 편제 전환을 비교하여 지상군의 편제와 지휘 및 전술체계의 차이점을 분석한다. 우크라이나군이 NATO군의 편제와 지휘체계를 받아들이면서, 특히 임무형 지휘체계를 ISRTA의 지원하에 전장에 적용하여 전쟁 초기의 전황에 어떤 영향을 미쳤는지 분석할 것이다. 이에 반해 러시아가 대표적으로 내세운 군사개혁 중 하나인 BTG는 냉전의 잔재에서 벗어나기 위하여 실시한 군사력 증강 정책이고, 몇 차례의 실전을 겪으면서 그 효과를 증명해 보였다. 그러나 이번 전쟁 전반에 걸친 미숙한 드론의 운용과 저열한 EW(전자전) 능력 같은 고질적인 ISRTA 운용력의 부족으로 인하여 결국 NATO의 전력을 지원 받은 우크라이나군의 편제와 지휘체계에 비해 비효율적이었다는 것을 사례 기반으로 다룰 것이다.

마지막 결론에서는 미래의 전쟁, 전쟁의 미래는 결국 전장을 잘 감시하고 재빨리 판단하여 표적을 획득하고 실제 전투부대에 유기적으로 통합할 수 있는 ISRTA가 결정한다는 점을 이야기할 것이다. 또한 개전 후 약 600일까지의 전황을 토대로 러시아-우크라이나 전쟁이 국제정치에 미치는 함의를 간략히 논해 보고자 한다.

우크라이나 전쟁에 대한 군사적 논의는 충분했을까?

2022년 러시아-우크라이나 전쟁은 국제정치 외에도 경제, 산업, 사회학 등 다양한 주제와 분석단위를 활용하여 연구할 수 있으나, 이 책을 쓰면서 가장 중점을 둔 사안은 바로 군사력 그 자체이다. 이제까지 여러 종류의 우크라이나 관련 서적이 출간되었으나, 대부분 국제정치학적·문화사회적·경제산업적 관점 등 매크로한 시각의 서적이 주류였다. 따라서 이 책을 통해 보다 미시적인 관점, 군사력이라는 주제에 한정하여 다루고 싶었다. 그러나 군사력이란 용어도 현대에 와서는 포괄적인 의미를 가지게 되었으므로 과연 군사력이라는 주제가 특정 연구자들만 접하는 미시적 주제인가에 대해서는 재고의 여지가 있다. 특히 요즘은 군사력을 구성하는 요소를 무기나 병력 말고도 경제력이나 산업의 고도화 등으로 확장할 수 있으며, 당장 러시아-우크라이나 전쟁처럼 천연가스나 밀의 생산과 수출이 전쟁의 원인과 어느 정도 연관되어 있는 경우라면 군사력의 평가 요소에 경제산업적 측면을 고려하는 포괄적 분석도 가능할 것이다. 그러나 이 책에서는 군사력을 분석하는 포괄적·거시적 접근법 대신, 전쟁의 실제 전투에 사용되는 전장의 군사력 요소를 중심으로 군사력 분석의 폭을 줄여 바라보고자 했다.

이 책에서는 전투기가 누가 더 많은가, 혹은 전차를 누가 더 많이 보유하고 있는가 하는 정량적 관점 대신, 질적 군사력 요소에 보다 더 큰 비중을 둔다. 대부분의 미디어에서 정량적 데이터를 주로 사용하는 데 대한 비판의 의도는 없다. 다시 말하지만, 정량적 데이터로 군사력을 분석하는 것은 무엇보다 객관성을 확보하고, (미디어) 소비자들의 이해도를 높이는 효과도 크기 때문이다. 그러나 정량적 데이터만으로는 군사력을 파악하는 데 한계가 있음이 이번 전쟁을 통해 드러났으며, 결국 눈에 보이지 않는 질적 군사력 변수를 고려해야만 한다는 것이 증명되었다. 그러한 관점에서 이 책에서는 질적인 요소로써 ISRTA 운용력을 중심으로 그에 영향을 받은 세 가지 전쟁 메커니즘을 꼽았다.

전쟁 전에 파악된 정량적 데이터만으로 전쟁을 온전히 파악하기 어렵다는 사실은 선험적으로 인지된 바 있다. 18세기에 클라우제비츠(Carl von Clausewitz)는 그의 저서 『전쟁론』에서 전쟁은 사전에 예측할 수 없는 불확실성과 전투 중 발생하는 예상 이외의 마찰로 승리의 확률이 크게 달라질 수 있다고 했다.[2)] 이를 현대에 적용하자면, 사전에 예측 가능한 요소 중 대표적인 것은 양적인 군사력으로써, 절대전쟁(pure war) 혹은 책상 위의 전쟁(war on the paper)이라고 규정한 개념에 속한다. 그러나 종이 위의 데이터를 현실전쟁(real war)에 옮겨 놓으면 드러나지 않은 불확실성과 마찰로 인해 전쟁의 승패가 바뀔 수 있으며, 클라우제비츠는 이를 전장의 안개로 표현했다. 이 책에서는 드론과 ISRTA를 통해 책상 위에 펼칠 수 없는 질적인 군사력을 좀 더 구체적으로 기술하고 싶었다.

결국 이 책을 관통하는 단 하나의 질문은 이것이다. "자원, 경제력, 영토, 인구 및 양적 군사력에서 압도적인 우위에 있는 러시아는 왜 2022 우크라이나 침공에서 예상과 달리 낮은 전쟁수행능력을 보여 주었는가?"

그들은 왜 틀렸을까?

책을 집필하는 시점인 2024년 10월에도 이 전쟁은 여전히 진행 중이고, 승패가 결정되지 않았으나 전쟁의 중요도 때문에 수많은 미디어 보도 및 연구가 이미 이루어졌거나 계속되고 있다. 그러나 전쟁이 장기화될수록 대부분의 전쟁 초기 시나리오 및 전황 분석은 틀렸다는 사실이 증명되었다. 심지어 2022년 2월 24일 직전까지도 러시아가 설마 전면전까지는 일으키지 않을 것이라는 예상이 지배적이었다.[3] [4] [5] 러시아가 2014년 크름반도 강제 병합으로 인한 서방의 경제제재로 NATO와 직접적인 충돌을 피하는 대외 정책을 유지할 가능성이 높다는 예측도 많았으나 이 역시 틀렸다.[6] 러시아가 NATO의 동진을 막기 위해 경고성으로 부대를 우크라이나 국경에 집결시키거나 대규모 훈련을 할 가능성은 높지만 전면전은 어렵다는 의견도 많았으나 이 또한 틀렸다.[7]

틀린 예측은 전쟁 발발 이후에도 끊이지 않았다. 2014년부터 지속되어 온 돈바스 전쟁을 마무리 짓는 차원에서 돈바스 지역 점령을 위한 제한전에 그칠 것이라는 예측도 있었으나 이는 빗나갔다.[8] 전쟁이 시작되어도 우크라이나 수도 키이우, 최대의 항구도시인 오데사 등에서 특수작전을 중심으로 우크라이나 정권을 붕괴시키는 정도로 끝날 것이라는 예측 또한 어긋났다.[9] 또한 우크라이나 지역은 11월부터 5월까지 나폴레옹과 히틀러조차 극복하지 못했던 라스푸티차(봄과 가을에 토양이 진흙탕으로 변하는 현상)가 맹위를 떨치는 시기이기에 전면전 대신 제한전이 이루어질 것이라는 예측도 틀렸다.

많은 전문가들은 러시아군이 스페츠나츠와 같은 특수부대를 이용하여 단기간에 키이우를 점령할 수 있을 것이라 예상했으며, 여러 매체들도 개전이 되자마자 압도적인 병력과 화력을 동원한 러시아군의 전격전을 예상했다.[10][11] 러시아군이 우크라이나 영공의 제공권을 완전히 장악할 것이며, 실전 경험이 풍부한 러시아군을 우크라이나가 막는 것은 거의 불가능하다는 전망을 내놓기도 했다.[12] 남오세티야 사례처럼 일주일 이내에 우크라이나 정부가 항복할 것이라는 예측도 난무했다.[13]

그러나 대대적인 공습과 수십만 명의 지상군 투입에도 불구하고 당초 예상되던 러시아군의 압도적인 우세는 없었다. 오히려 수주일 안에 끝난다는 전쟁은 개전 후 130일이 지나서는 거의 모든 전선에서 러시아군의 진격이 멈춘 상태였다. 그 대신 헤르손(Kherson), 바흐무트, 리만 등 전략적 요충지를 둘러싼 끔찍한 참호전이 격렬하게 진행되었다. 결국 2월 24일의 특별군사작전 명령은 예상과 달리 사실상 성공하지 못한 전쟁계획으로 귀결되었다.

당초 러시아 연방군의 우세를 예측한 분석이 많았던 이유는 재래식 군사력의 규모에서 구소련부터 유지되어 온 군사강국으로서의 후광효과가 남아 있었기 때문이다. 구소련 붕괴 이후 러시아의 국토와 영향력이 비록 축소되었다지만, 수천 발의 핵탄두와 1만 대를 넘는 전차전력이 유산처럼 남아 있었기에 연방 해체 이후에도 여전히 러시아는 세계 2위의 군사력을 가지고 있다는 암묵적인 전제 조건이 존재했다.[14] 그러나 그 세계 2위의 군사력은 정말 정밀하게 측정된 것일까?

2022년을 기준으로, 러시아군의 규모는 최소 85만 명[15]에서 최대 101만 명[16]으로 추산되는데 이는 구소련군이 최고조에 이르렀을 때 약 540만 명이었다는 점을 감안한다면 그 당시의 20%에도 못 미치는 전력이지만 여전히 러시아의 지상전력은 압도적인 것으로 인식되었다. 그 내면을 보자면 사실 러시아는 과거 소련처럼 서방에 비해 절대적 우위라기보다 상대적으로 우세한 수준이라고 해야 옳았다. 단적인 예로, 1960년대 말~1970년대 초에는 출산율이 약 2.5명이었으나 2010년대 이후에는 1.5명으로 급락한 상황이기 때문에 양적 우위를 유지하기가 어려워졌다.[17)][18)] 또한 소련 붕괴 후 여러 공화국이 러시아에서 독립하면서 구소련 시절에 가동되어 온 대규모 군수공업단지 중 상당수가 군수품 생산에 큰 차질을 빚고 있었다. 예를 들어, 최대의 전차생산공장인 하르키우 트랙터 공장은 우크라이나에 귀속되었으며, 탄도미사일을 제조하던 유즈마시 공장도 우크라이나의 국영기업이 되었고, 흑해함대의 기함인 모스크바함을 위시한 슬라바급 순양함을 건조한 콤무나라 조선소 역시 우크라이나의 미콜라이우에 위치해 있어서 러시아가 냉전시대와 같은 재래식 무기 대량생산체제로 복귀하기란 사실상 불가능에 가까웠다.

러시아 연방군이 우크라이나군에 대해 우세하리라는 기존 연구가 현실과 잘 맞지 않은 또 다른 이유는 수치로 계측되는 군사력 측정에서 약점이 존재

표 서론.1 2021년 기준 러시아와 우크라이나의 주요 전력 비교

	러시아	우크라이나
정규군	85만 명	20만 명
전차	12,420대	2,420대
장갑차	30,122대	12,303대
자주포	6,574문	1,067문
견인포	7,551문	2,040문
MLRS	3,391문	490문
공격헬기	544기	34기
전투기	772기	69기

자료: Global Firepower: 2022 Military Strength Ranking.

하기 때문이다. 이번 전쟁을 예시로 들면, 표 서론.1에서 보듯, 러시아와 우크라이나의 양적 군사력 차이가 명확해 보일 수도 있다. 특히 2014년 돈바스 전쟁 때와 달리, 75~85개 이상의 BTG를 대규모로 동원했기 때문에, 많은 연구자들이 돈바스 전쟁 때보다 더 확실한 러시아의 승리를 예상한 것도 무리도 아니다.

그러나 이처럼 단순 비교는 대부분 언론 보도나 개괄적인 학술자료의 참고용으로 많이 활용되며, 전문적인 군사력 측정 연구에는 잘 사용되지 않는다. 이미 수십 년 전부터 무기체계의 성능을 상대적으로 평가한 지수(기능지수)를 활용하는 방법도 제기되었고, 무기의 타격력과 방어효율을 통계적으로 산출하여 회귀분석을 통해 비교 분석하는 연구방법론—WEI(무기효과지수)/WUV(무기체계 가중치), JWS(합동 무기체계 지수), NCPI(해군 전투력 지수), ICE(전투효과지수)—도 존재한다. 현재는 이상의 지수 외에도 MPI(전투효과지수) 등 다양한 계량화 방법도 증가하고 있다. 이러한 양적 계량화 연구방법은 각국 혹은 각 부대가 보유한 무기체계와 보유량을 유형별로 수치화하여 일목요연하게 능력을 비교할 수 있기 때문에 널리 사용되고 있다. 이 방법에는 근본적인 한계가 존재한다. 각국이 적용하는 전술이나 지형적·기후적 요인, 물류·보급요소 등의 변수를 정확히 담아내기가 어려울 수도 있기 때문이다.

그러나 화력지수 및 단순 물량의 비교로 전투력을 모두 측정할 수는 없다. 예를 들어, 러시아와 우크라이나가 사용하는 구소련 전차 모델이 같은 T-72라 할지라도, 러시아의 화력지수가 더 높게 측정된 이유는 러시아 전차가 계속 개량되었기 때문이다. 여기에 더해, 단순 보유량을 비교했을 때, 전쟁 직전인 2021년 기준으로 우크라이나군은 T-72 638대를 보유하고 있었고 러시아 연방군은 T-72 2,030대를 보유하고 있었다.[19] 러시아가 화력지수도, 단순 물량도 3배 정도 많기 때문에 지상전투에서 러시아가 압도적일 것이라는 예측이 일반적이었다. 그러나 이번 전쟁에서 보듯, 물량과 성능으로 예측하기 어려운 요소, 즉 드론의 대량 투입, 포탄 보급 등으로 지상전의 양상과 그 결과는 예측을 아득히 벗어났다.

물론 전차끼리만전투를 하면 화력지수나 물량 비교의 방식이 틀리지 않을 것이다. 무기지수를 계량화해서 볼 때, 우크라이나군의 T-72 638대 가운데 절대다수인 500여 대는 현대화 개수가 완전히 적용되지 않은 구형 T-72M인 데 반해, 러시아군의 T-72는 모두 1990년대까지 현대화 개수가 완료된 T-72B/BM/BA, T-72B3, T-72B3M 등으로 구성되어 있다. 전력지수 방식 중 하나인 MPI 기준으로 T-72M은 56점인 데 반해, T-72BM는 94점으로 전혀 다른 세대의 전차라고 볼 수 있을 만큼의 격차를 보여 준다.[20] 그러나 과연 이번 전쟁에서 전차들만 맞붙은 전투가 얼마나 있었을까? 놀랍게도 양측에서 각각 10대 이상의 전차가 맞붙은 전차전은 단 한 번도 없었다. 이는 비단 전차뿐만 아니라 전투기, 공격기, 폭격기, 공격 헬리콥터, 보병전투차 등 거의 모든 전력 비교에서 예외 없이 나타난 현상이다. 계량화된 수치만으로 군사력을 비교하는 경우는 워게임이나 시뮬레이션상의 국지적 전투력 측정에서는 유효할 것이다. 그러나 다양한 변수, 즉 전술, 물류, 정비, 기후, 통신 등 수치화할 수 없는 요소들 때문에 실제 전황은 예측하기 어려운 것이다.

요약하자면, 단순 정량적 비교 혹은 보다 구체화된 계량 수치(무기지수)를 이용한 기존 연구들(양적 방법론)의 취약점은 다음과 같다. 첫째, 무기체계 혹은 군사력의 효과지수/기능지수와 같은 지수 산출에서 실제 전투력을 모두 반영하지 못하고, 연구자의 기준에 따라 변수가 통제될 수밖에 없으며, 이는 마치 통계를 이용한 양적 방법론에서 표본 추출 시 발생할 수 있는 문제점과 유사하다. 둘째, 아무리 객관적인 무기체계의 계량화 지수가 존재한다 하더라도, 드론, 전자전, 지휘통제, 보급 및 지원 체계가 복합적으로 작용되는 합동능력영역(Joint Capability Area) 중심의 현대전에서 개별 무기체계의 전력화 지수를 그대로 적용시키기 어렵다. 셋째, 각국의 계량화된 무기지수/전력지수는 계량화 자체가 불가능한 외생적 변수(exogenous variable)에 취약한 측면이 있다. 가장 대표적인 예로, 돈바스 전쟁에서는 존재하지 않았던 NATO군의 개입과 지원, 2019년부터 심화된 글로벌 반도체 수급 부족의 여파로 러시아의 첨단무기 생산이 저하되고 정비 효율이 악화된 점을 들 수 있다.

이처럼 군사력을 비교 평가하는 데 이제까지 자주 사용되던 방법 중 하나인 수치를 통한 계량화, 혹은 양적 방법론은, 2022년 러시아-우크라이나 전쟁과 같이 드론 등의 새로운 변수가 등장하거나 장기적인 전면전, 소모전에는 결과가 크게 다를 가능성이 매우 높아진다. 이러한 시각의 한계를 보완하기 위해서는 기존의 논의에서 간과하거나 혹은 고려되지 않은 별도의 군사력 요소들을 비교해야만 2022년 러시아-우크라이나 전쟁의 상황을 이해할 수 있을 것이다.

이 책에서 다룰 군사력과 러시아-우크라이나 전쟁의 개괄

이 책은 러시아-우크라이나 전쟁을 군사력 측면에서 주로 바라보겠다는 목표로 집필하기 시작했다. 하지만 군사력이라는 단어가 주는 운신의 폭이 너무나 넓기 때문에 군사력에 대한 언급을 서론에 넣지 않을 수 없다.

군사력이라는 요소는 비단 군사학에서만 다루는 주제라고 할 수 없다. 클라우제비츠가 주장한 대로, 국제사회에서 국가 간 분쟁이 발생할 경우 가장 최종적인 정치적 해결 수단이 군사력을 동원한 전쟁이라는 점에 대해서는 이견이 없을 것이다.[21] 군사력의 사용 목적을 달성하는 방법은 크게 두 가지인데, 첫째, 군사력을 과시하여 외교 협상에서 유리한 위치를 선점하거나 갈등의 상승을 막는 억제력을 발휘하는 것이며, 둘째는 적국에 직접적으로 가능한 한 큰 손실을 가하여 자국의 국가안보를 달성하는 타격력을 행사하는 것

이다.[22)]

첫 번째 군사력으로서의 억제(강압)는 자국이 원하지 않는 바를 적이 하지 못하도록 하는 것이다. 이는 전쟁 발발 직전까지 러시아가 주로 사용한 방법으로써, 대규모 군사훈련을 국경 근처에서 실시한다거나, 함대를 흑해 오데사 항구 인근에 배치한다거나, 정찰기를 NATO의 방공식별구역에 진입시키는 등의 압박 전략이다. 여기에는 재래식 전력에 그치지 않고 전술핵 지대지 미사일 훈련을 한다거나, 전술핵포탄을 발사할 수 있는 203mm 2S7M 말카 자주포[203mm 자주포는 1Kt 위력의 전술핵폭탄 3BV2 사제네트(саженец) 발사 가능]를 배치하는 등의[23)] 전술이 해당된다.

두 번째 군사력으로서의 타격(공격)은 적국의 병력이나 군사기지를 공격하는 대군사타격과 민간인 혹은 인프라 시설을 공격하는 대가치타격으로 나눌 수 있다. 특히 이번 전쟁에서 드론을 통한 대가치타격이 큰 이슈가 되었는데, 산업지대, 민간 에너지 및 전력 시설, 인구밀집지대를 공격하여 적의 항전 의지를 꺾는 주요한 전략으로 운용되었다.[24)] 이번 전쟁에서 리비우, 키이우, 오데사 등의 대도시 민간인 시설을 자폭형 드론으로 무차별 공습하는 대가치타격은 민간 피해를 최소화하려는 21세기 전쟁 흐름에 역행하기에 그 파급력이 더욱 컸다.

그러나 군사력을 억제력 vs. 타격력이라는 이분법적 방식으로 엄격하게 분류할 필요성은 점점 희박해지고 있다. 2020년 나고르노카라바흐 전쟁에서 드러났듯, 평시에 적국을 감시 혹은 정찰하던 드론이나 ISRTA의 능력은 억제뿐만 아니라 타격의 핵심요소로 동시에 작용했기 때문이다. 따라서 어떤 한 국가의 군사력의 목적이 타격인지, 혹은 억제인지 구분하는 것은 사실상 무의미하고, 결국 실제 전쟁이 발생한 이후에나 판별할 수 있다.

2022년 러시아-우크라이나 전쟁에서 두드러진 군사력 특징은, 전통적으로 육해공군으로 나누어진 군사력 분류가 크게 희석되고 있다는 점이다. 대표적인 사례로, 지상군 전력은 보병, 포병, 기갑 등의 전통적인 구분에서 탈피하여 드론 중심의 통합전력이 주목 받게 되었다. 해군력 또한 큰 변화를 보여주었다. 잠수함, 구축함 등의 함선 중심 군사력에서 벗어나, 해상 드론이 수중과 수상을 모두 장악하게 된 것이다. 변변한 전투함 한 척 없던 우크라이나 해군이 마구라 V 등의 다양한 드론을 이용하여 러시아 흑해함대를 가동 불능의 상태로 만들기도 했다. 드론이 전장을 지배하면서 기존의 군사력 비교 방법은 더 이상 설 자리를 잃었다.

결국 지난 세기까지 유효했던 군사력 기준이 더는 들어맞지 않게 되었다. 존 미어샤이머(John Mearsheimer)가 제시한 개념, 즉 군사력 가운데 핵무기나 육군력이 과거로부터 현대에 이르기까지 국력의 중요한 지표가 된다는 개념은 점차 희석될 수밖에 없는 상황이 된 것이다.[25] 해군의 경우도 마찬가지이다. 20세기까지는 해군의 함선을 통해 현시 효과를 바탕으로 평시에 제해권을 장악하고, 잠수함과 항공기를 통한 함선의 직접 공격으로 전시에 제해권을 획득하는 것이 일반적인 해군의 전략이었다. 알프레드 마한(A. Mahan)은 제해권을 담보하는 전통적인 해군 함대의 중요성을 역설했으며, 폴 케네디(Paul Kennedy)는 동북아시아를 포함한 태평양은 함대에 의한 제해권 경쟁을 통해 강대국들의 패권이 구현되는 지역이라고 주장했다.[26] 그러나 대규모 함대조차 드론을 상대해야 하는 시대가 되었다.

공군 또한 이 흐름을 벗어날 수 없게 되었다. 공중우세 혹은 제공권 확보 임무는 최신형 공중우세 전투기의 전유물이 아니라, 드론과 ISRTA 및 전자전 영역이 더 중요한 시대가 된 것이다. 러시아 공군은 5세대 스텔스 전투기를 보유하고 있고, 전략 및 전술 폭격기의 규모와 폭장량도 미국에 견줄 만하며, 무엇보다도 미국보다 더 강력한 방공망을 가지고 있었으나 이번 전쟁에서 러시아 공군의 활약은 2023년 말 이후 활공폭탄을 투하하는 작전 이외에 별다른 성과를 보여 주지 못했다. 결국 공군의 영역은 드론, 위성 등의 ISRTA 능

력이 최우선 과제로 떠오르게 된 것이다.[27]

또한 이번 전쟁을 통해 무기체계의 포괄적·융합적 운용력이 점점 중요해지고 있다. 스티븐 반 에베라(Stephen Van Evera)는 군사력 분석에서 공격-방어 균형이라는 개념을 주장했는데, 현대전에서 명확히 공격력과 방어력을 구분하기란 사실상 어려우며, 공격과 방어를 무기 자체로 규정하는 것이 아니라 기술과 전술의 운용 방식에 따라 구분할 수 있다고 주장했다.[28] 따라서 누가 더 많은 공격용 무기를 보유하고 있는지 분석하는 대신, 전술과 기술의 운용력을 더 면밀히 분석해야 할 필요성이 대두한 것이다. 예를 들어 Kh-47M2 킨잘(Кинжал) 극초음속 순항 미사일, TOS-1 부라티노[29] 열압력탄 MLRS(다연장로켓시스템), 우란(Уран)-9 UGV(무인지상차량) 등은 그 자체만 보면 가공할 공격무기들이었으나, 실제로 공격력을 결정한 요소는 드론을 포함한 감시장비 및 전자전/방공망이었다. 그렇다고 해서 드론이나 전자전 장비가 이 모두를 결정한 것도 아니다. 러시아 연방군은 우크라이나군이 보유하지 않은

그림 서론.1 이 책에서 다룰 군사력 요소와 전쟁의 양상 관계

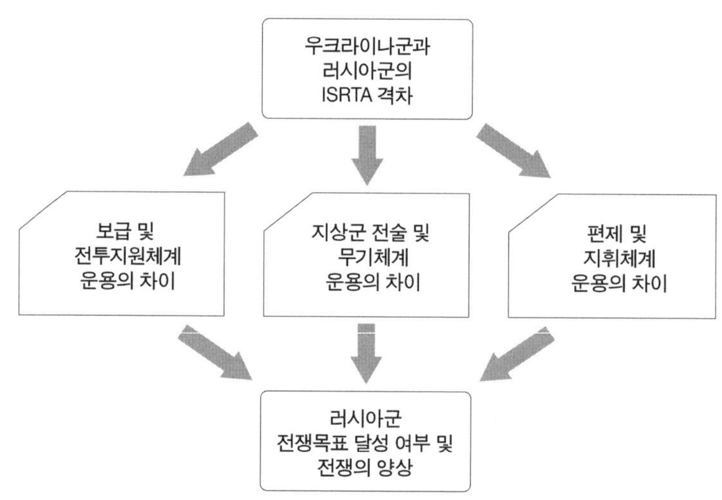

다양한 고도의 감시정찰장비 및 끄라수하(Красуха)-4 전자전 장비, 9K330 토르(Tor) M2 방공시스템을 보유했었다. 그러나 이를 제대로 운용할 지휘통제, 전술, 편제가 취약했기 때문에 러시아 드론과 전자전 장비는 기대 이하의 성적표를 받아야만 했다.

서론을 마무리하면서 약 600일간의 러시아-우크라이나 전황을 먼저 요약하고자 한다. 러시아 연방군은 다음과 같은 각각의 세부적인 전쟁목표 아래 전쟁을 수행했는데, 이를 기준으로 향후 이 책에서 기술될 러시아 연방군의 전쟁목표 달성 및 전쟁의 양상을 평가할 수 있을 것이다.

① 수도 키이우의 점령 및 젤렌스키 정부의 전복은 4월 초에 이미 실패한 것으로 드러났고, 그 이후 다시 키이우에 지상군을 투입하지 않은 것으로 보아 러시아 연방군이 이 목표를 사실상 포기한 것으로 보인다(달성 실패).

② 수미-체르니히우 북부지역 장악으로 벨라루스를 경유하는 북부회랑의 확보 역시 사실상 달성하기 어려운 목표라고 볼 수 있다. 그 이유는 수미-체르니히우 전선에서 러시아 지상군은 ISRTA가 부족하여 우크라이나의 특수작전부대에 제대로 대응하지 못했으며, 우크라이나군은 장거리 화력투사 체계로 벨라루스 국경까지도 직접 타격할 수 있었기 때문에 러시아가 벨라루스-수미-체르니히우의 북부회랑을 재확보하기란 매우 달성하기 어려운 위험한 작전이 되어 버렸다. 또한 한때 점령했던 하르키우주를 우크라이나군이 재탈환했기 때문에 북부회랑을 재확보하려면 시간이 지날수록 더 큰 피해를 감수해야만 한다(달성 실패).

③ 오데사주 점령으로 오데사-세바스토폴을 연결하고 흑해 서부의 제해권을 장악한다는 목표 역시 달성하기 거의 불가능한 단계에 이르렀다. 가장 중요한 이유는 러시아 흑해함대가 흑해를 감시할 수 있는 ISRTA 자산이 전무한데다, 우크라이나군은 NATO가 제공하는 정찰자산이 흑해함대의 기함인 모

스크바함까지 격침시킬 정도로 우위에 있기 때문에 러시아가 오데사주를 점령하거나 흑해의 제해권을 온전히 확보하기란 사실상 불가능하다. 개전 초기 점령했던 즈미이니섬도 포기한 채 재점령하지 않고 있다는 사실은 러시아 연방군이 흑해를 장악할 수 없음을 방증하는 단서이다(달성 실패).

④ 헤르손-자포리자 점령으로 크름반도와 돈바스를 잇는 남부회랑 확보라는 목표는 현재까지 사실상 유일하게 러시아 연방군이 어느 정도 달성한 군사적 목표라 할 수 있다. 비록 우크라이나군의 반격작전으로 헤르손주 절반인 북부지역, 자포리자 일부 지방을 우크라이나군이 재점령했으며, 돈바스 지역을 완전히 장악하지 못했음에도 불구하고 러시아의 서쪽 국경에서 크름반도까지 육로로 이어지는 남부회랑이 아직 유지되고 있다는 점을 볼 때 러시아 연방군이 유일하게 군사적으로 달성한 목표라고 할 수 있을 것이다. 그러나 이번 전쟁으로 러시아가 새로 얻은 영토는 자포리자와 헤르손 두 곳에 지나지 않고, 도네츠크-루한스크-크름반도는 이미 2014년에 점령했기에 남부회랑의 확보가 이번 전쟁을 시작으로 달성한 목표라고는 보기 어려운 점도 있다(부분적 성공).

이상 네 가지 군사목표 달성 여부에서, 어느 정도 성공한 목표와 실패한 목표 간의 가장 큰 차이점은 역시 드론과 ISRTA의 역할이라고 할 수 있을 것이다. 수도 키이우, 오데사 및 흑해 장악은 러시아의 정찰 및 감시의 지역에서 완전히 벗어난 범위이기에 성공 확률이 지극히 낮을 수밖에 없었다. 러시아 연방군이 양적으로 우세한 전투력을 보유하더라도 전장정보가 없으면 그 전투력은 축차투입되어 소멸한다는 것을 이제까지의 전황을 통해 알 수 있다. 러시아 연방군이 남부전선에서 부분적 목표를 달성한 가장 큰 이유는 크름반도와 도네츠크-루한스크 지역을 이미 2014년 돈바스 전쟁을 통해 확보했기 때문이다. 따라서 러시아 연방군은 8년간의 점령지 통제를 통해 남부지역의 지형, 병력, 자원, 교통 정보를 충분히 숙지하고 있었으며, 개전과 동시에 크림반도와 접한 헤르손주, 돈바스와 붙은 자포리자(Zaporizhia)주를 공략하는 데 ISRTA의 열세는 큰 장애가 되지 못했다. 결국 ISRTA의 영향이 비교적 적은 남부전선에서 러시아 연방군은 수적 우위를 활용하여 헤르손주와 자포리자 주의 상당 부분을 함락할 수 있었고, 그에 반해 ISRTA의 영향이 절대적인 지역, 즉 흑해, 오데사, 수도 키이우, 수미-체르니히우 지역에서는 예상을 크게 밑도는 낮은 전투력을 보여 주었던 것이다.

1부

피할 수 없었던 러시아와 우크라이나의 전쟁

1부에서는 첫째, 러시아-우크라이나 전쟁과 관련된 국제환경의 변화를 간략히 정리하고, 둘째, 푸틴 러시아 대통령 집권 이후 러시아의 변화 과정을 살펴본다. 그리고 마지막, 앞서 전술한 국제환경과 러시아의 변화로 인한 러시아 연방군의 개혁을 중점적으로 다룰 것이다.

2000년대 중반 이후 유럽의 국제안보환경 변화를 정리하면 크게 두 가지 흐름으로 나타났다고 할 수 있는데, 첫째, 회원국 가입이 증대하여 NATO는 외형적으로는 확대되었으나 재래식 군사력에서 각 회원국의 자체적인 군축으로 축소되었다. 이에 반해 1990년대 붕괴 직전이었던 러시아 연방군은 푸틴 대통령 집권 이후 급속한 군비 증강으로 전력이 확충되어 서유럽을 다시 위협할 수 있게 되었다. 둘째, 경제 및 자원안보 차원의 변화이다. 푸틴 대통령은 에너지 기업을 모두 국영화하여 가격 협상을 기업이 아닌 국가 주도로 전환했으며, 2006년부터 중국이 러시아-중국 간 파이프라인을 부설하기 시작하면서 EU(유럽연합) 이외에도 수출할 수 있게 되어 중동과 같은 메이저 공급자로서의 이니셔티브를 획득했다.

21세기 들어 러시아가 힘을 되찾으면서 우크라이나를 침공한 이후, NATO

및 EU 회원국들의 대러시아 정책은 국가별로 큰 차이를 보였다. 러시아와 직접 국경을 맞대거나 과거 소련의 침략을 받은 적이 있는 국가들, 즉 폴란드, 루마니아, 헝가리, 슬로베니아는 전쟁 직후 우크라이나에 MBT(주력전차), 자주포, 전투 헬리콥터를 포함한 다양한 전쟁물자를 직접 지원한 데 반해, 프랑스, 스페인, 네덜란드는 전쟁 초반에 전투장비 지원을 보류하다 6개월이 지난 시점에 제한적 공격이 가능한 장갑차, 대전차화기 위주로 지원했다. 러시아와 관계가 진전되고 있던 튀르키예, 아르메니아, 트란스니스트리아, 보스니아, 크로아티아는 러시아 제재에 참여하기를 꺼리거나 우크라이나 지원을 자제하는 등 러시아와의 이해관계, 안보관계에 따라 각국이 각기 다른 대응 양상을 보였다. 이처럼 국제정치적 배경을 어느 정도 이해하는 편이 이 전쟁을 바라보는 포괄적 시각을 갖는 데 도움이 될 것이다.

1장

新 루스제국의 차르가 되고 싶었던 블라디미르 푸틴

러시아-우크라이나 전쟁에서 가장 중요하다고 판단되는 국제안보환경의 변화는 앞서 간략히 언급한 군사력 균형의 변화와 자원 유통의 통제권 변화라고 할 수 있다. 이처럼 변화된 국제환경에서 NATO와 EU 회원국들은 점차 강경해지는 러시아의 대외 정책에 군사적 대응으로 맞서는 대신 외교적 온건 정책으로 전환했다. 일례로 독일은 러시아와 국경을 맞댄 폴란드에 최신형 전차인 레오파르트 2A7 대신 한 세대 뒤진 레오파르트 2A4 및 2A5를 공급했으며 레오파르트 2A5를 향후 최신형으로 개량할 수 있도록 보장하는 전력증가사업도 거절했다.[1] 또한 우크라이나의 NATO 가입 신청을 유보하고, 장거리 타격무기 및 포병전력을 우크라이나에 제공하는 데 제한을 두었다. 또한 친러 성향의 튀르키예가 러시아제 S-400 지대공 미사일을 주요 방공시스템 구축의 일환으로 구매할 때도 미국을 제외한 NATO 회원국들은 제재에 나서지 않았다.[2]

러시아는 튀르키예와 무기 거래 등 보다 확대된 협력을 타진하면서, 해양 진출의 아킬레스건에 해당하던 흑해지역에서 튀르키예와의 충돌을 피하게 되었다. 따라서 상당한 예산이 소요되는 해군전력 투자를 흑해 대신 대서양

세력과 직접 마주하는 발트해 및 북방함대로 돌릴 수 있게 되었다. 이는 상대적으로 발트해 지역에서 지속적으로 감축된 NATO 해군에게 잠재적 위협으로 다가왔으나, 러시아의 전략잠수함 확충 등 해군력 증강에 NATO가 효과적으로 대응할 방법은 사실상 없었다.[3] 이처럼 러시아 연방군의 군사력 증강 및 NATO의 군사력 저하, 러시아의 무기·에너지 공급 이니셔티브 확보라는 두 가지 흐름은 각각 별개로 진행된 것이 아니라 서로 상관관계로 작용하면서 러시아로 하여금 보다 용이하게 우크라이나를 침공하게 만드는 국제안보환경으로 작용했다고 볼 수 있다.

에너지 이니셔티브에 기댄 조급한 군사력 재건

러시아가 군비를 증대할 수 있었던 가장 큰 원동력은 바로 화석연료의 수출에서 비롯된 풍부한 자금이었다. 단순히 석유로 돈을 많이 벌었다는 것 이상으로, 에너지 이니셔티브라는 눈에 보이지 않은 통제권을 확보했기 때문이다. 더 싼 연료를 찾아 온 서유럽국가들의 정책과 중국의 폭발적 경제성장은 러시아에게 천군만마와 같은 힘이 되어 주었다.

특히 개선된 중국과의 관계는 눈여겨볼 만하다. 1990년대 초 UNDP(유엔개발계획)에서 추진한 두만강 개발계획(Tumen River Area Development Programme: TRADP)과 광역 두만강 개발계획(Greater Tumen Initiative: GTI)은 중국과 러시아 간 최초의 대규모 경협 프로젝트였으나 소기의 목적을 달성하지 못한 채 실패로 돌아갔다.[4] 그러나 불과 3년 후, 러시아와 중국은 에너지 교류를 중심으로 SCO(상하이협력기구)를 새로이 출범시켜 현재까지 양국 간 전략적 파트너십을 발전시켜 오고 있다.[5] 여기에 더해, 2014년 러시아가 우크라이나 크름반도를 강제 병합한 이후, 서방의 제재가 가해지자 러시아는 강력한 파트너가 필요해졌다. 중국도 급속히 발전하는 산업을 뒷받침하기 위해 러시아의 자원이 필요했다. 러시아의 GDP(국내총생산)는 냉전 말기인 1988년 약 5,540억 달러에서 1999년에는 1,950억 달러까지 오히려 역성장했는데, 이에 반해 중국은 1988년 3,120억 달러, 1999년 1조 290억 달러, 그리고 2010년에는 11조 610억 달러로 매년 평균 5%대의 고속 성장을 이어 왔다. 특히 2014년 러시아의 크름반도 전쟁 직후인 2015년을 기준으로 볼 때, 러시아의 GDP는 1조 3,630억 달러였고, 중국은 11조 610억 달러로 10배 이상의 경제 규모차가 났다.[6)][7)][8)]

중국 경제는 급격한 성장과 함께 원유 및 천연자원의 수급문제가 동반 발생했는데, 러시아와 전략적 동반자 관계를 설정한 이후 OPEC(석유수출국기구)이 아닌 국가 중 가장 큰 석유 공급처는 러시아였다.[9)] 또한 러시아는 기존의 유럽 일변도였던 석유 수출망에서 벗어나 중국이라는 거대 시장을 개척하여 복수의 수출체계를 갖춤으로써, EU에 대한 에너지 공급 주도권을 획득한다. 즉, EU가 아니더라도 중국에 대규모 수출이 가능해짐에 따라 과거와 달리 EU와 가격 협상에서 레버리지를 가질 수 있게 된 것이다.

러시아는 중국의 경제성장으로 촉발된 천연자원의 수출 증대에 힘입어

표 1.1 중국의 원유 수입처 상위 5개국

국가	수입금액 (US달러)
사우디 아라비아	281억 달러
러시아	273억 달러
이라크	192억 달러
앙골라	139억 달러
브라질	139억 달러

자료: World Top Exports.[10)]

2010년대에는 군비를 확대하고, 유럽에 대한 에너지 공급 레버리지도 증강하면서 정치적 영향력도 강화했다. 2012년에 ESPO(동시베리아-태평양 송유관) 2단계 사업이 완공되어 러시아의 대중국 석유 수출이 본격화된 이후는 중국과 러시아 간의 전략적 파트너십이 본격화된 시점이라고도 볼 수 있다. 2022년 우크라이나 침공 시점에 ESPO를 통한 석유 수출이 최고조에 달했으며, 미국과 EU의 제재와 관계없이 중국으로 지속적인 수출양이 증가하고 있다.[11)]

물론 러시아-중국 관계는 철저히 국익에 기반하기 때문에 언제든 악화될 수 있다. 장기적 전망에서 투자비용이 많이 들어가는 동시베리아 및 극동 지역 프로젝트에 대한 불확실성도 배제할 수 없으며, 러시아 에너지의 동방정책이 강화되어도 결국 가장 큰 고객은 유럽이기 때문에 마냥 중국만 바라볼 수도 없다.[12)] 또한 중국이 대만문제 및 A2/AD(반접근 지역거부) 전략에 대응하기 위해 전략무기 및 장거리 군사력 투사능력을 강화한다면 러시아-중국 관계는 협력이 아니라 역내 경쟁으로 전환될 수도 있다. 그럼에도 불구하고 러시아는 중국에 석유를 팔면서 유럽에 덤핑으로 팔던 석유의 가격을 올릴 수 있었고, 서유럽으로든 중국으로든 석유 수출이 증대될수록 러시아 연방군의 예산도 급증했다. 이와 같은 석유 수출과 국방비 증대의 상승비례 현상은 푸틴의 에너지 정책이 국방력 증강 정책과 매우 밀접한 상관관계가 있음을 시사한다.

러시아와 중국 사이에는 경제적 교류 말고 군사적 협력도 일부 추진되었다. 2012년에 취역한 중국 최초의 정규 항공모함인 랴오닝함은 러시아가 건조한 어드미럴 쿠즈네초프급 2번함인 바랴그를 중국에서 재개장하여 전력화한 것이다.[13)] 결국 군사전략적으로 볼 때, 러시아가 냉전 시기에 담당하던 미 해군 7함대 견제를 중국이 대신 맡게 된 것이다.[14)] 이뿐만 아니라 중국은 자체적으로 생산하기 어려운 무기체계는 여전히 러시아로부터 수입하면서 협력체제를 유지하고 있다. 2016년에는 약 30억 달러에 해당하는 러시아-중국

간 방위산업기술 협력 계약을 성사시켰을 뿐만 아니라, 중국이 생산할 수 없는 재래식 무기체계인 S-400 장거리 대공 미사일 시스템과 SU-35 전투기에 대한 공급 계약도 실시했다.[15] 전쟁 발발 이후에도 러시아와 중국은 협력관계를 꾸준히 유지해 왔다. 서방의 제재로 구하기 어려워진 군사용 반도체 중 상당수를 중국이 공급하면서 러시아는 장기전을 수행할 수 있게 되었다.

푸틴은 천연자원에 근간한 경제적 이익으로부터 군사력 재건을 꾸준히 추진했으며 그 군사력 증강은 다음 두 가지 원칙에 기반을 두고 추진되었다. 첫째, 푸틴 대통령은 경제적 성과를 신형무기 개발에 중점적으로 활용했다. 신무기 개발이 군의 전반적 개혁보다 우선시된 이유는 1980~1990년대 사이 경제 불황으로 구소련~신생 러시아 시기 신무기 개발에 실패했기 때문에 크게 벌어진 서방과의 격차를 단기간에 따라잡기 위해서였다. 1990년대 러시아는 그야말로 악몽의 연속이었는데, 1992년 말 러시아 소비자물가 상승률은 무려 2,500%를 돌파했으며, 식료품의 가격 상승률은 소련 말기에 비해 4배나 인상되었다. 무엇보다도 과도한 민영화로 금융, 식량, 에너지 기업들이 외국 자본에 의해 통제되었기 때문에, 풍부한 천연자원을 이용한 경제발전과 군사력 개혁은 신생 러시아에게 너무나 큰 과제였다.[16]

10여 년간 소련과 신생 러시아의 몰락을 권력의 정점에서 지켜본 푸틴은 옐친과는 정반대의 정책을 추구하는데, 러시아의 에너지 기업을 국영화하고 식량 및 외환 거래를 국가가 통제하는 것이 그 골자였다.[17] 푸틴 정부는 국영화한 자원 수출에 힘입어, 집권 7년차인 2006년 말 기준 GDP가 1999년 1,865억 달러에 비해 무려 8,300억 달러로 신장하여 450%의 경제성장을 달성했다.[18] 또한 한때 러시아를 모라토리엄으로 몰고 간 외환보유액도 크게 늘어나, 1999년 280억 달러 수준에서 2006년에는 2,691억 달러로 9배 이상 증가했다. 더 나아가 푸틴 대통령은 강력한 리더십을 통해 에너지 수출로 획득한 자본이 군수산업에 직접 투자되도록 조치했다.

둘째, 푸틴 대통령은 구소련의 무기 및 전술체계를 완전히 재편하는 대신, 부분적인 개선에 집중했다. 러시아 연방군은 ISRTA 및 전투지원체계를 대대적인으로 개혁하는 일은 후순위로 돌리고, 새로운 핵무기의 생산과 배치, 신형 핵추진 잠수함 진수, 장거리 타격 미사일 개발, 스텔스 전투기 생산 등 고가치 전략무기체계의 세대교체에 집중했다. 냉전 이후 유지되던 흐루쇼프 독트린을 벗어나고자 노력했는데, 이는 핵무기 선제공격, 국제 군사분쟁에 대한 적극적 개입 등을 중심으로 한 것이다.[19] 1990년대에 추진되었던 OMG(작전기동군)라는 지상군 교리도 전면 재검토되었고, 더 가벼워진 부대를 중심으로 소규모 분쟁에 더 효율적으로 대처하고자 시도했다.[20]

그러나 21세기 전장의 핵심이라고 할 수 있는 드론, ISRTA 및 네트워크 전력의 개혁은 제일 후순위로 밀렸다.[21] 푸틴 대통령은 냉전시대와 달리, 육상 ICBM(Intercontinental Ballistic Missile) 위주의 미사일 전력에서 벗어나 미사일 전력을 다변화했는데, 신형 보레이급 SSBN(전략 핵탄두 잠수함), 아방가르드 초음속 활공체(Авангард HGV), 지르콘(Циркон) 스크램젯 순항 미사일, 킨잘(Кинжал) 극초음속 장거리 공대지 미사일 등 미군이 보유하지 못한 첨단 미사일 개발 등을 꼽을 수 있다.[22] 또한 UAV(무인기), 인공지능에 기반을 둔 정찰정보기, 광역 초고속 통신망, 인공위성 보안 네트워크 등에는 최소한의 투자만 실시했다.

셋째, 푸틴은 1990년대 1차 체첸전쟁에서 드러난 러시아군의 저열한 실전능력에 충격을 받았으며, 이를 해결하기 위해 소규모 분쟁에 적극 대응할 수 있는 새로운 편제개혁을 실시했다. 기존 23개의 대규모 보병 및 기갑 사단 대신, 소규모 60여 개의 전투여단 중심으로 한 편제개혁이 그 근간이다. 이러한 개편은 육군에 그치지 않고, 그동안 등한시되었던 해군, 공군에서도 동시에 이루어졌다. 실전 경험이 있던 항공모함이나 수상함을 줄이고 소규모 프리깃함을 신규 건조하는 등의 개편을 한 것이다.[23]

이러한 과감한 푸틴의 군사력 개혁정책은 남오세티야 전쟁 및 돈바스 전쟁에서 실전 경험이 반영되면서, 과거 소련이 바르샤바조약기구의 중심이었던 시절처럼 러시아가 군사강국의 위상을 되찾을 수 있을 것처럼 평가되었다.[24) 2000년대 이후 러시아의 공화국 분쟁 개입을 비롯한 군사력 증강으로 인하여 구 동구권 국가들은 러시아의 군사적 위협이 목전까지 도달했다는 위기감을 가졌으며, 그 결과 대부분의 구 동구권 국가들이 NATO에 가입하여 외형적으로 NATO가 확대되는 반작용을 낳았다.

이 당시 미국이 추진하던 자유주의적 패권질서의 핵심은 각국을 자유주의적 민주주의 국가로 포섭하고, 개방적이고 호혜적인 국제경제 시스템을 구축하기 위한 국제기구를 창설하거나 강화하는 전략이었다.[25) 미국 내에서는 이에 대한 반작용으로 적극적 대외개입 정책을 지양하는 역외균형론이 부상했는데, 이로써 오히려 국제사회에서 힘의 공백이 초래되고 지역 패권의 경쟁이 가속화될 수 있다는 문제점도 존재했다.[26)][27)]

우크라이나는 러시아와 달리 그 어떤 가시적인 군사 개혁과 군사력 증강도 이루어 내지 못했다. 국내적으로 친러 세력과 반러 세력이 정치적 혼란을 초래했는데, 이는 에너지 수급에서 러시아에 종속된 결과였다. 2020년도를 기준으로, 우크라이나 국내 천연가스 생산량은 20bcm인 데 반해 소비량은 28 bcm으로, 부족한 천연가스를 전량 러시아로부터 도입해 왔다.[28) 2005년에는 투르크메니스탄의 천연가스를 수입하려고 시도했지만, 2006년 러시아가 이를 차단했으며, 우크라이나는 이에 반발하여 우크라이나 영토를 지나는 러시아-서유럽 가스 파이프에서 직접 가스를 추출하겠다고 러시아를 압박했다. 이 우크라이나의 대응은 푸틴의 역린을 건드리게 되어 결국 2024년 침공의 계기 중 하나가 되었다. 2006년 11월 라트비아의 수도 리가에서 열린 NATO 정상회의에서 미국 상원외교위원회 위원장 리처드 루거(Richard Lugar)는 러시아-우크라이나 간의 천연가스 분쟁을 거론하며, 러시아가 우크라이나에 가스 공급을 통제하면서 탄환 한 발도 발사하지 않고 우크라이나의 안보에 타격을 주는 데 성공했다고 평가하기도 했다.[29] 결국 푸틴은 이와 같은 국제환경의 변화와 군사력 증강으로 인하여 궁극적으로 NATO와 대치할 수밖에 없는 상황으로 몰린 것이다.

푸틴이 구상한 新 루스제국 재건의 청사진

1999년 푸틴 대통령이 집권한 이후 러시아는 강한 군사력 재건, 잃어버린 영토 회복, 서방에 대한 경제적 대항 등의 목표를 담은 청사진을 준비했으며, 이 비전을 달성하기 위하여 단계별로 新 러시아 연방 건설 과정을 진행시켜 왔다. 구소련 붕괴 이후 혼란과 쇠퇴에 접어든 러시아가 다시금 유라시아 대륙의 지역 패권국가로서 거듭날 것이라는 비전이 푸틴이 그린 청사진의 핵심이다.

푸틴 대통령은 2021년 7월, 5천 단어에 달하는 장문의 에세이를 출간하면서 우크라이나에 대한 자신의 주장을 뒷받침하는 역사적 근거를 피력했다. 주요 내용은 러시아는 외세로부터 빼앗긴 영토를 회복하고, 민족의 영광을 되찾아 과거 제국 시절에 버금가는 위상을 재정립해야 한다는 것이다. "러시아인과 우크라이나인의 역사적 통일성에 관하여"라는 제목의 이 에세이에서 특히 강조하는 바는 우크라이나는 벨라루스와 같은 친러 국가가 되어야 한다는 것이다. 또한 현재 우크라이나는 루스왕국으로부터 내려온 러시아 고유의 영토를 강도처럼 차지했기 때문에 우크라이나 영토의 러시아 합병은 당연하다는 내용을 담고 있다.[30][31] 결국 2022년 러시아-우크라이나 전쟁은 푸틴의 우발적인 성격 혹은 즉흥적인 결단에서 나온 것이 아니라 푸틴 정권이 출범한 1999년부터 계획된 것이다.[32]

2000년에 대통령으로 당선된 푸틴은 새로운 밀레니엄에 맞춰 러시아가 군사력을 회복하고 과거의 영광과 위상을 되찾기를 원했으며, 마치 새 시대를 여는 여명의 신호탄처럼 신생 러시아 연방군의 전투력 증강 정책을 우선적으로 추진하기 시작했다. 10년이 넘는 군사력 증강 정책에 의해 러시아 연방군은 시리아 내전, 남오세티야 전쟁, 크름반도 합병 등의 다양한 군사작전을 실행했고 성공적인 부활을 예고하는 것처럼 보였다. 단기간의 개혁으로 러시아는 1990년대 이후 미루어 둔 최신형 무기 개발, 해외 파병이 용이한 신속기동군 창설, 핵무기 현대화를 추진할 수 있었고, 그 결과 성능상으로는 서방과 동등한 최신형 무기를 개발하는 데 성공했으며, 새로 조직한 BTG는 조지아나 체첸과 같은 주변 약소 공화국에 대한 통제력을 회복하는 데는 충분했다. 푸틴 대통령의 집권 기간은 한마디로 군사강국으로서의 위상을 회복한다는 청사진의 실행 그 자체였다. 천연자원의 국유화, 최신형 무기 개발, 구소련 공화국들에 대한 영향력 유지, 러시아 민족정신운동 등 전방위적으로 과거의 루스제국을 만들려는 듯 보이는 전략을 시행해 왔으며, 결국 2022년 우크라이나 침공은 이러한 대전략의 일환이었음을 추론할 수 있다.

2장

냉전의 붕괴가 만들어 낸 유럽의 전운

상기한 러시아와 중국의 전략적 파트너십이 강화되는 것과 반비례하여, EU는 러시아에 대한 이니셔티브를 점차 상실했다. 경제적으로 상호의존이 강화될수록 전쟁의 가능성은 낮아지고, 러시아를 서방의 경제 시스템에 포함시켜 궁극적으로 자유민주주의의 구성원으로 만든다면 유럽에서 전쟁 위협은 사라질 것이라는 기대가 사실상 불가능에 가까운 청사진이 된 것이다. 1990년대만 하더라도 냉전의 붕괴 이후 세계화 및 경제적 상호의존에 의해 전쟁 확률이 낮아지고, 국가 간 교류가 활성화되며, 비정부기구의 역할이 중대해질 것이라는 전망이 팽배하던 시기였다.

로버트 코헤인(Robert Keohane)과 조지프 나이(Joseph Nye)가 이미 1970년대에 이러한 상호의존론, 국제기구론 등에 입각한 자유주의적 이론을 공론화한 이후 상호의존론에서 두 가지 개념이 탈냉전 이후의 EU를 구성한 아이디어가 되었는데, 여기서 주목할 부분은 바로 민감성과 취약성 개념이다. 민감성 상호의존은 외부의 변화에 대처하기 위해 합의된 정책이 마련되기 전까지 치러야 하는 비용이며, 취약성 상호의존은 변화에 대처하기 위해 대비책을 실시했음에도 불구하고 그러한 변화로 지불하는 비용을 의미한다.[1)] 민감성의 예시로 1970년대 중동국가들이 주도한 석유가격의 인상으로 막대한 경제적 피해를 입은 서유럽국가들이 경제동맹을 강화한 사례를 들 수 있으며, 취약성의 예시로는 상대적으로 안보 위협이 낮은 영국이 러시아의 위협에 대응하고자 육군력을 강화하기보다는 해상 주도권을 확보하기 위해 해군력을 강화하여 NATO 육상전력이 크게 약화된 사례를 들 수 있다.

코헤인은 국가 간 협력을 촉진하기 위해서는 이와 같은 비용의 비대칭성을 해소하기 위한 국제기구나 레짐의 역할이 중요하다고 주장했으며, 제도와 기구를 바탕으로 협상의 장을 마련할 수 있을 뿐만 아니라 예측 가능한 미래의 행동을 담보하고 정보의 비대칭성도 완화할 수 있다고 보았다. 그러나 경제적 교류나 상호의존에 의한 질서가 국가 간 불평등이나 종속을 심화시킬 경우 분쟁과 갈등이 오히려 더 빨리 조장될 수도 있다. EU와 러시아 간의 에너지 수출입 관계가 과연 상호의존을 강화시켰을지, 아니면 종속이나 불평등을 초래했을지에 대한 답은 2022년 러시아-우크라이나 전쟁으로 내려졌다고 볼 수 있다.

탈냉전과 실패로 돌아간 자유주의적 상호의존의 실험장

러시아는 EU가 취약성 상호의존에 있다고 판단했으며, 분쟁 시 자원이 압도적으로 풍부한 러시아보다는 EU가 더 많은 비용을 감내해야 할 것이라 예상한 듯하다. 러시아는 2020년 기준 천연가스 매장량이 1,688bcm으로, 미국의 388bcm에 비해 약 5배 많은 세계 최대의 매장량을 자랑한다.[2] 실제 생산량이 차지하는 비중은 전 세계 대비 16%로 미국의 23%에 이어 두 번째이다.[3] 그러나 생산량과 소비량을 연동하여 계산해 볼 때, 미국의 소비량은 전체 천연가스 소비량 중 30%에 달하지만 러시아는 10% 이하이다.[4] 따라서 미국은 상당한 양의 천연가스를 수입에 의존해야 하지만 러시아는 국내 소비 이외의 분량을 해외로 수출하고 있다는 것이 큰 차이점이다.

이러한 매장량 및 생산량으로 인하여 영국, 독일, 스페인, 이탈리아 등 서유럽국가들의 천연가스 수요 중 러시아에서 수입하는 비중이 45%에 달한다.[5] 러시아가 인위적으로 가스 공급을 통제한다면, 이에 대비한 대안으로서 가스 공급처의 확보가 확실하지 않다는 점은 커다란 불안요소로 작용한다. 따라서 러시아와 EU 간의 가스 무역은 경제적 상호의존에 의한 우호적 관계가 아니라 취약성 상호의존이라 할 수 있으며 이 경우 상호의존에 의해 국가 간 협력이 증대되는 것이 아니라 오히려 국가 간 갈등이 발생할 가능성이 더 커진다.

2000년대 들어 러시아산 천연가스의 가격이 상승하고, 푸틴 대통령의 취임 이후 러시아가 천연가스를 전략자원으로 활용하자 러시아의 입지는 갈수록 커졌다. 러시아의 천연가스 생산과 공급이 가즈프롬이라는 국영회사에 의해 결정되기 때문에 푸틴의 결정이 곧바로 EU의 에너지 공급정책에 영향을 미쳤다. 가즈프롬사는 러시아 천연가스 생산량의 90% 이상을 차지하며 러시아 연방정부 세입의 20~25% 정도를 차지하는 사실상 국가적으로 매우 중요한 전략회사이다.[6] EU는 이 취약성을 타개하고자 2007년 나부코(Nabucco)라는 가스조달체계를 계획하기 시작했다. 그러나 가스관을 러시아 영토를 빗껴 건설하려면 막대한 시간과 비용이 소요되기 때문에 경제성이 낮을 것으로 예상되었을 뿐만 아니라, 영국이 EU를 탈퇴하면서 이 프로젝트는 사실상 사장되었다.[7]

이번 전쟁의 당사자인 우크라이나는 천연가스 문제로 가장 큰 타격을 입은 국가이다. 2020년도 기준으로 우크라이나의 국내 천연가스 생산량은 20 bcm, 소비량은 28bcm으로 생산보다 소비가 많기 때문에 부족한 천연가스를 외국으로부터 수입해야 한다.[8] 냉전 시기부터 우크라이나는 부족한 천연가스의 전량을 러시아로부터 수입해 왔으며 이런 상황은 2000년대에 들어서도 변화가 없었다. 우크라이나는 러시아산 천연가스 수입 의존도를 낮추기 위해서 EU와 마찬가지로 수입 다변화 전략을 세우고는 있었으나, 거리와 비용의 측면에서 러시아산 천연가스를 대체할 만한 수입처를 찾기가 어려웠다. 2005년에는 투르크메니스탄의 천연가스를 수입하려고 시도했지만, 2006년 러시아가 개입하여 투르크메니스탄의 천연가스 공급은 무산된다.

2006년 11월 라트비아의 수도 리가에서 열린 NATO 정상회의에서 미국 상원외교위원회 위원장 리처드 루거는 에너지 자원으로 국가안보를 위협하는 행위에 대해 NATO가 대응해야 한다고 주문했다.[9] 천연가스를 이용한 러시아의 안보 위협은 상대 국가들에 점점 더 영향력이 강해졌으며, 러시아는 이후 영토 분쟁 시 NATO 회원국들의 개입을 막기 위해 이러한 자원 레버리지를 적극 활용할 수도 있음을 이 시기부터 보여 주었다. 따라서 경제 및 자원의 교류를 통한 자유주의적 상호의존의 실험은 유럽에서 실패했으며 오히려 전통적·현실주의적 국제정치 환경이 더 심화되었다고 볼 수 있다.

러시아-우크라이나 전쟁의 도화선이 된 구소련 공화국 분쟁들

1991년 구소련 해체 이후, 일부 공화국이나 자치주는 러시아를 중심으로 한 새로운 국가연합으로 복원했지만, 일부 공화국이나 자치지역은 독립을 준비하거나 러시아의 영향을 받지 않기 위한 움직임에 들어갔다. 발트해 3국(에스토니아 공화국, 리투아니아 공화국, 그리고 라트비아 공화국)은 소련 해체 즉시 독립을 선언했으며, 1991년 러시아 연방 공화국의 대선 정국이라는 정치적 혼란 상태에서 독립의 준비와 추진 과정을 큰 어려움이 없이 진행할 수 있었다. 특히 러시아 연방 공화국의 쿠데타가 실패하면서 군부 중심의 러시아 보수파

뿐만 아니라 쿠데타를 막아 낸 개혁파(고르바초프)까지 모두 정치적 영향력을 상실하면서 발트해 3국뿐만 아니라 카자흐스탄, 우즈베키스탄, 몰도바, 라트비아 등 인구 규모와 관계없이 모든 공화국이 독립 혹은 러시아 연방 공화국과 대등한 자격의 국가연합을 요구했고, 일부 사례는 전쟁과 무력 개입으로 이어졌다. 이 중 트란스니스트리아 전쟁은 우크라이나의 서쪽에도 러시아군의 신속배치군(신속기동군)이 투입될 수 있음을 보여 주었으며, 체첸전쟁은 1차와 2차 러시아 침공을 거치면서 BTG 개혁의 결정적 계기가 되었고, 남오세티야 전쟁은 러시아의 BTG 개편이 시험적으로 적용될 수 있음을 보여 주었다.

트란스니스트리아 전쟁: 우크라이나 서부 국경에 대한 압박

트란스니스트리아 전쟁은 구소련 이후 처음으로 공화국 분쟁에 러시아가 개입한 사례이자, 전쟁 이후 우크라이나 서쪽 국경지대인 몰도바-트란스니스트리아 지역에 러시아 정규군이 상주하여 우크라이나의 안보에 직접적인 위협이 된 사건이다. 구소련 해체와 함께 몰도바가 독립을 추진할 때, 루마니아 접경지역의 베사라비아를 중심으로 루마니아와의 합병을 원하는 민족주의 운동이 시작되었고, 그 움직임에 힘입어 몰도바 인민전선이라는 정당이 의회에 진출하여, 루마니아와의 합병을 반대하는 트란스니스트리아의 슬라브계 주민들과 충돌을 빚었다. 루마니아와의 합병을 반대하는 슬라브계는 프리드네스트로비에 트란스니스트리아 몰도바 소비에트 사회주의 공화국(Pridnestrovian Moldavian Soviet Socialist Republic: PMSSR, 이하 트란스니스트리아)이라는 이름으로 독립을 주장하며 몰도바 공화국과 갈등을 빚었다.

트란스니스트리아 공화국의 독립을 인정하지 않으려는 몰도바 공화국은 즉시 정부군을 투입하고, 트란스니스트리아 독립정부를 반란군으로 규정했다. 1992년 3월 23일에 개전하여 같은 해 7월 21일에 끝난 이 내전은 트란스니스트리아 민병대 사망자가 1천여 명에 이르고, 몰도바군 사망자도 300명이 넘는 큰 규모의 무력충돌이었다. 트란스니스트리아의 현재 정규군이 5천여 명 수준이라는 점을 감안하면, 당시 트란스니스트리아 민병대의 전사자 규모는 현재 전군의 20%에 해당했다. 그러나 러시아의 신속한 개입을 원하던 트란스니스트리아의 바람과 달리, 늦어지는 군사개혁, 혼란한 국내정치 상황으로 러시아는 직접 개입에는 실패했다. 그러나 이후 트란스니스트리아의 요청에 의해 러시아 제14군이 평화유지군이라는 명분으로 지속 주둔한다.

2016년 러시아는 합병을 희망하는 트란스니스트리아 독립정부의 요구를 긍정적으로 검토하겠다는 입장을 취했다. 그러나 트란스니스트리아를 러시아에 합병하려면 인근에 위치한 해안도시 우크라이나의 오데사를 러시아가 통제해야만 했다. 이러한 배경 때문에 2022년 러시아-우크라이나 전쟁이 발

그림 2.1. 트란스니스트리아와 우크라이나의 국경

▌트란스니스트리아 전쟁 이후 우크라이나 서쪽 국경지역에 러시아군이 주둔하게 되었으며, 이는 우크라이나가 동쪽으로는 러시아, 북쪽으로는 벨라루스, 서쪽으로는 트란스니스트리아를 통해 러시아의 군사력에 포위될 수 있음을 암시하는 계기가 된다. 러시아의 주 목표가 오데사이고, 이를 위해 트란스니스트리아의 역할이 중요하기 때문에 가짜 군사작전을 통해 침공을 정당화할 가능성도 제기되었다.[10]

발하자마자 러시아가 신속하게 오데사-헤르손에 공세를 개시한 것이다. 트란스니스트리아 전쟁은 구소련 해체 이후 처음으로 발생한 구소련 공화국의 분쟁으로, 과거 소련 때와는 달리 군사력을 전면 사용하지 못하고 제한적으로만 개입했다. 하지만 이 전쟁으로 트란스니스트리아 지역에 러시아군이 상주하게 됨에 따라 우크라이나의 안보 위협은 더욱 가중되었다.

1994년 체첸전쟁: 新 러시아 연방의 최초 대규모 군사력 실전 투입

체첸전쟁은 러시아가 직접 대규모 군사력을 동원하여 구소련 공화국을 점령하는 데 성공한 사례로써, 이후 러시아가 군사력을 대외적으로 보다 적극적으로 투사하는 계기가 된다. 1994년부터 시작되어 2009년까지 이어지는 장기간의 전쟁이지만, 이 항에서는 구소련 해체와 독립국가연합의 출범 초 혼란기에 발생한 1차 체첸전쟁을 주로 다룬다. 1994년 시작된 1차 체첸전쟁은 러시아 연방 공화국과의 분리독립을 주장한 이치케리야 체첸 공화국 사이에서 벌어졌다. 앞서 몰도바 전쟁은 인종(및 민족)문제, 타지키스탄 내전은 종교문제가 주요인이었다면, 1차 체첸전쟁은 인종과 종교 문제가 결합된 전쟁이었으며, 그 결과 앞서 두 전쟁보다 더 큰 규모와 기간에 걸쳐 진행되었다.

구소련 시절 체첸 공화국은 인구 130만 명 이상의 SSR, 즉 소련 사회주의 공화국이었으며 인구 중 90%가 이슬람교를 믿는 체첸인이었다. 체첸 공화국은 구소련 시절부터 종교적·인종적 차별을 받아 왔다. 일례로 2차 세계대전 당시 50만 명이 넘는 체첸인들이 강제 이주를 당했고 그 와중에 20여만 명이 사망한 것으로 알려져 있다. 1991년 소련이 해체되면서 다른 공화국보다 더 강하게 독립을 요구한 체첸은, 몰도바나 타지키스탄과는 달리 국민들이 압도적으로 독립에 찬성했고, 독립을 가장 강력하게 추진한 군 장성 출신의 조하르 두다예프(Dzhokhar Dudayev)가 대통령으로 선출된다.

체첸은 러시아의 송유관이 지나는 전략적 요충지이다. 세계 최대의 유전 중 하나인 카스피해 유전에서 생산된 석유는 체첸을 거쳐 러시아와 유럽으로 공급된다. 체첸이 독립할 경우 이 송유관을 통한 석유의 통과료가 가장 큰 국가 수입이 될 수 있었을 뿐만 아니라, 러시아를 직접 위협하는 레버리지가 될 수 있었다. 체첸이 독립하여 송유관 통제권을 잃게 된다면 러시아는 가장 중요한 자원인 석유를 체첸에 의존해야 하는 최악의 상황에 놓인다. 두다예프 대통령은 민족과 종교 문제를 이슈로 국민의 지지를 얻어 체첸의 독립을 선언했으나, 러시아에게 민족과 종교 문제는 부차적이었고, 체첸의 송유관 확보가 핵심 국익이었다.

러시아는 두다예프 대통령이 체첸 내 슬라브계 인종에게 차별과 박해를 가하고 있다는 점을 명분으로 내세워 대규모 군사력을 직접 체첸에 투입한다. 군사원조나 소규모 특수부대 파병에 그친 몰도바와 타지키스탄 사례와 달리 대규모 정규군과 냉전시대에 축적해 온 기갑전력을 동원하여 단기간에 체첸의 수도를 점령하고 두다예프 정권을 축출한 다음 체첸의 독립을 무효화한다는 전략을 세웠다. 이를 위해 러시아군은 가급적 전투에 투입하지 않았던 1선 MBT인 T-64B(오비옉트 432 계열) 및 T-80U(오비옉트 219)뿐만 아니라, 신형 Mi-28 하보크 공격 헬리콥터, BMP-3를 중심으로 한 기계화보병부대를 대규모로 투입했다.

단기간에 해결될 것이라 생각했던 체첸 공화국 침공은, 공식적으로 러시아 연방군 사상자가 6천여 명(비공식적으로는 1만 2천 명 이상 추정)이고 민간인 희생자도 3만~10만 명에 이르는 대참사를 기록하면서 결국 실패로 끝났다.[11] 침공을 계획할 때만 해도, 변변한 공군이나 포병전력 없이 민병대 수준의 군대만 보유한 체첸 공화국에 러시아 정규군이 투입된다면, 마치 1950년대 소련이 헝가리와 체코슬로바키아에서 민주화 운동을 무력으로 제압했던 것처럼, 정예 기갑부대의 전투력만으로도 단기간에 반러 정권을 붕괴시키고 친러 위성정부를 세울 수 있을 것이라 예상했다.

그러나 러시아 연방군의 자신감은 1994년 12월 11일, 체첸 침공이 전격적으로 개시되자마자 산산이 부서졌다. 최초의 대규모 전투라고 할 수 있었던 1차 그로즈니 전투(1994년 12월 31일)에서 단 한 차례 교전으로 제131차량화보병여단 및 제81기계화보병연대가 보유한 120대의 장갑보병수송차 중 102대가 파괴되었으며, 전차 26대 중 20대가 파괴되고, 1,460명의 전투원 중 불과 160명만 생존하는 괴멸에 가까운 패배를 당했다.[12] 그로즈니시 중앙기차역 구역에 대규모 전차대는 마치 퍼레이드를 하듯 일렬로 늘어서서 서서히 진격했고, 기갑부대의 작전지침은 체첸군의 수색 및 섬멸이 아니라, 중앙기차역 일대를 점령하는 것이었기에 종착지인 중앙기차역 근처에서 밀려드는 후속부대 때문에 병목현상이 발생하여 진격은 둔화되었다. 기갑차량 행렬이 혼선에 빠지자마자 이를 기다렸다는 듯이 기차역 주변의 건물 옥상에서 보병의 대전차화기들이 일제 공격에 나서 러시아군은 공격다운 공격은 해 보지도 못하고 서서히 전투력을 상실해 갔다. 마치 전갈 떼에 쓰러지는 아프리카 코끼리처럼, 소규모로 조직된 수많은 체첸 민병대의 조직적인 공격에 러시아의 기갑부대는 움직이지도 못한 채 궤멸에 가까운 피해를 입었다.

그로즈니 중앙기차역 주변에 체첸군의 전력이 얼마나 있었는지, 어떻게 배치되어 있었는지, 화력은 무엇인지 등에 대한 정보가 부족했던 제131차량화보병여단은 중앙기차역에 이르러 더 이상 작전을 수행하지 못한 채 각개격파 당했으며, 포병지원을 요청하려 했으나 체첸군의 좌표를 획득하지 못하여 이조차 제대로 받지 못했다. 전투 헬리콥터를 동원한 CAS(근접항공지원)작전 역시 체첸군이 어디 있는지 파악하는 데 실패하여 아군 BMP 보병전투차를 오인사격하는 등 말 그대로 아수라장이 60여 시간 동안 펼쳐졌다. 수주일 만에 전쟁을 끝낼 것이라는 애초 예상과 달리 러시아는 무려 4년 이상 동안 전쟁에 시달려야 했다.

체첸 파병된 러시아군은 무려 9만 5천여 명으로 공군 폭격 이후 신속하게 국경을 돌파했으나 수도인 그로즈니를 점령하기 위한 전투가 시작되자마자 주공을 담당한 제131차량화보병여단의 병력 1,469명 중 1,300여 명이 사상자 및 포로가 되었고, 보유한 모든 전차와 장갑차, 야포가 파괴되거나 노획되는 예상 이외의 결과가 발생했다. 전투장비, 특히 전차의 창정비, 보급이 제대로 이루어지지 않았으며, 기계화보병과 전차의 유기적인 공조체제도 없었고, 항공지원 및 야포지원사격이 제 역할을 하지 못하는 등 2022년 러시아-우크라이나 전쟁의 전초전과 유사한 양상을 보였다. 그 결과 제131차량화보병여단과 제81기계화보병연대는 유기적인 합동작전을 펼치지 못했고, 제81전차연대의 전차 및 장갑차 120여 대 가운데 105대가 파괴되는 전멸 상태까지 이르게 되었다. 그로즈니 공격에 실패한 러시아군은 대규모 야포사격으로 그로즈니의 도시 기능 자체를 파괴하는 전술로 전환했는데, 이는 2022년 러시아-우크라이나 전쟁에서 마리우폴, 바흐무트 점령이 지체되자 대규모 포병사격으로 도시 전체를 초토화한 것과도 유사하다.

두다예프 대통령이 공습으로 사망한 후 후계자인 샤밀 바사예프(Shamil Basayev)가 항전을 이어 나갔으나, 21개월간의 전쟁으로 체첸 반군의 전투력

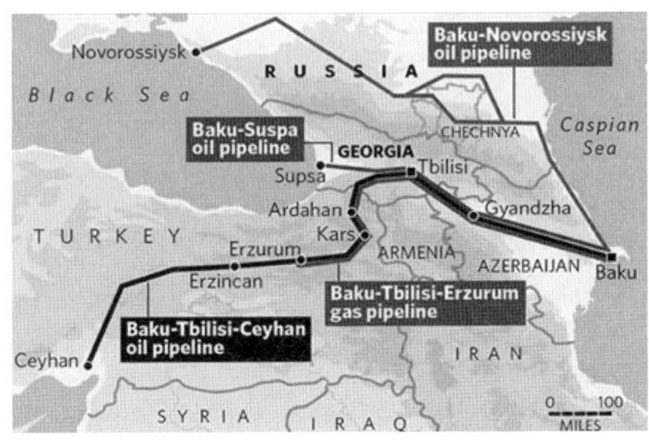

그림 2.2 체첸전쟁(1994) 당시 체첸을 경유하는 송유관의 위치

▌흑해에서 러시아 본토까지 송유관은 분리독립을 주도한 체첸을 관통했으며, 이는 천연가스를 안보자산으로 인식하는 러시아에게 천연가스 자원 및 수송체계의 확보가 전쟁으로 이어질 수 있음을 알려 주었다.[13)]

은 고갈되어 갔으며, 러시아 역시 전쟁에 따른 부담 및 서유럽국가들의 제재로 인해 러시아군의 전면 철군, 5년간 체첸의 독립 유보, 체첸 정규군 유지 등을 조건으로 정전에 합의했다. 이처럼 1차 체첸전쟁은 2022년 러시아-우크라이나 전쟁과 비교할 때, 병사훈련, 보급, 기계화보병과 기갑부대의 연계, 포병지원사격, 민간시설에 대한 직접 공격, 서방국가들의 제재 등 많은 점에서 유사한 요소를 찾아볼 수 있다.

남오세티야 전쟁

남오세티야 전쟁, 혹은 러시아-조지아(구 그루지야) 전쟁은 2008년 8월부터 조지아군과 친러 성향의 남오세티야 분리주의 무장집단 사이에서 발생했다. 전쟁은 조지아군에 의해 시작되었으며, 2008년 8월 7일 조지아군이 2001년 분리독립을 선언한 남오세티야 공화국(트란스니스트리아와 마찬가지로 미승인국)의 수도 츠힌발리(Tskhinvali)에 침공하면서 내전의 양상을 띠었다. 남오세티야 분리주의 무장집단을 지원하는 러시아는 개전 즉시 8월 8일에 국경을 돌파하여 남오세티야에 전차 및 야포로 무장된 지상부대를 투입하면서 조지아와 러시아의 전쟁으로 확대되었다. 푸틴 대통령은 러시아군의 국경 돌파 및 교전행동이 남오세티야 내에 있는 러시아계 주민들을 조지아군으로부터 보호하기 위한 것이라고 주장하면서 전쟁의 명분을 내세웠다.

조지아는 러시아의 참전이 개시되자마자 급속히 전투력을 상실했으며 첫 교전 후 3일 만인 8월 12일에 항복을 선언한다. 특히 러시아 공군과 지상군이 입체적인 공습-진격을 통해 전선을 돌파하여 조지아의 핵심 전략도시인 군항 포티(Poti), 물류거점인 세나키(Senaki)가 8월 11일 하루 만에 점령 당하는 등 1990년대 러시아군이 보여 주었던 미약한 전쟁수행능력과는 현저한 차이를 보여 주었다. 또한 프랑스 등 서방국가들의 휴전 중재에도 불구하고 조지아의 수도 트빌리시 근처까지 군사력을 신속히 전개시키는 등 개전 5일 만에 서방국가들이 외교적인 방안을 실행하기 전에 조지아 정부를 압박하여 정전협정에서 러시아에 유리한 위치를 선점하기도 했다. 러시아가 이처럼 신속하게 조지아를 공격한 배경에는 조지아가 지속적으로 USEUCOM(미국유럽사령부)와 합동훈련을 추진해 왔을 뿐만 아니라, NATO의 도움을 받고 있었기 때문에 조지아가 NATO의 영향력 아래 완전히 들어가기 전에 군사적 우위를 점하려는 푸틴 대통령의 강한 의지가 작용했던 것으로 풀이할 수 있다.

이런 남오세티야 전쟁의 배경에서 2022년 러시아-우크라이나 전쟁과 유사점을 찾을 수 있다. 첫째, 전쟁이 일어나지 않거나 러시아가 본격적으로 군사대응을 서두르지 않을 것이라고 많은 전문가 및 정치인들이 오판했다는 점이다. 당시는 2008년 베이징 올림픽이 개최되는 시기였기 때문에 UN(국제연합) 상임이사국인 러시아가 올림픽 정신에 위배되는 결정을 하지 않을 것이라는 예측이 지배적이었다. 러시아가 개전한 8월 8일이 바로 올림픽 개막일이었다는 점은 수많은 예측이 낙관론에 불과했음을 말해 준다.

둘째, 조지아의 친서방정책을 비롯한 NATO와의 관계 형성이 러시아를 자극하여 러시아의 대규모 병력 동원이 이루어졌다는 점이다. 전쟁 직전까지 조지아는 USEUCOM과 공동훈련을 하고 있었을 뿐 아니라, 조지아는 NATO 회원국이나 옵서버 국가가 아님에도 불구하고 매우 이례적으로 NATO의 항공감시정보처리소의 정보를 받아 러시아 공군을 감시할 수 있었다. NATO의 동진을 러시아 연방에 대한 직접적인 안보 위협으로 간주한 푸틴 대통령에게 조지아의 NATO 가입은 도저히 묵과할 수 없는 도발로 인식되었을 것이다. 남오세티야 전쟁은, 약 7년에 걸친 푸틴 대통령의 러시아군 재건정책의 결과가 가시적으로 드러났다는 점에서 러시아의 군사개혁이 상당한 속도로 진행되었음을 보여 주었다. 남오세티야 전쟁의 성공으로 러시아군은 향후 다른 분쟁에서 더욱 적극적이고 공세적으로 개입할 가능성을 드러낸 것이다.

2부

서서히 조여 오는 러시아의 철권

푸틴 정권의 안정적인 연속 집권, 국가재정의 여유, 화석연료에 대한 이니셔티브, 군사력 재건 그리고 시리아 분쟁에서의 성공 및 구소련 공화국과의 분쟁에서 소기의 성과를 달성한 러시아는 대외 정책에서 보다 대담하고 단호한 조치를 내릴 수 있는 역량을 갖게 되었다.

3장

평화의 제전 올림픽에 개시된 크름반도 무력침공과 병합

우크라이나를 푸틴의 새로운 제국에 포함시키기 위한 바로 첫 단계가 크름반도의 합병과 돈바스 점령이라 할 수 있다. 러시아의 서쪽 국경에는 벨라루스와 우크라이나가 접경해 있다. 태생부터 친러 국가인 벨라루스와 달리, 우크라이나는 사용하는 언어와 문화도 러시아와 다르며, 구소련이 해체하자마자 독립을 선언하고 연방에서 탈퇴했기 때문에 체첸처럼 전쟁을 하지 않고서는 점령하기 어려웠다. 우크라이나는 구소련 연방에서 독립한 이후 구소련이 보유했던 핵무기를 더 이상 수용·생산·획득하지 않는다는 비핵화선언을 채택하고 모든 핵무기를 러시아에 양도한다는 방침을 결정했다.

우크라이나 내에서는 핵무장에 관한 논쟁이 1년여 이어졌지만 결국 1991년 10월 24일 모든 핵무기를 폐기하기로 결정하고, 같은 해 12월 민스크 협정(Minsk Agreement)에 따라 1994년 말까지 완전 이행에 합의했다.[1)] 1992년 5월 23일에는 포르투갈 리스본에서 리스본 의정서(Lisbon Protocol)가 체결되어 우크라이나도 START(전략무기감축조약)의 당사자가 되었다.[2)] 1994년 1월 14일에는 모스크바 3국 합의(The US-Russia-Ukraine Trilateral Statement and Annex)가 발표되었는데,[3)] 이 합의의 핵심 내용은 우크라이나가 모든 핵무기를 포기하는 대신 러시아는 국가안전, 미국은 경제지원을 보장한다는 것이었다. 이러한 내용을 골자로 하여 최종적으로 1994년 12월 5일에 부다페스트 각서(Budapest Memorandum)를 체결하고 우크라이나는 비핵국가로서 NPT(핵확산금지조약)에 가입했다.[4)]

그러나 결과적으로 러시아는 우크라이나의 핵을 제거하면서 그에 대한 안전보장을 담보하는 구체적인 내용은 명시하지 않았으며, 부다페스트 각서는 강제 조항을 포함하는 조약이 아리나 향후 대응을 모색한다는 각서의 형태로 체결되었기 때문에 지키지 않더라도 제재의 수단이 보장되지 않았다.[5)] 한마디로 부다페스트 각서라는 3국의 합의는 서로 믿을 수 없는 가상 적국 간의 선의와 신뢰에 기반한 취약한 외교적 결실이었을 뿐이다. 그렇다면 우크라이나가 핵무장을 포기하지 않았다고 가정할 시 어떤 핵전력을 보유할 수 있었을까? 1980년대 우크라이나는 SS-19 ICBM 130기를 포함해 당시 최신예 SS-24 ICBM도 46기를 보유하고 있었을 뿐 아니라 핵공격이 가능한 폭격기 36기를 운용했으며 총 핵탄두 수는 1,512발로, 핵무기 보유량만 보면 러시아 공화국, 미국에 이어 세 번째 핵능력을 가진 초강대국의 반열에 오를 수도 있었다.

그러나 부다페스트 각서 및 NPT 가입으로 가공할 만한 핵전력과 그에 수반한 엄청난 군사자산이 러시아의 군사력이 되어 버리거나 해체되었다.[6)] 예견된 수순이긴 했으나 부다페스트 각서 체결 이후 미국과 러시아의 셈법은 전혀 달랐다. 미국은 부다페스트 각서 제4조에 명시된 우크라이나에 대한 안전보장에 대해서는 구체적인 방침을 세우지 않았으며, 가장 큰 목표였던 핵무기 폐기를 위해 넌-루거법 및 CTR(협력적 위험 감소 프로그램)에 따라 총 1억 7,500만 달러 규모의 예산을 러시아에 지원했다.[7)] 즉, 러시아는 우크라이나의 핵무기를 없애는 것이 최우선 목표였고, 미국은 우크라이나의 핵무기를 러시아가 재활용하는 것을 반드시 막아야 했기 때문에 우크라이나의 안전보장은 사실상 뒷전이었다.

러시아는 우크라이나 국내 핵시설을 최대한 빨리 해체하려고 했으며, 과거 핵개발에 동원된 과학자 및 기술자들을 대상으로 전직 훈련과 직장 알선 등의 프로그램을 제공하기도 했다.[8)] 부다페스트 각서 합의 이후 대규모 군축이 수반되었다. 어떻게 생각하면, 핵무기를 없앤 후에는 그 전력 공백을 메꾸기 위해 재래식 군사력을 증강해서 국가안보를 담보하는 것이 정상 궤도라고 볼 수 있다. 그러나 우크라이나는 미국과 EU의 안전보장을 신뢰했을 뿐만 아니라, 독립 직후 악화된 국내경제 및 국가재정 상황상 재래식 전력을 확충하기란 언감생심이었다. 이로써 우크라이나는 자력으로 국토를 방위할 능력을 상실했으며, 독립 직후 혼란한 국내정치, 경제, 사회적 상황으로 내부에서 붕괴되지 않는 것이 다행일 만큼 국가안보가 최악의 수준으로 전락했다.

적은 내부에 있었다, 유로마이단 혁명과 우크라이나의 혼란

러시아는 우크라이나 내부의 친러 정치인들을 통해 우크라이나를 압박하여 크름반도에 러시아 해군이 무기한 주둔할 수 있도록 만들었다.[9)] 부다페스트 각서 이후 이에 불만을 품은 반러 세력은 오렌지 혁명을 통해 친서방 세력인 유시첸코(Viktor Yushchenko) 정권을 탄생시켰으나 정치적 혼란은 극도에 달해 다시 친러 세력인 빅토르 야누코비치가 대통령에 당선되었다. 친러-반러 간의 지속적인 갈등 속에서 유로마이단 운동이 발생했으며, 이로써 친러 야누코비치 대통령이 실각하고 비교적 중도 성향의 페트로 포로셴코가 대통령에 당선되었다.[10)] 러시아는 이런 우크라이나의 극심한 정치적 혼란을 틈타 러시아계 주민 보호라는 명분으로 크름반도에 개입하기에 이른다.[11)]

크름반도는 우크라이나 중앙정부가 직접 통치하지 않는, 크름 자치공화국이라고 하는 특별행정구역이었기 때문에 유로마이단(우크라이나어로는 예우로마이단이며, 유럽의 광장이라는 뜻이 있다) 혁명 이후의 정치적 혼란이 러시아에게는 기회였다.[12] 크름반도 합병이 성사된다면, 향후 우크라이나가 EU나 NATO에 가입하더라도 세바스토폴 항구를 장악해 흑해를 통제하는 전략적 카드를 가질 수 있기 때문에 크름반도는 매우 중요한 전략적 요충지였다.[13]

전광석화 같은 크름반도 접수

크름 자치공화국의 친러 정치인인 세르게이 악쇼노프는 지방의회 건물과 지방정부 청사를 점거하고 총리에 취임한다. 취임 직후 악쇼노프는 푸틴 대통령에게 크름 자치공화국 영토의 안정과 평화를 지켜 달라는 서한을 보냈으며, 마치 미리 약속이라도 한 듯 바로 그다음 날 러시아 흑해함대 소속 해군 보병들이 크름반도 주요 공항 2곳을 신속히 점령했고, 그 이튿날에는 완전 무장한 러시아 연방군 6천여 명이 크름반도에 상륙했다. 시계추처럼 정확하고 짜임새 있는 러시아 연방군의 전개를 볼 때, 크름반도 합병은 이미 사전 계획된 우크라이나 침공의 첫 단계임을 짐작할 수 있다.[14]

우크라이나는 러시아 연방군의 크름반도 진주 및 영토 침공을 UN 안전보장이사회 안건으로 제출했으나 상임이사국인 러시아가 이를 안건으로 채택하는 데 반대하면서 UN이나 EU가 취할 수 있는 조치는 실상 아무것도 없었다.[15] 유일하게 미국 버락 오바마 대통령은 미 의회에 우크라이나를 지원하고 러시아를 제재하는 내용의 법안을 통과시켜 달라고 했다. 그러자 러시아는 즉각 유럽으로 수출하는 가스의 가격을 10% 인상하는 동시에 우크라이나에 수출하는 가스는 80% 인상하겠다고 발표했으며, 궁극적으로 유럽 전체에 가스 공급을 중단할 수도 있다고 했다.[16] 이처럼 러시아의 강력한 에너지 레버리지에 대해 EU는 직접적인 대러 제재수단을 내놓지 못했으며, 이는 크름반도의 합병을 되돌릴 수 없다고 인정하는 결과가 되었다.

여기까지의 상황만 보면, 러시아가 크름반도를 합병함으로써 중요한 전략적 요충지를 확보하여 우크라이나를 병합하는 데 큰 어려움이 없으리라 예상할 수 있으나, 지정학적으로 해결해야 할 난관은 아직 많이 남아 있었다. 그 이유는 우크라이나가 유럽에서 가장 큰 영토를 가진 국가일 뿐만 아니라, 흑해 및 카르파티아 산맥의 인근 국가들과 이해관계가 복잡하고, 그리고 NATO 비회원국(2022년 기준)인 스웨덴과 핀란드를 직접 자극하지 않으면서도 우크라이나를 점령해야 한다는 어려운 조건이 있기 때문이다. 벨라루스를 의지하여 전쟁을 확대시키면 수바우키(Suwałki) 회랑에 인접한 폴란드 및 발트해 3국(에스토니아, 리투아니아, 라트비아)까지 상대해야만 하기 때문에 전쟁의 개전 시기와 작전 범위를 정하기가 매우 어렵다.

또한 러시아의 서쪽 국경과 크름반도 사이에는 여전히 우크라이나 영토인 돈바스 지역(루한스크주와 도네츠크주)뿐만 아니라 헤르손과 자포리자라는 남부 해안일대의 주들이 있어서 러시아가 크름반도를 장악해도 러시아 본토와 크름반도가 물리적으로 분리되어 있기 때문에 우크라이나 주변국을 크게 자극하지 않으면서도 우크라이나의 동부와 남부를 신속하게 점령해야 하는 군사적 난관도 존재했다. 이를 해결하기 위해 즉시 러시아는 돈바스 지역 내 친러 무장세력을 동원하여 크름반도 장악 때와 유사한 방식으로 내부의 혼란을 부추기면서 슬라브계 주민을 보호한다는 대의명분으로 군사력을 전개하는 방식을 채택했다. 도네츠크 인민공화국, 루한스크 인민공화국, 하르키우 인민공화국, 그리고 자포리자 인민공화국 등 친러 세력이 괴뢰정부를 먼저 세우도록 한 다음, 우크라이나 정부가 이러한 반정부 세력을 군사력으로 제압하면 슬라브계 주민을 보호한다는 명목으로 전쟁을 개시하는 전략이다. 그러나 러시아는 크름반도를 너무 쉽게 합병한 나머지, 하르키우, 루한스크, 도네츠크, 자포리자주의 내부 봉기 공작을 너무 안이하게 생각했다. 크름반도는 우크라이나의 영토이지만 우크라이나 행정부가 직접적인 군사력을 투사하기 어려운 크름 자치공화국(특별자치지역)이었기 때문에 러시아가 비교적 손쉽게 합병할 수 있었다. 그에 반해 도네츠크나 하르키우 등 다른 주는 명백히 우크라이나의 통제하에 있는 일반행정구역이었기 때문에 내부 봉기가 발생할 경우 우크라이나군이 즉시 작전을 개시할 수 있었다는 큰 차이점이 존재한다. 이런 차이점에 의해 우크라이나는 크름반도 사태 때와는 달리 루한스크와 도네츠크에 친러 괴뢰정부가 선포되자마자 신속히 정부군을 파견하여 자치정부를 수립하고자 하는 친러 민병대와 교전을 시작했다. 그 결과 크름반도 합병 때와 달리 러시아는 루한스크와 도네츠크를 즉각 점령하는 데 실패했고, 이것이 무려 8년간 지속된 돈바스 전쟁의 시발점이다.

4장

러시아-우크라이나 전쟁의 프렐류드, 돈바스 전쟁

전술한 대로, 러시아가 크름반도에 위성 공화국을 세움으로써 크름반도를 사실상 러시아의 영향권에 넣었으나 이는 불완전한 영토 확장이었다. 러시아의 서쪽 국경과 크름반도 사이에는 엄연히 우크라이나 영토인 돈바스 지역이 있어서 러시아가 크름반도에 크름 공화국이라는 위성국가를 세워도 러시아 본토와 크름반도는 물리적으로 분리되어 있기 때문이다. 따라서 크름반도 및 흑해를 완전한 장악하기 위해서는 러시아와 크름반도 사이의 우크라이나 영토를 점령해야만 한다. 2014년 3월 러시아가 크름반도를 합병하자마자, 돈바스 지역의 친러 세력이 도네츠크 인민공화국과 루한스크 인민공화국을 선포하며 우크라이나로부터 독립을 추진했는데, 분리독립을 인정하지 않는 우크라이나 정부군이 군대를 파견하여 군사적 충돌이 발생했으며, 이것이 2014년 돈바스 전쟁의 개요이다.

하이브리드 전쟁과 찻잔 속의 태풍

2014년 4월에 시작된 돈바스 전쟁은 두 번의 정전 합의에도 불구하고 교전이 끊이지 않아 휴전 합의는 실질적으로 폐기되고 소모적인 장기전으로 전환한다. 크름반도 합병은 단 수일 만에 무혈점령과 같은 전격전의 양상으로 전개된 데 반해, 돈바스 지역을 러시아가 수년간 손에 넣지 못한 이유는 몇 가지로 분석할 수 있다. 첫째, 전체 주민 중 60% 이상이 러시아계 주민인 크름반도와 달리 도네츠크과 루한스크주는 러시아의 우세 지역이라고 할 수 없기 때문이다. 돈바스 지역의 인구는 350만 명 중 우크라이나계가 57%, 러시아계는 38% 정도로 우크라이나계가 더 많다. 또한 1991년 구소련 해체 직후 독립을 결정하는 주민투표에서 80% 이상이 러시아 연방으로부터의 분리에 찬성했으며 1994년 헌법적 지위 등에 관한 주민투표에서 돈바스 지역은 우크라이나의 영토로 남고, 우크라이나어가 유일한 공식어로 지정되었다.

둘째, 크름반도와 달리 미국과 EU의 간섭 및 제재가 보다 강력했다는 차이점을 들 수 있다. 특히 금융, 에너지, 방위산업과 관련된 분야에 대해 미국 은행들이 러시아 주요 은행이나 국영에너지기업, 국영방위산업체와 금융거래를 금지 혹은 제한한 조치가 러시아 경제에 큰 타격을 주었다. 소위 세컨더리 보이콧이라 불리는 제3국 기업에 대한 제재도 실시되었으며 미국 해외자산통제국 결정에 따라 제재 대상인 러시아 기업과 거래를 한 제3국 기업도 제재 대상이 되도록 2014년과 2017년에 각각 외국기업에 대한 2차 제재의 근거 법안이 발표되었다.

2014년 돈바스 전쟁 때만 하더라도 리틀 그린맨이라 불리는 특수부대를 신속하게 교전지역에 투입하고, 현지 친러 반군과의 연계작전을 통해 우크라이나 정부군을 여러 차례 곤경에 처하게 만들 정도로 러시아 연방군의 보병 전투력은 돈바스 전쟁 기간에 큰 역할을 해냈다. 우크라이나가 결국 돈바스 지역 및 크름반도를 거의 탈환하지 못한 채 2022년 러시아-우크라이나 전쟁으로 말려들어 간 이유 중 하나는, 러시아가 시험적으로 투입한 BTG 중심의 보병전투부대가 소기의 목적을 달성한 것이라고 볼 수 있다. 당시 러시아가 비공식적으로 파병한 특수부대들은 대부분 스페츠나츠 출신으로, 잘 훈련되고 장비도 충분히 갖추었으며 최신형의 통신장비와 기갑차량을 보유하고 있었다.[1] 돈바스 전쟁은 최소한의 전투력을 동원하고, 우크라이나의 루한스크와 도네츠크주 내부의 반군을 주로 활용하여 우크라이나로부터 이들 지역을 탈취하기 위한 전쟁이기에 하이브리드 전쟁의 효시가 되었다.

전면전의 폭풍을 예고한 찻잔 속의 전쟁

전술한 바와 같이 돈바스 전쟁은 엄연히 우크라이나의 주권이 적용되는(직접적인 군사권, 행정권, 사법권이 적용되는) 루한스크와 도네츠크주를 러시아가 비정규전의 형태로 러시아 영토 내에 합병하는 것이 핵심이다. 따라서 전쟁의 주체는 우크라이나 정부군(준군사조직이지만 전투부대인 국가근위대 및 국경수비대도 포함한다)과 도네츠크 및 루한스크주의 분리독립주의자들로 구성된 반정부군이라 할 수 있다. 무려 7년 넘게 지속되어 최소 1만 4천~1만 5천여 명의 사망자가 발생했음에도, 놀랍게도 이 전쟁은 전 세계인의 관심 밖에 있었던 잊혀질 뻔한 전쟁이었다. 돈바스 전쟁은 2014년 3월에 발생한 유로마이단 혁명 직후, 우크라이나의 국내 정치적 대혼란기를 틈타 친러 반정부 세력이 일으킨 폭력시위에서 발단했다고 보는 시각이 일반적이다.

유로마이단 사태 초기에는 경제정책 실패, 공공서비스 붕괴, EU 가입 실패 등에 따른 야누코비치(친러) 정권 반대 시위가 득세하여 정권 교체가 이루어지는 듯했으나, 야누코비치 정권이 붕괴하고 우크라이나가 친서방으로 급격히 기울어지는 것을 막기 위해 러시아는 소치 올림픽이 폐회되자마자 즉각 정규군 10만여 명을 우크라이나 국경에 배치했으며, 루한스크와 도네츠크 주에서 봉기한 반우크라이나 정부군을 지원하면서 2014년 4월 6일 부로 장장 7년이 넘는 내전이 시작되었다.

4월 12일에는 도네츠크주의 반정부군이 슬로뱐스크(Slovyansk)의 시청을 점거하면서 정부군과의 본격적이 교전이 발생했는데, 교전 결과 우크라이나군이 반정부군을 격퇴했으나 놀랍게도 우크라이나군의 피해가 훨씬 더 컸다. 이러한 결과의 가장 큰 이유는, 부다페스트 조치 이후 사실상 군축에 휩쓸린 우크라이나군이 장비 및 보급에 큰 문제를 안고 있었으나, 반정부군은 러시아의 지원을 받았기 때문인 것으로 분석된다. 더구나 러시아 세르게이 쇼이구 국방부 장관은 이미 구소련 공화국 분쟁 및 크름반도 합병에서 큰 성과를 거둔 '하이브리드 전쟁', 즉 비정규 타격, 민사작전, 정보전, 사보타지 등을 결합한 새로운 전쟁 방식을 채택하여 군축으로 군체계가 흔들리고 있었던 우크라이나군에 큰 타격을 주었다.

러시아의 하이브리드 전쟁으로 사실상 돈바스 지역 대부분이 러시아의 영토로 넘어갈 위기에 처하자 우크라이나군은 대(對)하이브리드전을 실시하는데, 이것이 바로 합동군작전(Joint Forces Operation)이라 불리는 정규군-준군사조직-민간협력에 기반한 통합작전이다. 이러한 합동군작전이 전개되자 돈바스 지역에서 반우크라이나 정부군은 그 위세를 잃어 갔으며, 러시아군이 직접 개입하지 않는 이상 더 이상 확전이 되지 않는 이른바 교착 상태로 전환되었다.

2014년 8월까지 일진일퇴의 군사작전을 통해 우크라이나는 하르키우주에서 반정부군을 사실상 붕괴시켰고, 도네츠크와 루한스크 주의 일부 영토를 다시 회복하는 등 어느 정도 성과를 보였다. 8월 이후 우크라이나군의 새로운 작전에 대하여 러시아군은 광범위한 포격을 반정부군에 지원하면서 전세는 다시금 역전되었으며 돈바스 지역 대부분을 친러 세력이 장악하는 등 혼전 양상이 지속되었다. 9월에 체결된 1차 민스크 협정은 잠깐의 정전 기간을 제외하고 곧바로 교전이 재개되어 2015년 1월에는 도네츠크 국제공항과 마리우폴에서 대규모 교전이 발생하면서 2월에 2차 민스크 협정이 재개되었다. 2022년까지 지속된 돈바스 전쟁 기간 동안 가장 오랫동안 휴전이 유지되었던 것은 2016년이었으며 그 기간마저 6주에 불과했다. 지리하게 소규모 교전과 휴전을 반복하던 돈바스 전쟁이 2022년에 발생할 대규모 침공의 전주곡이라는 조짐은 2021년부터 더욱 명확해졌다.

3부

푸틴의 특별군사작전 하달과 전면전 개전

5장

불타오르는 키이우

"[김영수 앵커] 러시아가 우크라이나를 침공한 상황 하루 만인데요. 조만간 수도 키예프를 함락할 것이라는 보도까지 나오고 있는 상황입니다 … [차두현 아산정책연구원 수석연구위원] 우크라이나 정부군, 한 22만~23만 정도 됩니다. 이 중 실질적으로 전력화할 수 있는 병력은 줄어 있고요. 지금 러시아군이 17만 정도 이번에 동원된 걸로 판단되는데요. 두 번째는 장비 면에서 아무래도 격차가 클 수밖에 없고 세 번째는 2014년부터 사실상 우크라이나가 동서 내전 상태였거든요. 그러니까 전력이 많이 그동안 소모되어온 거죠."[1)]

이 방송은 러시아-우크라이나 전쟁 발발 직후 언론에서 자주 언급되던 분석의 한 예이다. 많은 전문가들이 러시아의 우세를 예상한 이유 중 하나는 러시아 연방군이 푸틴 집권 이후 과감한 군사개혁을 실시하고 공화국 분쟁에 대처하면서 정예화되었다고 판단했기 때문이다. 개전과 동시에 3일이면 우크라이나 젤렌스키 정권이 붕괴될 것이라는 예상도 전쟁 초기의 전형적인 보도 중 하나였다. 그러나 결론적으로 이러한 대부분의 예상은 보기 좋게 빗나가 버렸다.

푸틴 대통령의 특별군사작전이 하달되자마자 러시아 연방 지상군은 85개의 BTG를 동원하여 체르니히우, 수미, 루한스크, 도네츠크, 헤르손, 자포리자 등 우크라이나군의 방어선으로 일제히 돌진했으며, 러시아 연방 공수군은 수도 키이우를 함락하기 위해 VDV 및 특수작전여단들을 대규모로 침투시켜 키이우 외곽 호스토멜 공항까지 진출했다. 전략로켓군은 수백 발의 장거리 미사일을 발사하여 우크라이나 수도를 포함한 주요 도시를 타격하면서 이른바 마비전(Strategic Paralysis)을 시도하기도 했다. 러시아 연방 해군인 흑해함대는 세계 최대급의 미사일 순양함인 모스크바함을 필두로 세바스토폴에서 마리우폴에 이르는 흑해 전체를 장악하기 위해 전개했다. 그러나 이처럼 대규모로 동시에 이루어진 러시아 연방군의 공세는 오래가지 못했다. 전격적인 침공 이후 일주일이 채 되지 않은 시점에서 러시아의 공세는 거의 대부분의 전선에서 돈좌되었다.

우선 언론에 보도된 전황을 간략히 축약하자면 다음과 같다. 양적으로 압도적인 러시아 포병전력은 ISRTA 부족으로 정확하게 타격할 수 없었던 반면, 우크라이나군은 NATO의 지원 아래 적은 화력과 병력으로도 러시아 연방군의 대규모 공세를 저지함과 동시에 신속히 기동하여 러시아 연방군의 취약점을 타격했다. 장기 전면전에 대비하지 못한 러시아 연방군의 낙후된 보급체계는 전선이 고착됨과 동시에 광범위한 전선에 보급물자를 보급할 능력이 제한을 받으면서 서서히 마비되고 심각한 병참의 동맥경화증에 시달리게 되었다. 여기에 더해 푸틴 대통령과 의회가 전시경제법안을 가결했음에도 불구하고 비효율과 비리에 시달리던 러시아의 군수산업은 지속적으로 전쟁물자를 생산하지 못해 결국 북한과 이란으로부터 각종 물자를 수혈 받는 단계까지 이르렀다. 공화국 분쟁과 돈바스 전쟁에서 해결사 역할을 하던 BTG는 NATO 시스템으로 재탄생한 우크라이나 지상군의 새로운 전술에 대응할 수 없었다. 축차투입되던 BTG는 ISRTA 능력 및 장거리 기동 화력이 강화된 우크라이나 지상군에 의해 각개격파되었으며, 이를 극복하고자 연합부대를 이룬 BTG 전투그룹은 ISRTA 및 지휘체계의 비효율과 보급 부족으로 효과적인 전투력을 발휘할 수 없었다.

전쟁선포가 아닌 특별군사명령으로 이 전쟁이 개시된 이유는 크게 두 가지라고 볼 수 있다. 첫 번째는 2014년 돈바스 전쟁의 연장선이자, 작전목표인 우크라이나 영토를 러시아 영토로 기정사실화하고 일종의 국내 군사작전으로 다루어 국내와 국제사회에서 명분을 축적하기 위함이다. 러시아 입장에서 2014년 크름반도 병합은 크름반도 특별자치지역의 결정으로 러시아군이 진주한 것이고, 돈바스 전쟁 역시 우크라이나에서 독립한 루한스크와 도네츠크 인민공화국의 치안 유지와 러시아계 주민 보호라는 명분을 세울 필요가 있었다. 2022년 우크라이나 전면침공 역시 이와 유사한 전쟁의 명분을 만들어야 할 필요가 있었기 때문에 전쟁의 선포가 아닌 '국내지역의 내전'을 처리하기 위한 특별군사명령을 선포한 것이다. 국내외 정치적으로는 침략전쟁이 아니기 때문에 러시아 자국민과 친러 국가들의 지원을 받을 수 있을뿐더러, 러시아 의회의 승인을 별도로 구하는 정치 과정이 필요 없기 때문에 푸틴의 입장에서는 명분을 만들어 두는 편이 훨씬 좋다고 판단했을 것이다.

두 번째 이유는 현실적인 군사문제(병력 동원)에 기인한다. 기본적으로 러시아군은 한국이나 미군처럼 단일한 조직(국방부)에서 운용하지 않고 다양한 섹터로 구분되어 있다. 러시아군의 총 병력이 구체적으로 몇 명인지는 그 어떤 자료에도 명확하게 나오지 않는데 군 병력이 복잡하기 때문이다. 우선 국방부 소속 러시아 정규 연방군(육군, 항공우주군, 해군, 전략로켓군, 공수군) 약 95만~105만 명, 러시아 대통령실이 관리하는 국가근위대(특수기동대, 신속대응특수부대, 내무군, 경호대) 병력 약 34만~35만 명, 러시아 연방보안국(FSB) 소속 부대(국경경비대, 해안경비대, 특수부대)가 약 25만~35만 명 규모로 비공식 추산된다. 과거의 이라크나 현재의 이란, 중국, 러시아 같은 국가들이 이처럼 전국을 군관단위와 부대편제 소속으로 나누는 이유는 무엇보다 내부의 반란을 억제하기 위한 상호견제 차원이다(Coup-Proofing). 이러한 러시아식 군 편제는 평시에 국가 지도자(독재자)가 군부를 장악하고 국내질서를 유지하는 데는 용이하지만, 막상 대규모 전쟁이 발생하면 하부 군 지휘체계가 다르기 때문에 혼선이 일어날 수밖에 없다. 게다가 위험한 최전방에 어떤 부대를 보내느냐 하는 문제로도 치열한 회피 경쟁이 벌어지고 수동적으로 전투에 임할 수밖에 없다.

만약 2022년 침공이 특별군사작전이 아니라 해외 전쟁이었다면 푸틴은 병력 운용에 더 심각한 문제를 겪어야만 했을 것이다. 가장 규모가 큰 러시아 연방군 내 징집병(Призывник, 쁘리지브니끄)은 해외 전쟁에 동원될 수 없다는 규정이 있기 때문에 푸틴의 선택지는 '국내에서 벌어지는 사태에 대한 특별군사명령'이 되어야만 한다. 러시아 연방 헌법 제59조에는 러시아 연방군의 임무와 관련된 조항이 명시되어 있는데, 연방군 소속 징집병은 해외 전쟁 또는 해외 평화유지 임무에 직접적으로 파병될 수 없다. 러시아 연방 헌법에 있는 국방의 의무 조항에 따라, 러시아 국적을 가진 국민들은 국가방위차 의무적으로 군복무를 해야 하지만, 징집병들은 주로 자국 내 군사작전에 동원될 수밖에 없는 구조이다.

또한 별개의 법안인 러시아 연방군법—군복무 및 군사복무 관련 법률(법률번호 53-FZ)에 따르면, 구체적으로 헌법 제59조에 대해 시행 방안을 명시했는데, 1년을 의무복무하는 징집병들은 해외 군사작전에 투입되지 않도록 제한된다. 이 법률은 징집병 역할을 국내 방어 및 특정 상황에 한정하고, 의무복무 후 별도로 계약하거나 처음부터 모병계약에 의해 구성된 계약군인(Контрактник, 꼰뜨락트니끄)들만이 해외 임무에 배치될 수 있음을 규정한 것이다. 따라서 정식으로 전쟁을 선포하고 외국과 전쟁을 하려면 모병제에 따라 구성된 계약병들만 해외 파병이나 전투임무에 배치해야 하기 때문에 국내작전의 일환인 '특별군사명령'으로 이 전쟁이 시작된 것이다. 이러한 러시아의 군사제도 및 군대의 편제구조를 알지 못한다면, 대규모 병력을 가진 러시아가 군사력에서 한참 열세인 우크라이나를 상대로 손쉽게 승리를 거둘 것이라는 논리의 함정에 빠지기 쉽다. 결국 2022년 러시아의 우크라이나 전면침공은 푸틴의 잘못된 상황 인식과 결정에 의해 시작부터 러시아 연방군에게 거대한 장애물이 놓인 것이라 볼 수 있다.

물어뜯긴 세 곳의 전선

특별군사명령의 목표지는 크게 세 곳이라 할 수 있다. 수도 키이우(체르니히우와 수미 주), 헤르손과 자포리자 주, 그리고 하르키우 주 등 2014년부터 러시아가 차지한 크름반도, 돈바스 지역과 다른 새로운 목표이다. 모스크바의 지령이 떨어지자마자, 우크라이나 남부의 헤르손, 자포리자주의 주요 민간시설에 미사일 타격이 이루어지고, 하르키우에 대규모 기동부대가 진격하고, 공수부대가 침투해 우크라이나 대통령의 체포 및 사살 작전이 펼쳐지는 등, 특별군사명령은 우크라이나 정부가 정신을 차릴 수 없도록 맹렬하고 잔인하게 세 곳의 목표를 동시에 물어뜯는 형국이었다.

그러나 러시아의 힘은 오래가지 못했다. 개전 7일째인 3월 3일에는 키이우 북서쪽의 부차지역에서 연료가 떨어진 러시아 기갑부대 행렬에 우크라이나 공군이 공습을 가해 큰 타격을 입히면서 사실상 키이우로 진격하는 러시아군은 더 이상의 진격에 실패한다.[2] 3월 11일부터 키이우 전선에서 우크라이나군은 대대적인 반격을 시작했으며, 러시아군은 개전 초기 점령했던 체르니히우의 요충지인 바크라노바 무라비카도 잃고 후퇴하기 시작했다.[3] 우크라이나군은 역습으로 개전 초기에 잃었던 주요 교통 및 보급 중심지인 이르핀, 부차, 호스토멜 등을 3월 23일까지 탈환했고 개전 한 달 시점인 3월 28일에는 러시아군이 벨라루스로 퇴각하기 시작했다.[4] 4월 2일에는 우크라이나 국방부 차관 한나 말냐르가 키이우주 전체를 우크라이나가 재탈환했다고 공식 발표함으로써 러시아의 키이우 점령 혹은 우크라이나 정부 전복은 사실상 실패한 목표가 되었다.

수도 키이우 공략 이외에, 동북부지역인 수미 역시 러시아군의 주요 군사적 목표 중 하나였으나, 보급부대에 집중적인 타격이 가해지면서 러시아군의

표 5.1 우크라이나의 전선별 행정구역과 핵심 전략요충지

전선	행정구역(주)	주요 거점 및 도시
북부	체르니히우	**체르니히우**(벨라루스 및 러시아 본토와 연결)
	수미	**수미**(우크라이나 중부로 가는 관문), 롬니
	키이우	**키이우**(수도), 초모빌, 빌라체르크바(중부로 가는 교통의 요지)
동부	하르키우	하르키우(우크라이나 제2도시), 쿠퍈스크(군수물자 및 교통의 요지), **이지움**(중부와 동부를 연결하는 교통의 요지)
	루한스크	스바토베/크레민나(루한스크주의 관문), 루비즈네(세베로도네츠크의 관문), **세베로도네츠크**(공업중심도시), 리시찬스크(세베로도네츠크의 관문)
	도네츠크	**리만**(철도중심도시), 바흐무트, 슬로뱐스크(리만의 관문), 마리우폴(항구이자 동부와 남부를 연결하는 교통의 요지), 크라마토르스크(리만의 관문)
남부	자포리자	**자포리자**(크름반도와 동부를 연결하는 요지), 멜리토폴, 베르댠스크
	헤르손	**헤르손**(크름반도의 식수원), 드니프로강(크름반도의 관문)
	미콜라이우	**미콜라이우**(오데사의 관문), 스니후리우카
	오데사	**오데사**(우크라이나 제3도시이자 최대 항구), 이즈마일
	크름반도	**세바스토폴**(크름반도 중심지, 군사도시, 흑해의 관문), 케르치(러시아 본토와 크름반도를 연결하는 크림대교에 위치)

주: 볼드체로 표시된 도시나 지역은 해당 주에서 가장 전략적으로 가치가 있고 군사적으로도 중요한 곳이다.

공세가 조기에 중단되었다.5) 2월 28일은 북서부전선의 분수령이 되는 날로써, 이르핀 지역을 탈환하고, 우크라이나군 발표에 의하면 바이락타르(Bayraktar) TB2 드론과 재블린(Javelin) 미사일로 러시아군 전차 96대, MLRS BM-21 20대, 그리고 다수의 연료수송차량을 격파했다.6) 7) 그리고 개전 7일 차인 3월 3일에는 우크라이나군이 수미 전체를 사실상 탈환하여 러시아군은 동부지역 점령에도 사실상 실패했다. 러시아군은 키이우, 수미에서 철수한 이후 키이우와 북부 수미에 대한 공세를 재개하지 못하고 완전히 철수했다. 당초 벨라루스를 통해 적은 피해를 입고 키이우를 점령할 수 있을 것이라는 예상은 확실히 빗나갔다.

또한 우크라이나 남부전선의 가장 핵심 목표인 오데사 공격은 수차례의 미사일 공습 이외에는 지상군이나 특수부대의 침투조차 개시되지 못했다. 오히려 우크라이나군은 크름반도 합병 시 상실한 크름반도 북쪽 도시 헤르손 지역을 수복하기 위해 대규모 반격작전을 실시하여 헤르손 북부를 탈환함으로써 공수가 바뀐 형국이었다. 우크라이나와 러시아가 헤르손을 두고 장기간의 공방전을 실시하고 있는 가장 중요한 이유는 수자원 때문이다. 크름반도는 자체적으로 농업수 및 식수를 조달할 수 없으며 85%에 달하는 용수를 헤르손에서 공급 받기 때문에 우크라이나는 헤르손을 재점령하여 크름반도를 통제하거나 혹은 탈환하려는 작전을 실시한 것이다.8)

마찬가지 이유로 러시아군 역시 헤르손을 방어해야 크름반도 점령을 유지할 수 있기 때문에 우크라이나군의 반격이 거세지자 총력전에 가까운 대응을 했는데, 이미 퇴역한 T-62 계열의 전차까지 동원하여 고정포대로 활용했다.9) 그리고 9월 10일에는 우크라이나군이 전쟁 발발 이후 최대의 반격을 수행하여 러시아군을 50km 이상 밀어내고 동부전선에서 우세로 전환했는데, 동부전선에서 러시아군의 전투력이 크게 약화된 가장 큰 이유는, 우크라이나가 헤르손을 탈환하기 위해 전력을 다 집중한 것으로 판단하여 헤르손 방어전에 가용할 수 있는 자원을 최대한 투입했기 때문이다. 결과적으로 헤르손-미콜라이우 전선은 우크라이나군의 성동격서(聲東擊西) 작전의 일환으로 진행되었으며, 우크라이나군이 하르키우주를 탈환함으로써 개전 이래 가장 큰 전황 변화가 발생했다.

우크라이나군이 하르키우주를 탈환함에 따라, 러시아가 실질적으로 획득한 우크라이나 영토는 자포리자와 헤르손 남부에 그쳤고 오히려 크름반도 및 루한스크주에서는 우크라이나가 실지를 회복하는 상황이 이어졌다. 이러한 전세 역전의 흐름을 다시 뒤집기 위해 러시아는 민간지역에 무인자폭드론 및 탄도미사일 공격을 가함으로써 마치 2차 세계대전에서처럼 전략폭격(혹은 대가치공격)으로 전환했으며, 더 이상의 전선 후퇴를 지연시키기 위해 1차 세계대전의 전장을 연상케 하는 참호전을 주요 방어전략으로 채택했다.

육상의 전투에 이어 흑해지역의 전황도 예상을 뒤엎는 것이었다. 우크라이나 해군력은 문자 그대로 서류상으로만 존재했기에 흑해의 제해권은 완벽히 러시아가 장악할 것이라는 예상이 일반적이었다. 비록 항공모함은 없지만, 러시아 흑해함대에는 전략폭격기 및 순양함이 배치되어 있었기 때문에 내해에 가까운 흑해는 러시아군이 쉽게 통제할 수 있으리라는 것이었다. 그러나 4월 14일에는 즈미이니(Зміїний)섬 일대를 통제하던 세계 최대급의 러시아 중순양함 모스크바함이 격침 당했고,[10] 4월 27일에는 우크라이나 공군이 바이락타르 드론편대를 동원하여 즈미이니섬의 러시아군 진지를 공격해 지휘소를 파괴하고 스트렐라-10 지대공 미사일 차량 4대를 전투 불능 상태로 만들기도 했다.[11] 이 공습 이후 방공망이 붕괴된 즈미이니섬은 우크라이나 공군의 손쉬운 표적이 되었으며, 나머지 군사시설을 대상으로 바이락타르 드론을 이용한 공습이 지속되어 즈미이니섬을 방어하던 랩터급 경비정이 거의 다 격침되거나 피격되었다.

5월 7일에는 세르나급 수송함이 격침되었고, 6월 17일에는 흑해함대의 가장 큰 다목적 수송 예인선인 바실리 베흐함도 미국이 제공한 하푼 대함 미사일에 의해 격침되어,[12] 사실상 흑해함대가 더 이상 오데사 인근 해역을 항해하기가 불가능해졌다. 결국 개전 126일, 우크라이나군의 즈미이니섬 탈환으로 오데사를 점령함으로써 흑해의 완전한 통제권을 확보하려던 러시아의 당초 목표는 어긋나게 되었다. 즈미이니섬 주변 해역에서 철수한 러시아 흑해함대는 크름반도의 세바스토폴 군항으로 후퇴했으나, 우크라이나 해군은 영국이 제공한 원격 무인전투함을 동원하여 호위함 1척을 대파하고 3척에 피해를 주는 등 해상전투에서도 러시아군의 우세는 찾아볼 수 없었다.

결국 육상과 해상 모두 전선 대부분에서 러시아군은 공세종말점에 도달했으며, 사실상 러시아 연방군이 지속적으로 점령지를 확대해 간 지역은 동부전선인 돈바스 지역에 국한되었다. 러시아 연방군이 그나마 느린 속도로 돈바스의 전선을 돌파하고 있는 가장 큰 이유는 이 지역이 이미 2014년부터 러시아가 점령하여 고도의 ISRTA 능력이 덜 필요했을 뿐만 아니라, 러시아 국경에서 제일 가까워 보급과 충원에 유리했기 때문이다. ISRTA 능력의 부족은 공세 속도를 늦추는 장애물이 되었을 뿐만 아니라, 정확한 표적정보가 부족한 상태에서 전선을 뚫고 나가기 위해 과도한 포격을 실시하여 보급문제를 악화시켰다. 지나친 포탄 소비가 지속되면서 그렇지 않아도 낙후된 러시아군의 보급체계는 더욱더 악화되었고, 그 결과 돈바스 지역에서도 공세가 더디게 진행되었다.

대표적인 예로 항구도시인 마리우폴시 하나를 점령하기 위해 집중포격으로 도시 전체를 파괴하면서 작전을 펼친 결과, 시 점령에만 70여 일이 소요되었으며 돈바스 지역의 최서단인 슬로뱐스크에는 러시아 병력이 아예 도달하지 못했다.[13] 맹렬한 포격으로 러시아군은 돈바스 전쟁 때보다 더 많은 점령지를 획득했으나, 돈바스 전쟁 시절과 달리 우크라이나군이 예상외로 강력하게 저항하여 러시아군은 감당하기 어려운 병력손실 및 물자고갈에 시달렸다.

원래 돈바스 전선은 보급선이 다른 전선에 비해 짧았을 뿐만 아니라, 러시아에 우호적인 친러 반군이 존재하는 지역이었으며, 무엇보다 러시아가 자랑하던 대규모 포병전력을 BTG의 이동에 맞춰 즉시 투사할 수 있는 유리한 지역이었기에 개전 이전의 예상이 빗나간 것은 이 전쟁에서 가장 큰 반전이라 할 수 있다.[14)]

매일 평균 6만 발에 이르는 막대한 포격작전을 지속하면서 루한스크주의 가장 중요한 교통 및 보급의 요충지라고 할 수 있는 세베로도네츠크를 러시아군이 점령할 수 있을 것인지, 만일 점령하더라도 마리우폴 사례처럼 두 달 이상의 공세를 지속한 후에 겨우 장악할 것인지가 러시아 연방군의 전투력을 재확인할 수 있는 시험대로 떠올랐다. 6월 26일 막대한 포격을 실시하여 러시아가 약 50일 만에 세베로도네츠크를 점령함으로써 우크라이나군의 보급 및 기동이 제한을 받게 되었으나, 장기간의 공세로 러시아군 역시 더 이상 공세를 지속할 수 없었다. 7월 4일에 이르러서는 세베로도네츠크가 사실상 러시아군의 공세종말점이 되었는데, 7월과 8월에 러시아의 포격이 크게 제한되면서 공세가 지연되었다. 이는 3~5월에 러시아군의 포격이 제한되었던 것과는 다른 이유인데, 세베로도네츠크 점령 이전에는 ISRTA 능력이 미흡해 포격의 효과가 제한적이었다면, 세베로도네츠크 점령 이후에는 우크라이나군이 미국으로부터 제공 받은 신형 포병무기체계인 HIMARS(고기동포병로켓시스템)를 본격적으로 가동시키면서 러시아군의 포탄보급기지가 순차적으로 파괴되어 탄약 부족으로 포격작전을 제대로 수행할 수 없었기 때문이다.

9월 10일을 기점으로 돈바스 전선의 전황은 우크라이나군의 우세로 대전환되었다. 그동안 남부 헤르손 전선에 우크라이나가 전투력을 집중시키면서 돈바스 전선에서는 방어작전만 수행할 것이라고 예상되었으나, 결과적으로는 돈바스 지역에 대공세를 실시하기 위해 러시아 연방군의 관심을 헤르손으로 돌려 상대적으로 러시아군이 돈바스에서 전투력을 차출할 때까지 전투력을 보존할 것이었다. 9월 10일부터 돈바스 지역에 대해 시작된 우크라이나군의 대대적인 반격은 미국과 영국이 제공한 정보 기반이며, 미국이 작전의 타당성 검토까지 지원해 준 것으로 알려졌다.[15)]

9월 10일부터 본격적으로 시작된 우크라이나의 동부 대공세로 4일 만에 약 6천 km^2에 이르는 영토가 탈환되었으며, 사실상 하르키우 전 지역을 수복함으로써 하르키우는 전쟁 이전의 상태로 돌아갔다.[16)] 9월 초부터 시작된 동부전선에서의 대규모 반격작전으로 7월 이후 정체되었던 돈바스 전선은 약 두 달 만에 우크라이나군의 공세로 전환되었고, 전쟁 초기에 점령 당한 루한스크의 주요 도시 이지움을 단 수일 만에 되찾은 것을 시작으로 발라클리야, 쿠퍈스크, 보우찬스크와 더불어 루한스크주 북부국경 근처에 위치한 코자차로판, 리프치 등 오스킬강 서쪽 점령지 전체(러시아군이 지난 6개월간 시간을 들여 점령한 지역이다)를 탈환했다. 러시아군이 6개월간 진격하면서 점령한 지역을 미국의 지원을 받은 우크라이나군이 5일 만에 수복한 것이다. 우크라이나군의 하르키우 반격작전은 마치 2차 세계대전 때 러시아가 동부전선에서 독일 중부집단군을 벨라루시 일대에서 섬멸하는 대반격으로 공세를 전환시켰던 바그라티온 작전과 유사하다고 볼 수 있다.

바그라티온 작전에서 러시아군은 주전장을 우크라이나 북부라고 기만하면서 독일군을 우크라이나 북부에 묶어 두었고, 실제 대규모 공세는 벨라루스에서 개시했다는 점이 우크라이나군의 양동작전과 매우 흡사하다. 2차 세계대전 당시에는 러시아군이 조직적인 대규모 반격작전을 수행한 반면, 70여 년이 지나 유사한 지역에서 이번에는 러시아군이 반격을 당했다는 차이점이 아이러니하다. 우크라이나군은 루한스크주 말고 도네츠크주에서도 반격작전을 개시함으로써 러시아군은 돈바스 전선 전체가 재편성 혹은 붕괴될 수 있는 상황에 직면했다.

그림 5.1에서 북부전선에서 러시아군이 점령했던 체르니히우, 수미, 하르키

표 5.2 전쟁 발발 후 러시아와 우크라이나가 확보한 전략적 요충지

	전략적 요충지에 대한 점령 결과
우크라이나	키이우, 오데사 방어 성공(2022.2.24~) 루한스크주 전선 반격(세베로도네츠크 재점령 2022.9.10~) 체르니히우(2022.4.3), 북부전선 수미(2022.4.4) 탈환 흑해 연안(즈미이니섬 2022.6.30) 탈환 하르키우 전선 대부분 탈환(2022.9.23~) 헤르손 북부지역 탈환(2022.11.11~)
러시아	크름반도-돈바스의 남부회랑 연결(3.4~) 도네츠크주 점령 확대(마리우폴 5.17~) 루한스크주 점령 확대(리시찬스크 7.4~) 남부전선 점령 확대(헤르손 남부 3.2~)

그림 5.1 2022년 9월 22일까지의 전황

우는 우크라이나군에 의해 탈환되었다. 사선무늬 지역은 돈바스 전쟁에서 러시아가 점령한 크름반도와 도네츠크 및 루한스크 주의 일부이다. 사선무늬 지역 곁에 사선이 없는 지역은 2022년 우크라이나 침공 이후 러시아군이 점령한 지역이다. 하르키우주는 우크라이나군이 재점령 과정에 있는 경합지역

이다. 헤르손과 자포리자주 내부에 걸쳐 둘러싸인 일부 사선무늬 지역은 러시아 점령지 내에서 반러 민병대가 저항을 하는 지역이다. 전쟁이 장기화되면서 러시아군의 피해는 기하급수적으로 증가했으며, 푸틴이 핵무기 사용을 저울질하고 있다는 루머가 돌기도 했다. 러시아가 강제 징병을 실시하거나 북한 및 이란에서 포탄과 자폭용 드론을 대량으로 공급 받는 등 총력전에 들어가서 궁극적으로 돈바스와 크름반도를 완전히 장악하는 데 성공할지라도, 러시아 연방군은 대부분의 전쟁목표를 달성하는 데 이미 실패했다.

전격전 3일 천하

2022년 2월 24일 푸틴의 특별군사작전이라는 연설로 개시된 러시아 연방군의 우크라이나 전면침공은 동원된 부대의 규모 및 화력뿐만 아니라 작전지의 넓이, 그리고 작전지의 특수성(제3세계가 아닌 유럽이라는 점) 때문에 즉각 전 세계의 이목을 집중시켰다. 2차 세계대전 후 다시 유럽이 전쟁의 비극적인 화마에 빠질 수도 있다는 점, 핵 보유국인 러시아에 의해 핵전쟁으로 비화될 수도 있다는 점, 코로나19와 더불어 세계 경제에 직간접적으로 미치는 부작용이 기하급수적으로 늘어날 수 있다는 점 등에서 국제정치의 가장 큰 이슈가 될 수밖에 없었기 때문이다. 푸틴의 연설에 의하면 특별군사작전의 목표는 돈바스 지역의 주민들을 우크라이나 나치 극우주의자들로부터 보호하는 것이 주목적이었다.

따라서 푸틴 대통령이 우크라이나를 침공하며 내세운 명분 중 하나는 우크라이나의 탈나치화이며, 지난 8년간 돈바스에서 네오나치에 의해 집단학살이 자행되어 왔기 때문에 나치의 잔재를 청산하여 러시아계 주민들을 보호한다는 것이 이 전쟁의 대외적인 명분이다. 그러나 이런 명분은 다분히 정치적인 것으로, 우크라이나 현 정부를 나치 성향으로 규정하기는 어렵다. 유대계 출신인 볼로디미르 젤렌스키 대통령은 민주적인 선거를 통해 선출되었으며, 이전 정부보다 민주주의를 공고화하는 등 EU 가입을 위해 민주적 행보를 보여 왔기 때문이다.[17] 연설에서 푸틴 대통령은 우크라이나 점령 계획이 없다고 말했고 그와 동시에 외국이 간섭할 경우 즉각 보복하겠다고 경고했다.

그러나 돈바스 지역의 주민 보호라는 명분과 달리, 개전 직후 우크라이나와 러시아를 연결하는 모든 국경지대 및 우크라이나 주요 도시에 대한 공격이 실시되었다. 우크라이나의 수도 키이우, 제2도시인 하르키우, 돈바스 지역인 도네츠크와 항구도시 마리우폴, 그리고 후방인 오데사 지역에 탄도 및 순항 미사일 공격이 행해졌다. 또한 이미 병합한 크름반도와 포위 중인 마리우폴의 항구를 통해 헤르손, 수미에 러시아군이 진입했다. 이날 부로 유럽 항공 당국(European Organization for Safety of Air Navigation)은 우크라이나에 영공 경고를 발령했으며, 흑해를 항해 중인 선박에도 경고가 내려졌을 만큼 국지전이 아닌 전면전의 성격으로 개전되었다.

개전이 되자마자 젤렌스키 대통령은 국가계엄령을 발령했으며 예비군 소집을 명령했다. 개전 첫날부터 수일간은 정확히 어느 정도 규모의 러시아군이 어떤 지역에 공세를 펼치고 있는지에 대한 교차검증 정보가 없어서 오데사가 함락되었다는 루머도 있었고, 수도 키이우가 탄도미사일 공격을 받았다는 보도도 있었으나 전쟁이 진행되면서 피해지역의 정보가 언론을 통해 전달되었으며, 러시아군의 전력과 공세 방향 및 작전의 목표가 서서히 드러나기 시작했다. 돈바스 지역뿐만 아니라 우크라이나 주요 도시 및 군사기지에 전면적인 공습이 가해졌으며, 이는 수도 키이우도 빗겨 갈 수 없는 대규모 공습이었다. 대규모 공습으로 후방 및 종심을 타격하고, 압도적인 포병 화력으로 전선의 방어 태세를 와해시킨 후 러시아 연방군이 수년간 준비한 80개 이상의 BTG가 키이우, 수미, 하르키우, 돈바스, 자포리자 등 주요 전선으로 동시

그림 5.2 개전 직후 공세가 이루어진 우크라이나 전황 개괄

▌2022년 2월 24일 개전 이후 러시아군과 우크라이나군 간의 교전이 발생한 곳은 오데사, 헤르손, 자포리자, 도네츠크, 루한스크, 하르키우, 수미, 체르니히우, 키이우 주로써 당초 푸틴 대통령이 우크라이나를 점령할 계획이 없다고 한 것과는 달리, 러시아와 접경한 전 지역에서 전투가 발생했다.[18)]

에 진격하여 우크라이나군의 지휘 및 최전선의 방어 태세를 마비시킨 후 단기간에 전쟁을 승리로 이끌겠다는 것이 러시아의 전략이었다. 우크라이나의 북부 및 남동부 전선 이외에도, 키이우에 공수부대를 침투시켜 젤렌스키 대통령을 체포하거나 혹은 우크라이나 정부를 붕괴시키는 저출혈 군사작전을 병행하는 것이 전쟁목표 자체였다.

그러나 우크라이나군은 2014년 돈바스 전쟁 때와 전혀 다른 방어전략으로 러시아 연방군의 전면전에 대비해 왔으며, 개전 초 러시아 연방군이 예상하지 못한 전술을 통해 러시아의 압도적인 화력과 병력 차이에 의한 공세를 최대한 저지했으며, 전쟁 중기에 시작된 우크라이나군의 대대전인 반격작전을 위한 준비 시간을 벌었다. 주요 전술로는, 러시아군의 대규모 공습과 포병사격에 대비하여 개전 직전에 주요 군사지휘부, 물자저장소, 병력집결지를 이동시켜 피해를 최소화했다. 물론 최전방 군사요충지의 시설 및 물자를 이동시키는 것은 방어전략에도 어긋나기 때문에 최대한 수성해야 할 지역은 방어태세를 강화하여 반격(망치)의 시간을 버는 요충지(모루)로 활용했다.

그 대표적인 예가 마리우폴, 이지움, 세베로도네츠크, 리시찬스크 등과 같은 지역이다. 또한 러시아 기갑부대의 진격에 대해 기갑부대를 동원하는 직접 응전으로 맞서지 않고, 대전차 미사일을 갖춘 소규모 보병부대를 끊임없이 이동시켜 기동방어 형태로 진격을 지연시켰다. 이러한 방어전략은 우크라이나의 발레리 잘루즈니 장군이 입안했다고 알려져 있는데, 잘루즈니가 고안한 전술적 구상의 핵심은, 러시아군의 주공인 기갑부대보다 보급부대를 집중적으로 타격하는 것이었다. 이 전술에 따라 우크라이나군은 기동성을 갖춘 소규모 보병부대를 넓게 포진시켜 러시아군의 보급망을 교란했다. 그 결과 막대한 탄약과 연료 보급이 필수적인 러시아군의 단기전 전략이 무너지면서 러시아군의 공세가 멈추게 된 것이다.

개전 초인 2~3일(72시간) 동안에는 키이우 및 항구도시, 공항에 러시아의 공세가 집중되었다. 수도인 키이우가 러시아 서부 국경 및 돈바스 지역에서 비교적 원거리였기 때문에 수도에 대한 방어체제는 돈바스 지역에 비해 낮은 상태였고, 무엇보다 벨라루스의 적극적인 협력이 없으면 키이우에 대한 직접적인 공세는 불가능할 듯 보였으나, 러시아군은 침공 2주 전까지 최소 8개의 BTG를 벨라루스 내에 전격 배치하여 침공과 동시에 우크라이나 국경을 돌파하고 키이우로 전격전을 실시했다. BTG의 주요 특징은 8부에서 자세히 다룰 것이다. 키이우 축선으로 침투한 BTG는 키이우를 함락시키기 위한 주공이 아니라 조공으로써, 우크라이나 방어군이 주축선인 드니프로강 동쪽에 집중

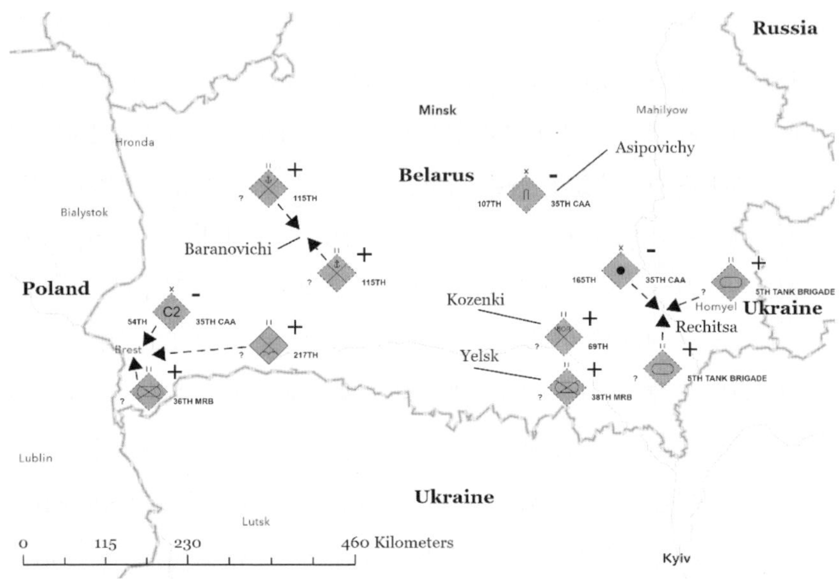

그림 5.3 러시아 동부 군관구 소속 8개 BTG의 개전 직전 사전 배치도[19)]

▌이 전술단은 벨라루스 국경을 통과하여 우크라이나 수도인 키이우로 침공했다.

되는 것을 막기 위해서였음이 나중에 드러난다. 러시아군은 우크라이나에서 제공권을 장악하기 위해 순항 미사일 등으로 키이우 근처의 호스토멜 공항, 동북쪽 하르키우 군사공항, 서부 이바노프란키우스크 공항에 대한 공습을 진행했으며, 항구가 있는 헤르손, 오데사, 마리우폴에 대한 공습 및 상륙을 진행하여, 우크라이나의 교통 및 수송망을 초기에 무력화하려는 의도를 보여주었다.

전쟁 발발 72시간 동안 우크라이나군 및 주변 국가들은 정확한 정보가 부족했을 뿐 아니라 예상 외로 러시아군이 대규모 공세를 전개해 혼란한 상황에 빠졌다. 가장 대표적인 사례로, 점령되지 않은 오데사가 개전 하루 만에 러시아군에 의해 점령되었다는 보도가 있었다. 그러나 오데사와 달리, 크름반도와 인접한 헤르손 지역은 우크라이나군의 별다른 저항 없이 러시아군에 점령되었으며, 최대 수력발전소인 카호브카 발전소, 키이우에서 15km 거리에 있는 호스토멜 공항이 큰 교전 없이 러시아군에 의해 점령되거나 시설이 파괴되었다. 다수 언론에서 키이우 인근의 호스토멜 공항에 대한 공습 및 러시아군의 점령을 다루었으며, 이로써 러시아군이 대규모 특수부대를 후방에 투입하는 전술을 적용하고 있음이 확인되었다.[20]

개전 후 2일이 지나서 NATO는 화상회의를 통해 러시아 침공 제재 방안을 논의하기로 결의했으나 구체적인 군사 대응이나 우크라이나 지원 방안은 논의하지 않았다. 튀르키예는 보스포러스와 다르다넬스 해협에서 러시아 해군

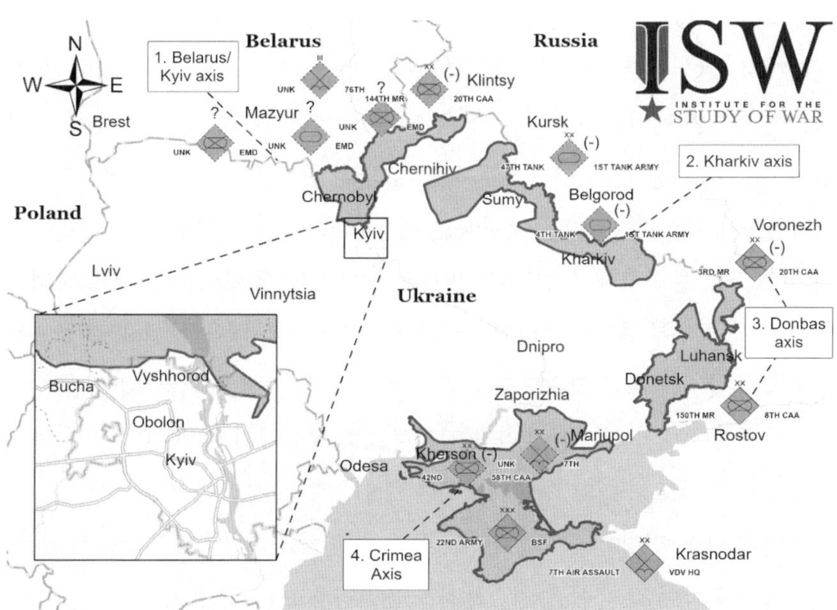

그림 5.4 2022년 2월 27일, 개전 72시간 이후의 상황

▌2장에서 언급한 남부~동부를 연결하는 오데사, 헤르손, 돈바스 지역의 주공과 더불어 북부 지역에서 전선이 형성되었으며, 초기 3일간 러시아군의 전격적인 진격이 점차 정체되기 시작한다. 지도에서 확인할 수 있듯이 개전 초 상황을 보면, 러시아의 향후 공세목표는 분리된 크름반도 축선, 돈바스 축선, 하르키우 축선, 키이우 축선을 연결하는 것이다. 세 지역의 중간 교점인 드니프로 동쪽 지역을 점령하면 크름반도 축선, 돈바스 축선, 그리고 하르키우 축선이 통합되기 때문에 이후 전투는 드니프로 동부에 대한 치열한 공방이 예상된다.[21]

의 이동을 제한하는 조치를 취할 예정이라고 발표했다. 예상과 달리 모든 접경지대에서 동시다발적으로 러시아군의 침공이 시작되었기 때문에 우크라이나군은 지역별로 포위되거나 후퇴하게 되었으며, 특히 수미, 하르키우 등 돈바스 북쪽의 전략적 요충지는 우크라이나군이 점차 포위되는 양상으로 치달았다. 원자로 폭발사고가 있었던 체르노빌 원전지역을 러시아가 조기에 점령했으나 핵폐기물 및 원전의 존재 때문에 대규모 공방전은 발생하지 않았다.

개전 3일간 초기 전황에서는 러시아의 60여 개 BTG 돌파, 공수부대의 후방침투, 전술단위의 근접항공지원 및 순항 미사일 공습이 유기적으로 실시되어 모든 축선에서 우크라이나군이 러시아군의 공세를 저지하지 못한 채 후방으로 퇴각하면서 방어선을 구축하는 양상을 보였다. 그러나 이러한 상황은 오래가지 않아 새로운 국면으로 전환된다. 우선 개전 3일 후 수도 키이우의 전황이 서서히 변하는데, 벨라루스 국경에서 키이우까지는 100km가 채 되지 않기 때문에 개전 직후 쉽게 키이우를 공략할 수 있을 것이며 우크라이나가 평화협상에 들어갈 수 있을 것이라는 예상과 달리,[22] 키이우 북쪽 15km 지점의 호스토멜 공항에서 진격이 멈춘다. 호스토멜 공항 인근을 점령하려고 한 러시아 공수부대가 우크라이나군의 포격으로 전투력을 상실하고, 공수부대와 연계작전을 위해 고속도로를 따라 빠르게 전진하던 기갑부대는 합류 예정이던 공수부대가 분쇄됨에 따라 작전목표를 상실했기 때문이다. 또한 하르키우 축선에서도 수미와 체르니히우를 중심으로 시가전이 발생하여 전선이 교착됨에 따라 러시아군은 주요 도시들을 점령하는 대신, 도로망을 통해 도심지를 우회하여 각 축선을 연결하려는 움직임을 보여 주었다.

남부 헤르손 지역에서도 크름반도에서 전진한 러시아 부대가 쉽게 전선을 돌파하지 못하고 시가전으로 전선이 교착되었다. 즉, 초반의 재빠른 공습과 BTG 투입 효과는 개전 3일 후 돈바스 축선을 제외한 나머지 지역에서 소멸되어가는 현상이 발생한 것이다. 이는 다음 장에서 설명할 러시아군의 편제개혁 부작용으로도 분석할 수 있으나, 그 외에도 이 시점까지는 러시아 항공우주군의 단계적 작전수행(전술적·작전적·전략적) 단위 중 최저 단계인 전술적 항공작전에만 치중했다. 그 결과 그 이상 단계인 작전적 항공작전 및 전략적 항공작전 단위의 대규모 화력투사를 실시하지 못했기 때문에 지상군의 공세가 급격히 둔화되었다고 풀이할 수 있다. 러시아 군사 당국은 개전 초기의 기습효과를 상실한 채 전선 대부분이 교착 상태에 빠졌음을 인지했으며 서둘러 예비대의 편성 및 투입, 진격이 돈좌된 부대의 우회 돌파 등을 통해 이와 같은 상황을 타개하려고 했다.[23)]

6장

나폴레옹과 히틀러의 저주에 발목 잡힌 러시아 연방군

개전 이후 일주일이 채 되지 않아 한계를 드러낸 보급부대의 빈약한 운용력, 공병부대가 결여된 BTG, 그리고 라스푸티차의 영향으로 북부-동부 전선의 기갑부대는 한정된 포장도로로 이동할 수밖에 없었기에 이 시기부터는 소규모로 조직된 우크라이나 보병들의 매복공격이 중요한 전투임무 중 하나가 된다. 남부지역인 마리우폴에서 진행된 완전한 시가지 전투에서는 짧은 보급거리, 라스푸티차가 없는 환경 등에 의해 러시아군의 압도적인 화력에 눌려 우크라이나군이 포위되거나 후퇴했지만, 그 반대로 북부-동부 전선에서는 우크라이나군이 오히려 공세적인 활동으로 전환하고 러시아군이 방어진지를 구축하는 양상도 벌어지게 된다.[1)]

"길은 진흙창으로 변했고, 기름도 없었다"

그러나 러시아의 공세돈좌가 개전 일주일이 채 되지 않은 시점에서 전 전선에 걸쳐 나타났다는 사실은 단순히 라스푸티차, 군수지원체계 미비, 공병

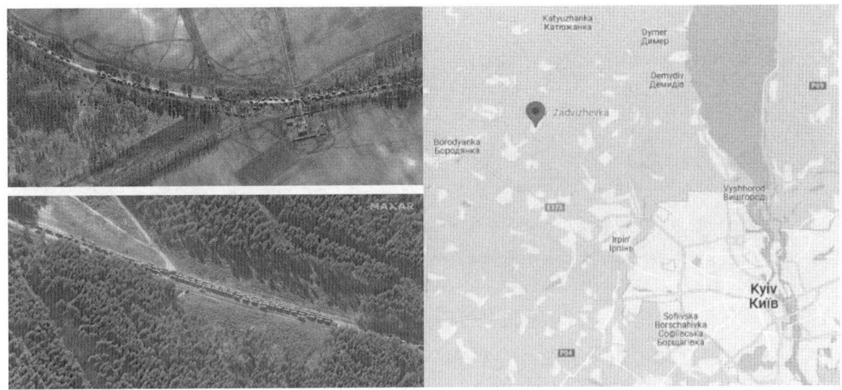

그림 6.1 2022년 2월 28일 Maxar Technologies에서 제공한 위성영상 이미지

▌위성사진이 찍힌 위치는 키이우에서 20km 정도 떨어진 자드비제브카의 평야 및 숲지대로써, 왼쪽 상단 사진에서는 수많은 트랙마크를 감안할 때, 러시아 기갑부대 및 수송대가 도로옆 평야를 지나가려다 라스푸티차 등의 이유로 다시 도로로 복귀한 흔적을 볼 수 있으며, 왼쪽 하단 사진에서는 숲에서 매복중인 우크라이나 보병대의 대전차화기의 공격과 선두부대의 돌파 실패에 의해 수송대의 진격이 완전히 돈좌된 모습이다.

대 부재의 BTG 문제만으로 설명할 수는 없다.[2] 환경이나 지원체계에 의해 돈좌된 기갑부대나 수송대는 시간이 어느 정도 흐르면 이를 자체적으로 극복하고 전진을 재개할 수 있기 때문이다. 그러나 우크라이나군은 개전 직전인 2021년 12월부터 2022년 1월 사이에 상당량의 휴대용 대전차 미사일 및 로켓을 영국, 미국 등으로부터 도입하여 전 전선에 배치 운용했다.[3] 미국은 개전 즉시 3억 5천만 달러 상당의 군사지원 패키지를 우크라이나에 지원했으며 이 중에는 FGM-148 재블린 대전차 미사일이 포함되어 있었고, 영국은 2천여 발의 NLAW 대전차 로켓을, 독일은 1천여 발의 판저파우스트-3 대전차 로켓을 지원했다.[4]

서방국가들이 이처럼 상당량의 보병 휴대용 대전차 미사일을 지원하리라고는 러시아가 예상하지 못했거나 혹은 우크라이나의 운용력을 과소평가한 측면이 있다고 추론할 수 있다. 전쟁 발발 이후 우크라이나군은 평야에서 진

그림 6.2 네덜란드의 민간 군사매체 오릭스(Oryx)에서 집계한, 첫 파괴된 러시아 T-90A 전차

▌오릭스는 소셜 미디어에서 수집한 군사장비 파괴 및 노획 전과를 실시간으로 업데이트한다. 전차 상면만 파괴된 것으로 보아 NLAW나 FGM-148 재블린 대전차 미사일의 톱-어택(Top-Attack)으로 파괴되었으리라 추정한다.

그림 6.3 2022년 3월 4일까지의 전황

▌개전 3일 후 전황과 비교해 볼 때 북부전선에서 오히려 러시아의 우세는 감소했으며(사선으로 표시된 곳은 러시아가 한때 진격했으나 완전히 점령하지 못한 지역), 오데사나 미콜라이우도 여전히 우크라이나의 통제하에 있다. 그러나 돈바스 지역과 크름반도를 연결하는 가장 중요한 지역인 마리우폴은 러시아군이 대부분 점령했으며 점령되지 않은 지역은 시가전을 통해 우크라이나군이 저항 중이다.[5)]

격이 멈추거나 한정된 도로 위를 전진하는 기갑부대 및 보급대에 대한 매복 공격을 주요 전투방식으로 채택했으나, 러시아군은 이러한 전술에 미처 대비가 되어 있지 않은 듯 LAW(경대전차화기) 공격에 지극히 취약한 모습을 보였다. 그 결과 개전 일주일째인 3월 2일을 기준으로 러시아는 50여 대 이상의 전차를 상실했으며, 보병전투차 및 장갑차의 경우 94대, 각종 지원차량 143대 등이 파괴되었다.[6)]

전쟁 발발이 9일에 접어들면서 중요한 변화가 몇 가지 생겼는데, 북부전선에서 러시아군의 공세종말점 도달, 남부전선에서 러시아 공세돈좌 시작, 동부전선에서 공세 강화로 전선에 변화가 생겼다. 러시아군은 수도 키이우를 점령하기 위해 더 이상 진격을 하지 못하자 키이우를 포위하거나, 체르니히우 및 수미를 통해 북동쪽에서 전선을 돌파하여 키이우 동부로 진격하는 작전을 시도했다. 라스푸티차, 우크라이나군의 대전차화기 등으로 공세종말점에 도달한 북부전선의 상태와 달리, 러시아군의 BTG 대부분이 집중되고 포격지원이 원활한 마리우폴의 전황은 러시아에 지속적으로 유리하게 전개되었다.

개전 12일차부터 며칠간 러시아군의 중대한 변화는 고착된 전선을 돌파하고 전략거점, 특히 수도 키이우를 점령하기 위해 키이우 주변에 대규모 공세부대를 집결시켰다는 것이다.[7)] 개전 2주차가 되도록 전선이 고착된다면 우크라이나의 방어 태세가 더 강화될 시간을 줄 수 있기 때문에 전력을 최대한 집중시켜 전과를 확대하기로 한 것이다. ISW(미국전쟁연구소)와 영국 국방부가 공통으로 발표한 전황정보를 종합해 보면, 러시아군은 키이우를 향해 삼면에서 접근 중이며 24~96시간 내로 본격적인 공세를 시작할 것이고, 이 대규모 공세의 성과를 예측하기는 어렵지만, 이제까지의 총체적 난맥 상태를 초래한 보급과 재정비, 작전이 성공적으로 재편되었다면 전보다 더 큰 성과를 거둘 가능성이 있다고 평가된다.

키이우에 대한 대규모 공세를 준비하는 것과 달리 남부전선은 이전과 비교해서 전선의 상황에 큰 차이가 없으며 공세 준비가 포착되지 않았으므로 극적인 상황 변화 없이 대치 상태가 유지될 것으로 예측되었다. 동남부에서 개전 이래 매일 치열한 교전이 발생하는 마리우폴 지역을 러시아가 함락시키고 돌파구를 확대하여 본토로부터 증원군을 재배치하지 않는 이상 추가적인 전선 확대는 힘들 것으로 보였다. 또한 서남부 최대의 전략지인 오데사에 예상과 달리 상륙작전은 실시되지 않고 있는데, 아마 이는 러시아 흑해함대의 준비가 늦어지고 있기 때문인 것으로 추정되었다.

미국 국방부는 이러한 키이우 인근 전투력 집결 상황에 대해, 러시아군이 전쟁 발발 전에 준비한 가용병력을 거의 소진했으며, 심각한 물자부족과 사기 저하로 인해 수도 점령처럼 전선에서 큰 변화가 일어나지 않는 이상 전쟁이 장기화될 수밖에 없다고 분석했다.[8] ISRTA 능력과 초정밀유도무기 등에서 서방에 비해 열세인 러시아는 항공전력을 실시간으로 그리고 효과적으로 투입하지 못하기 때문에, 전통적으로 러시아군 스스로가 지상전의 신이라고 평가해 온 포병 및 기갑 전력 중심의 지상전투력을 한 지역에 집중하여 운용하는 것이 최선의 전술이다. 이를 위해서는 최소한 여단급 이상의 편제단위가 동원되어야 하는데, 여단 이하의 제대단위에서는 정보수집, 군수, 공병지원, 광역 포병지원 등이 사실상 어렵기 때문이다.

그러나 러시아군은 심각한 인구감소, 재래식 전술장비의 노후화, 군수지원체계 미비 등으로 냉전시대의 대규모 지상군 운용전술을 포기하는 대신, 냉전 붕괴 이후 각 공화국 분쟁에서 유연한 전투력을 투사하기 위해 소규모 부대로 작전제대를 재편하는 개혁을 단행했다. 이것이 바로 BTG이며,[9] 2014년 돈바스 전쟁 당시 소규모 국지전에서 효과를 보았기 때문에 이번 전쟁에서도 같은 전술을 준비했다. BTG에 대한 자세한 내용은 다음 장에서 언급할 것이지만, 이 시점에서 BTG의 한계가 분명히 드러나고 있었다.

돈바스 전쟁과 달리 대규모 전쟁에서는, 각 BTG 간에 유기적인 정보 네트워크를 편제상 충분히 확보할 수 없다는 단점이 존재한다. 게다가 2022년 러시아-우크라이나 전쟁처럼 친러 반군이나 체첸 공화국 파견병들과 공동작전을 수행할 경우에는 장비 수준이 떨어지는 이들 부대의 통신 네트워크 때문에 전선 통제가 어려워지기도 한다. 따라서 한정된 정찰자산에 의존할 수밖에 없기 때문에, 부대가 화력을 동원할 때도 그 정보의 신뢰성 여부와 관계없이 가용화력 대부분을 한정된 지점에 집중시키는 사례가 많아진다. BTG의 한정된 정찰 및 통신 체계로는 전장의 상황 변화에 유기적으로 화력을 운용하기 어렵다. 또한 대대급 부대의 한계상 부대 자체가 보유한 보급물자가 적고, 상위 제대에 있는 수술실과 같은 의료지원 체계는 완전히 결여되어 있다.

러시아는 이 전쟁을 준비하면서 전군 BTG의 75%인 120여 개 BTG를 우크라이나 전선에 투입했으며,[10] 개전 2주차 이후 대공세를 위해 키이우 지역에만 최소 40여 개, 최대 50여 개의 BTG를 집결시킨 것으로 추정되었다.[11] 이제 전쟁은 가장 중요한 첫 번째 분수령에 들어선 것이다. 러시아가 대규모 전투력을 집중해 단시간에 키이우를 점령한다면, 우크라이나는 모든 전선에서 혼란이 발생하여 일시 붕괴될 수도 있으며, 러시아로서는 당초 단기(10~20일)로 예상한 전쟁목표 기간을 맞출 수 있는 사실상 마지막 기회이다.

3월 16일부터 20일까지의 키이우 전투는 이번 전쟁의 첫 분수령이 된 기간이다. 수도 키이우를 공략하기 위해 러시아군이 많은 BTG를 키이우 주변으로 배치하면서 하르키우로부터 이지움으로 진출하려는 러시아군의 공세, 루한스크에서 세베로도네츠크로 진출하려는 러시아군의 공세 등이 약화되었으며 마리우폴에서도 여전히 전투는 교착 상태였다. 키이우 서쪽 전선에 집결한 러시아군은 반복적인 공세를 실시하여 키이우 인근 도시인 부차와 이르핀에 상당한 포격을 가했으며, 우크라이나군이 이미 폭파시킨 교량을 복구하는 대신 직접 강을 건너는 도하작전을 준비하면서 우크라이나군과 교전을 벌이

그림 6.4 3월 9일 전황

▌3월 4일의 전선 상황과 비교해 모든 전선은 큰 변화가 없으나 키이우 인근 지역은 러시아가 서-북-동쪽으로 완전히 포위한 국면으로 전환되었다. 러시아군은 다른 지역, 특히 체르니히우, 수미, 헤르손의 전선 확대를 중단하고 수도 키이우를 점령하고자 벨라루스를 통해 대규모 BTG(40~50여 개)를 집결시키고 있다.[12]

기도 했다. 키이우 서쪽 도시인 비쇼로드에서도 러시아군은 공세를 취했으나 격퇴되었고, 러시아 공수부대가 이르핀강 동쪽을 점령하려 했으나 우크라이나군이 방어에 성공했다. 3월 18일 러시아군이 키이우 북서쪽을 대대적으로 공격했으나 러시아군의 사상자가 크게 발생하여 키이우 포위망은 붕괴되기 시작했다. 3월 19일에는 우크라이나군이 약화된 러시아군의 북서쪽 포위망을 역습하여 돌파구를 마련하고 키이우 포위망을 뚫었으며, 키이우 동북쪽 포위망에서도 러시아군은 공세를 중단하고 방어진지를 구축하면서 사실상

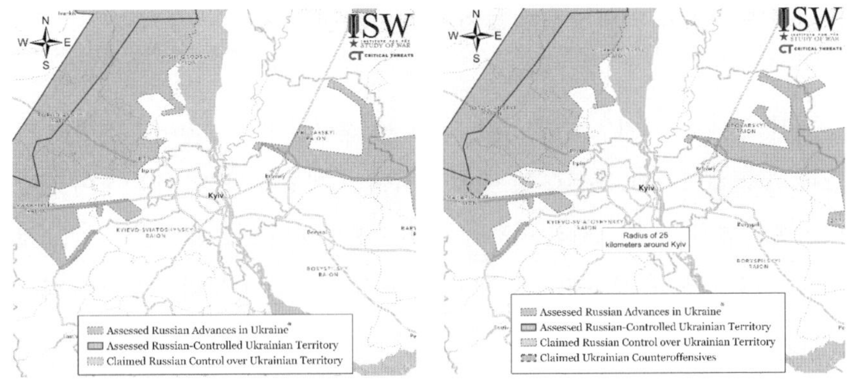

그림 6.5 3월 18일의 키이우 포위 상황과 3월 22일의 키이우 포위 상황 비교

▌수일간 러시아군의 포위공격이 실패로 끝나고 우크라이나군이 포위망을 돌파하여 교두보를 확보하게 된다. 이후 러시아는 키이우에 대한 공세를 중단하고 점령했던 키이우 서-동쪽 외곽을 지키기 위한 방어작전에 돌입한다.[13)]

키이우 공략은 실패로 끝난다.

40개 이상의 BTG를 키이우 및 체르니히우 지역에 집결시켰지만 키이우 공략에 실패하고, 러시아는 이 전쟁에서 두 번째 단계에 진입하는데 이때 키이우 전선을 방어 태세로 전환하고 병력을 빼내서 돈바스 지역으로 재배치함으로써 동남부 지역을 완전히 점령하려는 전략으로 수정한다. 이를 위해서는 신규 병력을 조달하고 키이우 전선에서 전투력을 크게 상실한 BTG를 재편성·보급해야만 했다. 당초 목표와 달리 장기전 양상으로 치닫고 있었기 때문에 손실된 병력을 조속히 보충하는 것이 가장 중요한 과제였다. 이를 위해 러시아는 쿠반, 프리모르스키, 야로슬라브, 우랄 지역 등 우크라이나 국경과 먼 동부지역에서 동원준비를 했으며, 향후 최대 격전지가 될 도네츠크와 루한스크 지역뿐만 아니라 일부 하르키우 지역에서는 18세 이상의 현지 주민을 대상으로 강제징집에 착수한다.[14)]

하나씩 무너지는 전쟁계획과 불길한 장기전의 전조

개전에서부터 키이우 공략 실패에 이르는 전쟁 초반의 전황이 러시아의 기습적 침공, 공세돈좌, NATO 및 미국의 지원, 키이우 포위전으로 나누어 진행되어 왔다면, 키이우 포위전 이후의 전쟁은 전쟁 중반으로 구분할 수 있을 것이다. 이후 러시아군은 키이우 포위전에 동원된 BTG 전투력이 상당수 상실되었음을 파악하고, 병력을 대부분 철수시켜 벨라루스 등지에서 재보급 및 충원한 후 동남부 전선으로 재배치하려는 움직임을 보였으며, 오데사-헤르손에 대한 공세를 중단하고 방어체계를 구축하기 시작한다. 즉, 러시아군의 입장에서 전쟁 초기의 핵심 목표가 수도 키이우의 함락이었다면, 전쟁 중기의 핵심 목표는 크름반도와 돈바스를 연결하는 미점령지대의 완전한 점령이라고 볼 수 있으며 이 목표의 성공 여부는 마리우폴의 함락이 될 것이다.

키이우 서쪽의 공격이 실패하여 사실상 키이우 포위전은 실패했으며, 러시아는 키이우 동쪽의 브로리에 제90전차사단의 BTG를 동원하여 우크라이나군의 돌출을 막고 러시아 병력을 철수하기 위한 방어작전을 시행했다. 3월 20일부터는 강화된 동남부 핵심 목표인 마리우폴에 대한 공세가 두드러졌다. 또한 루한스크와 도네츠크 지역의 완전한 점령을 위해 부흘레다르, 루비즈네, 세베로도네츠크, 포파스나 등지에 대대적인 공세를 펼쳐 상당한 지역을 통제할 수 있게 되었다. 외신 및 미국과 NATO도 마리우폴 지역의 전투에 관심을 더 높이기 시작했으며, 러시아의 프로파간다도 심화되었다. 예를 들어 마리우폴을 방어하던 우크라이나 수비대가 항복하기 시작했다는 등의 허위 보도를 내기 시작한 것이다.

전반적인 물자부족과 항공전력의 예상 밖 저조한 활동으로 러시아군은 점차 장거리 미사일 공격을 강화한다. 3월 22일에는 러시아가 처음으로 극초음속 장거리 미사일인 킨잘(Kh-47M2)을 발사했다. 이 미사일은 이스칸다르 탄

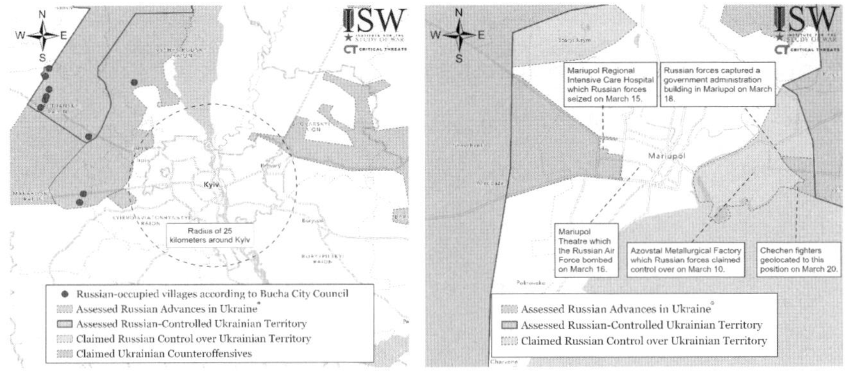

그림 6.6 3월 23일 기준, 키이우와 마리우폴의 전황

▌키이우에서는 우크라이나의 돌파구가 점점 확대되어 오히려 러시아군을 우회, 포위하는 양상이 진행되었다. 우크라이나군의 포위반격작전이 성공한다면 거대한 포켓(포위망)이 형성되어 최소 1만 명 이상의 러시아군이 고립된다. 후퇴하는 키이우 전선과 반대로, 전쟁 중기의 최대 전략목표인 마리우폴은 러시아군, 체첸군, 민병대 전투력이 집중되어 도시를 방어하는 우크라이나 해병대 및 아조우 연대를 점차 포위하여 고립시키고 있다.

도미사일의 공중발사형으로써 아직 충분히 생산되지 않아 전력화 과정 중인 최신형 미사일인데, 러시아가 이 미사일을 사용할 단계까지 왔다면 전쟁 중기에 접어들면서 상황을 반전시킬 카드가 별로 없다는 반증일 수 있다. 또한 3월 24일에는 흑해지역 전황의 전체적인 구도를 바꿀 만한 전과가 발생했는데, 러시아 해군보병이 점령한 베르댠스크항에 우크라이나군이 단거리 탄도미사일 공격을 가해 정박 중인 상륙함 1척을 침몰시키고 2척을 대파했다.[15)]

이 전투의 여파로 제197강습상륙함여단 소속의 상륙함 7척 중 3척이 전선에서 이탈했다. 우크라이나군의 OTR-21 토치카 전술탄도미사일 공격으로 한번에 전차 20대 혹은 AFV 40대 및 전투원 400명을 수송할 수 있는 엘리게이터급 대형 상륙함이 격침되면서, 전선지역의 보급에 심각한 차질이 예고되었다. 이 공격으로 근처에 정박 중이던 로푸카급 상륙함도 피해를 입어 급히 항구에서 벗어나는 모습이 언론에 공개되었다. 이 공격은 오데사-크름반도-멜리토폴주를 통제해야 할 러시아군에게 큰 타격이었다. 이미 공세의 여파로 항구의 기능을 상실한 마리우폴과 달리, 베르댠스크항은 기능은 유지하고 있었으나, 안전한 항구로서 가치를 상실했다.

만약에 베르댠스크까지 러시아가 통제하지 못한다면 향후 보급은 도네츠크 윗부분에서 육로를 통해 매우 소량씩 공급 받거나, 크름반도에서 시작하여 헤니체스크-멜리토폴-프루모르스크에 이르는 장거리 육로 수송로를 이용하는 수밖에 없다. 이후 우크라이나군은 상륙함이나 보급함 이외에도 주력 전투함에 대한 공격을 시도하게 된다. 또한 러시아 해군이 해상수송을 못한다면 오데사 전선의 우크라이나군이 압박을 덜게 된다. 베르댠스크 공습으로 러시아군의 함대방공능력이 매우 취약하다는 점이 드러났으며, 러시아-우크

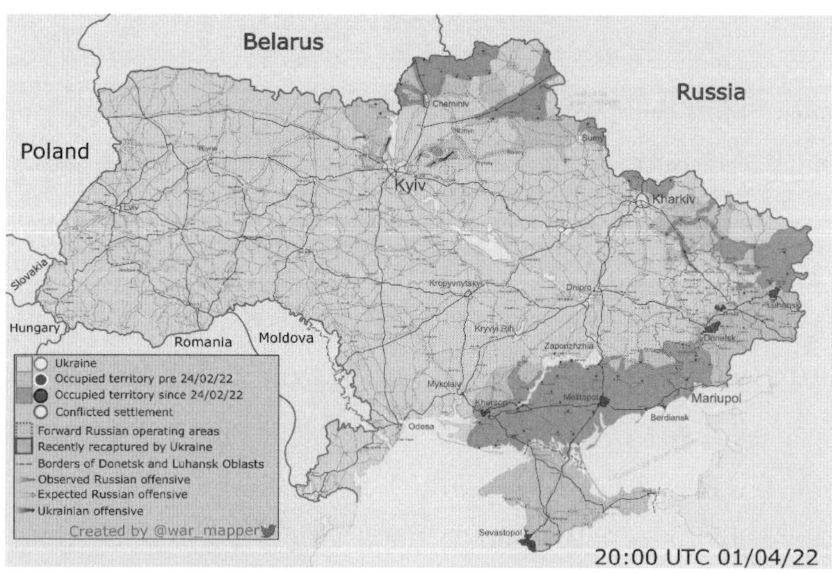

그림 6.7 4월 1일 부로 러시아 연방군의 키이우 공세가 중단되었으며, 체르니히우, 수미, 하르키우 일부에서도 러시아군이 상당수 철수하여, 키이우를 포함한 북부지역에는 2월 24일 전쟁 발발 전과 매우 유사한 전선이 형성되었다. 향후 전쟁은 남부전선에 대한 점령지 공고화 및 동부 주요 거점인 마리우폴, 이지움, 슬로반스크 등 도시 점령에 집중될 것으로 보인다.[16] 러시아가 마리우폴시를 완전히 점령하면 사실상 크름반도-자포리자-돈바스를 잇는 남동부 회랑이 완성되고, 흑해 및 우크라이나의 주요 공업·농업 지역을 통제할 수 있게 될 뿐만 아니라, 종전이 되더라도 협상에 유리한 교두보를 확보하게 된다.

라이나 전쟁 이후 러시아의 대외 군사력 투사 능력 또한 크게 제한될 것이라는 점 또한 추론할 수 있다.

수도 키이우 점령이라는 전쟁 최대목표 달성에 실패한 러시아의 전쟁수행 향방에 대해 많은 언론과 전문가들이 휴전협상이나 혹은 전선을 재정비한 후 벨라루스를 개입시켜 수도 키이우뿐만 아니라 하르키우의 북부전선을 재공략할 것이라는 예측이 있었으나 그러한 전망은 모두 빗나갔다. 러시아가 휴전이나 조기종전 대신 장기전으로 이끌고 가려는 움직임은 우선 푸틴 대통령의 발언에서 확인할 수 있다. 3월 31일 푸틴 대통령은 우크라이나에서 휴전을 하기에는 그 여건과 시기가 적당하지 않다고 마리오 드라기 이탈리아 총리에게 말했다. 드라기 총리는 31일 기자회견 중 푸틴 대통령이 전화 통화에서 말하길, 러시아에 대한 비우호국은 러시아로부터 수입한 석유와 가스를 루블화로 결재해야 할 것이며, 아울러 종전이나 휴전은 고려대상이 아니라고 했다는 것이다.[17)]

그렇다면 전쟁의 초기 목표인 수도 하르키우의 점령에 실패한 러시아군의 다음 목표는 무엇인지를 추론해야 한다. 더 많은 우크라이나 영토의 확보인지, 서유럽에 대한 석유 및 가스 공급의 주도권을 가지는 것인지, 혹은 NATO의 동진을 차단하는 것인지와 같은 거대한 목표보다는, 보다 구체적인 군사목표를 추정해야만 (마치 초기 목표가 수도 점령인 것처럼) 러시아의 전쟁수행 능력과 의지를 파악할 수 있기 때문이다. 전쟁이 시작되는 시점에 러시아는 75개 정도의 BTG를 투입했으며 4월 1일 기준으로 이 중 최소한 16개 이상의 BTG가 와해되어 20% 이상의 전력이 소진된 것으로 파악된다.[18)] 개전 시 준비된 병력과 장비의 20%가 완전히 와해되었다면, 이후 상황은 재빠른 휴전 혹은 장기간의 느슨한 전쟁으로 전개되는 것이 보통이다.

그러나 푸틴 대통령은 휴전이나 종전 의사가 없음을 이미 밝힌 바 있기 때문에 남은 선택지는 다소 덜 격화된 양상의 장기전이라고 추론할 수 있다. 러시아가 장기전을 택한다면 그 이유는 크게 세 가지로, 첫째, 수도 키이우 및 북부전선(하르키우) 재공세를 위해 전력을 재보충하기 위한 목적, 둘째, 상대적으로 자원과 인구가 적은 우크라이나로 하여금 막대한 전쟁비용과 출혈을 강요하여 전쟁을 포기하게 만드는 목적, 마지막으로 이미 점령한 크름반도, 돈바스 지역 이외의 새로운 점령지인 남부전선(헤르손, 자포리자, 마리우폴 등)의 영토를 확고히 손에 넣기 위한 시간을 벌기 위함이라고 할 수 있다.

그러나 개전 이후 불과 5주 만에 20% 이상의 병력을 손실했고, 상대적으로 우크라이나에 대한 서방의 지원은 점점 확대되고 있으며, 러시아 국내에서도 전쟁이 장기화되면 푸틴의 정치적 입지가 낮아질 수밖에 없기 때문에 수도와 북부전선의 재공세, 우크라이나에 대한 지연전은 선택지가 될 수 없다. 따라서 세 번째 목적인 남부-동부 전선의 확고한 점령이 가장 현실적인 군사목표가 될 것이다. 그럼에도 불구하고 러시아가 이 목표를 달성하기 위해서는 몇 가지 달성해야 할 조건이 있다. 첫째, 오데사-헤르손의 완전한 점령, 둘째, 마리우폴의 완전한 점령, 셋째, 슬로뱐스크의 완전한 점령이 그것이다. 우선 오데사-헤르손을 점령해야만 크름반도를 완전히 장악할 수 있고, 우크라이나로부터 바다를 뺏어 내륙국으로 만들 수 있기 때문이다. 그리고 마리우폴은 우크라이나 최대의 공업지대로 돈바스 지역의 핵심이다. 슬로뱐스크는 교통의 요지로 러시아가 돈바스 지역에 완전히 영향력을 행사할 수 있게 만드는 열쇠이다.

그러나 이 두 도시, 즉 슬로뱐스크와 마리우폴을 점령하기란 매우 어려운 일이다. 우선 러시아군의 BTG 전력이 20% 이상 소멸되었으며, 슬로뱐스크 및 마리우폴은 이미 돈바스 전쟁 기간 동안 우크라이나가 이 지역에 대한 요새화 및 전력 집중화를 고도화한 상태이고, 세 번째로는 러시아의 제공권이 전쟁 중기에 들어서도 여전히 확보되지 못하고 있기 때문이다. 사실 이 두 도시를 완전히 점령하지 않는 이상, 러시아는 목표(정치적·군사적)를 달성하기

그림 6.8 전쟁 중기 러시아군의 최대 목표가 될 마리우폴과 슬로반스크의 위치

▌러시아가 2014년 이후 돈바스 전쟁에서 도네츠크와 루한스크를 확보했다고 하지만, 가장 핵심 지역인 공업·항구도시 마리우폴은 점령하지 못했으며, 슬로반스크를 확보하지 않는 이상 도네츠크와 루한스크를 완전히 점령했다고 평가할 수는 없다. 따라서 이 두 도시의 점령이 러시아의 전쟁 중기 목표가 될 것임은 어렵지 않게 추론할 수 있다.

어렵고, 특히 루한스크주와 도네츠크주를 완전히 점령하지 못한다면 푸틴 대통령은 정치적으로 위기에 빠질 수밖에 없다. 이러한 정치적 위기를 초래한 가장 큰 원인은 군사적 측면에서 찾아야 한다.

전쟁 3개월차에 접어드는 2022년 4월과 5월의 전선 전황을 요약하자면, 동부전선에서 점령지 공고화 및 봉쇄된 전선을 돌파하려는 러시아 연방군과 전선 돌파를 막고 반격을 준비하려는 우크라이나군의 태세로 집약할 수 있다. 3월까지 우크라이나군은 서부-북부 전선에서 러시아 연방군의 진격을 저지하는 데 성공했으나 상대적으로 병력 집중이 어려웠던 남부전선, 즉 자포리자주와 헤르손주에서 러시아 연방군의 진격에 대해 조직적인 방어전을 수행하지 못해서 크름반도-헤르손-자포리자-돈바스에 이르는, 이른바 남부회랑 형성을 막는 데 실패했다.

그러나 우크라이나군은 3월 말부터 크름반도와 맞붙은 헤르손주에 공세를 시작했으며 동부 하르키우에도 공세를 강화했다. 이로써 러시아 연방군은 헤르손주에 대규모 방어진지를 구축하는 데 집중하고, 오데사를 점령하려던 원래 목표는 포기하는 전략으로 돌아섰다. 또한 동부 하르키우 방면의 돌파가 어려워지면서 러시아 연방군은 도네츠크 및 루한스크(돈바스 지역)의 점령을 공고히 하고 우크라이나군의 방어 태세가 취약한 곳을 계속 탐색하며 그곳을 돌파하려는 전략으로 전환했다. 이에 우크라이나군은 헤르손-자포리자-도네츠크-루한스크로 이어지는 남부-동부 회랑이 완전히 러시아의 영토가 되는 것을 막기 위해 헤르손을 탈환하고, 돈바스에서 러시아군의 공세를 완전히 차단해야 하는 상황에 직면했다. 우크라이나군의 입장에서는 3월 말에서 4월 초까지 서부전선(키이우), 북부전선(수미-체르니히우)에서 완전히 영토를 재수복했기 때문에 상대적으로 병력 운용에 여유가 생겼고, 특히 NATO 회원국들이 본격적으로 항공·기갑·포병 전력을 제공하기 시작함에 따라 여전히 병력은 열세지만 러시아 연방군의 남부-동부 회랑의 취약점을 집중 공략할 작

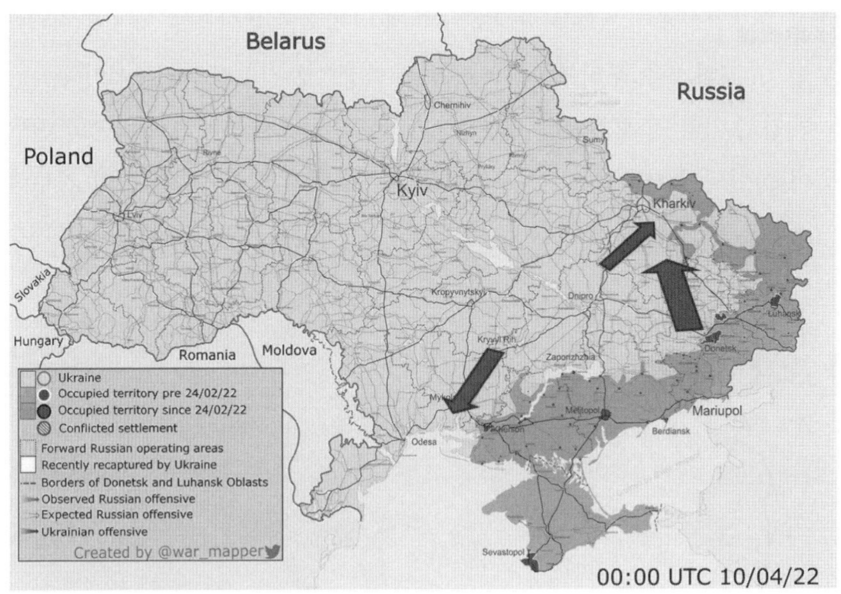

그림 6.9 2022년 4월 10일 기준 우크라이나 전황지도

▌우크라이나군은 서부-북부 전선에서 전쟁 이전과 같은 영토를 회복했으며, 루한스크주 및 헤르손주에 대한 반격을 시작했다(지도에서 화살표 방향).

전을 세울 수 있었다.

NATO군의 지원이 결정적으로 드러난 사건은 4월 14일에 발생한 러시아 흑해함대 기함인 모스크바함 격침이다. 세계 최대급 순양함인 슬라바급 순양함으로, 흑해에서 압도적인 위상을 가지고 있었던 모스크바함은 NATO군의 전장정보 지원을 받은 우크라이나군 넵튠 대함 미사일 공격 2발에 격침되었다. 이로써 흑해에서 러시아 해군의 영향력이 대폭 축소되었을 뿐만 아니라 남부의 핵심 도시인 오데사 공략이 사실상 실패하고, 우크라이나군이 남부전선의 핵심인 헤르손주를 공격할 수 있는 환경을 조성했다. 이에 러시아 연방군은 흑해함대의 활동을 축소하고 남아 있는 해상전투력 대부분을 모항인 크름반도의 세바스토폴로 귀항시켜 전력을 보존하는 방어 태세로 전환한다. 그 대신 동부전선에서 전과를 확대하기 위해 마리우폴 포위공략, 이지움(하르키우 전선), 포파스나, 루비즈네(돈바스 전선) 점령으로 전투력을 집중시킨다.

개전 초기의 전세와 달리 흑해전선과 남부전선에서 러시아 연방군의 전투력이 상실되어 가는 반면, 동부전선에서는 오히려 러시아 연방군의 전투력 집중이 강화되었다. 전쟁 발발 시기와 달리, 러시아군은 항공전력이나 특수

그림 6.10 4월 22일의 동부전선 전황

▮러시아 연방군은 하르키우주의 핵심 도시인 이지움을 거의 점령했으며, 루한스크주의 세베로도네츠크 및 리시찬스크로 점령지를 확대하고, 도네츠크주에서도 전선 돌파를 시도하여 모든 전투력을 동부전선에 투입하는 양상을 보여 주었다.

부대 등을 통한 입체적인 전술을 포기하고, 주요 도시를 중심으로 대규모 포격으로 우크라이나 방어선을 교란한 다음 기갑부대와 보병부대를 투입하는 전통적인 구소련 방식의 공세전술로 전환했으며, 실제로 이러한 전술은 동부지역에서 효과를 나타내고 있다. 동부전선은 서부, 북부 및 남부 전선과 달리 러시아 본토로부터 가깝기 때문에 보급문제가 상당 부분 해소될 수 있으며, 돈바스 전쟁에서 습득한 현지 정보습득 체계를 통해 ISRTA의 부족도 어느 정도 메꿀 수 있었기 때문이다. 그러나 이러한 전술은 장기간 끌고 갈 수 없는데, 소모되는 포탄, 전차 및 병력의 자원이 고갈되면 더 이상 전투를 지속할 수 없기 때문이다.

5월 이후의 전황은 일부 지역에서 격렬한 공방전이 지속되는 반면, 대부분의 전선에서 러시아 및 우크라이나 양군의 교전은 줄어드는 형국이다. 동부와 남부는 러시아가 돈바스 전쟁 및 3월 초까지 재빠르게 점령한 지역이기에 공격과 방어 모두 우세하다. 그러나 4월 이후 우크라이나군의 방어태세 확립 및 국지적인 반격작전에 의해 전반적인 국면에서 보면 전쟁 발발 3개월간 전황의 결과는 러시아 연방군의 작전목표가 절반 이하 성공했다고 할 것이다. 특히 러시아 연방군의 피해는 예상을 훨씬 뛰어넘어 이미 단기전 승리가 거의 불가능해졌다. 병력, 함선, 전차전력뿐만 아니라 고위 지휘관들의 피해도 막심하다. 5월까지 최소 12명의 러시아 연방군 장성급 지휘관이 전사했으며 이 수치는 2차 세계대전 이후 전쟁에서는 거의 찾아볼 수 없는 사례이다. 미군은 9년 이상이 걸린 베트남 전쟁 기간 동안 장성급 총 12명이 전사했으며 걸프전쟁, 아프가니스탄 전쟁, 이라크 전쟁 기간 동안에는 장성급 지휘관이 단 한 명도 전사하지 않았다. 특히 현장 지휘관들에 의한 임무형 지휘체계를 채택한 NATO군과 달리, 후방 지휘본부의 고위급 지휘관이 중심이 된 통제형 지휘체계를 채택하고 있는 러시아 연방군에게 고위 지휘관의 전사는 실제 작전수행에 큰 영향을 미칠 수밖에 없다.

5월 17일 자로 러시아 연방군은 도네츠크주 최후의 주요 도시인 마리우폴을 점령한 것으로 보인다. 우크라이나 최고사령부는 마리우폴의 전투행위가 종료되었으며 전투에 참여한 장병들의 노고를 치하한다고 성명을 발표했다.[19] 그러나 우크라이나군은 마리우폴 공방전을 통해 러시아군의 주요 전력을 2개월 이상 도네츠크주 마리우폴시에 묶어 놓음으로써 상대적으로 전력 보강이 이루어지지 않은 하르키우주 방면 러시아 연방군을 상대로 역습을 개시하고, 초기 방어작전에서 미흡한 지휘능력을 보인 고위 지휘관들을 교체하면서 하르키우주의 주요 거점을 탈환하는 작전을 실시한다. 돈바스 지역보다 상대적으로 러시아 연방군 전력이 약한 하르키우주 탈환에 작전목표를 설정한 것이다.

이에 대응해 러시아는 돈바스 지역의 점령지를 확대하고자 하르키우주보다는 돈바스 지역에 전투력을 집중하여 5월 27일까지 루한스크주 요충지인 이지움과 도네츠크주의 요충지인 리만을 점령하는 데 성공한다. 이지움시와 리만시는 교통의 요지로 매우 중요하다. 이지움시는 수도 키이우에 이어 우크라이나 제2도시인 하르키우주의 하르키우시와 고속도로로 이어진 철도가 지나고, 리만시는 이지움시와 고속도로로 연결된다. 특히 리만 남동쪽은 산업지역인 세베로도네츠크, 리시찬스크 등으로 향하는 철도와 주요 도로가 위치하고 있어 러시아와 우크라이나 양측 모두에게 중요하다.

2022년 6월은 이 전쟁이 시작된 지 100일이 지난 시점으로, 이미 러시아와 우크라이나 양측의 인적·물적 피해는 국지전의 범위를 초월하여 전면전의 조건을 충족할 만큼 양국의 경제, 사회, 외교, 문화 등 전 분야에 걸쳐 치명적인 피해를 주고 있는 실정이다. 6월 초까지는 5월 마지막 주에 형성된 전선의 모습에서 큰 변화 없이 전반적으로 소강 상태를 나타내고 있다. 특히 러시아 연방군은 도네츠크주 최대의 격전지였던 마리우폴과 리만을 점령하고, 루한스크주의 이지움을 손에 넣음으로써 전력을 재편성하여 공세를 지속해야 하

표 6.1 우크라이나 전선별 행정구역과 주요 도시 및 거점

전선	행정구역(주)	주요 도시 및 거점
북부	체르니히우	**체르니히우**(벨라루스 및 러시아 본토와 연결)
	수미	**수미**(우크라이나 중부로 가는 관문), 롬니
	키이우	**키이우**(수도), 초모빌, 빌라체르크바(중부로 가는 교통의 요지)
동부	하르키우	하르키우(우크라이나 제2도시), 쿠판스크(군수물자 및 교통의 요지), **이지움**(중부와 동부를 연결하는 교통의 요지)
	루한스크	스바토베/크레민나(루한스크주의 관문), 루비즈네(세베로도네츠크의 관문), **세베로도네츠크**(공업중심도시), 리시찬스크(세베로도네츠크의 관문)
	도네츠크	**리만**(철도중심도시), 바흐무트, 슬로뱐스크(리만의 관문), 마리우폴(항구이자 동부와 남부를 연결하는 교통의 요지), 크라마토르스크(리만의 관문)
남부	자포리자	**자포리자**(크름반도와 동부를 연결하는 요지), 멜리토폴, 베르댠스크
	헤르손	**헤르손**(크름반도의 식수원), 드니프로강(크름반도의 관문)
	미콜라이우	**미콜라이우**(오데사의 관문), 스니후리우카
	오데사	**오데사**(우크라이나 제3도시 및 최대의 항구), 이즈마일
	크름반도	**세바스토폴**(크름반도 중심지, 군사도시, 흑해의 관문), 케르치(러시아 본토와 크름반도를 연결하는 크림대교에 위치)

주: 볼드체로 표시된 도시나 지역은 해당 주의 가장 중요한 전략적 요충지이다.

는 시점이다. 우크라이나군 역시 러시아군의 측방인 하르키우주를 공략하여 전선을 재정비하고자 했기 때문에 전력의 재정비가 필요했다.

2022년 6월이 되면서 전쟁은 100일차를 지나 이미 단기전은 벗어난 시점이었다. 러시아 연방군은 전투력을 집중하기로 전략을 바꾸었으며 그 지역은 바로 루한스크였다. 러시아와 우크라이나 양군의 약 100일간 격렬한 전투 이후에 전선이 고착화되는 상황이 이어졌으며, 6월부터는 각 전선별로 핵심 요충지를 점령 혹은 방어하면서 장기전에 대비하는 양상이 진행된다. 우선 전투력을 집중한 쪽은 러시아 연방군이다. 러시아 연방군은 5월 말부터 동부전

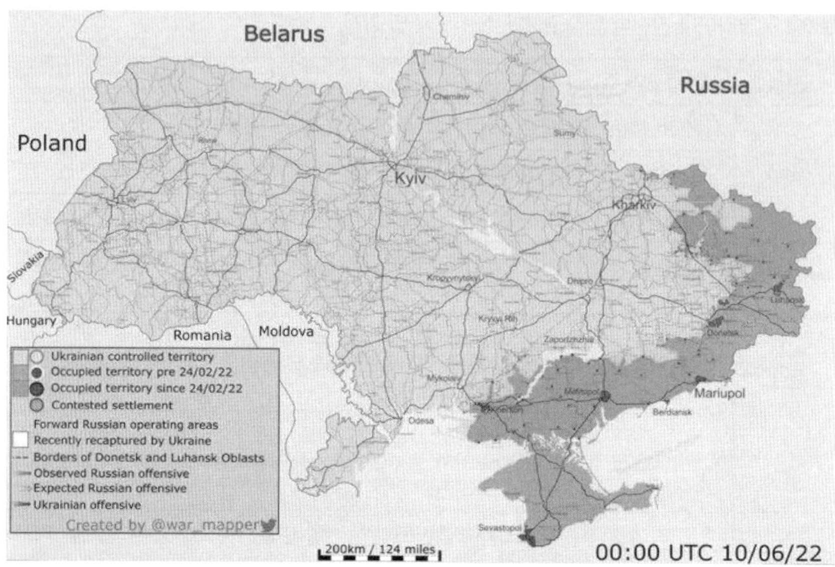

그림 6.11 2022년 6월 10일경의 우크라이나 전체 전황

▌4월 우크라이나군의 반격으로 수도 키이우, 북부 수미, 체르니히우 전선에서 러시아군의 세력은 완전히 사라졌는데 6월까지 그 상황은 큰 변화가 없으며, 남부 헤르손 전선에서 우크라이나군의 공세가 강화되고 동부 하르키우 및 돈바스 전선에서 러시아 연방군의 공세가 집중되는 양상이다.

선에 전투력을 집중시킴으로써 공세를 유지했는데, 전쟁이 시작된 지 100일차인 6월 3일에는 루한스크주의 가장 중요한 거점인 세베로도네츠크시를 거의 점령하는 데 성공했으며, 이에 우크라이나군은 세베로도네츠크의 서쪽 일부 및 외곽에서 저항하거나 철수작전을 시작했다. 러시아 연방군은 막대한 포격, 미사일 공격, 공중지원 등을 통해 우크라이나 방어진지를 초토화하면서 보병을 투입하여 점령하는 전형적인 종심타격-전선돌파의 전술을 추구했다.

그러나 이 전술의 최대 약점은 포탄과 미사일을 대량 소비함으로써 군수체계에 막대한 부담을 줄 수 있다는 점이다. 그 정황을 증명이라도 하듯, 러시아는 1960년대에 개발한 Kh-22(NATO명 AS-4 키친) 대형 공대함 미사일을 지상목표 타격에 투입했으며, 이는 장거리 공중발사 대지 미사일(장공지 미사일)

의 재고가 크게 줄었기 때문인 듯하다. 이러한 러시아의 물량작전에 우크라이나군은 즉각적으로 반격하기보다는 영국으로부터 M270 MLRS 시스템을, 미국으로부터 HIMARS MLRS 시스템을 도입하는 등 전투력 증강조치에 주력했다.

러시아 연방군은 동부전선에 전투력을 집중하는 대신에 남부 헤르손 전선을 방어적 전투태세로 전환하는데, 남부전선에 배치되는 장비가 2선급으로 채워지는 것을 확인할 수 있다. 1960년대에 개발된 T-62M 전차가 헤르손 지역에 배치되기 시작했는데, 이는 우크라이나군-러시아 연방군의 높은 장비손실 비율에 기인한다. 오릭스에서 집계한 바에 따르면 6월까지 우크라이나군과 러시아 연방군의 장비손실 비율은 러시아가 3배 더 많은 수준이다.[20] 러시아군의 막대한 장비 손실은 러시아 연방군 지휘부에서 내린 무모한 명령에 기인한다. 6월 10일까지 세베로도네츠크의 완전한 점령 및 리시찬스크의 공세 개시, 바흐무트의 교통 통제 등을 지시함으로써 대량의 장비 손실이 발생한 것으로 보인다.

4월의 모스크바함 격침 이후 러시아 해군은 수상함에 의한 해역 통제가 위험하다는 것을 자각하고 지상기지에서 미사일을 운용하는 방식으로 전환하기 시작했는데, 수상함의 방공능력을 강화하는 대신 SA-15, SA-22 등의 지대공방어시스템을 즈미이니섬에 설치했으며 소수의 대함 미사일도 배치한 듯하다. 러시아는 즈미이니섬을 빼앗기면 흑해 및 오데사 항구의 통제권을 잃게 되는데, 이는 흑해함대의 기함인 모스크바함의 존재 그 자체가 흑해의 통제권에 필수적일 뿐만 아니라, 러시아 해군의 작전능력이 새로운 전장에 매우 취약하다는 점을 드러낸 것이다. 동부전선으로 전투력을 강화화는 과정에서 러시아 연방군의 남부전선, 즉 헤르손 방면의 전투력은 공세가 아닌 방어태세로 전환할 수밖에 없었다.

6월 15일 이후에는 러시아 연방군의 돈바스 공세가 더 강화되면서 기존의 격렬한 전투지인 세베로도네츠크 이외에도 슬로뱐스크를 점령하기 위해 인근 도시를 점령해 나가기 시작했다. 또한 5월 2일에서 10일 사이에 벌어진 시베르스키도네츠강 도하작전의 대실패를 만회하기 위해 다시 시베르스키도네츠강 공세를 시작했으며, 이지움 점령을 확실히 하기 위한 포격을 강화했다. 우크라이나군은 시베르스키도네츠강의 모든 교량을 파괴하여 러시아 연방군의 도하작전을 저지했으며, 이지움 서쪽 방면의 방어지를 고수하기 위한 전투를 지속했다. 우크라이나군은 동부전선에서 방어전에 주력하는 반면, 흑해 및 남부전선에서는 반격을 개시했다. 6월 17일에는 NATO에서 공여 받은 하푼 대함 미사일로 흑해의 요충지인 즈미이니섬에 정박한 러시아 해군 소속 보급선을 공격했으며, 헤르손에 포격을 지속적으로 실시하여 남부전선에 대한 공세를 시작하기도 했다.

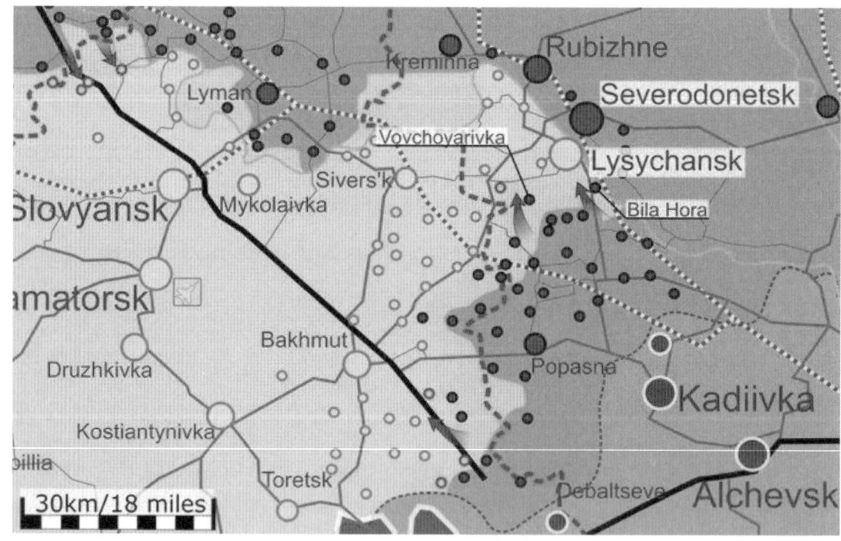

그림 6.12 2022년 6월 28일 기준 루한스크주 방면의 전황

▌러시아 연방군은 세베로도네츠크를 점령하고 주요 거점 중 하나인 리시찬스크를 포위함으로써 루한스크주 완전 점령에 가까운 상황을 만들었다.

결국 6월 30일까지 러시아 연방군은 루한스크주의 최대 요충지인 세베로도네츠크를 점령하는 데 성공했고, 교통의 요지인 리시찬스크도 거의 점령함으로써 동부전선에 대한 공세 주도권을 유지할 수 있었다. 도네츠크주의 가장 최후의 목표인 슬로뱐스크를 공략하기 위한 준비는 거의 마쳤다고 볼 수 있는데, 슬로뱐스크 북동쪽의 도시인 리만을 중심으로 전투력을 재편하여 슬로뱐스크 및 크라마토르스키를 점령한다면 도네츠크주의 점령은 거의 완성되기 때문이다. 만약 슬로뱐스크 및 크라마토르스키를 점령한다면 나머지 도시들, 즉 바흐무트, 솔레다르, 토레츠크 등에 대한 포위망이 완성되어 쉽게 점령할 수 있다.

6월 말 기준으로 동부전선에서는 러시아 연방군의 공세가 지속되었으나 상대적으로 남부전선 및 흑해 연안에서 러시아 연방군은 방어작전으로 전환되기 시작했다. 우크라이나군은 이에 맞서 정반대로 동부전선에서는 방어작전에 주력하고 남부전선 및 흑해 연안에서 공세를 시작하여 헤르손 및 오데사 인근 흑해 연안에 포격 및 드론을 이용한 제한적인 공격을 지속했다. 이 중 눈여겨볼 주요 요충지는 우크라이나 최대의 항구도시인 오데사시 인근의 즈미이니섬인데, 6월 20일경부터 우크라이나 해군은 미사일 및 드론을 통한

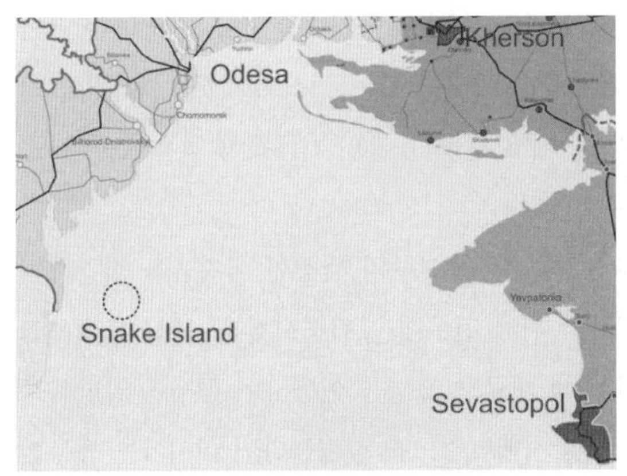

그림 6.13 즈미이니섬의 위치

▌오데사주의 유인도로, 크기는 약 0.17km^{2}지만 우크라이나 및 루마니아 사이의 영토문제뿐만 아니라 러시아의 흑해 제해권을 위해 군사적으로 매우 중요한 섬이다. 이러한 전략적 가치로 인해 2022년 2월 24일 개전 첫날 러시아 흑해함대가 이 섬을 장악했다.

장거리 공격을 지속하여 러시아 연방군의 관측, 보급 및 방어 시설을 타격하고 7월 2일까지 이 섬을 완전히 재점령했다.

즈미이니섬을 탈환한 이후 우크라이나군은 남부전선의 핵심인 헤르손 공략에 전투력을 집중한 반면, 러시아군은 루한스크주의 리시찬스크 점령에 전투력을 집중했다. 7월 3일에서 4일 사이에 러시아 연방군이 리시찬스크를 점령하면서 개전 130여 일 만에 루한스크주를 장악하고, 전쟁 개시 후 자포리자, 헤르손주에 이어 세 번째로 완전한 주(州)급 행정구역을 점령하는 성과를 달성했다. 결국 우크라이나는 즈미이니섬 점령으로 흑해 서부에 대한 러시아의 공세를 차단했으며, 러시아는 리시찬스크 점령으로 루한스크주를 장악하는 전과를 달성했다. 이 시점에서 러시아가 부분 점령한 주는 도네츠크 및 하르키우주이다.

7월부터 우크라이나군은 미국으로부터 지원 받은 M777 및 HIMARS를 본격적으로 전력화하는데, 포병전력 전술에서 러시아 연방군과는 전혀 다른 적용을 할 수 있게 되었다. 러시아 연방군은 속도는 느리지만 대규모 포병을 집중 운용하여 마을과 거점을 평탄화하면서 보병을 진격시키는 전통적인 구소련군 전술을 고수한다. 하지만 우크라이나군은 NATO의 ISRTA 전력을 활용하고 미국이 제공한 M777 및 HIMARS를 통해 소수의 포병을 끊임없이 고속으로 이동시키면서 러시아군의 기갑부대 및 보급기지를 주로 타격하여 마비시키는 전술을 활용하면서 극과 극의 대비를 보여 주기 시작했다. 이러한 전술로 우크라이나군은 리시찬스크에서 철수한 이후 기동성이 높은 포병을 중심으로 방어작전 및 공세를 준비한다.

러시아는 리시찬스크 점령 이후 루한스크주의 핵심인 이지움을 점령하여 루한스크주까지 완전히 점령하기 위해 전투력을 집중시켰다. 또한 도네츠크주의 시베르스크를 점령하기 위해 대규모 포병을 이용하여 공세를 압박하는 기존 전술을 유지했다. 이지움 및 시베르스크를 점령한다면 러시아는 동부전선에서 승리하는 조건을 달성한다. 그러나 우크라이나군이 HIMARS를 본격적으로 활용하기 시작하면서 러시아군의 공세가 전반적으로 둔화되었는데, HIMARS가 주로 러시아군의 보급기지를 타격했기 때문이다. 7월 중순까지 우크라이나군은 30곳 이상의 러시아군 탄약고, 연료창고, 물자집적소 및 지휘본부를 파괴한 것으로 알려졌다.

우크라이나군이 러시아군의 보급기지 및 기갑부대에 지속적으로 타격을 가하자 러시아 연방군의 물자보급 및 장비운용에 심각한 부하가 걸렸는데, 그 예로 전쟁 개시 100일 이후부터 전선 곳곳에서 러시아 연방군이 BTG에 MT-LB 장갑차를 배치하기 시작한 것을 들 수 있다. MT-LB는 1950년대 말에 제식화된 구형 보병장갑차로써 트랙터 수준의 차체에 경기관총 1정을 갖추었다. 현대전 수행능력은 없다시피한 구세대의 유물에 가까운 장비이다. 전쟁 개시 시점에는 거의 모든 BTG가 BMP-2 보병전투차를 장비했던 것을 감안할 때, 러시아 연방군의 물자부족이 얼마나 심각한지를 단적으로 보여 준다. 또한 BMP-2 경우에도 군인들이 현장에서 무한궤도 등을 이용해 급조한 증설장갑을 설치하거나, 전승절 퍼레이드에 동원되어 장식이 달린 채인 전술차량도 목격되는 등 심각한 장비 부족이 엿보인다.

7월 중순으로 넘어가면서 우크라이나군의 HIMARS 전과는 점점 늘어나는 반면, 러시아 연방군은 HIMARS를 단 1기도 격파하지 못한 것으로 잠정 집계되었다. 우크라이나 국방부 장관인 올렉시 레즈니코우는 6월부터 전력화되기 시작한 미국의 M777 및 HIMARS와 같은 고기동 장거리 타격체계가 성공적으로 운용되고 있고, 러시아로 하여금 대량의 물자 손실을 감내하게 만들고 있다고 했다.[21] 그 결과 도네츠크 및 루한스크주의 주 전선에 러시아 연방군이 막대한 전투력을 집중시키고 있음에도 7월 들어서까지 눈에 띄는 전과를 올리지 못한 것이다. 막대한 기갑장비 및 물자보급소가 파괴되어 러시아 연방군은 루한스크의 시베르스크시를 아직 점령하지 못하고 있으며, 루한스크의 슬로뱐스크 공세에도 수주일째 진전이 없었다.

우크라이나군의 집중적인 HIMARS 운용으로 러시아 연방군 연료집적소 및 탄약고가 대량 파괴되어 7월 10일에서 15일 사이에는 돈바스에서 열반응 이상 관측이 지속적으로 수집되기도 했다. NASA(미국항공우주국)가 운용하는 FIRMS(Fire Information for Resource Management System) 원격 감지 데이터를 볼 때, 국지적인 열반응 현상이 7월 10일경부터 돈바스에서 크게 감소했는데, 이는 러시아 연방군이 야전에서 대규모 장비를 운용하지 못하고 있음을 짐작하게 하는 반증이다. ISW는 7월 중순에 급격히 저하된 이러한 열반응 현상이 돈바스 지역에서 러시아군의 포격 강도가 낮아졌기 때문이라고 해석했다.[22)]

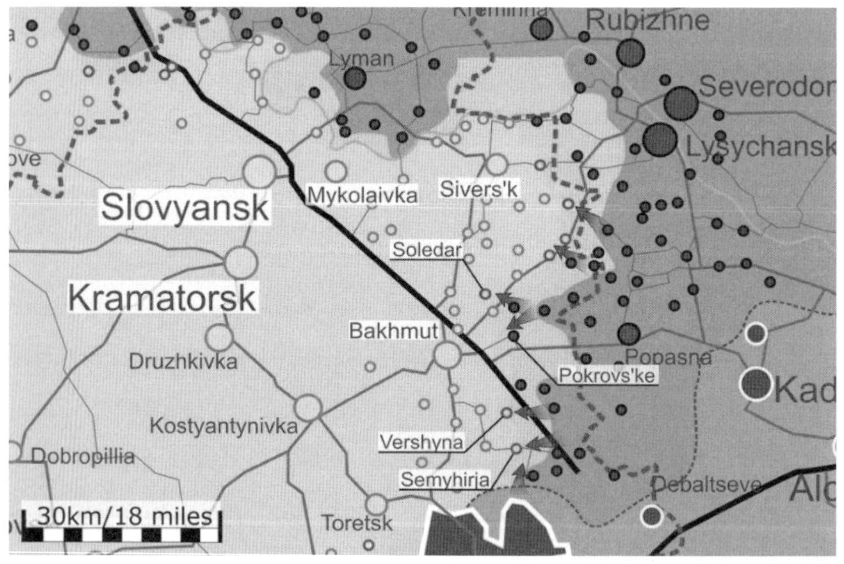

그림 6.14 2022년 7월 31일 전황

▌러시아 연방군은 리만, 리시찬스크, 세베로도네츠크, 포파스나 등을 점령하여 대부분의 루한스크주를 점령했으나, 이웃한 도네츠크주를 완전히 점령하기 위해서는 슬로뱐스크 및 크라마토르스크를 점령해야 했다. 그러나 리만에서 슬로뱐스크로 진격하는 루트가 우크라이나군에 의해 저지됨에 따라, 러시아 연방군은 포파스나에서 바흐무트를 점령한 후 바흐무트를 기점으로 슬로뱐스크를 점령하려는 대규모의 우회작전을 개시한다.

우크라이나군은 동부전선에 이어 장거리 타격체계를 활용하여 남부전선의 헤르손시 및 드니프로강 등 주요 요충지에 대한 포격을 이어 나갔다. 7월 말까지 우크라이나군은 100여 곳 이상의 고가치 러시아군 표적을 타격하여 보급뿐만 아니라 지휘체계도 크게 약화시킨 것으로 알려졌다.[23] 러시아 연방군은 여전히 시베르스크시 및 리시찬스크시를 점령하기 위해 전투력을 집중했으나 포격의 횟수 및 양이 급감했으며, 장비 손실을 제때에 보급하지 못해서 공세가 돈좌되기 시작했다. 이를 타개하기 위해 러시아 연방군은 전선을 우회하여 돈바스 전체를 점령하려는 작전의 대전환을 결심한 것으로 보이며, 그 목표가 바로 도네츠크의 바흐무트시였다.

7월의 전황을 요약하자면, 우크라이나군의 남부전선 공세 개시 및 러시아 연방군의 동부전선 공세 강화라고 할 수 있다. 그러나 우크라이나군이 전력화한 미국의 HIMARS 등과 같은 고기동 장거리 타격체계로 인해, 러시아 연방군은 기존의 리만전선을 포기하고 전투력을 우회시켜 바흐무트로 공세 방향을 전환한 후 나머지 돈바스 지역을 완전히 장악하는 작전으로 대변화를 시도한다.

4부

NATO와 러시아의 전쟁이 시작되다

7장

돈바스 전쟁 때와는 다른 우크라이나의 반격

8월에 들어 러시아 연방군은 개전 이후부터 5개월 이상 지속되는 도네츠크주의 공세가 실패했음을 자각하고 기존의 전략을 수정한다. 하르키우주의 핵심 지역인 하르키우시는 일단 포기하고 대신 이지움을 먼저 장악하는 방향으로 작전을 전개하고 있으며, 도네츠크주의 핵심 지역인 슬로뱐스크를 점령하기 위해 기존의 리만전선에서 남쪽으로 크게 우회하여 바흐무트를 먼저 장악하는 방향으로 작전을 바꾸고 있음이 확인되었다. 이 바흐무트의 전투는 2022년 러시아-우크라이나 전쟁에서 가장 대표적인 전투 양상을 만든 전장으로써, 이 책의 제목과도 직접적으로 연결되는 주요 터닝 포인트라고 할 수 있다.

드론, HIMARS 그리고 스타링크의 파괴적 만남

우크라이나군은 지속해서 미국으로부터 HIMARS뿐만 아니라 M270도 지원 받으면서 러시아군의 후방 보급품 집적소, 지휘본부, 병영 등을 원거리에

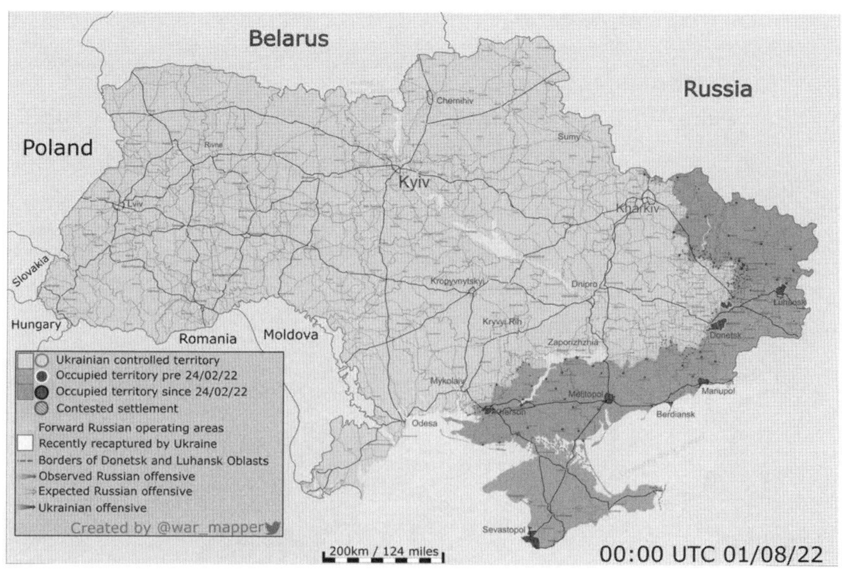

그림 7.1 2011년 8월 1일의 우크라이나 전체 전황

▌2006년 4월 5일 전후로 우크라이나군이 북부전선에서 러시아 연방군의 공세를 저지한 전황과 비교해 볼 때 큰 변화는 없다. 다만 남부 헤르손주에서 우크라이나의 반격으로 우크라이나의 우세 지역이 확대되었으며, 루한스크주에서 러시아군의 공세로 러시아 점령지가 좀 더 확대되었다.

서 타격하는 전술을 더욱 강화하면서 남부 헤르손 지역에 대한 공세를 이어간다.[1] HIMARS의 공격으로 헤르손 방면의 러시아가 보급물자를 주로 수송하던 철도의 운용이 어려워지고 있으며, 그 결과 헤르손 전선의 러시아 연방군은 참호를 더 견고히 파면서 완전한 방어작전만 수행하게 된다.

도네츠크주에서 러시아의 최우선 목표가 슬로뱐스크에서 바흐무트로 옮겨지게 되었다는 것이 8월 이후 러시아 연방군 작전의 가장 큰 변화이다. 바흐무트는 원래 전략적으로 중요한 지역은 아니었으나 비교적 우크라이나군의 방어 태세가 강력한 리만을 돌파하여 슬로뱐스크로 가는 것이 어려워지자, 상대적으로 우크라이나군의 밀집도가 낮은 바흐무트로 공세 방향을 바꾼 것이다. 러시아 연방군은 바흐무트를 점령하기 위해 바흐무트 인근의 주요 마

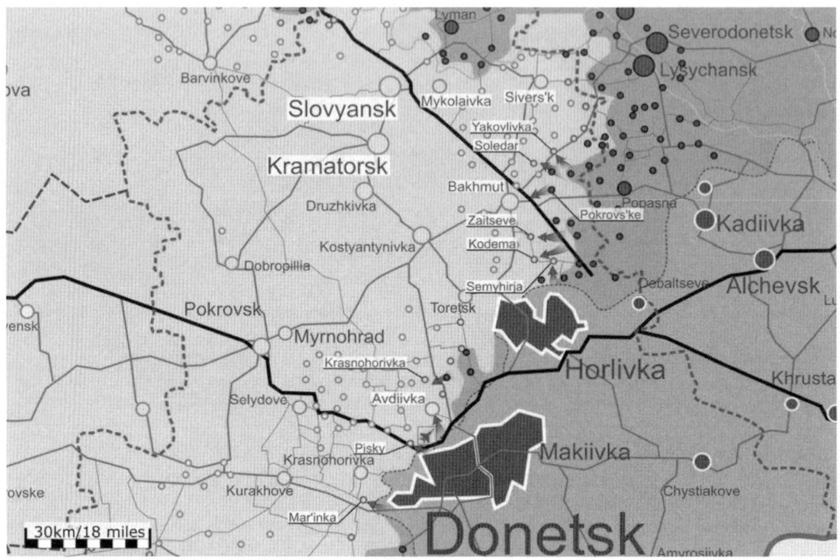

그림 7.2 2022년 8월 4일의 돈바스 전황

▌러시아 연방군은 리만에서 슬로뱐스크로의 진격을 포기하고 대신 솔레다르, 바흐무트, 아브디브카로 남하하여 우회 점령한 후 크라마토르스크 및 슬로뱐스크로 북상 진격하려는 의도를 드러냈다.

을들을 집중포격했으며, 바흐무트 인근 도시인 솔레다르에도 대규모 포격을 개시했다. 바흐무트뿐만 아니라 그보다 더 남쪽으로 우회하는 루트를 개척하기 위해 아우디우카도 점령하기 위한 공세를 강화했다.[2)]

장거리 타격능력이 강화되고 있는 우크라이나군은 크름반도의 남쪽에 위치한 세바스토폴 항구를 더 빈번하게 공격하기 시작했다. 7월 31일에는 러시아 해군의 날 행사가 열리고 있던 세바스토폴 항구에서 우크라이나군 드론 여러 대의 공습이 있었고 이로써 미상의 사망자가 발생했다고 알려졌다. 이러한 우크라이나군의 드론 공격에 맞서 러시아는 이란으로부터 대규모의 공격용 드론을 도입했으며 8월 초까지 시범적으로 이란제 드론 수십 기가 러시아 연방군에 전달되었다고 알려졌다. 또한 동부전선 진격이 지지부진하자 푸틴 대통령은 고위급 지휘관을 상당수 교체했는데, 서부 군관구 사령관인 알렉산드르 주라블료프 대장을 포함하여 최소 6명이 동부전선의 부진을 이유로 해임되었으며 단기적으로는 최전선의 지휘통제에 혼란을 주게 되었다.[3)]

M777 및 HIMARS 등의 고기동 장거리 타격체계의 전과가 확대되면서 8월에 실시된 미국의 대(對) 우크라이나 군사지원은 주로 HIMARS용 탄약, 155 mm 포탄 중심이 되었으며, 러시아의 미사일 및 이란제 드론의 공격이 강화되면서 이에 대응하기 위한 NASAMS용 미사일도 추가로 지원되었다. 그러나 비교적 우수한 가동률을 보여 주는 미국제 장거리 타격무기에 비해 네덜란드 및 독일이 제공한 독일제 PzH2000 자주포는 가동률이 극히 떨어져서(30%) 전선의 전황에 큰 영향을 미치지 못한는 첩보도 제기되었다. 다양한 미국의 군사지원에 대해 러시아는 자체적으로 징병을 확대하고 2선급 장비를 치장물자에서 재분류하여 전선으로 내보냈다. 이처럼 남부전선에서 러시아 연방군의 전투력이 약화되면서 우크라이나군의 남부전선 공략은 점점 강화되는 모습을 보였다.

8월 9일에는 크름반도의 러시아 공군기지인 노보페도리우카 사키 공항에서 최소 12건의 큰 폭발이 발생했는데, 폭발 직후 러시아 국방부는 탄약 보관소에서 미숙한 화재 대응으로 인해 소규모 폭발이 일어났을 뿐 큰 우크라이나군의 공격이 아니라고 부인했다.[4)] 그러나 이후 공개된 민간인 비디오 촬영 영상을 보면, 최소 2회의 폭발이 관측되었고 그 폭발 위치가 상당히 떨어져 있다는 점을 감안할 때, 그리고 이후 알려진 피해 규모가 항공기 최소 8기(오릭스의 자료에서는 약 10기) 파괴 등에 이르는 등 소규모 화재로 인한 연쇄화재가 아니라 우크라이나 특수부대의 사보타지 혹은 기타 미사일 공격에 의한 파괴임이 거의 확실해 보인다. 이후 공개된 위성사진 등을 보면 단순한 화재가 아니라 특수부대의 대규모 사보타지, 혹은 장거리 미사일에서 분리된 클러스터 탄두가 공항 내 항공기 주기시설을 광역 타격한 듯하며 작전기 피해

그림 7.3 8월 9일에 발생한 노보페도리우카 사키 공항의 항공기 파괴

▌SU-30SM 전폭기, SU-24M 정찰기·전투기, 기타 항공기 등 최소 10기 이상의 작전기가 파괴되었음을 추정할 수 있다. 크름반도에 전개 중인 러시아 해군의 제43독립해군공격항공연대가 총 24기의 작전기(SU-30SM 12기, SU-24M 6기, SU-24MR 6기)를 운용하고 있다는 점을 감안할 때, 이 날의 공격으로 작전기의 최소 40%, 최대 80%가 손실된 것이다.

는 최소 12기, 최대 20기에 이를 수도 있음을 보여 주었다.

우크라이나 특수부대의 대규모 사보타지든, ATACMS에 의한 광역 타격이든 노보페도리우카 사키 공항의 피해는 러시아 연방군의 심각한 방어 태세를 드러낸 결과라고 할 수 있다. 최전선인 헤르손에서 200km가 넘는 후방에 특수부대가 침투했다는 사실은 러시아 연방군의 해안방어 및 제해권이 완전히 상실되었음을 알려 주며, HIMARS 혹은 M270에서 발사한 ATACMS이나 기타 장거리 미사일에 의해 공항이 파괴되었다면 러시아 연방군의 대공방어 능력이 전혀 작동하지 않았다는 방증이다. 푸틴 대통령은 대규모 피해를 입은 러시아 흑해함대의 사령관인 이고르 오시포프 상장을 해임시켰으며, 4월의 모스크바함 격침, 6월의 즈미이니섬 후퇴, 8월의 사키 공항 파괴 등으로 흑해함대의 전투력은 와해 수순에 들어간다. 수상함정 및 작전기의 활동은 중단되고, 장거리 미사일을 통한 제한적인 공격이 이루어졌으며, 특히 상당수의 보급함 및 상륙함의 손실로 오데사 항구에 대한 공격 및 상륙작전은 불가능에 가까워졌다.[5)]

러시아 연방군은 헤르손 및 크름반도에서 지속적인 피해를 입었으나 이 지역에 대규모 전투력을 보강할 여유가 없었다. 지원되는 전투력은 주로 보병부대 및 2선급 기갑장비들로써 이들은 대부분 방어진지 강화에 투입되었다. 1선급 전투력의 대부분은 스로뱐스크 북서쪽, 시베르스크 동쪽, 바흐무트 남-동쪽에 집결하여 루한스크 및 돈바스주를 완전히 장악하는 데 투입되었기 때문이다. 동부전선에 주력 전투부대가 집중되면서 러시아 연방군은 느리지만 조금씩 전선을 돌파했으며, 특히 최대의 용병인 바그너 그룹(Wagner Group)의 전투중대가 대거 바흐무트에 투입되면서 바흐무트 방면의 전투가 격렬하게 진행되었다. 바흐무트시 주변의 위성마을인 흘라도소베, 자이체베를 거의 점령했으며 코데마, 다차 등에서 바그너 그룹이 주요 전투를 장악해 나갔다.[6)] 그러나 거의 한 달여 동안 주목할 만큼의 점령지 획득은 없었는데, 러시아 연방군의 진격 속도가 매우 느려졌을 뿐만 아니라, 마을단위로 전투가 벌어지면서 우크라이나군이 재점령하기도 하고 러시아군이 다시 점령하는 등 반복적인 상황이 지속되었기 때문이다.

전쟁이 개시된 지 187일째인 8월 30일까지의 전황을 요약하자면, 러시아 연방군은 하르키우 전선에서 소규모의 전과를 확대하며 전선을 넓혀 나갔으나, 남부전선 및 크름반도의 흑해함대 상황이 악화되면서 우크라이나군이 남부전선에서 대규모 반격을 시행할 것이라는 전망까지도 나올 정도로 전투력의 약화가 심화되었다. 최격전지라고 할 수 있는 동부전선에서는 러시아 연방군에게 7월 이후 약 한 달 정도의 집중적인 전투력 보강 기회가 있었음에도 불구하고 여전히 도네츠크주의 핵심 목표인 슬로뱐스크를 공략하지 못했으며, 우회작전으로 시행된 바흐무트 공략전도 성공하지 못한 채 많은 병력과

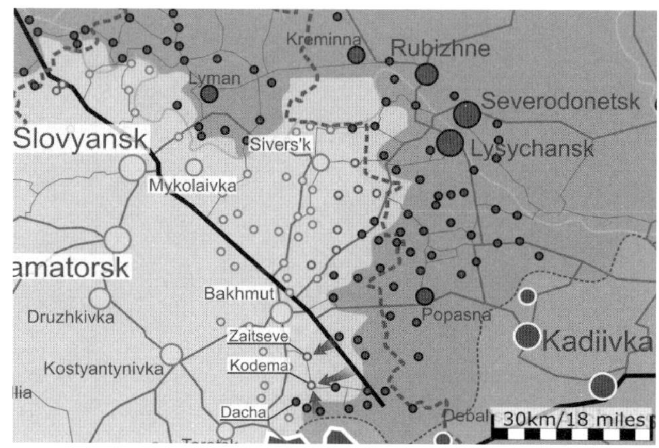

그림 7.4 2022년 8월 28일 기준 도네츠크주-루한스크주의 핵심 격전지 전황

▌러시아 연방군은 리만을 통해 슬로뱐스크로 진격하려던 작전을 포기하고 남쪽 바흐무트를 점령하는 우회전략을 펼쳤다. 그러나 우크라이나군이 바흐무트 방어력을 높이자 러시아 연방군은 바흐무트도 역시 남쪽으로 우회하여 다차, 코데마 등의 작은 마을들을 점령하면서 바흐무트를 포위한다.

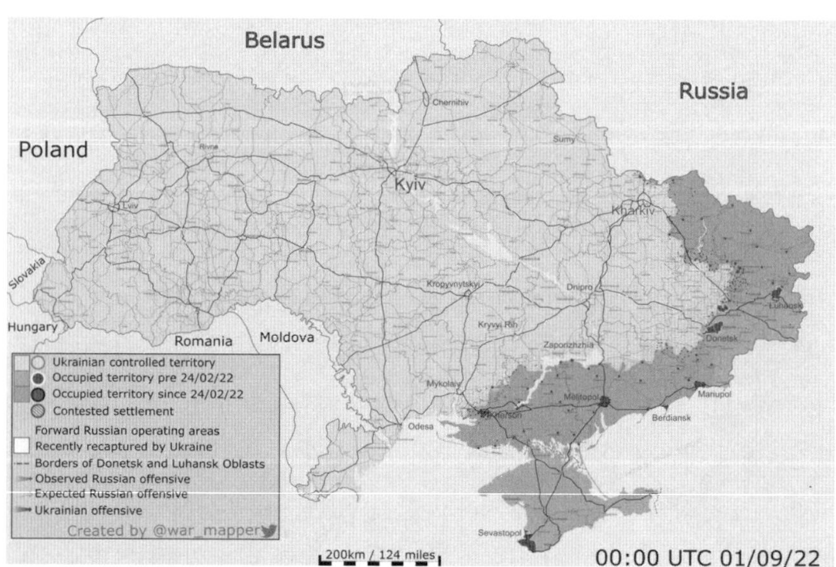

그림 7.5 2022년 9월 1일의 우크라이나 전체 전황

▌전반적으로 8월 초에 비해 변한 것은 없으나, 하르키우주에서 러시아 연방군의 점령지가 일부 확대되었으며, 헤르손에서 우크라이나군의 교전지가 확대되었다.

장비의 손실이 발생했다. 그에 반해 우크라이나군은 NATO군의 ISRTA 지원을 받아 HIMARS를 효과적으로 운용하면서 러시아 연방군의 보급체계 및 지휘본부를 타격했으며, 8월 말까지 지원 받은 HIMARS를 단 1기도 손실하지 않은 고효율의 전투 결과를 보여 주었다.

러시아 연방군의 뼈아픈 타격, 하르키우의 반격

8월 말부터 우크라이나군과 러시아 연방군은 헤르손 전선에 대규모 병력을 증파했으나 내용 면에서 양군이 사뭇 달랐다. 우크라이나군은 HIMARS를 포함한 최신예 장거리 타격무기를 중심으로 공세용 전투력을 증강한 반면, 러시아 연방군은 냉전시대에 사용하던 T-62M 전차를 중심으로 방어진지를 재편함과 동시에 교량을 파괴하면서 우크라이나의 공세를 차단하는 양상이었다.[7] 이 같은 상황으로 미루어 보아, 우크라이나군이 헤르손을 공략하여 남부전선의 교착 상태를 타개할 것이라는 전망이 그 어느 때보다 높아졌다.

8월 29일부터 조짐이 보이던 우크라이나군의 헤르손 공략은 9월 3일경에 이르러 가시화되었다. 우크라이나군은 헤르손 전선에서 블라호다티우카라는 마을을 탈환하여 공세를 시작했으며, 이어 인근 비소코필랴, 류비미우카 등의 마을들을 공격하고 점령했다. 특히 우크라이나군은 튀르키예산 바이락타르 TB2 등을 대거 동원하여 헤르손 지역에 대한 공세를 이어 나갔는데, 이들 드론의 주요 목표는 러시아군 후방의 포병부대, 방공진지 등으로 알려져 있어서 우크라이나군의 대규모 공세를 예고하는 전조라고 할 수 있었다. 러시아군도 하르키우, 돈바스, 루한스크 등 동부지역의 주요 공략지점에 대한 공세를 강화했으나 전선의 변화는 거의 없고 바흐무트 인근의 마을을 점령하는 느린 진격 중이었다. 오히려 하르키우주에서 우크라이나군의 역습을 허용하

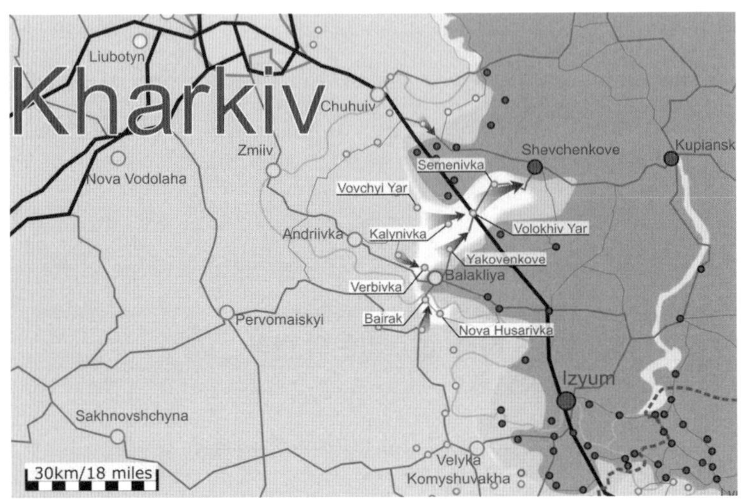

그림 7.6 2022년 9월 8일 기준 하르키우의 전선 전황

러시아 연방군이 하르키우 공세를 강화하려 했으나 오히려 우크라이나군이 돌파구를 마련하면서 주요 도로가 우크라이나군의 통제에 들어가 러시아 연방군의 전선이 남북으로 양분되는 상황에 처했다.

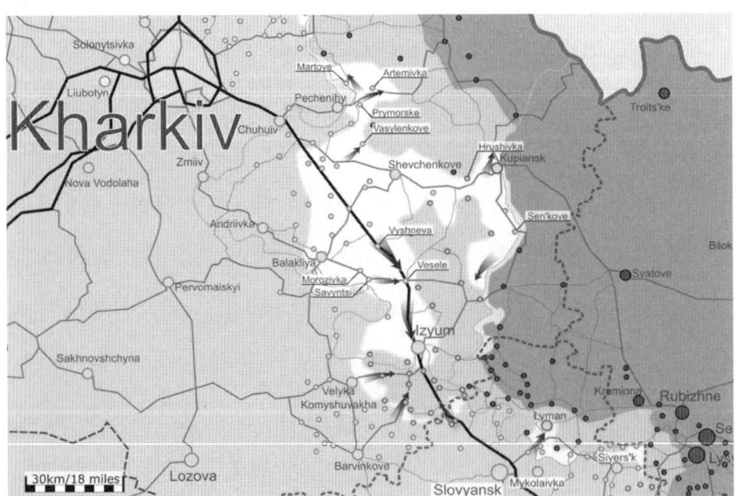

그림 7.7 2022년 9월 11일의 하르키우 전선 전황

9월 8일의 전황과 비교해 볼 때 러시아군은 하르키우주에서 전투력을 급속히 상실하면서 붕괴 수준의 후퇴에 주력했다. 이로써 러시아 연방군은 개전 이래 줄곧 지켜 온 하르키우주의 점령지를 대거 상실하는 결과에 직면했다.

여 우크라이나군이 하르키우주의 일부 마을을 탈환하기도 했다.[8)]

그림 7.7에서 우크라이나군은 발라클리야를 돌파함으로써 연속적으로 인근 마을들을 점령해 나가면서 하르키우 전선을 남북으로 가르는데, 이는 명백히 이지윰, 스바토베 그리고 리만을 재탈환하기 위한 기습공세임이 분명해 보였다. 쿠퍈스크까지 불과 3일 만에 점령하는 고속기동전을 보여 주면서 이에 대비하지 못한 러시아 연방군이 방어 태세도 제대로 갖추지 못한 채 투항하는 사례가 보고되기도 했다. 예상치 못한 우크라이나군의 하르키우 전선 돌파작전으로 빌로호리우카에서 러시아 연방군이 다량의 기갑장비들을 손실했을 뿐만 아니라 발라크리야에서는 정예부대인 스페츠나츠가 서둘러 철수하는 등 러시아 연방군이 우크라이나의 반격에 전혀 대비하지 않았음을 보여 주었다.[9)] 우크라이나군은 9월 6일부터 9일까지 불과 3일 동안 50km 이상을 진격하면서 하르키우주 전선을 남북으로 갈라놓는 데 성공했으며, 러시아 연방군은 철수에 주력하면서 대부분의 기갑 및 보급물자를 방치하고 전선을 이탈하는 모습을 보였고, 반면 우크라이나군은 2K22 퉁구스카, BMP-3, T-72B3 등의 비교적 최신 장비들을 노획했다.

우크라이나군의 예상을 뒤엎은 하르키우 역습은 러시아 연방군의 동부전선에 큰 혼란을 주었는데, 조직적인 방어작전을 전혀 수행하지 못하고 루한스크주로 퇴각에 주력하면서 개전 이후 6개월 이상을 유지해 온 하르키우 전선이 일주일도 안 되서 붕괴되는 상황이 연출되었다. 러시아 연방군은 순식간에 주요 요충지인 쿠퍈스크, 이지윰, 시베르스키도네츠강 방어진지, 리만까지 진격하면서 작전 개시 5일 만에 하르키우주 대부분을 재점령하는 놀라운 작전을 보여 주었으며, 이지윰 및 리만까지 점령한 후 공세를 멈추지 않고 리시찬스크까지 러시아 연방군을 밀어붙이는 데 성공했다.

하르키우주의 주요 도시 및 요충지를 탈환한 우크라이나군은 하르키우주 북부에 고립된 러시아 연방군 잔여 부대를 추격 섬멸하는 작전을 이어 나갔는데, 단 2일 만에 러시아 국경까지 러시아 연방군을 후퇴시키면서 하르키우주 북부는 전쟁 이전의 수준으로 돌아갔다. 6일간의 전투를 통해 우크라이나군은 하르키우주 동부의 오스킬강 동쪽을 제외하고 하르키우주의 80% 정도 영토를 회복했으며, 러시아 연방군이 상실한 병력과 장비는 집계하기가 어려울 만큼 대혼란의 상황이 연출되었다. 무엇보다도 러시아 최정예 기갑부대인 제1근위전차군의 붕괴가 러시아 연방군의 입장에서는 가장 큰 충격이었다.[10)]

대규모 공세가 있을 것이라던 헤르손에서는 우크라이나군이 포격과 견제사격 등으로 소규모 전투를 유지한 데 반해, 하르키우 전선에서는 소규모 기동부대만으로 공세에 집중하여 일주일도 안 되는 기간에 하르키우주를 탈환함으로써 (현대전에서) 성동격서를 재현해 냈다. 9월 19일까지의 전투로 우크라이나군은 오스킬강 동쪽의 오스킬 및 야츠키우카를 탈환함으로써 하르키우주 전역을 재점령하면서 전쟁 이후 유지된 러시아 연방군의 하르키우주 전체에 대한 실효적 지배가 종식되었고, 동부전선은 기존 하르키우-루한스크-도네츠크주 3개 전선에서 루한스크-도네츠크주 2개 전선으로 축소되었다.

수많은 장비를 손실한 러시아 연방군은 이를 보충하기 위해 9월부터 이란제 공격형 자폭드론을 대량 입수한 것으로 추정된다. 샤헤드(Shahed)-136 자폭공격형 드론 위주인데, 이 UAV는 사정거리가 2,500km에 달하는 장거리 타격체계를 갖추고 있으며 이미 중동지역의 분쟁에 여러 번 사용되었다. 우크라이나군이 2S19 무스타-S 자주포 등을 노획하거나 파괴함으로써 러시아 연방군이 사용할 장거리 타격체계가 고갈되었고 이란제 자폭용 드론의 사용 빈도는 그에 비례하여 증가하는 것으로 보인다. 또한 러시아 최대의 용병조직인 바그너 그룹은 부족한 병력을 보충하기 위해 전국의 교도소를 순회하며 죄수들을 상대로 입영 활동 중인 것으로 보고되었다.[11)] 일정 기간 전투임무에 참가하고 생존할 경우 가석방을 조건으로 일종의 수인부대를 창설하고 있는데, 이러한 바그너 그룹의 용병 모집은 러시아 연방군이 처한 심각한 병력

자원 손실을 반증한다.

바그너 그룹의 수인부대 창설에 이어 9월 21일에는 푸틴 대통령이 전격적으로 러시아 연방군의 예비군 부분 동원령을 선포했다. 이러한 동원령은 2차 세계대전 이후 처음 발효되는 것으로, 러시아는 이 날을 기점으로 전면전 혹은 총력전으로 국가 태세를 전환한 것이나 다름없다. 동원 대상자들의 해외 도피를 막기 위해 18세 이상 65세 이하의 러시아 국적 남자들에게는 항공권 발급도 중단되었으며, 입영 통지서를 받고 나서 2주일 이내에 소집에 응하지 않으면 강제구금 후 소집되거나 범죄행위로 기소된다.[12] 그러나 러시아 남성들이 이 동원령에 반발이 거세서 대단히 심각한 사회현상으로 부상했고, 곳곳에서 모병지휘소 지휘관에게 총격을 가하거나 모병소를 방화하는 사건이 이어졌다.

9월 한 달간의 전황을 요약하자면, 우크라이나군의 성동격서 실행과 그에 따른 러시아 연방군의 큰 패배라고 할 수 있을 것이다. 7월부터 8월까지 우크라이나군은 남부 헤르손 및 크름반도에 대해 상당한 공세를 취하면서 9월에는 헤르손에 대한 대대적인 공격을 가할 것이라고 예상되었는데, 정작 우크라이나는 소규모 기갑부대 및 기계화·포병 부대를 이용하여 헤르손에서 2천킬로미터 이상 떨어진 동부 하르키우주 전선을 돌파하면서 러시아 연방군 정예부대를 포위섬멸하고, 상당수의 장비를 노획하거나 파괴했으며, 전쟁 이래 러시아가 실효적으로 지배해 온 하르키우주를 모두 탈환함으로써 동부전선의 전황을 2014년 돈바스 전쟁 말기 수준까지 되돌려놓는 데 성공했다. 이후 우크라이나는 하르키우주에서 루한스크주까지 전선을 확대할지, 혹은 헤르손에 대한 공격을 재개할지 전략적 선택을 할 수 있는 여유가 생겼다.

9월에 지속된 우크라이나군의 하르키우 재탈환 작전의 화룡점정은 10월 2일 우크라이나군이 도네츠크주의 리만을 탈환한 것이었다. 리만은 우크라이나 제2도시인 하르키우주의 하르키우시와 도네츠크를 연결하는 슬로뱐스크

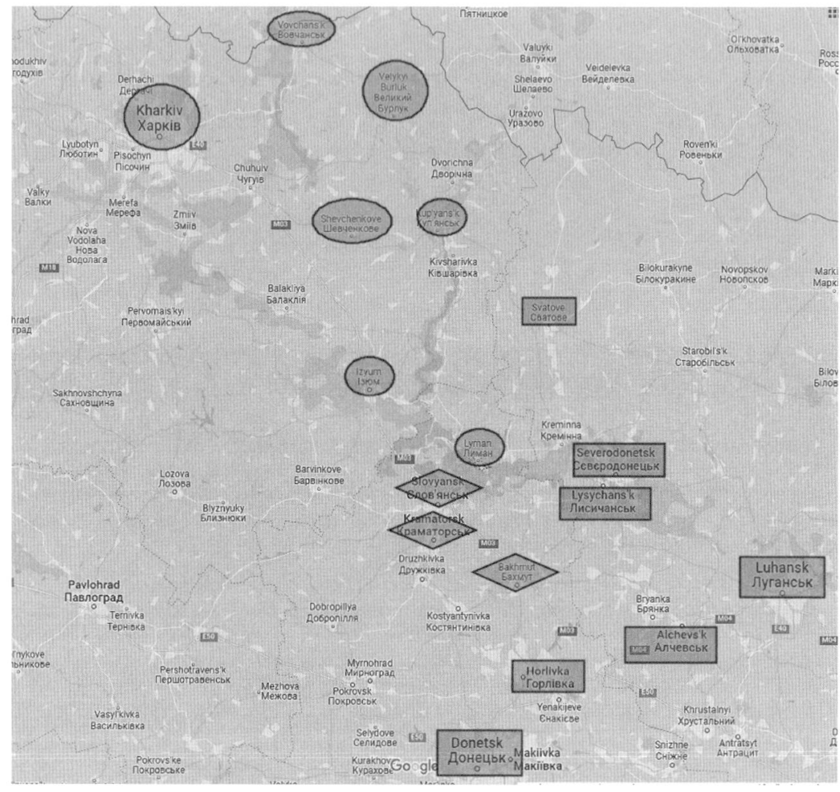

그림 7.8 2022년 10월 3일 기준 하르키우-루한스크-도네츠크 지역 전황

▌원형 지역이 2022년 9월 우크라이나의 반격으로 우크라이나군이 탈환한 지역이며, 마름모꼴 지역은 우크라이나군이 전쟁 개시 이후 방어해 온 지역이다. 사각형 지역은 돈바스 전쟁 이후 현재까지 러시아가 획득한 점령지이다. 지도로 볼 때, 러시아 연방군은 원형 지역을 모두 우크라이나군에게 내어 줌으로써 하르키우주 점령에 실패했다고 볼 수 있다.

의 위성도시로서 고속도로 및 철도의 요충지이다. 또한 리만은 도네츠크주의 슬로뱐스크시와 루한스크주의 세베로도네츠크시 및 리시찬스크시를 잇는 중간도시로서 도로 및 철도의 요충지이다. 따라서 리만을 점령하지 못한다면 도네츠크주뿐 아니라 하르키우 및 루한스크주까지 점령할 수 없다.

9월 대공세를 통해 동부 하르키우 전선에서 러시아 연방군에게 승리를 거

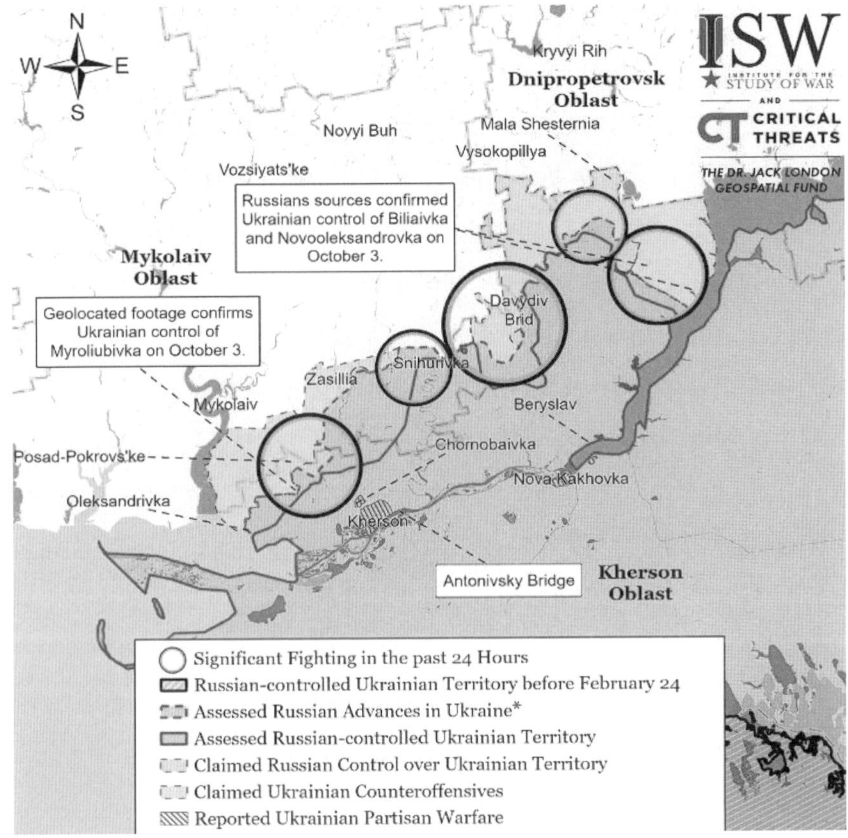

그림 7.9 남부 헤르손주 지역 전황

▌우크라이나군은 주도인 헤르손시뿐 아니라 드니프로강 서안 전체에 걸쳐 광범위한 공세를 시도했는데, HIMARS와 같은 고기동타격체제를 이용하여 소수의 포병전력으로도 광범위한 타격을 할 수 있었다.

등 우크라이나군은 곧이어 남부전선에서도 공세를 강화하기 시작했다. 10월 3일을 기준으로 우크라이나군은 헤르손주의 헤르손시 외곽까지 포격을 가함과 동시에, 드니프로강 동쪽에서도 공격을 개시하여 러시아 연방군의 방어 태세를 시험하는 제한적인 공세를 지속한다.

우크라이나군은 10월 2일부터 시작된 헤르손주의 광범위한 탐색전을 통해 러시아 연방군의 취약한 방어지를 파악하는 작전을 지속했으며, 본격적인 헤르손 공략작전에 돌입한 것은 아니었다. 다만 주도인 헤르손시를 향해 서서히 마을단위로 점령하면서 압박하는 작전을 강화했는데, 이러한 작전으로 러시아 연방군뿐 아니라 우크라이나군의 피해도 상당히 증가하고 있다는 정황이 나왔다. 비록 양군 모두 막대한 피해가 발생했다고는 하지만 우크라이나군의 피해보다는 러시아 연방군의 피해가 더 많은 편인데, 10월 7일 영국 국방부에서 파악한 바에 의하면, 개전 이후 우크라이나는 최소 440대의 MBT 및 650대의 기갑장비를 노획한 것으로 되어 있으며 우크라이나군은 이들 중 상당수를 정비하여 일선에 재배치한 것으로 알려졌다.[13] 하르키우에서 대규모 피해를 입은 러시아 연방군은 헤르손에 새로 모집한 동원병을 투입하여 방어 태세를 강화하는 한편, 하르키우 전선의 패배를 만회라도 하듯, 도네츠크주를 완전히 점령하기 위해 바흐무트를 공략하는 데 전투력을 집중하기 시작했다.

10월 8일에는 크름반도 동쪽에서 예상치 못한 사건이 발생했는데, 푸틴 대통령의 치적이자 크름반도와 러시아 본토인 케르치를 직접 육로로 연결하는 크림대교의 일부 구간이 파괴되어 정상적인 물자수송이 불가능해졌다. 이 파괴 공작은 우크라이나의 특수부대가 수상드론을 이용하여 다리 밑에서 폭발물을 점화시킨 결과임이 밝혀졌다. 푸틴 대통령은 이러한 우크라이나군의 사보타지 활동을 명백한 테러 행위로 규정했으며 긴급히 보수하여 최대한 빨리 교통을 회복시키라고 명령함과 동시에, 대규모 보복공격을 지시한 것으로 알려졌다.[14]

러시아 연방군은 크림대교 파괴에 따른 보복공격으로 Kh-555, Kh-101, 이스칸다르 M, 칼리브르 순항 미사일, 이란제 자폭용 드론(UAV) 등 4억~7억 달러 규모의 미사일을 발사했다고 한다.[15] 수량으로 보면 미사일 약 84발, UAV 24기를 동원하여 우크라이나의 수도 키이우 및 주변 도시에 공습을 가했다(이 공습으로 삼성전자 R&D 센터가 피해를 입기도 했다). 우크라이나군은 이 중 미사일 45발 및 UAV 9기를 격추했다고 밝혔으며, 수도 키이우를 방어하기 위해 독일이 IRIS-T 지대공 미사일 시스템을 보내기로 했다. 키이우에 가해진 러시아 연방군의 장거리 미사일 및 UAV 공격은 예상보다 큰 피해를 냈다. 수일간 리비우, 키이우 등지의 전력 및 수도 공급에 큰 차질이 있어 민간인 피해가 급증했다.

러시아의 보복공격은 이란제 샤헤드-136 자폭형 UAV가 대량으로 러시아에 공급되었음이 확인된 공습으로, 이로써 NATO 회원국들은 우크라이나에 각종 대공방어시스템을 군사원조하기로 했으며, 영국은 최신형 방공체계 NASAMS에 장전되는 AIM-120 AMRAAM 미사일을, 스페인은 호크 미사일 4포대를, 프랑스는 크로탈 대공 미사일 수기를 제공하기로 했다. 그러나 목표 1기당 대공 미사일 2발을 발사하여 교전하는 전술을 사용하기 때문에 러시아 연방군의 이란제 UAV 및 장거리 순항 미사일을 동원하여 수차례 공습한다면 민간시설에 대한 대공방어를 장기간 유지하기란 불가능에 가깝다.

러시아 연방은 이처럼 우크라이나 방공체계에 취약점이 있다는 사실을 공습을 통해 파악한 듯하다. 10월 10일에도 러시아 연방군은 약 80기 이상의 순항 미사일을 우크라이나의 후방 민간도시로 발사했으며, 이 공격 또한 크림대교 파괴에 따른 보복공격의 일환이었다. 크림대교가 파괴됨으로써 러시아 연방군의 남부전선 보급은 더욱 취약해졌는데, 해상을 통해 보급을 시도했으나 흑해함대의 피해가 누적되었을 뿐 아니라 마리우폴 항구가 제대로 복구되지 않아 해상 보급의 효율이 매우 나쁘다고 알려졌다. 러시아 연방군은 8~9월 사이에 대패를 만회하고자 본격적으로 이란제 드론 및 순항 미사일 공습을 지속하여 우크라이나의 민간시설을 무차별 공격하기로 작전 전환을 시도했으며, 이는 우크라이나의 방공망이 시간이 지날수록 취약해질 것이라는 예상 아래 물량전을 감행한 것이다. 저렴한 이란제 드론에 패트리어트 같은

그림 7.10 2022년 10월, 격추된 이란제 자폭용 드론 옆에 서 있는 젤렌스키 대통령

고가의 미사일을 사용하는 것이 낭비라고 판단한 미국은 이미 퇴역한 HAWK(호크 대공 미사일) 시스템을 우크라이나에 대량 공급하기로 결정했다.

10월 22일경부터 러시아는 헤르손 전선에서 드니프로강 서안의 방어를 포기하고 도하하여 드니프로강 동안으로 철수하는 등 방어선을 뒤로 하고 후퇴하기 시작했다. 배수의 진보다는 천연장벽인 강을 이용하여 우크라이나군의 진격을 막겠다는 전술적인 변화이다. 드니프로강 서안에서 러시아 방어군이 철수함에 따라 우크라이나군은 드니프로강 서안을 따라 남하하면서 헤르손시로 진격 속도를 가속화했다. 27일에는 러시아가 임명한 우크라이나 헤르손 주지사가 헤르손에서 민간인 대피를 지시했다. 이제 수일 혹은 수주일 이내에 우크라이나군의 헤르손시 공략전이 시작되리라 파악된 것이다.

10월의 전황을 요약해 보면, 우선 우크라이나군이 하르키우주를 완전히 탈환했다고 판단되며, 남부 헤르손 전선에도 공세를 점점 강화했으며, 특히 크림대교 일부 구간을 파괴함으로써 대부분의 전선에서 성과를 거두었다. 이에 반해 러시아 연방군은 도네츠크주 공세에서도 변화가 없었고, 나머지 전선 모두 수세에 몰리는 등 전투력 고갈의 시점이 다가오는 것처럼 보였다. 그러나 러시아 연방군은 이란에서 대규모로 공급 받은 자폭용 UAV의 무차별 공습을 통해 우크라이나 민간시설에 큰 피해를 주면서 항전 의지를 약화시키는 전략적 변화를 시도했다.

8장

바흐무트, 전쟁의 분수령이 되다

동부 하르키우 전선에서 전략적 목표 달성에 실패한 러시아 연방군은 가용할 수 있는 전투력을 거의 대부분 도네츠크 및 루한스크주 전선에 투입하고 있다는 정황이 크게 두드러졌다. 바그너 그룹은 도네츠크 전선에서 러시아 정규군과 거의 맞먹는 규모로 투입되고 있다는 첩보가 많을 뿐만 아니라, 실제로 천 명 단위 이상의 러시아 퇴역군인 및 죄수들이 수시로 모병되어 간단한 훈련 후 바로 전선에 투입되고 있다.[1] 또한 더 많은 용병을 모집하기 위해 상트페테르부르크에 국제모병센터를 신규 설치하여 수시로 외국 및 국내 용병을 모집하고 있으며, 바흐무트 및 솔레다르의 주 공격부대는 바그너 그룹으로 구성된다. 바그너 그룹의 전투부대는 러시아 정규군과 차별되는 전투력을 보여 주기 위해 실제 점령지를 부풀리는 측면이 있지만 사상자 비율이 높은 정황으로 볼 때 동부전선의 전투 핵심세력임은 부인할 수 없는 사실인 듯하다.[2]

하르키우 및 헤르손에서 거듭된 러시아 연방군의 패배 및 도네츠크 전선에서의 더딘 진격으로 러시아 연방군의 사기가 크게 저하된 듯하며, 러시아군 지휘부가 '장벽부대', 혹은 '후퇴차단 부대'라고 불리는 이른바 독전대를 운용

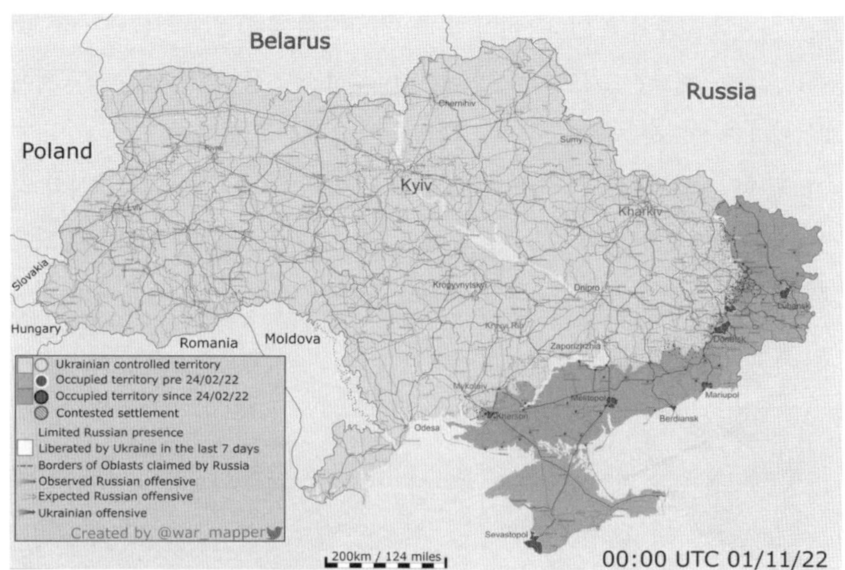

그림 8.1 2022년 11월 1일 기준 우크라이나 전체 전황

▌9월 초와 비교했을 때 하르키우주의 대부분이 우크라이나 영토로 수복되었음을 알 수 있다. 남부 헤르손 전선은 우크라이나의 교전지역이 다소 늘었지만 큰 변화는 없는 상태이다.

하고 있다는 첩보가 나오고 있다. 과거 소련에서는 2차 세계대전 시 후퇴하는 자국 병사들에게 무차별 사격을 가하지는 않았으나 탈영병 혹은 명령 불복종 병사들을 시범적으로 처형한 사례가 있었다는 증언도 있다.[3)] 독전대까지 운용하는 이유 중 하나는 새로 동원한 신병 및 바그너 그룹 죄수부대의 전투력과 사기가 낮기 때문인 듯하다. 충분한 훈련, 적합한 장비, 그리고 화력 지원이 필수인 전선에서 징집 후 2주 정도밖에 되지 않는 교육을 받고 낡은 장비를 장착한 채 투입되다 보니 막대한 사상자가 발생하는 악순환에 빠지고 있는 것이다.[4)] 심지어 야전삽조차 제대로 보급되지 않아 맨손으로 땅을 파는 실정이며,[5)] 소총 역시 1960년대 제작된 AKM이 보급되었다는 정황도 있다. 그러나 이러한 상황에도 불구하고 푸틴 대통령은 우크라이나 전선에서 후퇴하거나 협상할 생각이 없고, 오히려 우크라이나를 점령하는 전쟁 초기의 목표를 여전히 고수하고 있다. 이미 30만 명 규모의 동원령을 하달했으며, 10월 19일에는 헤르손, 자포리자, 도네츠크, 루한스크 등 남아 있는 점령지에 계엄령까지 선포하는 등 더 강경한 대책을 계속 내놓고 있다.

11월 9일 러시아 연방군 국방부 장관인 세르게이 쇼이구는 남부전선의 러시아 연방군에게 공식적으로 헤르손시 및 드니프로강 서안에서 철수할 것을 명령했다.[6)] 철수한 병력은 드니프로강을 도하하여 동안에 새로운 방어진지

그림 8.2 2022년 7월 23일 우크라이나군 HIMARS 로켓의 타격으로 파괴된 헤르손의 교량
▌헤르손 전선에서 우크라이나군은 러시아 연방군의 보급체계를 타격하는 데 집중적으로 HIMARS를 운용해 왔다.

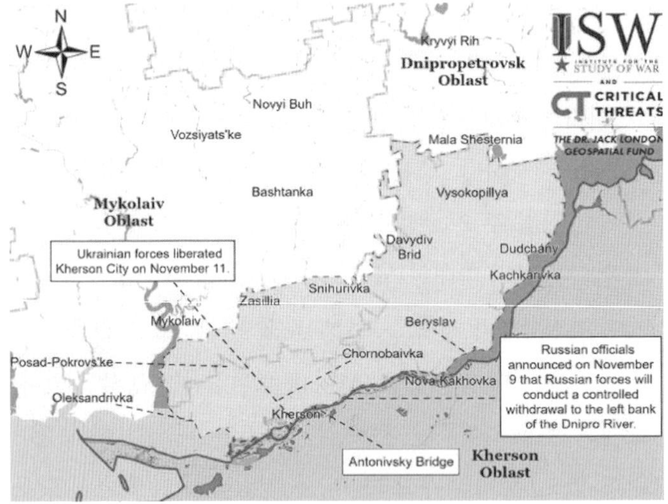

그림 8.3 2022년 11월 13일 헤르손 전선 전황

▌우크라이나군은 드니프로강 서안을 완전히 탈환했으며, 헤르손시도 11월 11일 자로 점령한 것으로 파악되었다.

를 구축하고 우크라이나군의 공세를 저지하라는 전술적 후퇴임무를 받은 것으로 보인다. 이는 개전 이후 남부전선에서 생긴 가장 큰 변화로, 러시아 연방군은 우크라이나군의 HIMARS와 같은 고기동 장거리 타격수단 때문에 보급체계를 유지하기가 어렵다고 판단하여 남부전선의 가장 중요한 요충지 중 하나인 헤르손시를 포기한 것으로 추정된다. 우크라이나군은 러시아 연방군이 헤르손시 및 드니프로강 서안에서 철수하기 시작하자 일제히 헤르손 주변 점령에 들어갔는데, 파울리우카, 스타니슬라우, 예우헤니우카, 보브로비쿠트, 츠칼로베, 노코비이리 등 헤르손 주변의 마을을 순차적으로 점령하면서 러시아 연방군이 철수할 때 설치했을지도 모르는 부비트랩이나 IED(급조 폭발물) 등을 점검했다. 결국 러시아 연방군이 드니프로강 동안으로 철수한 가장 큰 이유 중 하나는 HIMARS와 같은 기동성 있는 정밀 장거리 타격체계가 헤르손 전선의 러시아 연방군 보급체계를 붕괴시키는 수준까지 도달했기 때문인 것으로 파악된다.

11월 12일까지 우크라이나군은 헤르손시 및 드니프로강 서안을 완전히 탈환하여 전쟁 개시 이후 남부전선에서 가장 큰 전과를 창출했다.[7)] 헤르손시를 포기한 러시아는 헤니체스크를 임시 헤르손주 주도로 선포하고 군 지휘부를 이동시켰는데, 이곳은 헤르손 최전선에서 HIMARS 사정거리 밖인 비교적 안전지대이다. 이뿐만 아니라 드니프로강 동안의 방어선도 강에서 15~20km 이상 후방에 건설함으로써 우크라이나군의 HIMARS 포격으로부터 최대한 이격시키기 위해 조치했다. 이런 철수 과정 가운데 러시아 연방군의 헤르손 및 드니프로강 서안의 철수는 매우 급하게 진행된 듯하지만 동부전선에 비해서는 질서 정연한 것으로 평가된다. 왜냐하면 우크라이나군은 철수한 러시아군으로부터 상당량의 기갑차량을 노획했으나 실제 러시아군 전투병력의 손실은 매우 적었기 때문이다. 그러나 노획한 장비들이 우크라이나군의 전력에 크게 도움이 되지는 못했는데, 장비의 대부분이 1950~1960년대 구형이었던 것이다. 이를 볼 때 러시아 연방군의 심각한 전쟁물자 부족을 짐작할 수 있었다. ML-LB APC, 현대화되지 않은 T-62 MBT, 개량된 T-62M, BM-21, 무스타-SM2, BMD-2 등 노획한 장비 대부분이 일선에서 사용하기에는 무리가 있는 수준이었다.

동부 하르키우의 대패배 이후 남부 헤르손시 및 드니프로강 전선에서도 패배가 확정되면서 러시아 연방군은 동부의 도네츠크 전선에 병력을 집중하는 한편, 민간시설에 대량의 장거리 미사일 공격을 가하면서 보복성 공습을 이어 나간다. 11월 15일 하루에만 우크라이나 전역의 전력공급망 시설에 80~100여 발의 장거리 미사일 공격을 가했다. 우크라이나군의 대공방어능력은 수도 키이우에 배치된 SAM(지대공 미사일) 및 최전방의 MANPADS(휴대용 지대공 미사일 시스템)에 주로 의존하기 때문에 민간시설이나 기타 대도시의 대공방어는 매우 취약하다. 러시아의 대규모 공습이 있을 때마다 우크라이나는 심각한 정전, 단수, 난방 차단 등의 피해가 광역적으로 발생하는 악순환이 되풀이된다. 그러나 우크라이나의 취약한 방공망에도 불구하고 러시아 연방군이 장거리 미사일을 이용한 대규모 공습을 빈번하게 할 수 없는 이유는 비축

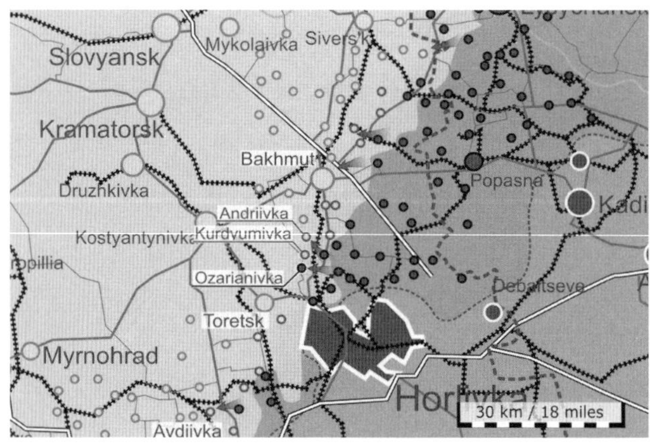

그림 8.4 2022년 11월 29일 도네츠크 전선 전황

▌러시아 연방군은 바흐무트를 점령하기 위해 인근 마을들에 포격전을 수행한 후 보병을 투입하는 전통적인 전술을 사용함으로써 더디게 진격하지만, 우크라이나군의 방어선을 후퇴시키면서 포위하는 데 성과를 보여 준다.

해 둔 미사일 재고가 충분하지 않기 때문으로 풀이된다. 11월 이후부터는 미사일 부족으로 이란에서 도입한 자폭용(카미카제) 드론을 집중적으로 이용하는 장거리 대가치 공습으로 전환한다.

러시아 연방군은 바그너 그룹의 용병들과 함께 연이은 패배를 반전시키고자 도네츠크 전선을 집중 공략했으나 진격 속도가 매우 더뎠다. 바흐무트 공략이 시작된 지 2개월이 지났으나 아직 바흐무트 점령에 성공하지 못했으며 바흐무트 주변의 마을들을 하나씩 하나씩 더디게 점령하면서 우크라이나군을 포위하고 있다. 바그너 그룹이 바흐무트 전선의 주역이 되면서, 러시아 정규군의 BTG 체계가 사실상 붕괴한 것이 아닌가 하는 분석도 제기된다.

돈바스 전쟁 이후 2022년 러시아-우크라이나 전쟁으로 이어지면서 러시아 연방군은 다양한 지형과 공간에서 비정규전, 전면전, 기동전, 화력전 등을 경험해 왔고, 이러한 교훈을 통해 만든 BTG는 어느 정도 성과가 있었으나 이번 전쟁과 같은 대규모 전면전에서는 본질적인 약점을 계속 드러냈다. BTG에 배속되는 500~600여 명의 보병은 대규모 전투에서 화력과 작전임무를 수행하기에 매우 불충분하다. 게다가 소규모 기갑부대 및 포병의 분산배치는 원래 러시아가 추구하는 화력전의 이점을 충분히 이용하기에는 턱없이 부족했다. 또한 중앙 통제형 지휘체계 속에서 BTG의 임무형 지휘체계는 적응하기 어려운 조건이다.[8)]

11월의 전황을 요약해 보면, 9월 이후에 시작된 우크라이나군의 반격작전이 남부 헤르손시 및 드니프로강 서안 점령으로 이어지면서 연속적인 공세작전이 이어지는 기간이라고 할 수 있다. 반면 러시아 연방군은 하르키우 및 헤르손을 상실하고 이제 자포리자, 헤르손주 일부, 크름반도, 도네츠크 일부, 루한스크 일부의 점령을 유지하면서 전쟁 개시 이전에 비해 괄목할 만한 영토 확장에 실패했다. 그 대신 장거리 미사일과 이란제 UAV를 대거 동원한 민간시설 공습으로 효과를 보면서, 이러한 후방공격 강화 태세를 드러냈다.

제2의 스탈린그라드가 된 바흐무트

병력과 장비의 손실이 커진 러시아 연방군은 도네츠크주 바흐무트 및 주변 마을을 최우선 공략목표로 설정하고 도시 주변을 둘러싸는 형태로 15km에 달하는 참호를 구축하는 동시에 보급로를 충실히 마련하면서 우크라이나군을 포위섬멸하는 전통적인 참호전술을 구사하기 시작했다. 그러나 바흐무트 및 인근 솔레다르시는 전쟁 전 혹은 발발 초기만 하더라도 러시아 및 우크라이나 모두가 전략적 가치를 두지 않은 도시였을 뿐만 아니라 공업 혹은 교통의 요충지도 아니다. 도네츠크의 마지막 전략적 요충지인 슬로뱐스크와 그 위성도시인 크라마토르스크 주변 우크라이나군의 방어선이 강력했기 때문에 남쪽으로 크게 우회하여 바흐무트를 점령한 후 슬로뱐스크의 남쪽에서 공략하려는 전술로 전환하다 보니 최전선이 바흐무트로 바뀐 것이다.

이는 마치 2차 세계대전 시 스탈린그라드 공방전과 유사한 패턴으로, 현재 스탈린그라드(볼고그라드)라는 도시 이름을 대부분 잊었듯이, 1942~1943년까지만 해도 스탈린그라드는 전략적 요충지가 아니었다. 독일군은 청색작전을 발동하면서 카프카스 지역의 유전을 최종 목표로 삼았으나, 카프카스 유전지역에 도달하기 전에 스탈린그라드에서 소련군의 저항에 직면했던 것이다. 최정예 독일군 제6군과 제4기갑군은 병력의 80%를 상실한 채 스탈린그라드에서 전진하지 못하고 패배했으며, 이는 2차 세계대전의 가장 중요한 분수령이 되었다. 2차 세계대전과 유사하게 전략적 요충지로 향하는 길목의 도시에서 80여 년 만에 러시아는 전쟁의 향방을 결정지을 수도 있는 공방전을 재경험하게 된 것이다.

러시아가 후방 민간도시에 이루어진 무차별적 순항 미사일 및 자폭드론 공습에 대항하여 우크라이나군은 12월 5일, 러시아 라잔시 및 사라토프의 엥겔스 군사비행장에 드론 공격을 가했다. 특히 이 군사비행장은 모스크바에서

그림 8.5 2022년 12월 1일 우크라이나 전체 전황

▌9월이 지난 우크라이나 반격작전 이후 하르키우주 거의 대부분과 헤르손주 일부를 우크라이나가 탈환한 형국이다.

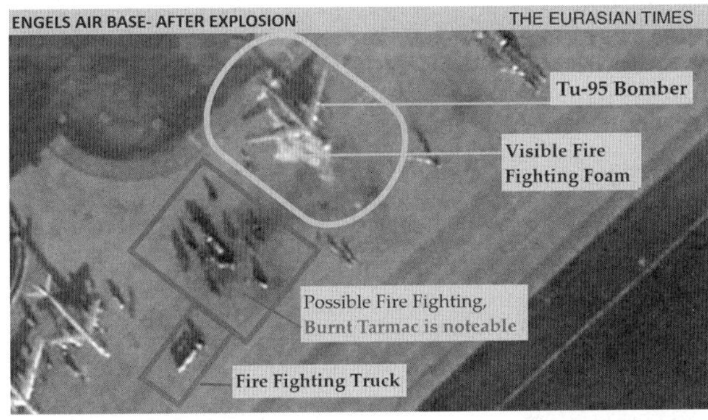

그림 8.6 2022년 12월 26일 사라토프의 엥겔스 군사비행장에 우크라이나군의 드론 공습이 실시된 후 촬영된 민간인공위성 사진

▌Tu-95 전략폭격기에 직접적인 타격이 가해진 것으로 보이며 비행장 곳곳에 폭발의 흔적이 남아 있다.

700km밖에 떨어져 있지 않고, 러시아의 장거리 전략폭격기인 TU-160 및 TU-95가 배치되어 있다.[9)] 우크라이나군은 12월 26일, 사라토프의 엥겔스 공군기지를 드론으로 재공격했는데 주기장에 있던 TU-160 및 TU-95를 직격하거나 주위에서 폭발시켜 규모 미상의 피해를 남긴 것으로 알려졌다.[10)][11)]

비운의 정예부대인 러시아 연방군 제1근위전차군이 재정비를 마치고 루한스크주 스바토베 방어작전으로 복귀했다. 제1근위전차군은 스탈린그라드 전투를 위해 창설된 전통 있는 부대로써, 쿠르스크(Kursk) 기갑전, 베를린 공방전 등에 참전하여 적기훈장을 받은 정예 기갑부대이다. 이번 우크라이나 침공에서도 선봉 역할을 맡으며 하르키우주 전역을 방어하는 핵심 전력으로 자리 잡았다. 특히 러시아 연방군은 최정예 제1근위전차군이 개전되자마자 하루도 되지 않아 우크라이나 국경을 400km나 돌파해서 우크라이나군을 궤멸시킬 수 있으리라 판단하기도 했다.[12] 그러나 9월 우크라이나의 반격작전에 미처 방어 태세를 갖추지 못한 상태로 후퇴하면서 사실상 궤멸한 상태였다. 제1근위전차군은 러시아 연방군 중 가장 우수한 MBT(T-80BV, T-80U 등)를 보유했으나 ISRTA 능력의 부족, 보급의 제한, 기동방어전 구사 실패라는 악재에 걸린 데다 우크라이나군의 촘촘한 보병·기갑·포병·로켓 공격에 거의 모든 전차를 잃고 와해되었다. 그러나 하르키우에서 철수한 이후 치장물자 저장소에서 재활용한 T-80 및 T-62까지 동원하여 재무장한 후 신병을 채워 1개 기갑사단 규모로 재편성하여 루한스크주의 스바토베에 배치했다. 제1근위전차군의 흥망성쇠를 보면, 이 전쟁에서 러시아군의 전반적인 문제점과 한계를 한눈에 파악할 수 있다.

영국 국방부가 파악한 바에 의하면, 러시아는 아직 전쟁의 목표를 변경하지 않은 듯하다.[13] 러시아 연방군은 여전히 주요 목표가 도네츠크주 및 루한스크주의 러시아계 주민들(러시아 국민)을 우크라이나로부터 보호하는 것이라고 주장하며, 돈바스 지역의 해방은 이에 따른 과정이라고 한다. 즉, 여전히 루한스크, 도네츠크, 자포리자, 헤르손주를 완전히 통제해야만 러시아계 주민들을 러시아의 국민으로서 보호할 수 있기 때문에 이 지역을 포기할 가능성은 극히 드물다고 할 수 있다.

이와 연계해서 러시아 연방군이 패배한 하르키우를 재공략할 가능성도 있지만 현재 바흐무트에서 치열한 참호전을 치루고 있는 러시아 연방군의 상황을 비쳐 볼 때, 하르키우 재공세는 우크라이나군의 관심을 돌리려는 목적 이외의 가치는 없다고 봐야 한다. 실제로 러시아는 12월 들어 벨라루스에 A-50 조기경보기를 배치하고, 벨라루스군과 합동훈련을 실시하며, 벨라루스를 경유하여 우크라이나 북부전선으로 BTG를 투입할 여지를 보여 주기는 했다. 그러나 바흐무트의 상황이 조기에 종료되지 않는다면 러시아 연방군이 키이우, 수미, 체르니히후, 하르키우를 재침공할 가능성은 매우 낮다.

가장 치열한 전장은 바흐무트 방면의 포위전이다. 러시아 바그너 그룹은 훈련도가 매우 낮은 죄수부대 및 용병을 대규모로 투입하면서 기갑전력은 거의 지원하지 않은 채, 소총과 RPG(휴대용 대전차 유탄 발사기) 등으로 무장한 경보병을 동원하고 있는 것으로 알려졌다. 지휘체계는 상당히 임기응변적으로써, 각 병사들은 스마트폰이나 태블릿, 중국제 민간용 소형 드론을 이용하여 전방을 정찰하고 통신을 주고받는 것으로 파악된다. 무모해 보이는 바그너 그룹 용병부대의 전투 방식은 막대한 인명피해를 강요 받지만, 매일매일 100m 단위로 진격하며 바흐무트 포위망을 서서히 완성시켜 가고 있다. 참호전과 더불어 이란으로부터 2천여 기 이상의 자살공격용 드론을 공급 받거나 혹은 공급 받을 예정으로, 러시아 연방군은 이 드론을 이용하여 우크라이나 후방의 전력공급·상수도·난방 시설을 파괴하면서 우크라이나 민간인들의 피해를 가중시켜 항전의 의지를 약화시키는 전략을 지속하고 있다. 12월까지 최소 1,700여 기의 이란제 드론이 러시아에 공급된 것으로 파악되며, 12월에만 네 차례의 광범위한 드론 공습이 이루어졌다.[14] 특히 12월 28일에 발생한 키이우, 하르키우, 오데사, 리비우 공습에서는 자폭용 드론이 중심이었으며 최소 130기 이상의 자폭용 드론이 발사되어 우크라이나 대부분 지역에서 정전이 발생하고 난방 공급이 끊겼다.[15]

12월 20일은 전쟁 발발 300일차이다. 이 전쟁이 1년을 넘기는 것은 기정사실처럼 받아들여졌으며, 러시아와 우크라이나뿐만 아니라 전 세계가 장기화된 이 전쟁의 여파를 피할 수 없게 되었다. 한편 전선은 여전히 바흐무트를 중심으로 격전 상태이다. 러시아 연방군 정규군 및 바그너 그룹의 용병부대는 바흐무트를 동쪽뿐만 아니라 북쪽과 남쪽에서 3방향으로 포위 중이며, 이 상태로 러시아군이 공세를 지속한다면 우크라이나군의 바흐무트 병참선은 서쪽의 도로 한 군데를 제외하고 모두 단절될 듯하다.

이러한 상황이 오기 전에 우크라이나군도 최대한 저항하면서 포위망이 완성되는 것을 막고 있으나, 참호전의 특성상 그동안 우크라이나군이 우위를 보였던 NATO군의 ISRTA 전력이나 HIMARS 기동 정밀 장거리 타격무기, 재블린 대전차 미사일 등은 바흐무트 전장에서는 위력을 거의 발휘할 수 없었다. 오히려 1차 세계대전 때처럼 수류탄, 박격포, 기관총 등이 맹위를 떨치고 있는 상황이다. 여기에 더해 러시아군은 중국에서 민간용 소형 드론을 대량으로 입수하여 바흐무트 전장에서 상당히 효율적으로 활용하고 있다고 알려졌다.

12월의 전황을 요약하자면, 9월부터 11월까지 지속된 우크라이나의 반격작전으로 인해 러시아 연방군은 손실된 전력을 보충하고자 바그너 그룹의 용병을 동부전선의 주전투전력으로 활용함과 동시에, 이란에서 공급 받은 수천 기의 자폭용 드론으로 우크라이나의 후방 민간시설을 공격하는 전략으로 전환했다. 이러한 러시아 연방군의 전략 변화로 우크라이나군은 남부 헤르손 전선 및 동부 하르키우 전선에서 승리했음에도 불구하고 더 이상 전선을 확대할 수 있는 동력을 상실하는 단계에 이르렀다. 특히 이란제 드론이 민간·기간 시설을 무차별 파괴하여 전국적으로 전기·상수도·난방 공급이 중단되는 사태가 빈번해지자 그동안 큰 문제 없이 유지되던 물류 공급, 산업생산 능력이 저하되면서 우크라이나군에게도 보급 및 전투지원체계의 한계가 오기 시작했다. 또한 우크라이나의 방공체계가 한계에 달하면서, 우크라이나군의 대공 미사일이 먼저 고갈될지, 러시아 연방군의 자폭용 드론이 먼저 고갈될

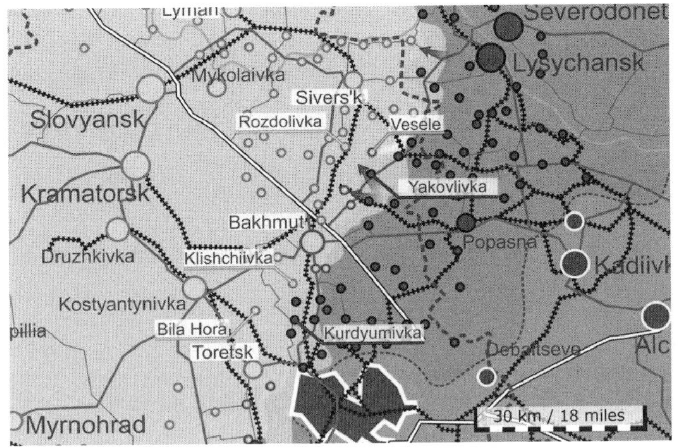

그림 8.7 2022년 12월 25일 기준 도네츠크 전선의 전황

▌10월 이후 큰 변화는 없으나, 러시아 바그너 용병이 대규모로 투입되어 바흐무트 주변의 점령지가 증가하고 있으며, 특히 바흐무트 북쪽에서 포위망을 형성하는 시도가 부분적인 성공을 보이고 있다.

그림 8.8 2022년 3월 30일 기준 우크라이나 전체 전황(왼쪽) 및 2023년 1월 2일의 전체 전황(오른쪽) 비교

▌오른쪽에서 옅은 부분(헤르손 북부 및 하르키우 방면)은 우크라이나가 점령지를 확대하는 중임을 표시한 것이므로, 러시아가 2014년 돈바스 전쟁에서 추가로 얻은 영토는 크름반도와 돈바스 사이를 연결하는 자포리자 및 헤르손의 남쪽 회랑 정도에 지나지 않는다.

지를 두고 무모한 소모전으로 치달았다. 여기에 더해 두 달 이상 바흐무트시 하나를 두고 막대한 인명과 장비의 손실을 감내해야 하는 참호전이 본격적으로 시작된 것은 러시아나 우크라이나 양국 모두에 큰 부담이었다.

키이우 인디펜던트지가 매월 집계하는 러시아 연방군의 피해자료를 참고하면, 러시아 연방군의 병력손실(사상 혹은 포로)은 10만 명을 훌쩍 상회한다. 사상자 및 포로로 손실된 인명이 10만 명을 넘어 11만 명으로 치닫고 있는데,

이는 러시아 연방군 전체 병력의 10% 이상에 해당하는 수치로써 국가방위체계 및 모병체계에 심각한 부담을 줄 수밖에 없을 상황이다. 또한 전쟁 전에 러시아의 1선급 전차가 2,500여 대이고 치장물자가 1만 1천 대였음 감안할 때, 이미 러시아 연방군은 전쟁 전에 1선급 전차 중 최소 40% 이상을 소진하고, 비축된 치장물자를 재정비하거나 개수하여 전장에 보내는 상황으로 파악된다. 이처럼 막대한 인명 및 장비의 손실이 지속됨에도 불구하고 러시아 연방군의 공세는 동부전선을 중심으로 지속되고 있으며, 도네츠크주의 바흐무트 전선을 제외한 나머지 전선, 즉 헤르손과 루한스크주에서는 포격전 위주의 공방전이 중심을 이루고 있는 상황이다. 특히 가장 격렬한 교전지인 바흐무트 전선에서는 러시아 연방군이 괄목할 만한 돌파구를 만들거나, 우크라이

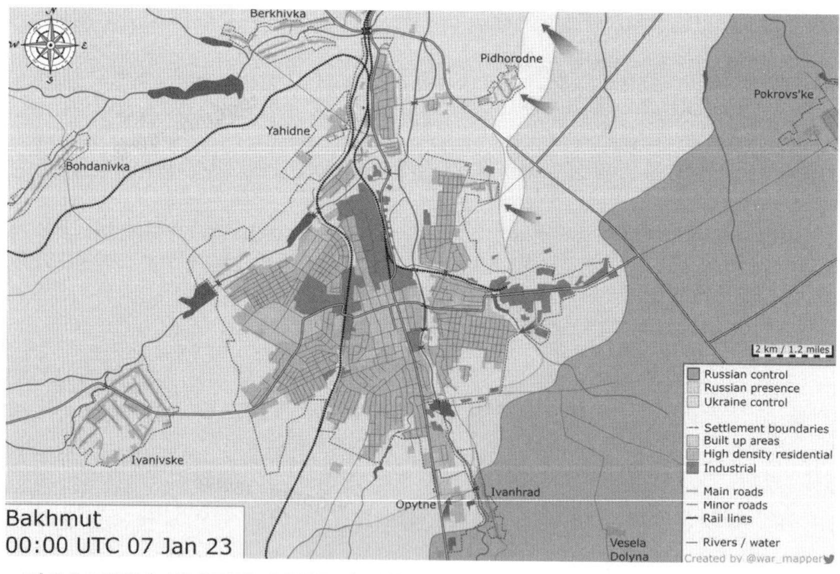

그림 8.9 2023년 1월 7일의 바흐무트시 전황

▌러시아 연방군 및 바그너 그룹의 용병부대는 우크라이나군의 병참선을 차단하기 위해 마리우폴 전투 때와 마찬가지로 도시 전체를 포위하여 항복을 받아 내는 전술을 적용 중이며, 바흐무트시 북쪽에서 꾸준히 진격에 성공하고 있다.

나군 역시 러시아군의 공세를 격퇴하지 못하는 소모적인 참호전의 굴레에서 빠져나오지 못하고 있다.

바흐무트 전선을 제외한 남부전선에서는 러시아 연방군의 방어진지 강화 태세가 이어졌다. 러시아가 방어기지를 강화하려는 가장 큰 이유는 물론 러시아 연방군의 물자 및 병력의 손실이 감당하기 어려운 수준으로 악화된 점도 있으나, 하르키우 및 헤르손에서 패배한 가장 큰 이유가 방어기지 구축에 소홀했기 때문이라고 판단한 데 있는 듯하다. 만약 하르키우에서 우크라이나군이 9월 반격작전 때 선보인 전선돌파 후 포위섬멸을 남부 자포리자에서 재현한다면 러시아 연방군으로서는 최악의 시나리오가 될 것이다. 하르키우주 서쪽에서 돌파하여 동쪽으로 허리를 잘라내듯 러시아 정예부대를 포위섬멸한 전례가 있기 때문에, 자포리자주에서도 우크라이나 기동부대가 북쪽에서 전선을 돌파하여 남쪽으로 돌파구를 확대하면서 자포리자 서쪽의 러시아 2선급 부대를 포위섬멸한다면 러시아는 자포리자뿐만 아니라 헤르손주 전체, 크름반도까지 잃을 수 있다. 러시아 연방군으로서는 조속히 바흐무트를 점령하고 그 여세를 이어 나가 슬로뱐스크까지 점령하여 도네츠크주를 완전히 석권한 후 전투력을 정비하여 하르키우나 남부전선에서 반격을 재개하는 것이기 때문에 어쩔 수 없이 바흐무트에 전투력을 집중할 수밖에 없다.

러시아 용병부대 바그너 그룹은 1월 14일을 전후해서 바흐무트 북쪽의 솔레다르를 점령했다고 발표함으로써, 러시아군은 동쪽 및 북쪽에서 포위망을 연결하는 데 진척을 보였다. 바그너 그룹의 진격은 많은 인명피해를 감수하고 진행되었는데, 키이우 인디펜던트지에서 집계하는 러시아군 인적손실 현황에서 1월 2일에는 10만 7천여 명 수준이었으나 1월 16일의 사상자 및 포로, 실종자는 11만 6천 명으로 무려 2주일 만에 최소 9천~최대 1만여 명이 증가했다. 2주간 1만여 명이라는 규모는 현대전에서 거의 찾아보기 힘들 정도의 높은 전사율이다.

표 8.1 개전 이후 2023년 1월 2일까지의 러시아 연방군 병력 및 장비손실 현황

병력	107,440명	트럭 및 보급차	4,725대	작전기	283기
장갑차	6,093대	야포	2,027문	헬리콥터	269기
전차	3,031대	다연장로켓	423기	UAV	1,836기
전투함	16척	특수차량	181대	지대공 시스템	213기

2001년부터 2021년까지 거의 19년간 지속되어 온 아프가니스탄 전쟁에서 미군의 총 사망자가 2,400여 명이었다는 점을 감안할 때, 혹은 2003년부터 2011년까지 7년 넘게 지속된 이라크 전쟁에서 미군 전사자가 4,800여 명이었음을 볼 때, 2주간 9천~1만 명에 달하는 인명피해(사상자 및 포로, 실종자)는 아무리 인적 자원이 풍부한 러시아라고 하더라도 감당하기 어려운 피해 수준이다. 이는 마치 1차 세계대전 때 참호전의 악몽이 100년 후에 되살아난 것과 같은 비극이라 할 수 있으며, 러시아가 바흐무트를 점령할 때까지 계속 인명피해가 발생할 것으로 예상되는 암울한 전조와도 같다.

장기전의 늪에 빠져 버린 우크라이나 전선

해가 바뀌어 2023년이 된 시점에도 전쟁은 끝날 기미는커녕 점점 더 장기전의 미궁 속으로 빠져들게 된다. 러시아 연방군은 12월 29일의 대규모 공습에 이어 1월 14일에도 우크라이나의 민간·기반 시설에 대대적으로 무찰별 공습을 단행했다.[16] 이제 러시아 연방군의 공습은 우크라이나의 전력시설에 집중되고 있으며, 한때 우크라이나 전역에 전력공급이 차단되기도 했다. Tu-22M3 백파이어 중거리 폭격기가 Kh-22(NATO명 AS-4 키친) 공대함 미사일을 발사하고 다수의 자폭형 드론이 동원되었는데, 문제는 Kh-22 미사일이

1960년대에 개발된 낡은 시스템이라 정확도가 낮기 때문에 이번 공습에서도 드니프로 시내에 위치한 아파트를 직격하여 최소 40명 이상의 민간인 사망자가 발생했다고 알려졌다. 이로써 부정확한 구형 미사일을 사용할 만큼 러시아 연방군의 장거리 정밀타격체계가 한계에 달했음을 확인할 수 있으며, 이런 문제는 단기적으로 해결할 수 없고(서방의 경제제재로 첨단부품 수급이 어렵다), 이란의 자폭용 드론을 더 들여와 장거리 타격능력을 보완할 가능성이 더 높다.

1월의 전황을 요약하자면, 전선은 거의 정체되어 있으나, 세 곳에서 치열한 전투가 벌어지고 있다. 동부 북쪽전선인 루한스크주 크레민나에서 우크라이나군이 세베로도네츠크를 탈환하기 위해 지속적인 포격 및 기갑부대를 동원해 전선돌파를 시도하고 있으며, 도네츠크주 바흐무트와 솔레다르에서는 러시아 바그너 그룹이 막대한 피해를 감내하면서 조금씩 전진하여 바흐무트를 북쪽과 남쪽에서 감싸며 포위망을 서서히 완성해 가고 있다. 1월 초에는 러시아군의 추정 사상자가 10만 6천여 명이었으나 1월 말에는 12만 8천여 명으로 급증하여, 바흐무트 전선에서 얼마나 많은 인명피해가 발생하고 있는지 가늠할 수 있다. 그리고 마지막으로 남부전선인 자포리자주에서는 우크라이나

그림 8.10 2023년 1월 14일 단행된 러시아군의 공습 중 Tu-22M3에서 발사한 것으로 추정되는 Kh-22 공대함 미사일이 드니프로 강변의 민간인 아파트 단지를 타격했다.

나군과 러시아 연방군 모두 보병이나 기갑부대의 직접 교전보다는 포격을 통한 화력전에 임하고 있다. 이 세 곳의 최전선 이외에도 우크라이나의 후방 전역이 러시아의 장거리 미사일 및 이란제 드론 공격으로 큰 피해를 입으면서 전선과 후방의 경계는 사실상 사라졌다고 볼 수 있다.

2022년 2월은 전쟁 발발 1주년이 되는 달이다. 2022년 2월 24일 푸틴 대통령의 특별군사작전으로 시작된 러시아-우크라이나 전쟁은 2023년 2월 말까지 (비공식적이지만 다양한 소스에 의하면) 러시아 연방군에 최소 약 15만 명의 인명피해(사상자 및 포로, 실종자)를 입혔으며, 우크라이나군도 8만~9만 명의 인명피해가 발생하는 정도의 전면전으로 확대되었다. 오릭스가 집계한 자료에 의하면 러시아군의 중장비는 약 9천 대가 파괴 당할 만큼 극심한 소모전으로 전환되었다.[17] 당초 개전 몇 주 만에 수도 키이우를 점령하고 우크라이나 동부 전체를 러시아 영토에 편입시키려던 푸틴의 전쟁계획은 이미 실패했으며, 군사강국 러시아의 위상마저 급격히 추락하는 부작용을 초래했다.

러시아와 우크라이나 모두 1년이 되어 가는 전면전을 감당하기 어려운 수준에 들어섰기 때문에 교전이 유지되고 있는 자포리자, 도네츠크, 루한스크의 전선에 전쟁 초기처럼 대규모 기갑부대를 동원하고 항공전력을 지원하기란 기대하기 어려워졌다. 남부 자포리자 전선은 수개월째 상호 포격전으로 일관하고 있으며, 도네츠크의 바흐무트 전선에서는 수만 명의 사상자가 나올 정도로 1차 세계대전의 참호전과 비슷한 양상이 나타나고 있다. 루한스크의 크레민나 전선에서도 우크라이나와 러시아는 모두 일진일퇴의 공방만 주고받는 형국이다.

러시아 바그너 그룹은 바흐무트 외곽의 북쪽과 남쪽을 점령하면서 바흐무트를 50% 이상 포위하는 데 성공했고, 바흐무트 시내로 들어가는 바흐무트 서부의 M03 도로 및 H32 도로를 직접 타격할 수 있게 되어서 우크라이나군은 포위망이 완성되기 전에 철수하거나 혹은 대규모 증원부대를 동원하여 바

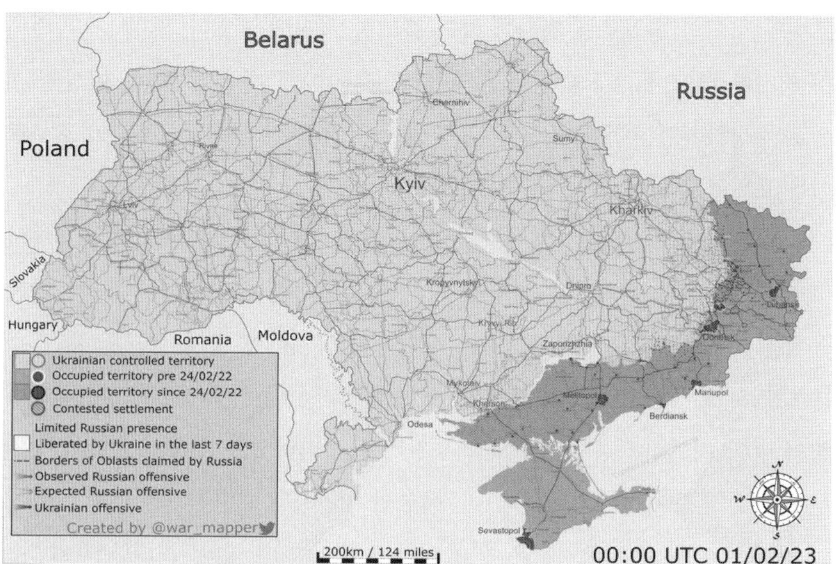

그림 8.11 2023년 2월 1일의 우크라이나 전체 전황

▌2022년 11월 우크라이나군의 반격이 마무리된 이후 전반적으로 큰 변화는 없으나, 루한스크주의 크레민나, 도네츠크주의 바흐무트, 자포리자주의 드니프로강 일대에서 교전이 지속적으로 발생하고 있다.

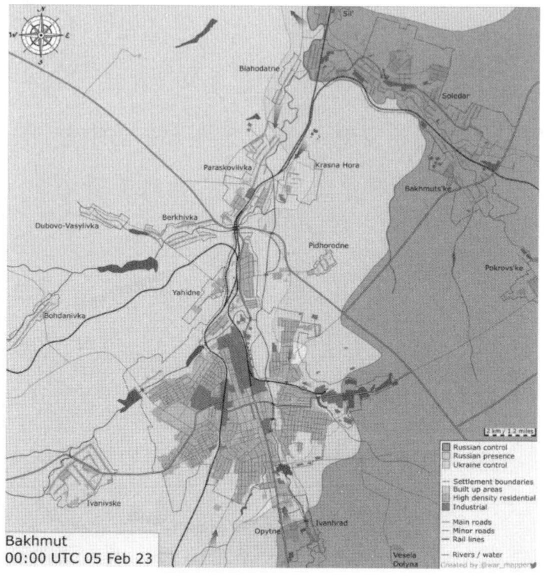

그림 8.12 2023년 2월 5일의 바흐무트 전선 전황

▌러시아 바그너 그룹의 용병부대는 바흐무트 시내에도 진입했으며, 바흐무트시를 동·남·북쪽 3면에서 에워싸면서 포위망을 50% 이상 완성했다.

호무트 서쪽의 병참로를 지켜야 하는 불리한 처지에 놓였다. 물론 이 과정에서 러시아 바그너 그룹의 인적 피해는 우크라이나군에 비해 몇 배 이상일 것으로 추정하지만, 매일 100m 혹은 수십 미터씩 전진하며 확실하게 바흐무트 시를 포위하고 있는 것만큼은 사실이다.

남부전선인 드니프로강에서는 강을 사이에 두고 양군이 포격전을 지속하고 있다. 이러한 포격전은 실제로 적의 전투부대를 섬멸하려는 목적보다는 공세를 미리 차단하고, 전초기지를 파괴함과 동시에 후방의 보급물자집적소를 타격하려는 견제적인 목적을 갖는다. 우크라이나군은 바흐무트에서 최대한의 방어 지연전을 수행하면서 전투장비를 정비하고 신병을 훈련하면서 전투력을 축적 중인 것으로 파악되며, 이로써 지난 9월 대반격작전 때처럼 전선의 반전을 이룰 시기와 지점을 찾고 있다고 풀이할 수 있다. 최대한 지연전을 수행하면서 시간을 버는 우크라이나군과 달리 러시아 연방군과 바그너 그룹은 물적·인적 피해를 감내하면서도 루한스크와 도네츠크에서 돌파작전을 지속하고 있는데, 이와 같은 전술은 보급물자의 한계가 오기 전에 전선을 정리해야 하는 촉박함과 3월에 찾아올 라스푸티차를 피해야 하는 절박함이 결합된 결과이다. 2월 7일부터 10일까지 기간 중에 러시아군은 바흐무트 북쪽 마을을 차례로 점령하면서 포위망을 더욱 강화했으나, 부흘레다르 등지에서 하루 만에 30대 이상의 기갑차량이 파괴되거나 노획되는 큰 피해를 감수해야 했다.[18)]

그림 8.13에서 나타나듯, 러시아 연방군은 우크라이나군의 반격이 끝난 11월 이후부터 도네츠크 및 루한스크 전선에 전투력을 집중했으며, 장비 및 물자 부족으로 일일 평균 전사자 수가 그 어느 때보다 많았다. 특히 1월부터 2월의 평균 전사자 수는 아무리 강대국 러시아라 할지라도 감당하기 어려운 것이었다.

1월 말부터 2월 사이 우크라이나에 드디어 1선급 MBT를 제공하기로

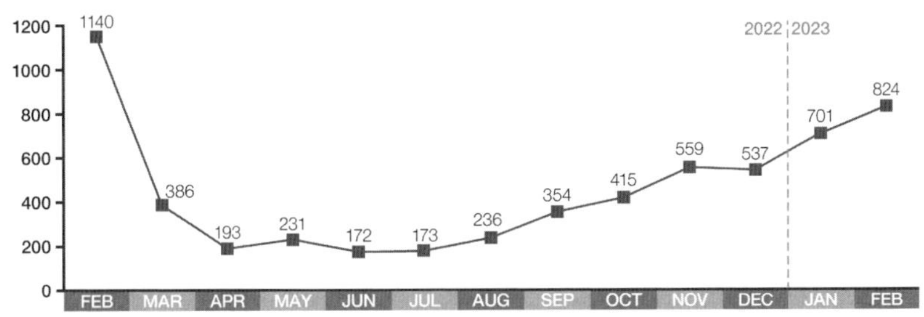

그림 8.13 전쟁 시작으로부터 1년간 러시아 연방군의 일일 평균 전사자 수

NATO 각 회원국들이 결정했는데, 이는 우크라이나의 춘계 대공세 가능성이 매우 높음을 반증했다. 미국은 MBT M1A2 31대, 영국은 챌린저 2 14대, 노르웨이는 레오파르트 2 8대, 폴란드는 레오파르트 2 14대 및 MBT PT-91 30대를 제공함으로써, 상대적으로 1선급 전차가 거의 파괴된 러시아 연방군 기갑전력 대비 우위에 설 수 있는 기회를 제공했다.[19] 2월 중 러시아 연방군이 루한스크주 크레미나-스바토베 전선에서 우크라이나군의 방어선을 뚫지 못한 가장 큰 이유 중 하나는 T-80U 1선급 전차가 크게 부족했기 때문이다. 특히 제1근위전차군이 붕괴된 이후, 최정예 기갑군이라고 알려진 이 부대조차 T-62M을 일부 지급 받아 재정비할 정도이니 다른 소규모 BTG의 상황은 훨씬 더 열악할 것으로 추정되었다. 우크라이나군조차 노획한 T-62M을 일선에서 사용하지 않고 구난전차로 개조하여 사용한 것을 감안한다면, 러시아 연방군의 전차 부족은 만성적인 문제로 남을 것이다. NATO군이 1선급 최신형 전차를 제공하기로 결정되면서 우크라이나 기갑병들은 폴란드 등지에서 미군 및 영국군의 지도 아래 M1A2 및 챌린저 2 운용 훈련에 돌입했다.

2월 중순 이후부터는 활동이 제한적이었던 러시아 항공우주군의 전술기 지상 화력지원 및 제공권 작전활동이 다소 증가하면서 부대 재배치가 이루어졌다.[20] 전쟁 개전 후 러시아 항공우주군은 제한적인 작전만 가능했으나,

2022년 11월부터는 러시아 연방군의 장거리 미사일 및 자폭용 드론 공습이 급증함으로써 우크라이나군의 대공방어망이 상당수 파괴되거나 지대공 미사일의 재고가 급감하여, 특히 벨라루스에서 이륙하는 러시아 조기경보기 및 작전기들의 활동이 증가한 것으로 추정한다. 그러나 아직까지 우크라이나의 방공망이 한계에 도달했다는 증거는 없으며, 오히려 러시아가 이란으로부터 도입한 자폭용 드론의 재고가 별로 없다는 분석도 나오고 있기 때문에 러시아 항공우주군의 작전활동 확대는 봄철 공세까지 장담할 수 없다.

2월 24일을 기점으로 다양한 소스를 통해 러시아-우크라이나 전쟁 1주년을 복기하는 자료가 발표·보도되었다. 키이우 인디펜던트지는 1년간의 전쟁으로 우크라이나 민간인 8,006명이 사망했고, 이 중 미성년자는 461명이라고 보도했다. 우크라이나 난민은 약 800만 명으로 집계되는데, 우크라이나의 인구가 4,300만 명임을 감안한다면 최소 전체 인구의 20%가 집이나 고향을 떠난 것이다. 1년간 러시아가 우크라이나 본토를 향해 발사한 공습용 미사일만 8,500여 발이라고 추정된다.[21] 전사하거나 실종된 러시아 연방군 병사는 14만 6천 명 이상으로 집계되었으며, 전차 3,363대, 장갑차 6,600대, 야포 2,363문 등이 파괴되었다. 전략적 목표는 우크라이나 점령이라는 당초의 계획에서 변경되지 않았으나, 전술적으로는 새 영토를 재점령하는 것보다, 2014년 돈바스 전쟁에서 얻은 크름반도, 돈바스 일부 지역 그리고 2022년 전쟁으로 점령한 헤르손과 자포리자 일부 지역을 굳건히 지키는 방향으로 전환한 지 오래되었다고 볼 수 있다. 크름반도-헤르손-자포리자-돈바스로 이어지는 남부회랑만 확보한다면 러시아로서는 어느 정도 전쟁의 목표를 달성한 것이라 하겠다. 반면 우크라이나는 최소한 2014년 돈바스 전쟁 말기의 상황으로 되돌아가야 휴·정전 협상에서 유리한 고지에 설 수 있다.

전쟁 1년이 지난 시점에서, 지금이 이 전쟁을 돌아봐야 할 분기점이라고 할 수 있을 것이다. 2022년 2월 24일에 시작된 러시아-우크라이나 전쟁은 단기전으로 러시아 연방군이 승리할 것이라는 예상을 깨고 1년 넘게 지속되고 있다. 러시아 연방군은 전쟁 초기 1년간 작전목표 중 대부분을 달성하지 못했으며, 2014년 돈바스 전쟁에서 점령한 우크라이나 영토에 자포리자 및 헤르손주의 절반 정도를 추가로 획득하는 데 그쳤다.

비단 영토뿐만 아니라 군사력에서도 향후 10년간 쉽게 회복할 수 없을 정도의 큰 피해를 보았는데, 군사장비의 신규 개발 및 생산은 서방의 경제제재로 더 힘들어질 듯하며, 인구의 감소로 인해 손실된 병력자원을 보충하는 것도 극히 비관적인 전망이다. 우크라이나도 상황은 어렵다. 인구의 20%인 800만 명이 난민이 되어 폴란드나 이웃 국가로 떠났으며, 러시아 연방군의 광범위한 공습으로 국가 전력시설의 50%가 파괴되고, 밀 수출의 60%가 중단되는 등 국가 존립이 힘들 정도의 경제적·사회적 위기가 도래했다. 전쟁 발발 1년 이후의 과정은 종전 혹은 정전협정을 목표로 러시아와 우크라이나 양국이 좀 더 유리한 협상의 고지를 차지하기 위한 전략 요충지 공략이 주가 될 듯하다.

3월은 우크라이나군이 춘계 대공세를 준비하는 기간, 혹은 러시아 바그너 그룹이 바흐무트를 완전히 점령할 수 있는지 판가름하는 고비가 되고 있다. 3월 초순부터는 악명 높은 라스푸티차(우크라이나어로는 베즈도리자)가 시작되어 5월 초까지 일부 지역에서는 기갑차량의 기동이 극히 힘들어지기 때문에 전차 기동이 중요한 지역에서는 4월 말 이후, 그렇지 않은 곳에서는 3월 말 이후 러시아와 우크라이나 양군이 모두 공세에 나설 가능성이 크다. 3월 들어서도 여전히 교전이 격렬한 최대의 격전지 바흐무트는 무려 7개월째 우크라이나군이 러시아의 공세에 저항하면서 사수 중이다. 그러나 바흐무트에 주둔 중인 우크라이나군의 운명은 자칫하면 마리우폴을 방어하던 아조우 연대의 재연이 될 가능성도 있다. 도시 시설의 80%가 파괴되어 더 이상 안전한 엄폐물이 존재하지 않고, 러시아군은 바그너 그룹의 용병부대를 지속적으로

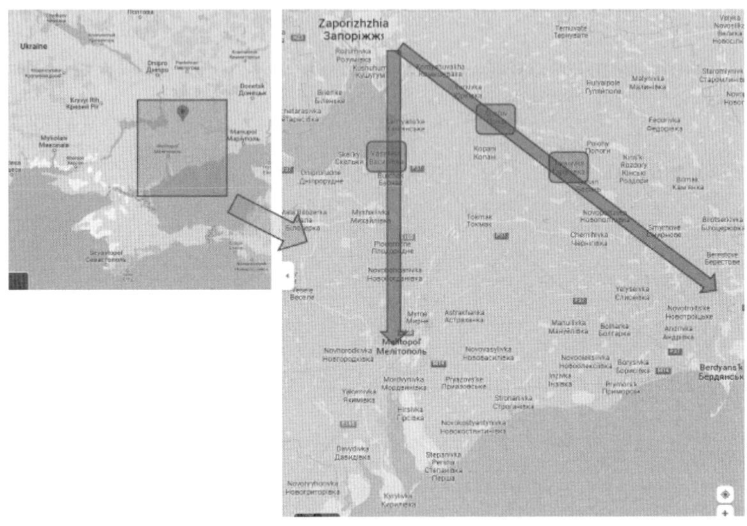

그림 8.14 크름반도와 돈바스 지역을 연결하는 자포리자주에 러시아 연방군이 방어 요새화한 도시들의 위치(사각형)

▌오리키우(Orikhiv), 바실리우카(Vasilyuka), 타라시우카(Tarasivka) 세 곳을 요새화했는데, 이는 우크라이나군이 자포리자시에서 기동부대를 동원하여 남쪽으로 돌파구를 만들면서 크름반도와 돈바스를 잇는 남부회랑을 차단하지 못하도록(화살표) 러시아 연방군이 주요 길목을 요새화한 것이다. 지도를 보면 세 도시 모두 도로가 교차하는 교통의 요지임을 알 수 있다.

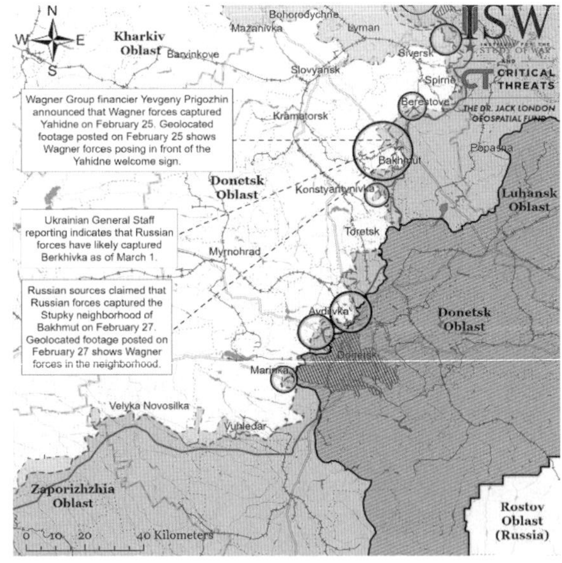

그림 8.15 2023년 3월 1일 기준 도네츠크 및 루한스크 전선 전황

▌우크라이나 국내의 모든 전선 중 지상군 기갑 및 보병이 대치하면서 교전이 유지되는 지역은 이 지역이 대부분이다. 지도에서 원의 크기가 전투의 규모를 나타내는데, 동부전선의 핵심 지역은 원이 가장 큰 바흐무트이고, 나머지 아우디우카, 마린카, 베레스토베에서는 소규모 교전이 진행되고 있다.

투입하기 때문에 병력을 교체하기가 어려운 우크라이나군의 피로도가 한계에 달해 있다.

3월 초순의 바흐무트 전황을 보면, 러시아 연방군 정규군과 바그너 그룹의 용병부대가 우크라이나군이 방어하는 북쪽 돌출부도 포위했으며, 이로써 우크라이나군은 남동북 3면에서 러시아군의 공격에 직면한다.[22] 우크라이나도 지속적으로 정예부대를 중심으로 마지막 남은 보급로를 통해 증원하고 있으나, 3월 4일에는 마지막 병참선을 연결하는 다리를 파괴했다. 5일부터는 정상적인 방법으로 보급과 증원이 어려워진 것이다.

러시아군 역시 물자부족이 점점 악화되고 있다. 동원령으로 강제징집된 신병들은 훈련소에서 기본 화기와 야전삽을 이용해 우크라이나 진지를 공격하라고 교육 받았는데, 이 야전삽은 MPL-50(1869년에 개발되어 제식화된 장비)이다.[23] 포격에 필요한 포탄이 크게 부족하기 때문에 러시아 신병들은 접근전 및 육탄전까지 강요 받는 단계에 이르렀다. 비단 보병용 장비뿐만 아니라 공격의 핵심무기체계인 MBT의 부족은 더 심각한 수준이다.

러시아 연방군은 전차보관소에서 치장물자로 보관 중인 T-62(1960년대에 설계된 전차)를 꺼내어 일선 부대에 대량으로 배치했는데, 증가장갑을 포탑 전면에 추가하고, 상부 공격형 대전차 미사일 혹은 드론에서 투하하는 소형 폭탄을 막기 위한 철제 케이지를 포탑 상부에 추가하는 조치로 방어력 개선을 마친 수준이었다. 물론 HEAT(대전차고폭탄)을 방어하는 반응장갑인 콘탁트(Kontakt) 증가장갑은 부착되지 않았다. 물론 주포는 115mm라서 제한적으로 2세대급 우크라이나 전차를 공격할 수 있지만 명중률이 크게 떨어지고 사통장비가 낙후되어 정상 작동을 보장할 수 없는 수준이다. T-62M 전차는 현존하는 거의 모든 보병용 대전차무기로 파괴할 수 있기 때문에 방어작전에서만 제한적으로 사용할 뿐, 기동 간 조준사격도 힘들어서 공격임무에는 사용하기 어렵다.

그림 8.16 루한스크 전선에서 방치된 러시아 연방군의 T-62M(생산된 지 40년이 넘었다)

그림 8.17 수송용 열차에 실려 남부전선인 자포리자로 향하는 T-54

▍주포의 머즐 브레이크 형태상 극초기형인 T-54로 추정되며, 전차 외장에 아무런 개수가 되어 있지 않아 치장물자로 보인다.

그러나 더 심각한 상황이 닥칠 가능성도 있는데, 3월 23일경에는 대량의 T-55 전차가 최전선으로 향하는 기차에 실려 이송 중임이 확인되었다. 다수의 보도에 의하면 T-54/55가 남부전선 행 기차에 실려 수송되었다고 하는데, 사진으로 확인해 보면 대부분 아무런 개수가 되어 있지 않은 원형 그대로의 T-54/55임을 알 수 있다. 1950년대에 개발되었으며 100mm 포를 탑재한 T-54/55는 우크라이나 및 NATO군에 현존하는 전차 대부분을 파괴할 수 없을 뿐 아니라 역으로는 파괴되는 수준이다. 즉 공격력도 방어력도 없다. 오히려 우크라이나군은 슬로베니아로부터 최신형의 개수된 T-55S를 인도 받았으며, T-55S는 러시아군이 보유한 T-55보다 성능이 우월했다. 초기에는 러시아 연방군이 T-54/55를 실제 전투에는 투입하지 않을 것이라고 예상했으나 자포리자 전선에 등장함에 따라[24] 70년 전에 만들어진 전차를 전투에 투입하는 러시아 연방군의 사정이 여실히 드러났다.

3월 9일 러시아는 최대 80여 발 이상의 장거리 미사일을 동원하여 우크라이나의 주요 기간시설에 공습을 단행했다. 이 공습으로 민간인 최소 6명이 사망하고 대규모 정전 및 급수 중단이 발생했다. 이 공습에는 순항 미사일뿐만 아니라 이란제 자폭용 드론까지 동원되었다고 알려졌는데, 거의 한 달 만에 개시된 대규모 공습이었다.[25] 작년 12월에는 대규모 공습이 네 차례 있었는데 이에 비하면 러시아 연방군의 대규모 공습의 주기가 점점 길어지는 양상이다. 아마도 러시아 연방군이 비축해 놓은 이란제 자폭용 드론 및 장거리 미사일의 재고가 한계치에 달한 것으로 추정된다.

3월 10일부터 15일까지 바그너 그룹의 용병부대는 바흐무트를 거의 점령하는 데 성공했다고 자평했다. 여전히 우크라이나군이 바흐무트의 서쪽 구역 일부에서 저항하고 있었지만, 모든 포장도로가 파괴되었기 때문에 라스푸티차가 진행 중인 비포장도로로는 보급이 어려워진 상태였으며, 부상자를 후송할 퇴로도 여의치 않아졌다. 그러나 우크라이나군이 모든 교량을 비롯해 포장도로도 파괴한 이유는 러시아군이 서쪽으로 더 이상 진격해 들어오지 못하도록 하기 위한 조치임이 알려졌으며, 방어작전을 수행할 것이라고 밝혔다.

3월 15일까지 괄목할 만한 진격을 보여 주면서 바흐무트 점령 직전을 앞두고 공세를 강화하던 바그너 그룹 용병부대는 그 이후 일주일 동안 소강 상태에 들어가면서 전투력을 정비한 것으로 파악된다. 전투에 투입된 바그너 그룹의 죄수들 중 절반 가까이가 전사했다는 정보도 전해지며, 복무 기간을 마친 죄수들이 사면되어 사회로 복귀하면서 러시아 국내 사회문제가 되고 있음이 알려졌다.[26] 우크라이나군은 거의 파괴된 H-32 도로를 통해 여전히 제한적인 병참선을 유지하고 있는 듯 보이며, 모든 포위망이 아직 완성되지 않은 것으로 파악된다. 전투력이 크게 약화되면서 바그너 그룹의 용병부대에도 보급 및 재충전이 필요하기 때문이다. 3월 말까지 바그너 그룹은 바흐무트 공

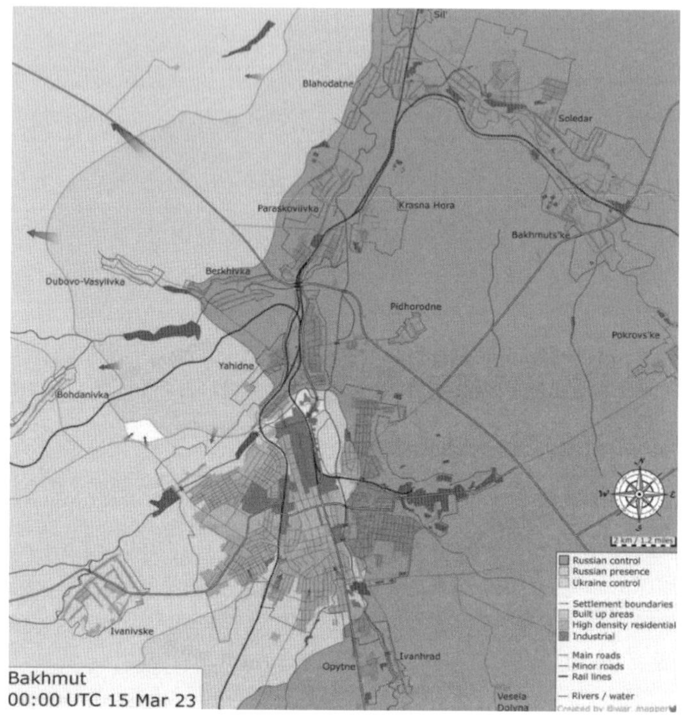

그림 8.18 3월 15일 기준 바흐무트 전선 전황

▌우크라이나군은 바흐무트의 서남쪽 구역 일부에서만 저항하고 있으며, 러시아 바그너 그룹 용병부대는 바흐무트를 거의 포위했을 뿐만 아니라 서북쪽으로 좀 더 진격하여 슬로반스크로 전선을 확대했다.

그림 8.19 3월 22일 흑해함대의 모항인 세바스토폴 항구에 진입하여 수상 전투함 2척에 피해를 입힌 영국제 USV(위)와 세바스토폴 공격 직후의 모습(아래)

세를 강화하기보다는 전투력을 보강하여 새로운 공세로 바흐무트를 점령할 듯하다. 그동안 잠잠하던 루한스크주의 스바토베-크레민나 전선에서는 바그너 그룹이 아닌 러시아 연방군 정규군이 전선을 돌파하기 위해 매우 강력한 수준의 공세를 집중시켰다. 아마도 작년 9월에 크게 패한 루한스크 전투의 실패를 만회하기 위한 것으로 보인다.

3월 22일에는 우크라이나 해군에 소속된 수상드론(USV) 수척이 폭발물을 장착한 채 흑해함대의 모항인 세바스토폴 항구에 접근하여, 정박 중인 러시아 해군 흑해함대 소속의 전투함 2척(그중 한 척은 프로젝트 1241형 미사일함으로 추정된다)에 피해를 입혔다. 비록 전투함이 격침되지는 않았지만, 러시아 해군 입장에서는 그동안 안전하다고 알려진 세바스토폴 항구에 정박해 있는 함선도 공격 당할 수 있다는 위협을 받은 것이다.[27] 이처럼 우크라이나 전장에서 드론은 공중에 이어 바다로까지 영역을 확실히 넓혀 나가 전장의 주역이 드론으로 바뀌고 있음을 여실히 보여 주었다.

3월의 공세는 러시아 바그너 그룹의 용병부대가 초반에 우크라이나군의 방어진지를 점령하면서 거의 모든 보급로를 차단하고 서쪽 일부 구역을 제외한 포위망을 완성하여, 7개월간 끌어온 바흐무트 전투가 종식되리라고 예상했었으나 우크라이나군은 방어작전을 포기하지 않고 지속함으로써, 바그너 그룹의 전투력을 한계치까지 몰아붙이고 재정비하게 만들었다. 바그너 그룹의 공세가 돈좌됨으로써 바흐무트 전선의 운명은 4월 이후로 넘어갔으며, 라스푸티차가 거의 사라지는 4월 말 이후에는 우크라이나군의 대공세가 있을 것이라는 예측 보도가 증가하기 시작했다.

실패로 끝난 우크라이나군의 2023년 여름 대반격작전과 그 이후 상황

2023년 4월부터 연말까지의 전황을 크게 요약하면, 4~5월 전투 소강상태, 6~7월 우크라이나군의 여름 대반격작전 실패, 9~12월 러시아군의 겨울 공세이다. 2024년으로 해가 넘어가면서 전쟁 발발 600일 정도가 된 시점에는 전반적인 전선의 국면은 크게 변하지 않고, 2014년부터 가장 격렬하게 전투가 이루어진 도네츠크-루한스크 지역(돈바스)을 제외하고는 소강 상태에 이른다. 전선이 고착화되어 돈바스 지역에서만 전투가 격렬하게 벌어지는 이유는 양측 모두 전쟁 초기에 준비되었던 가용할 수 있는 무기와 인적 자원이 한계에 도달하기 시작했으며, 이를 타개하기 위해서는 최대한 정예병력 및 물자를 아껴서 2024년 봄 이후에 기상과 지형조건이 다시 양호해지면 결전으로 전쟁의 승패를 내겠다는 양측 지휘부의 계산이 깔렸기 때문이다. 특히 2023년 여름 대공세가 실패로 끝난 우크라이나군은 그동안 축적했던 정예병력과 물자를 상당수 손실했고, 러시아군 역시 우크라이나군의 여름 대공세에 대한 역습 차원으로 실시한 겨울 공세로 인해 대량의 물자와 인명 피해를 입었기 때문에 2024년으로 해가 바뀌면서 돈바스 지역을 제외한 나머지 지역의 전투는 소강 상태가 되었다.

완전한 실패로 귀결된 우크라이나군의 6월 대반격작전은 대체 어떤 배경으로 실시된 것일까? 결론부터 말하자면 서방 무기에 대한 과신, 러시아군 역량의 과소평가, 지형지물의 간과, 총사령관 발레리 잘루즈니 대장의 전략적 실수 등이 겹친 총체적 문제라고 볼 수 있다. 우크라이나군은 압도적인 러시아군의 공세를 상당수 방어해 왔는데 그 비결 중 가장 큰 요인은 바로 서방의 군사지원이었다. 그러나 방어만으로는 이 전쟁을 끝낼 수 없었기 때문에 대담한 전략적 전환이 필요한 시점이 도래하고 있었다. 이른바 '기회의 창문'이 닫히기 전에 우크라이나군이 큰 성과를 보여 주어야 했던 것이다. 특히 총사령관 잘루즈니 대장은 초조해질 수밖에 없었다. 대부분의 군사지원을 서방국가에 의존하고 있는 상황에서, 이른바 물주인 서방 측에 당신들의 투자가 성공적이었다고 보고해야 할 시기가 온 것이다. 전쟁이 장기화될수록 러시아군의 점령지 방어는 점점 더 견고해질 것이고, 마땅한 성공 사례가 없다면 서방 측의 지원도 줄어들 것이라는 점은 누구나 예상할 수 있었다.

우크라이나군이 대규모 반격작전을 준비한다는 사실은 이처럼 누구나 예상하는 수준이었고, 러시아군도 마냥 손 놓고 기다리지 않았다. 특히 푸틴의 입장에서는, 이번 전쟁에서 가능한 한 많은 영토를 점령해야 정권 차원의 지지도를 유지할 수 있기 때문에 우크라이나군의 대반격에 철저히 대비하는 방향으로 부대를 재편하기 시작했다. 우크라이나군이 공세를 펼치리라 예상되는 지역인 1순위 자포리자, 2순위 헤르손은 2차 세계대전 시 쿠르스크 전투의 방어선처럼 깊고 단단한 참호 및 대전차 장애물을 3중으로 구축했다. 특히 용의 이빨이라 불리는 1m 높이의 콘크리트 대전차 장애물을 수십에서 수백 킬로미터 범위에 걸쳐 설치했으며 고장난 열차도 이어 붙였다. 그동안 아껴 두었던 서방제 무기와 훈련이 끝난 부대를 중심으로 우크라이나군은 러시아의 방어진지를 뚫을 준비를 했고, 드디어 2023년 6월 우크라이나군이 남부 전선에서 총공세를 시작하며 대반격의 서막이 올랐다.

우크라이나군의 목표는 1단계로 자포리자의 멜리토폴을 점령하고, 2단계로 베르댠스크까지 진격하여 아조우 해안까지 일직선으로 러시아 점령지의 허리를 끊고, 3단계로 러시아가 힘들게 완성한 남부회랑을 단절시키는 것이었다. 남부회랑을 단절시킨다면 추후에 크름반도를 탈환하기도 쉽기 때문에 우크란이나군의 대반격작전이 성공한다면 이 전쟁의 승패를 우크라이나가 유리하게 가져갈 수 있는 전략적 반전이 이루어진다. 그러나 이런 의도를 러시아군도 너무나 잘 알고 있고 우크라이나군이 어디를 공격할지도 대부분 예상했기 때문에 오히려 전술적으로 유리한 쪽은 러시아군이라고 봐야 한다.

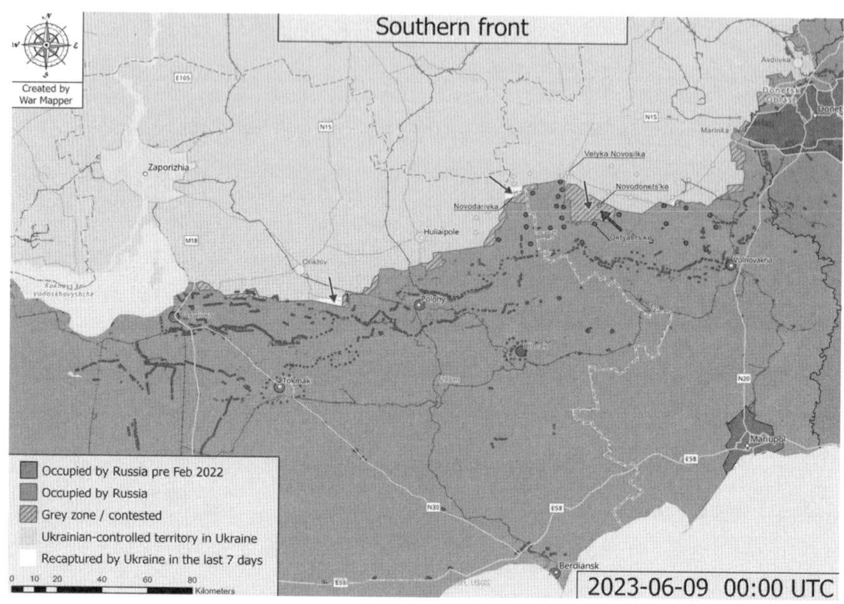

그림 8.20 우크라이나군은 벨리카 노보실리카 및 오리히우 방향에서 거의 동시에 반격작전을 개시했다. 벨리카 노보실리카에서 공세가 시작되어 계획대로 해안도시 마리우폴까지 진격한다면 이번 전쟁에서 승리하는 쪽은 우크라이나가 될 것이다.

2023년 6월 5일을 시작으로 우크라이나군은 자포리자와 도네츠크주의 경계에 있는 벨리카 노보실카에서 전투를 개시했다. 우크라이나군은 6개 기계화 대대와 2개의 전차대대를 동원하여 유즈노도네츠 방향 전선의 5개 구역에서 일제히 공격에 나섰다. 또한 6월 8일에는 우크라이나군이 오리히우 방면에서도 공세를 개시했다.

그러나 막상 대반격작전을 개시한 이후로 우크라이나군은 남부전선에서 조금씩 전진하고는 있었지만 2022년 9월 하르키우 대공세에 비하면 진격 속도가 매우 더디다. 이러한 반격작전은 '속도'가 생명인데 작전 개시 초기부터 진격이 이루어지지 않는다는 것은 작전계획 자체에 큰 문제점이 있음을 말해준다. 러시아군은 2022년 9월 하르키우 점령지를 우크라이나에게 다시 뺏긴

후, 도네츠크를 완전히 점령하기 위해 주력 부대를 바흐무트시에 집중시켰고, 우크라이나군의 공세가 예상되는 남부전선에 수개월에 걸쳐 3중 방어선[1차 방어선(지뢰지대)-2차 방어선(참호와 대전차무기)-3차 방어선(T-62 중심의 구형 전차부대 및 야포부대)]을 구축했다. 주력부대는 동부전선에 집중시킬 수밖에 없었기 때문에 남부전선에는 1차 세계대전이나 2차 세계대전 때 사용하던 2선급 부대를 중심으로 한 다단계 방어선을 구축했다(in-depth defense).

우크라이나군은 놀랍게도 이러한 뻔한 낡은 방식의 종심 방어선을 뚫을 준비를 하지 못한 채 작전을 개시한 셈이다. 우선 폭넓은 지뢰지대를 개척하고 돌파하기 위해서는 대규모 포격을 가하거나 상당 수준의 공병부대가 지뢰밭 제거 작업을 선행해야 하지만, 우크라이나군은 유감스럽게도 방어자 입장인 러시아군보다 포병전력도 열세였을 뿐만 아니라 변변한 지뢰제거장비를 갖춘 공병부대도 별로 없었다. 말 그대로 호랑이굴에 들어간 우크라이나 제47 기계화여단은 작전 개시와 동시에 지뢰밭, 대전차무기, 포격에 시달리면서 막대한 장비손실 및 인명피해를 볼 수밖에 없었다. 작전이 시작된 지 10여 일이 지난 후, 우크라이나 국방부는 우크라이나군이 작전 개시 후 8개 마을과 113km^2의 영토를 재탈환했다고 밝혔으나, 명색이 대반격이라는 이름에 걸맞지 않게 탈환한 영토는 매우 적었을 뿐만 아니라 예상을 초월한 장비손실 및 인명피해로 인해 작전의 진행 자체가 불투명해지는 상황에 이른다.

대반격작전이 한창인 6월 24일에 도네츠크를 중심으로 러시아 공세의 주축을 담당했던 용병조직 바그너 그룹의 수장 예브게니 프리고진이 무장반란을 일으키면서 혹시라도 우크라이나군의 대반격작전이 돌파구를 마련하는지 그 귀추가 주목되었다. 그러나 수일 만에 프리고진의 항명 사태는 진정되고 바그너 그룹이 전선으로 돌아감에 따라 우크라이나군에게 별 다른 기회가 주어지지 않았다.

작전이 더욱 진행되어 7월이 넘어가는 시점에는, 오히려 6월보다 우크라이나군의 진격이 더 지연되면서 85km²의 영토와 1개 마을을 추가로 탈환하는 데 그쳤다. 8월 중순에는 우크라이나와 서방 측도 대반격작전이 실패했음을 인정했으며 결국 9월 말에는 단 1개 마을(정착지)도 탈환하지 못하고 대반격작전이 종료되었다. 우크라이나군은 대반격이 개시된 6월 4일부터 9월 말까지 약 120일 동안 371km²의 영토와 마을 13개를 탈환하는 초라한 성적표를 받은 셈이다. 오히려 우크라이나군은 정예 기계화 부대를 남부전선에서 소모

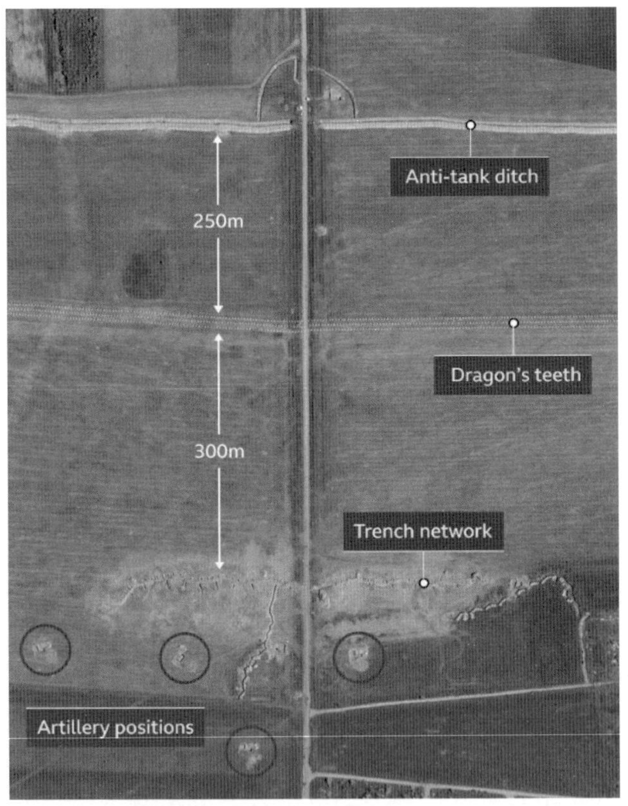

그림 8.21 러시아군의 전형적인 방어진지

▌전방에는 1선으로 대전차호를 파놓고 그 뒤에는 용치라는 대전차 장애물을 빼곡히 설치했으며 이러한 무인 방어선 이후에는 대전차 미사일로 무장한 참호가 우크라이나군을 기다리고 있었다. 방어진지의 맨 마지막에는 전차나 포병부대가 있어서 화력을 지원했다.

하면서 최격전이 진행 중인 동부전선(특히 도네츠크)에 충분한 전투력을 제공하지 못하고 영토를 지속적으로 러시아군에 빼앗기고 있었다. 그리하여 총결산을 해 보면 대반격작전으로 탈환한 영토와 동부전선에서 잃은 영토를 대입할 시 영토 자체의 변화는 거의 없었다.

우크라이나의 여름 대반격작전이 실패한 이유는 크게 세 가지로 집약할 수 있다. 첫째, 우크라이나군이 러시아의 3중 방어선(일명 수로비킨 라인)을 얕보았다. 대전차 및 대인 지뢰밭을 수 킬로미터 깊이로 살포하고, 전차가 지나가기 용이한 길목에는 콘크리트 구조물인 용치(Dragon's teeth)와 철제 대전차 장애물들을 수겹으로 설치했다. 이러한 무인 방어선 뒤로는 2~3중 구조의 참호, 대전차 해자를 파놓고 우크라이나군의 전유물처럼 여겨졌던 강력한 대전차 미사일과 드론부대를 배치했다. 그 뒤로는 구형전차 및 야포부대를 거점마다 배치하여 우크라이나군이 두 번째 방어선까지 돌파하면 강력한 화력으로 우크라이나 기계화 부대를 격퇴했다. 비록 우크라이나군이 새로 훈련 받은 부대와 서방에서 지원 받은 각종 무기(브래들리 장갑차, 레오파르트 2 전차, HIMARS, M777 등)를 이용하여 러시아군의 전방 방어기지나 후방 물자집적소를 파괴하긴 했으나 러시아의 3중 방어선은 2차 세계대전 이후 가장 강력한 방어진지로 기록될 정도의 요새와 같았기 때문에 우크라이나군이 이를 돌파하기란 애당초 무리였다.

둘째, 2022년 9월 하르키우 탈환작전과 달리 2023년 여름 대공세는 작전계획 그 자체에 문제가 있었다. 북동부 하르키우 탈환작전을 입안했던 올렉산드르 시르스키 상장은 러시아의 방어선 중 가장 약한 곳에 비밀리에 소규모 기동부대를 집중시켜서 단숨에 러시아의 취약지를 돌파하고 러시아군의 지휘체계를 무너뜨린 후 곧바로 대규모 부대를 투입하여 신속하고 광범위하게 점령하는 대담한 기동전을 세웠고 성공했다. 그러나 남부 자포리자를 탈환하기 위해 대반격작전을 입안한 발레리 잘루즈니 대장은 양동작전을 계획했는데 이것이 실패했다. 남부전선에 2곳, 그리고 남부전선의 공세를 위장하기 위해 동부전선에도 병력을 추가로 배치하여 공격군을 여러 갈래로 나누면서 공격력이 약화되었는데, 결국 이것이 패착의 원인이었다. 물론 부대를 나눈 그 자체가 문제는 아니다. 문제는 공격력이 저하된 부대로 공세를 할 때는 아군이 원하는 지역을 공격하는 것이 아니라, 적의 가장 취약한 지점을 노렸어야 했다. 대반격작전이 시작과 동시에 막히면서 마크 밀리 미국 합동참모의장, 크리스토퍼 카볼리 유럽연합군 최고사령관이 화상회의에서 직접 우크라이나군 총사령관인 발레리 잘루즈니 대장에게 서남쪽 멜리토폴, 남쪽 베르댠스크, 동쪽 바흐무트로 금쪽 같은 전투부대를 나누지 말고 가능한 한 "전선 한 곳에 전투력을 집중하라"고 촉구했을 정도로 작전계획 자체에 문제가 심각했다.

셋째, 당시 공세에 동원된 최정예 우크라이나군의 역량이 과대평가되었다. 일선 지휘관들의 자질과 무기 부족뿐만 아니라 NATO 부대까지 가서 훈련을 받은 병사들의 훈련 수준이 과대평가된 것이다. 대규모 징집 후 갑자기 훈련병이 많아져서 체계적인 훈련이 어려웠으며 NATO 교관들과의 의사소통 문제도 발생했다. 게가다 소련제 장비만 쓰던 기존의 숙련병들은 새로 지급 받은 서방제 장비들(브래들리 장갑차, 레오파르트 2 전차 등)로 급전환해야 했기 때문에 졸지에 미숙련병이 되어 버렸다. 이코노미스트지에 실렸던 제47기계화여단 부대원들의 인터뷰는 이러한 점에서 눈여겨볼 만하다.[28] 우크라이나 지상군인 제47기계화여단은 남부 자포리자 공세의 주력으로 당시 최신예 서방무기인 M2 브래들리 중장갑차와 레오파르트 2A6를 운영했다. 이 부대는 신규 모집된 병사와 기존 고참병 일부로 이루어졌으며 이들 대부분은 사기가 높고 젊었다. 그러나 고참병은 정보부대 출신이었기에 이들을 숙련병이라고 할 수는 없었다. 훈련 과정에서도 혼선이 있었는데 처음에는 시가지 전투훈련에 집중하며 이라크 전쟁에서 미군이 유용하게 쓰던 맥스프로사의 MRAP

그림 8.22 대반격작전 개시 첫날, 로보티네 방면에서 일제히 격파 당한 우크라이나 기계화 부대 최신예 기갑장비인 M2 브래들리, 레오파르트 2 전차, 지뢰제거전차 등이 보인다.

장갑차를 운용했다.

그러다 여름 대반격작전이 수립되면서 이들은 도심전투가 아닌, 야전돌파 훈련으로 바꾸고 장갑차도 M2 브래들리 중장갑차로 전환되었다. 이를 위해 기존 주둔지를 떠나 독일 바바리아주 그라펜뵈어 기지로 갔고 그곳에서 독일어와 영어로 NATO식 훈련을 받았다. 당연히 이런 과정에는 큰 혼선이 따를 수밖에 없었다. 2023년 5월 중순경, 제47기계화여단은 여름 대반격작전이 예정되었던 자포리자주로 이동했다. 이 부대는 우크라이나군에서 가장 좋은 전차와 장갑차가 배치 받았음에도 불구하고 부대 훈련 및 전환이 너무 급격히 이루어졌기 때문에 야간전투장비와 같은 기본적인 준비를 세세히 마치지 못한 채 전투에 투입된다.

부대원들이 작전 직전에 하달 받은 여름 대반격작전의 전반적인 기획은 간단했다. 작전이 하달되면서 그들이 들었던 놀라운 말 중 하나는 "러시아군은 브래들리, 레오파르트 등 서방제 신형 장비를 보면 도주할 것이다"라는 근거

없는 허황된 정보였다. 그러나 실제 대반격작전이 실시되고 전투가 개시되자 레오파르트 2 전차를 본 러시아군은 혼비백산해서 도망가기는커녕 매섭고 정교하게 방어작전을 수행했으며, 작전 개시 수일 만에 제47기계화여단은 더 디게 진격할 수밖에 없는 상황에 처했다. 러시아군은 이미 제47기계화여단의 예상 진격로를 알고 있었고, 러시아군의 포격은 거의 빗나가지 않고 우크라이나 부대에 적중되었다. 어떤 중대의 대원 몇몇은 공세 15분 만에 그 자리에서 멈춰 공세가 돈좌되었고, 일부는 30분 만에 완전히 장비를 파괴 당했다. 최전방의 상황이 악화되자 러시아 방어진지를 제압하기 위해 화력지원을 요청했지만 포탄이 부족해 대부분 거부 당했다. 포격지원사격이 부족해서 무리하게 러시아 진지를 돌파하다가 숱한 병사들이 죽어 나갔다. 심지어 고참 전차병들은 원래 소련제 T-72로 훈련을 받았었고, 전혀 이질적인 독일제 레오파르트 2 전차로 전환된 지 얼마 되지 않았기에 고참병과 신병의 차이가 없었다. 이들이 공세의 주력을 맡으면서 레오파르트 전차부대는 그야말로 경험 부족한 아마추어가 된 것이다.

이 세 가지 원인으로 6월부터 9월 말까지 진행된 우크라이나의 여름 대반격작전은 무수한 장비손실과 인명피해만 낸 채 아무런 성과 없이 실패하고 말았다. 이 작전 실패의 여파는 매우 컸다. 우선 우크라이나군의 지휘 및 부대 역량에 대한 서방국가들의 신뢰가 크게 하락했다. 여기에는 도박에 가까운 대규모 공세작전을 기획하고 실시한 우크라이나군 지휘부뿐만 아니라, 서방 전차만 가지고 돌격하면 러시아군이 도망갈 것이라 믿었던 일선 부대 병사들까지 모두 포함된다. 이로써 우크라이나군에 대한 대규모 군사지원 회의론이 강해졌으며, 조속히 정전협정을 맺어 빨리 국제정세를 안정시키는 편이 낫다는 여론도 증가하여 우크라이나군의 위상과 입장이 크게 위축되는 결과를 초래했다.

둘째, NATO 식 훈련은 장기적인 관점에서도 우크라이나에 이익이 될 뿐만 아니라 향후 전쟁이 끝나더라도 러시아군을 독자적으로 상대해야 하기 때문에 필수 불가결한 조치였지만, 성급한 훈련과 전선 투입은 소중한 전력을 낭비한 셈이었다. 제47기계화여단을 비롯해 장비를 일신했던 우크라이나 공격부대가 막대한 피해를 입으면서 동부전선까지 위험해졌으며, 실제로 우크라이나는 2023년 11월부터 2024년 1월까지 지속된 러시아의 겨울 공세를 제대로 막아내지 못해 동부전선 최대의 격전지인 바흐무트를 상실하는 큰 전략적 실패를 맛본다.

셋째, 개전 초기의 기대로부터 크게 벗어난 러시아군이 우크라이나군의 회심의 대공세를 성공적으로 막아 냄에 따라 러시아군 전체의 자신감과 사기가 크게 올라갔으며, 병력 운용 면에서도 우크라이나군보다 더 유리해졌기 때문에 동부전선에서 상당한 이니셔티브를 획득했다. 결국 2024년 1월 초까지 전쟁이 600일을 넘기면서 우크라이나군은 공세보다 방어작전에 더 치중하게 되었으며, 침체 분위기였던 러시아군은 2023년 겨울 공세에서 바흐무트를 점령했을 뿐만 아니라 2024년 5월에는 아우디우카까지 점령함으로써 정전 혹은 평화협정 대신 전쟁을 지속하는 형국으로 치닫는다.

다음 장부터는 이제까지의 전쟁 상황을 바탕으로 2022년 러시아-우크라이나 전쟁의 본질을 분석해 보고자 한다. 5~8부는 각각 러시아군이 왜 이번 전쟁에서 예상과 달리 선전하지 못했는지 혹은 우크라이나군이 예상보다 훨씬 더 러시아군을 상대로 선전하고 있는지에 대한 분석 위주가 될 것이다.

5부

우크라이나 전장의 신, ISRTA

3부와 4부에서는 러시아-우크라이나 전쟁의 진행 과정을 살펴보았다. 러시아 연방군이 전 세계를 놀라게 할 만큼 낮은 전쟁수행능력을 드러낸 이유는 과연 무엇일까? 이 질문에 답하려면 5부에서는 가장 중요한 전쟁의 열쇠로서 ISRTA에 지목할 필요가 있다. 전쟁 초기에 러시아 연방군은 ISRTA 전력에서 NATO의 지원을 받은 우크라이나군에 비해 절대 열세였기 때문에 전쟁 초기에 세운 군사목표 달성에 실패했다. ISRTA를 시작으로 지상군 전술과 무기체계, 보급 및 전투지원체계, 편제 및 지휘체계의 문제가 연쇄적으로 악화되면서 결국 러시아는 전쟁 초기의 목표를 달성하는 데 실패했다. 그러나 러시아는 단기적으로 보았을 때 이 문제를 해결할 방법이 거의 없다.

이번 전쟁에서 결정적 역할을 한 ISRTA 능력이란 과연 무엇인가? 이 군사용어의 영문 이니셜 각각을 풀어 보면 정보(Intelligence), 감시(Surveillance), 정찰(Reconnaissance), 표적획득(Target Acquisition)이다. ISRTA 이외에도 이와 유사한 개념을 나타내기 위해 C4I(Computer, Communication, Command and Control) SR 혹은 ISTAR이라는 명칭이 통용된다. 물론 C4I 및 네트워크전 개념도 현대전에서 핵심적이기 때문에 언급하면 좋겠지만, 이들 개념까지 고찰하면 지면이 엄청나게 소요될 뿐만 아니라, ISRTA에 좀 더 집중하려는 의도에서 벗어날 수 있기 때문에 생략했다. 또한 이 책에서 C4I SR[1] 혹은 ISTAR라는 용어 대신 ISRTA라고 통일해서 사용하는 이유는 전장의 '정보'를 얻기 위해 '감시'하고 특정 지역에서 집중적으로 혹은 구체적인 군사목적 아래 더 적극적으로 정보를 수집하는 활동의 일환인 '정찰'을 실시한 후 최종 정보를 얻는 '표적획득'까지의 과정을 보다 명확히 하기 위해서다.

여기서 정보라는 개념에 대해 군사적인 정의를 규정하지 않는다면 민간영역에서 사용하는 정보의 의미와 혼동을 일으킬 수 있다. 우선, 군사분야의 정보(Intelligence)는 민간분야의 정보(Information)와 전혀 다른 의미를 가진다. 군사적으로 '정보'를 번역하자면 '다양한 군사적 활동으로 수집되어 군사적 목적에 사용 가능한 가치를 가진 첩보'라고 할 수 있다. 여기서 군사적 수집활동은 인간정보(HUMINT) 수집, 기술정보(TECHINT) 수집, 공개출처정보(OSINT) 수집, 신호정보(SIGINT) 수집, 영상정보(IMINT) 수집 등 다양한 수단으로 이루어진다. 이러한 군사적 수집활동으로 모은 1차 첩보를 평가하고 처리하여 군사적 목적으로 활용 가능한 정보로 재탄생시키는 일련의 과정을 군사정보라고 규정할 수 있다.

두 번째, 감시와 정찰이라는 군사활동은 그 성격과 내용에서 군의 자산을 활용하여 첩보를 수집한다는 공통분모가 있기 때문에 매우 유사해 보이지만, 중요한 차이점이 있다. 우선 '감시'는 적대세력의 동태를 수집해서 아군의 작전행위를 보다 유리하게 만들어 줄 수 있는 군사정보를 얻기 위해 지속적으로 관측하는 활동이다. 이에 반해 '정찰'은 군사정보를 얻기 위한 관측이라는 점에서는 감시행위와 유사하지만, 적대지역 혹은 적지처럼 위협요소가 높은 곳에는 정보자산을 직접 투입하여 능동적으로 관측한다는 차이가 있다. 이 둘을 설명하는 예시로써, 감시(우주 상공의 궤도를 비행하는 군사위성의 관측활동), 정찰(UAV를 통한 적대지역 내의 관측활동)을 구분할 수 있다.

마지막 개념인 표적획득은 감시와 정찰을 통해 얻은 정보를 평가한 후, 군사수단을 동원하여 타격할 수 있는 실제 목표에 대한 정보를 최종 생산하는 것이다. 표적획득은 단순히 좌표를 얻는 것이 아니라, 목표의 방호수단이 있는지, 보유한 타격수단으로 파괴할 수 있는지, 지형 혹은 기후조건에 의해 타격이 영향을 받는지, 주변에 민간인 피해가 발생할 수 있는지와 같은 다양한 범위의 표적에 대해 정보를 산출하는 것이다.

현대전에서 ISRTA는 단순히 적의 동태를 감시하는 역할에서 벗어나 병법의 근간이라 할 수 있는 '먼저 발견하고, 먼저 결심하고, 먼저 공격한다'라는 기본교리를 완성할 핵심요소로 자리 잡고 있다. 이와 관련해서 가장 대표적인 이론으로 OODA 루프를 꼽을 수 있다. 미국의 항공전략 이론가인 존 보이드(John Boyd)는 OODA 전투개념을 설명하면서, "전방의 관측(Observe), 작전의 향방과 목적(Orient), 작전의 결정(Decide), 그리고 전투행동(Act)의 순환

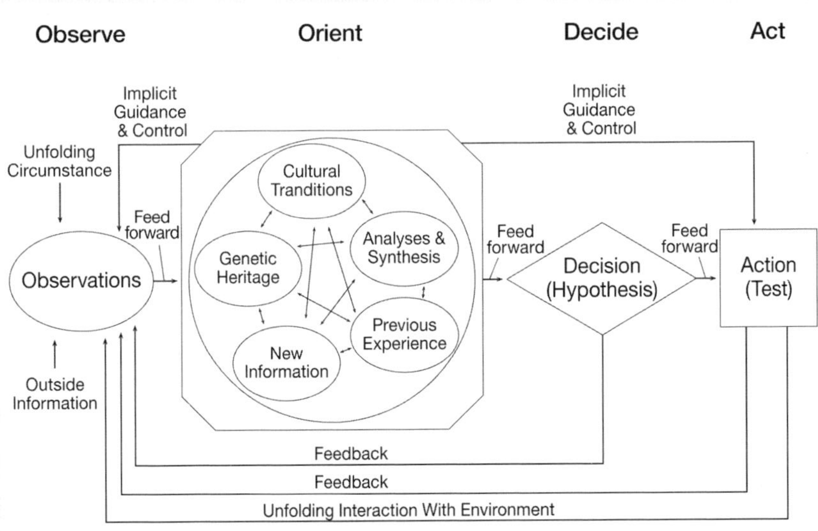

그림 5부.1 존 보이드의 OODA 루프 개념도

주기가 정교하고 빠를수록 전쟁에 승리할 가능성이 높다"라고 주장한 바 있다.[2] 즉, 러시아군이 압도적인 수의 장거리 로켓을 보유하고 있더라도, 언제 어디서 무엇을 향해 정확히 공격해야 할지 표적획득정보가 없다면 그것들은 거대한 화약 덩어리에 불과할 수도 있다는 것이다.

군사작전에서 승리의 가능성을 조금이라도 더 높이거나 혹은 아군의 피해를 최소화하면서 적의 피해를 극대화하려면 OODA의 균형적인 체계 개발과 구비는 선택이 아니라 필수이다. ISRTA의 중요성을 ODDA 개념과 결합하여 현대전에 적용해 본다면 두 가지 요소를 충족해야 한다. 우선 속도의 문제를 들 수 있다. 여기서 말하는 속도는 전차나 장갑차의 이동속도 혹은 미사일의 순항속도가 아니라 전방을 감시하고 정찰하여 정보를 입수한 후, 이를 가공해서 작전의 방향과 표적을 획득하는 일련의 사이클이 얼마나 빨리 순환되는지를 의미한다. 물론 이 사이클이 빠를수록 승리의 가능성 및 작전의 효율성이 높아지는 것은 매우 자명하다.

둘째, 전장을 감시하고 정찰하여 신호를 처리하고 다시 일선 부대에 정보를 확산시키는 과정에서 각각의 요소가 모두 균형적으로 발전해야 한다는 점이다. 러시아 혹은 구소련은 과거 ICBM을 운용하면서 장거리 정찰 및 감시에 주력하고 대부분의 감시자산을 미국 ICBM 요격에 투자했었다. 그 결과 전술부대, 즉 육군의 최전선에서 실제 보병을 위한 기민한 소형 정찰기를 확보하기 어려웠으며, 러시아 해군 역시 미 해군의 잠수함을 추적하거나 감시하는 ASW(대잠전) 능력에 자원을 충분히 투입할 수 없었다. 그뿐만 아니라 정보처리기술 및 통신 단말기의 보급에서도 NATO에 비해 열세였기 때문에, 기형적으로 발달한 초장거리 탐지 레이더 체계에 비해 전술단위의 감시정찰 체계는 상대적으로 열악한 수준이었다.

표 5부.1에서 나타나듯, ISRTA를 그 자체로는 군사작전에서 최종 단계인 선타(적보다 먼저 공격) 이전의 준비 과정으로 볼 수 있으나, 최종 목적지는 표

표 5부.1 ISRTA, OODA 루프, 그리고 전통적 군사작전 개념 간의 관계

전통적 병법 개념	OODA 루프	ISRTA의 역할
선견(先見)	Observe(관측)	Intelligence(정보) Surveillance(감시) Reconnaissance(정찰)
선결(先決)	Orient(상황, 목적 파악) Decide(결심)	Target Acquisition(표적획득)
선타(先打)	Act(작전행동)	

적획득에서 끝나지 않고, 결국 작전행동의 결심과 타격이 최종 목적임을 알 수 있다. 정보를 수집하고 평가하여 표적에 대한 정보로 변환하는 과정은 더 효율적이고 치명적인 공격을 가하기 위해서이기 때문이다. 이러한 ISRTA의 특성을 바탕으로 과연 러시아 연방군이 2022년 러시아-우크라이나 전쟁을 위해 얼마나 감시정찰 및 표적획득 노력을 기울여 왔는지, 러시아와 우크라이나 군의 보급체계, 지상전투체계, 편제가 ISRTA의 영향을 얼마나 받았는지 등에 대한 평가가 이루어져야 한다. ISRTA 분석을 최우선시하는 것이야말로 2022년 러시아-우크라이나 전쟁에서 드러난 초기 러시아 연방군의 작전목표 달성 실패를 해독하는 첫 단추라고 하겠다.

9장

크렘린의 과도한 자신감이 초래한 소모전

우크라이나 침공에서 드러난 러시아 연방군의 가장 큰 문제점은 질적 혹은 양적으로도 NATO 및 미국의 첨단무기에 뒤떨어지지 않는 최신형 공격무기 체계를 배치하거나 개발이 완료된 상태임에도 불구하고, 군사작전을 직간접적으로 지원하거나 작전 그 자체를 결정할 위력을 가진 ISRTA 체계에 상대적으로 소홀했다고 결론 내릴 수 있다. 그렇다면 왜 러시아 연방군은 전술적 타격이나 전략적 공습을 위한 무기체계를 개발하는 데 비해 정보를 수집하고 표적을 획득하는 ISRTA 체계에 상대적으로 소홀했던 것일까? 분명 고대와 현대를 구분하지 않고 모든 병법이나 군사교리는 선견, 선결, 선타를 근간으로 삼기 때문에 러시아 연방군이 이와 같은 군사정보의 수집, 분류, 판단 그리고 표적획득의 중요성을 몰랐을 리는 없다. 러시아 연방군이 공격체계에 비해 ISRTA 체계를 소홀히 해 온 이유는 구소련의 몰락과 급격히 붕괴된 군사력을 단시간에 재건하고자 한 고육책일 수도 있다.

푸틴 대통령은 1980년대 아프가니스탄 전쟁의 패배, 1990년대 구소련지역 공화국 분쟁에서의 군사적 실패 등으로 무기력해진 러시아군을 재건하기 위한 단계적 방안을 실천했는데, 그 중심이 선 사건이 1차 체첸전쟁이었다. 물론 4년 넘게 지속된 1차 체첸전쟁에서 신생 러시아 연방군이 겪은 실패의 원인은 비단 ISRTA에서뿐만 아니라 다양한 분야에서 발견되었다. 탈냉전 이후 소규모 분쟁이 세계 전역에서 발생하면서, 정찰위성처럼 냉전시대에 주로 사용되던 값비싼 정보자산 이외에, 현장 정보를 더 빨리 수집하고 전투부대를 실시간으로 배치하기 위한 다양한 정보자산으로서 ISRTA에 대한 러시아 연방군의 이해가 낮았다는 사실은 부인할 수 없다. 1차 체첸전쟁의 실패와 세계적인 군사력 변화의 흐름에도 불구하고 러시아 연방군은 이 분야에 대한 근본적인 투자와 개혁을 소홀히 하는 오류를 범했다.

세계 최강 미사일 전력의 허와 실

21세기 들어 야심 차게 진행된 푸틴 대통령의 군사력 증강 정책은 1차 체첸전쟁의 교훈, 즉 현대전에 부응하는 ISRTA의 가치를 반영하지 않고 냉전시기에 미국을 상대하던 구소련군의 위상을 외형적으로 복원하는 데 주력하는 모습을 보여 주었다. 물론 러시아 연방의 군사력 증강 정책이 과거 소련군처럼 5만 대 이상의 대규모 전차군단을 운용 유지한다거나, 300만 명 이상의 상비군을 보유하는 등의 양적 확대를 추구한 것은 아니다. 하지만 ISRTA보다 핵무기와 같은 전략적 타격력에 주안점을 두고 투자한 것은 사실이다.

푸틴 집권 이후 러시아는 재래식 무기체계나 병력 유지에 들어가는 예산을 감축하고, 새로운 전략무기체계를 개발 및 배치하여 미국의 군사력에 대응하려는 모습을 보여 왔다. 미 해군의 오하이오급 잠수함에 비견되는 2만 4천 톤급의 신형 보레이급 SSBN을 10년 이내에 10척 건조한다는 계획을 세웠으며, 미국이 개발하지 못한 아방가르드 HGV를 2010년대 후반까지 실전 배치하도록 했으며, 미국이 대응체계를 내놓지 못한 첨단 전략 미사일[지르콘(Циркон)

스크램젯 순항 미사일, 킨잘(Кинжал) 극초음속 장거리 공대지 미사일 등] 개발을 시작하는 등의 조치를 꼽을 수 있다.[1] 실제로 이러한 전략무기체계의 개발과 배치에는 막대한 예산이 투입되어 보레이급 SSBN은 2020년 기준으로 이미 5척이 배치되었으며, 2017년에는 음속 8의 초음속 순항 미사일인 지르콘의 발사가 성공함으로써 핵무기 및 장거리 타격체계에서는 여전히 미국에 이어 초강대국의 위상을 유지하는 데 성공한 것으로 평가된다.

1차 체첸전쟁에서 지상전력강국으로서 크게 실추된 위상을 만회하기 위해 전략 미사일 전력 이외에 RMA(군사혁신) 차원에서 지상군 개혁도 추진했다. 대표적인 예로, 구소련 시절의 설계 방식을 완전히 탈피하여 대전차 미사일에 대한 방호력을 크게 높인 T-14 아르마타 5세대 전차(오비엑트 148), 시가전에서 숨어 있는 소규모 보병부대를 광범위하게 동시 타격할 수 있도록 설계된 TOS-1 부라티노 열압력 MLRS, 전차가 공격하기 어려운 높은 빌딩 사격과 신속한 보병제압사격이 가능한 BMPT 터미네이터 시가전 AFV, 보병을 최전선까지 안전하게 수송하고 직접 전투에 참여할 수 있는 T-15 APC 등 1차 체첸전쟁에서 지적된 기존 소련제 설계 방식과 궤를 달리하는 신무기체계로 전환을 시작했다. 이 외에도, 냉전시대에 개발되었으나 경제사정 등의 이유로 방치되었던 무기와 물자를 오버홀하거나 재정비하여 재전력화하는 노력을 경주했다. 실제로 폐함 위기까지 몰렸던 러시아 유일 항공모함인 어드미럴 쿠즈네초프는 재정비 후 시리아 내전에 파견되어 1천여 개의 군사목표를 타격하는 전과를 기록했으며, 공장이 우크라이나에 자리 잡아 생산이 어려운 T-80U의 부족함을 보충하기 위해 구형 T-72 계열의 전차들을 T-72B3으로 개수하기도 했다.[2]

그러나 석유와 천연가스를 수출하고 얻은 막대한 수익을 쏟아부어 다양한 군사력 증강에 투자했으나 한 가지 가장 중요한 요소가 누락되는데, 그것이 바로 드론을 위시한 ISRTA 전력이었다. 가장 큰 문제점은 2020년 나고르노카라바흐 전쟁에서 입증된 드론과 지상 전자전의 중요성을 간과하고 대비에 소홀했다는 점이다. 푸틴 집권 이후 15년 이상의 기간 동안 러시아 연방군은 드론과 ISRTA에 투자하고 이를 강화할 충분한 시간적·재정적 기회가 있었음에도 드론, 초계기, 대드론 전자전 장비 등과 같은 ISRTA 관련 투자에 인색했다. 이로써 미래의 전쟁에서 러시아 지상군의 고전은 예견된 일이었다.

게다가 ISRTA 능력은 공군과 육군에게만 필요한 것이 아니라, 해군에게도 반드시 필요한 현대전의 필수요소가 되어가고 있는 데 반해, 러시아 해군 전력은 1980년대를 정점으로 단 한 번의 반등 없이 전력의 하락 일변도를 유지하면서 최신 전력을 보충하지 못하고 있었다. 특히 2022년 러시아-우크라이나 전쟁과 같은 경우, 흑해에서 제해권을 확보하려면 미국의 이지스 시스템이나 항공모함과 같은 장거리 감시정찰 및 타격 능력, 혹은 장거리 정찰드론 등이 배치되어 작전 운용되어야 했으나, 러시아 해군의 장거리 감시정찰능력은 2020년대 시점에도 여전히 냉전 말기의 수준에서 크게 벗어나지 못했다.

첨단 ISRTA 전력화에서는 고성능 감지센서, 대용량 고속 처리장치, 고해상도 레이더 등의 첨단 전자장비와 이를 통합해서 전력화하는 소프트웨어 기술이 가장 중요하다. 그러나 2014년 러시아의 크름반도 합병 및 돈바스 전쟁 이후, 정치 경제적으로 서방과의 교류가 급격히 위축되어 첨단 ISRTA에 소요되는 부품과 제작기계, 소프트웨어 소스 코드 등의 도입은 사실상 거의 불가능에 가까워졌다. 물론 중국제 반도체를 수입하여 만회하고자 했으나, 밀리터리 스펙을 충족시키지 못한 저가 반도체로는 서방의 ISRTA 능력에 대응하기 역부족이다. 고성능 전자부품, 센서, 공작기계 등의 도입이 지연됨에 따라 ISRTA 전력을 구성하는 모든 분야의 무기체계 개발과 배치가 연쇄적으로 지연되는 결과를 맞이한다.

지상전을 직접적으로 지원해야 할 러시아 항공우주군의 경우, ISRTA 전력은 NATO군에 비해 양적·질적 모든 분야에서 크게 뒤처져 있는 상태이다. 이미 2012년에 개발이 끝났다고 알려진 공중우세 5세대 스텔스 전투기인 SU-57은 2018년에 양산형 기체의 시험 비행을 공개하기도 했으며, 2021년에는 KAI(한국항공우주산업)의 신형 전투기인 4.5세대 KF-21 보라매의 카운터파트에 해당하는 미들급 전투기 Su-75 체크메이트의 목업(mock up)을 공개하면서 공군 첨단무기체계의 개발이 외견상 순조롭게 진행되는 듯 보였다. 이러한 5세대 혹은 4.5세대 전투기는 비무장 혹은 무방비로 상공에서 작전을 수행하는 정찰드론과 같은 ISRTA 전력을 보호하거나, ISRTA로부터 표적정보를 받아 적을 공격하기 위한 타격체계로써 반드시 필요하다.

SU-57과 같은 5세대 전투기와 무인정찰드론 등이 충분히 실전 배치되어야 하지만 초정밀 제어계측 공작기계, 항전장비에 소요되는 반도체, 감시용 센서 등을 외부로부터 원활히 수급할 수 없어 연간 1~2대 정도로 생산이 제한되는 듯하며, 2028년까지 총 76기를 생산하여 배치하려던 SU-57 양산계획은 전쟁 중에는 달성하기 불가능에 가까운 일이 되어 버렸다. IISS(국제전략문제연구소)의 밀리터리 밸런스나 SIPRI(스톡홀름국제평화문제연구소)의 연감 등 다양한 자료에 의하면 2022년에 현역으로 배치된 SU-57은 불과 2~3대 정도로 추정된다.[3)]

첨단무기의 개발과 운용평가, 제식화를 거쳐 양산에 소요되는 시간과 비용은 육군과 달리 공군이나 해군의 경우 난이도가 훨씬 높다. 따라서 오랜 기간 동안 충분한 예산이 꾸준히 투입되어야 ISRTA 및 이를 호위할 스텔스 전투기 편대도 갖춰질 수 있다. 러시아군도 이러한 사실을 알고 있기 때문에 2010년도 들어 많은 예산을 들여 신형 공중경보기 및 스텔스 전투기를 개발하고 양산하기 위한 준비에 나섰으나, 2014년 크름반도의 병합과 돈바스 전쟁을 거치면서 전선에서 상당량의 지상군 장비가 파손되거나 사용기대수명이 크게 줄어들었다. 이를 보충하기 위하여 러시아는 공군 및 해군의 ISRTA 전력 확충에 예산을 투입하지 않고, 급한 불을 끄기 위해 전차, 보병전투차 및 포병

장비의 수리 및 재생산에 시간과 자원을 투자해야 했다.

이에 따라 해공군의 신형무기체계 개발과 생산은 기회비용의 문제로 그만큼 생산이 지연될 수밖에 없었다. 정치적·군사적 우위를 점하기 위해 시작한 돈바스 전쟁으로 많은 군수물자가 상실되었고, 상실된 전력을 보충하고자 해공군의 투자를 줄일 수밖에 없었으며, 해공군의 전략자산이 축소됨으로써 2022년 러시아-우크라이나 전쟁에서 지상전력이 크게 소모되고 있다는 점은 정말 아이러니한 악순환이라 할 수 있을 것이다.

서방에서 첨단공작기계, 연산처리장치, 그리고 센서 등의 수입이 어려워진 이유 외에도, 첨단 ISRTA 전력이 자체 개발조차 어려워진 또 다른 이유는 러시아 군수산업문화 특유의 문제점에 기인한다. 2020년 기준으로 러시아의 국방예산은 668억 달러로, GDP 대비 4.3%에 이르는 막대한 자원을 지출하고 있다.[4) 5)] 이러한 수치는 EU 회원국들의 평균 GDP 대비 군사비 지출 비율인 1.2%를 크게 상회하는데, 푸틴 정권의 국방력 재건 의중을 잘 보여 주는 지표로 볼 수 있다. 그러나 이처럼 많은 국방예산이 러시아에 만연한 방위산업의 부작용, 즉 권력형 부패와 비효율적인 개발 및 계약 시스템 때문에 방위비 누수로 이어지고 있다는 점이 지적된다. 2012년에는 러시아 국방부가 2,600만 달러 규모의 전술미사일 요격 프로그램을 발주했으나, 이 프로그램은 예산 집행 후 그 어떤 연구도 이루어지지 않은 채 종료되었다.

2016년에도 첨단 항공전자 제어장비에 소요되는 통제장치의 개발을 의뢰했으나 개발비만 집행되고 회사는 부도처리하여 프로그램이 소멸되기도 했다.[6)] 이러한 방산비리 및 신규 기술개발 프로그램의 실패가 누적되는 상황에도 불구하고, 1999년 이래 장기 집권 중인 푸틴 정권에서는 만연한 군수산업의 부패와 비효율이 근본적으로 해결될 전망은 별로 높지 않아 보이며, 오히려 전력증강사업이 진행되면 될수록, 규모가 커지면 커질수록 국방비의 비효율적인 집행이 횡행할 가능성이 높아지고, 신형 무기의 개발과 배치도 지연될 수 있다는 점이 현재 러시아 첨단 전력증강사업의 아킬레스건이다.

매년 각국의 CPI(부패인식지수)를 조사하여, 순위 및 수치를 공개하는 국제투명성기구(Transparency International)에 따르면 러시아의 높은 부패지수는 러시아의 군 전력증강사업이 왜 많은 시간과 예산을 소요하면서도 계획대로 진행되지 않는지를 시사해 준다. 러시아는 군사 및 안보 영역의 공적 부패지수에서 D그룹[높음(High)]으로 분류되어 있다. 러시아의 방위산업 분야는 부패지수가 높은 위험부담을 안고 있으며, 이는 방산업체에 대한 예산투입 및 정책입안에 감시와 견제가 이루어지지 않는 시스템에 기인한다. 투명도 역시 매우 제한적이어서 군사물자의 구매뿐만 아니라 군사작전의 사후평가에서도 투명성이 매우 낮다. 특히 군사작전 투명성은 F등급으로 평가하기조차 어려운 수준이다.[7)]

서방으로부터의 첨단 부품 및 장비 도입의 지연, 러시아 국내 방위산업과 정치의 부패 등으로 구소련이 붕괴한 지 30여 년이 넘은 현시점에도 ISRTA 및 이를 보조하는 무기체계의 주력은 냉전시대의 수준이다. 근본적인 해결책은 있으나 단기간에 해소할 수 없고, 그 문제를 해결한다고 해도 단기간에 전력 증강을 할 수 없는 것이 ISRTA의 특징이다. 무기 개발과 배치에 시간이 많이 소요될 뿐만 아니라, 작전 운용을 하면서 현장에서의 피드백과 오류 수정의 과정에 전차나 야포의 개발과는 수준이 다른 난이도가 있기 때문이다. 따라서 현재 러시아의 정치 경제적 상황이 크게 개선되지 않는다면, 시간과 비용이 많이 소요되는 해군의 감시자산인 이지스 전투함정체계, 항공우주군의 스텔스 전투기 및 정보정찰 감시기, 육군의 무인 정찰기 등 ISRTA에 관련된 모든 첨단무기분야에서 미국 및 NATO와의 격차가 시간이 지날수록 심화될 수밖에 없다.

이러한 점을 고려할 뿐만 아니라 개발 과정의 비효율과 부패가 심각한 러시아 방위산업계의 수준을 감안한다면, 러시아 연방군은 기약 없는 첨단

ISRTA의 기술 개발 및 실전 배치에 막대한 국방예산과 자원을 투입하기보다는 기존의 무기체계를 재생산하거나 지속적인 개량을 실시하여 양적 우위의 군사력을 보존하는 편이 더 합리적일 수도 있다. 그러나 2022년 러시아-우크라이나 전쟁의 전황에서 증명되듯, 아무리 지난 세기의 냉전형 무기체계를 보충하고 재생산하고 개량한다 하더라도 ISRTA 전력이 교전 상대세력보다 취약하다면 구형 무기체계의 효율은 기하급수적으로 떨어진다는 것이 드러났다.

표 9.1은 현재 러시아 항공우주군이 운용하고 있는 현역 감시정찰용 전술기를 망라한 것으로써, 아직도 상당수의 작전기가 냉전 시기에 개발되거나 배치된 것임을 알 수 있다. 또한 2010년대 이후의 최신형 ISRTA 자산들이 배

표 9.1 러시아 항공우주군의 ISRTA 자산

기종	보유 수	취역연도	특징
A-50	3	1984	Mainstay로 알려진 E-3의 러시아판 AWACS(공중경보 및 통제체제)
A-50U	6	2011	A-50의 개량형
IL-22	5	1977	전자전 및 공중지휘기
IL-22M	12	1981	IL-22 개량형
IL-22PP	3	2011	전자전 및 정찰전용기
IL-20M	14	1985	전자전 및 전자정보수집기
TU-214R	2	2016	전자전 및 정찰기
TU-214ON	2	2018	특수정찰기
TU-214SR	4	2008	종합 전자전 및 정보수집기
TU-214PU-SBUS	2	2018	전자전 및 공중통제기
AN-30	6	1971	범용정찰기

자료: GlobalSecurity.org, "Russian combat aircraft"(https://www.globalsecurity.org/military/world/russia/aircraft.htm(accessed June 19, 2003). 현황 재구성.

치되기는 했으나, 냉전 시기에 설계된 정찰항공기보다 그 수가 적기 때문에 광대한 러시아의 영토를 상시 감시정찰하거나, 적당한 시기에 우크라이나 전장에 투입되어 표적정보를 수집해서 전달하는 것이 매우 제한될 수밖에 없다는 사실을 방증한다.

드론이 지배하는 현대 전장에서 미국의 글로벌 호크(Global Hawk)와 유사한 장거리 전략정찰드론이 단 한 대도 없다는 사실만 보더라도 왜 이 전쟁에서 러시아가 고전하는지 쉽게 파악할 수 있다. 러시아에게 유리하다고 평가되던 돈바스 지역에서도 기갑부대의 기동이 사실상 멈추고, 보병부대의 피해가 속출하거나, 후방의 대규모 포병지원사격에만 의존하게 된 이유 중 하나가 바로 ISRTA 능력 부족이다. 게다가 전자전 능력이 낙후하여 러시아 지상군이 기존에 보유하고 있는 전술형 드론의 작전능력이 매우 제한될 수밖에 없었다.

물론 러시아도 큰 비용이 들지 않는 소형 드론 개발에 신경 써 온 것은 사실이다. 러시아 육군은 시리아 내전에서 소형 전선감시용 드론을 운용하여 ISIS(The Islamic State of Iraq and Syria)를 원거리에서 탐지하고 타격한 전술적 경험이 있으며, 2020년 나고르노카라바흐 전쟁에서 튀르키예의 바이락타르 드론편대가 전쟁의 승패를 결정했다는 사실도 잘 알고 있었고, 돈바스 전쟁에서도 자체 개발한 전장감시용 드론을 다수 운용한 실적도 있었다. 그런데 정작 2022년 러시아-우크라이나 전쟁에서 러시아 지상군의 야전 소형 드론은 대체 어디로 다 사라진 것일까?

전쟁 초기에 러시아 지상군이 효과적으로 전술용 감시정찰드론을 이용하여 우크라이나군의 보급기지, 지휘소, 대공 미사일 거점 등을 효과적으로 타격하고 있다는 전과는 극히 제한적으로 전해지고 있다. 2014년 돈바스 전쟁에서 러시아 지상군이 우크라이나군을 대상으로 다수의 드론을 운용했다고 전해지지만, 2014년부터 2022년 사이에 러시아 지상군의 드론전력은 정비

불량으로 실제 완전하게 가용한 드론의 보유량이 크게 줄었다. 또한 드론을 운용하는 부대나 요원들이 최신 기술을 업데이트하지 않았다. 게다가 돈바스 지역은 드론이 군이 없어도 친러 반군을 이용한 HUMINT 수집이 존재했기 때문에 러시아 지상군의 전술드론활동이 2022년 전쟁 초기에 극히 제한적이었다는 사실만은 분명하다.

또한 2022년 직전까지 이루어진 우크라이나군의 전투력 변화로 러시아군의 ISRTA 작전활동이 크게 위축된 측면도 있다. 우선 우크라이나군의 야전방공시스템이 유효하게 작동 중이라고 분석할 수 있을 것이다. 단적인 예로, 2022년 5월까지 우크라이나의 야전방공시스템이 격추한 러시아 항공기는 최소 96대에 달하며, 이와 반대로 러시아가 격추시킨 우크라이나 항공기는 24대에 그쳤다.[8] 물론 이러한 수치는 러시아군의 항공 소티(sortie)가 우크라이나군보다 많았기 때문에 러시아군의 항공기가 더 많이 격추된 것이라고 생각할 수도 있지만, 여전히 우크라이나군의 야전방공시스템이 유효하게 작용하고 있다는 것을 강하게 증명하는 수치임에는 틀림없다.

현대전에서는 아무리 많은 화력을 동원할 수 있다 하더라도, 그 타격 지점에 대한 정보가 없으면 사실상 무용지물에 가까울 뿐만 아니라, 잘못된 정보로 오폭한다면 아군의 막대한 희생이 초래되고, 최악의 경우에는 역탐지를 통해 적에게 반격의 기회를 제공할 수 있는 위험성도 따른다. 앞서 이야기한 것처럼 러시아 공군의 장거리 ISRTA 전력이 제대로 가동되지 않았기 때문에 러시아군이 우위에 있던 막강한 포병전력을 효율적으로 사용하기 힘든 상황이 이어졌으며,[9] 그 결과 러시아의 항공작전은 고정된 시설물이나 시가지와 같은 대가치타격에 집중되었고, 이동하는 우크라이나 군부대 등 대군사타격에는 상대적으로 비효율적인 화력이 투입되었다. 이를 보완하기 위해서는 최전방부대가 운용할 소형 야전용 드론이 질적·양적으로 많이 필요하지만, 러시아군은 이러한 대비를 하지 못했다.

이미 앞서 언급한 대로, 러시아는 개전과 동시에 지상군 드론이 양적으로 몹시 부족했으며, 2014년 이래 서방의 반도체, 광학장비 등의 수출제재로 드론의 질적 문제 또한 매우 심각했다.[10] 언론에 공개된 러시아 대대급 전장감시드론을 살펴보면,[11] 군사용 광학계 대신에 가정용 카메라가 장착되어 있으며, 착륙 시 전개되는 충격흡수장치는 자동차에서 추출한 에어백이며, 연료통은 플라스틱 물병을 개조해서 장착한 것으로 추정되는 등 전반적으로 냉전시대 수준의 조악한 정찰드론을 운용하고 있음이 드러났다. 러시아 육군이 운용 가능한 야전 전장감시용 드론은 그라나트-1~4, 엘레론-3, 오를란-10, 타키온, 그롬 및 자스타바 등 10여 종이 넘었지만, 이들 소형 드론의 항속 거리는 대단히 제한되어 있을 뿐만 아니라, 20세기 말~21세기 초의 구형 기술이 적용되어 운용 도중 추락하거나 우크라이나군에게 포획되는 경우가 많았다.

특히 초창기의 낙후된 기술로 제작된 드론들은 최근 상용화된 GPS 재머나, JAM(전파방해)장치, 해킹 주파수 방사장치 등의 안티 드론 시스템에 매우 취약하다. 실제로 우크라이나군의 전자전 및 방해전파 공격에 상당수의 러시아 소형 드론이 작전 불가능한 상태에 빠지거나, 우크라이나군에게 포획되고 있다. 물론 전쟁이 진행되면서 러시아군의 전자전 능력이 발달하여 상당수의 우크라이나 드론 운용이 크게 제한되기도 했다.

알렉산더 루카셴코(Alexander Lukashenko) 벨라루스 대통령은 언론과의 인터뷰에서 러시아군의 드론이 작전을 제대로 실시한 것은 개전 초기뿐이었다고 언급했다.[12] 미국보다 더 빨리 세계 최초의 초음속 순항 미사일과 극초음속 활공체 미사일을 개발하고 실전에 배치할 만큼 항공우주기술이 뛰어난 러시아가 야전에서 지상군의 눈과 귀가 되어 줄 소형 전술용 드론이 부족하고, 그 성능조차 신뢰할 만하지 않다는 것은 21세기 이후 러시아가 추구해 온 군사력 증강 정책과 현실에 큰 괴리가 있다는 점을 반증한다.

러시아 연방군은 대형 UAV 및 소형 드론의 수량이나 작전능력에서만 문제를 드러낸 것이 아니다. 전자전은 공격과 방어가 모두 가능해야 비로소 완전해진다. ISRTA에서도 상대방을 감시정찰하고 표적을 획득하는 능력뿐만 아니라, 상대방의 ISRTA 능력을 제한하거나 무력화하는 대응전략을 동시에 갖춰야만 완전한 ISRTA 전력이라고 할 수 있다. 그러나 우크라이나군의 드론공격에 대한 방어 및 재밍 기술에서 러시아가 보유한 능력은 매우 제한적이거나 냉전시대의 기술에서 크게 벗어나지 못한 상태인 것으로 평가되었다.

이제까지 러시아 육군은 강력한 NATO의 전투기, 공격기, 헬기 등에 대항하기 위하여 전자전 체계를 지상군 장비에 탑재하는 전술을 발전시켜 왔다. 강력한 무선전파를 방출하여 항공기의 레이더나 통신정보를 방해하는 것이 목적이다. 또 다른 방법은 거짓정보의 송신으로서, 잘못된 GPS 신호를 발생시켜 적의 항공기나 미사일이 목표지역을 찾을 수 없게 만들거나, 러시아 방공시스템을 탐지하지 못하게 해서 방공시스템의 공격 성공률과 생존율을 모두 높인다. 그러나 이런 러시아군의 전자전 체계는 첨단 소형드론을 막아 내기에는 역부족임이 드러났다. 가장 최근의 사례를 들면, 시리아 내전에서 러시아의 최강 야전방공시스템인 판치르는 튀르키예의 TB2 드론을 거의 막지 못했다.[13] 또한 러시아의 또 다른 최고 야전방공시스템 중 하나인 S300s 전술용 지대공방어시스템은 최근 재점화된 아제르바이잔-아르메니아 분쟁에서 아제르바이잔의 TB2 드론을 탐지·요격하지 못하고 오히려 드론의 공격에 무력하게 파괴되었다.[14]

물론 러시아도 우크라이나군 UAV에 대항하기 위해 드론 대항 전자전 시스템을 배치하기는 했다. 러시아군도 ISRTA 능력이 현대 지상전에 필수적일 뿐만 아니라, 적의 ISRTA 능력을 차단하는 것 역시 주요한 목표임을 알고 있었다. 러시아군은 전파 교란과 스푸핑(Spoofing, 잘못된 정보를 전달) 기능을 결합한 보리소글렙스크(Борисоглебск)-2 MT-LB와 R-330Zh 지텔(Житель) 시스템을 중심으로 적국의 ISRTA 능력을 차단하고자 했다.[15] 이 장비들은 무선 주파수 에너지를 방사함으로써, 드론이 원격 조종사와 제어신호를 구별할 수 없는 수준까지 전파 노이즈 임계값을 증가시키거나 드론에 잘못된 신호를 보내 추락을 유도하는 기능을 갖추었다. 그러나 이런 전자장비의 수가 극히 제한적일뿐더러 정비 불량 및 전술 부재로 인해 제 역할을 하지 못했다.

전자전 장비의 효율이 낮은 이유로는 러시아군의 고질적인 부패, 야전정비 시설 부족, 전문요원의 훈련 부족 등 여러 가지를 추론할 수 있다. 결국 우크라이나군의 ISRTA 능력을 차단하지 못함으로써 일부 전자전 장비들은 이동 과정 중에 우크라이나군의 매복이나 드론에 의해 파괴되거나, 아예 러시아군이 야지에 방치하고 후퇴하여 우크라이나군이 획득한 경우도 보고되었다. 실례로 우크라이나 및 NATO군의 ISRTA 항공기 레이더를 교란하기 위해 개발된 크라슈하(Krasukha)-4 지휘용 컨테이너가 수풀에 위장된 채 완전한 상태로 우크라이나군에 노획되었으며,[16] 통신 방해용으로 개발된 R-330ZH 지텔이 파괴된 사진이 오릭스 웹사이트에 공개되었다. 또한 보리소글렙스크-2 다목적 전자전 차량은 우크라이나군이 노획하여 수리 후 운용하고 있다고 전해진다.[17] 우크라이나군에 비해 ISRTA 능력이 떨어지는 상황에서, 우크라이나군의 드론을 무력화하는 대응수단도 제 역할을 하지 못하면서 러시아의 전장감시 능력은 더욱더 악순환에 빠지게 된 것이다.

말 그대로 깜깜했던 흑해함대의 무모한 항해

공군의 장거리 ISRTA 전력이나 육군의 소형 전장감시드론 전력을 러시아가 향상시킬 수 있는 방법이 없지는 않다. 유사시 이란이나 중국으로부터 드론을 공급 받으면 어느 정도 수적인 불리함을 극복할 수 있기 때문이다. 정찰용은 아니지만 실제로 러시아는 이란으로부터 수백~2천 기로 추정되는 자폭용 드론을 수입하여 2022년 11월부터 우크라이나 전역에 대한 대가치폭격을 지속하고 있다. 그러나 이란제 자폭드론을 수입했음에도 공중감시정찰용 드론의 능력 향상은 눈에 띄지 않는데, ISRTA를 위한 고성능 정찰드론은 외국으로부터 도입하여 체계화하기가 어려운 것이다.

지상군 말고도 해상에서의 전투는 생각했던 것보다 러시아군에게 최악의 조건으로 다가왔다. 막대한 국방예산을 사용한 러시아 항공우주군과 해군은 그 예산의 대부분을 장거리 타격 미사일 체계에 투자했기 때문에 미국의 리퍼(Reaper)나 글로벌 호크와 같은 장거리 ISRTA에 신경 쓸 여유가 거의 없었다. 해군은 육군이나 공군과 달리 국방예산의 배정 순위에서 이제까지 항상 뒷전에 머물러 있었으며, 장비 보충은 고사하고 있는 장비마저도 연쇄적으로 퇴역시켜야 할 처지였기 때문에 해군을 위한 ISRTA 전력 보강은 아예 계획조차 되어 있지 않았다. 21세기 들어 해양주권 시대 혹은 시레인(Sea-Lane) 확보 등의 이유로 서방의 해군이 경쟁적으로 감시장비를 확보하는 데 예산을 투입하면서 해상 ISRTA 전력을 강화하는 추세인 데 반해, 러시아 해군은 당장 전투력의 핵심인 전투함정마저도 예산 부족으로 겨우 유지할 정도였기에 서방 해군처럼 ISRTA 전력을 확충하기란 사실상 불가능했던 것이다.

표 9.2에서 보듯, 전략로켓군과 마찬가지로 해군은 주요 투자가 전략잠수함에 집중되었으나 기타 수상함 전력은 가장 저렴한 연안 호위함을 제외하고 모두 축소되었다. 더 심각한 문제는 순양함 및 구축함 전량의 경우 2000년 이후 신규 생산이 이루어지지 않아 이미 함령 제한이 초과된 상태이다. 만약 향후에 러시아 해군이 더 많은 예산을 확보한다고 하더라도 추가된 예산은 ISRTA 전력 확충보다는 주력 전투함 증강 및 기존 함선의 유지보수에 우선 투입될 것이기 때문에 당장 2022년 러시아-우크라이나 전쟁은 고사하고, 향후 10~15년간 ISRTA 전력 확충 자체가 불가능할 것으로 전망할 수 있다. 설상가상으로 러시아 해군 항공대는 서방 해군의 항공대와 달리 ISRTA 자산보

표 9.2 2005년부터 2020년까지 러시아 해군 주력 전투함 변화 추이

	2005	2010	2015	2020
전략잠수함	14	14	9	11
전술잠수함	42	52	47	38
항공모함	1	1	1	0
순양함	6	5	6	4
구축함	14	14	18	11
호위함	6	14	10	15

자료: IISS, *The Military Balance*(2005~2020)의 자료를 중심으로 재구성.

다는 공격임무에 특화된 항공기를 주전력으로 배치하는 전통이 강하게 남아 있다는 것도 문제점으로 지적된다.

2021년 기준으로 러시아 해군 항공대의 항공기 중 SU-27을 포함한 전투기가 116기, SU-24/25 등 공격기가 26기로 전폭기 계열은 140기에 달하지만, ISRTA가 주 임무인 정찰 및 정보수집기는 30여 대에 지나지 않는다.[18] 일본의 해상자위대가 P-3 오라이언 초계기만 70대를 보유하고 있고, 그 외 정찰 및 전자전기를 모두 합하면 111대에 이르며, 한국 해군도 초계기 및 표적지시기가 22기라는 점을 볼 때, 러시아 해군 항공대의 정찰 및 전자전기가 자국의 영해 및 해군 규모에 비해 지나치게 작다고 할 수 있다.[19] 양적·질적 수준을 고르게 평가하더라도 러시아 해군 항공대의 ISRTA 전력은 한국 해군의 수준에도 못 미친다.

러시아 해군 항공대의 ISRTA 전력 부족은 결국 2022년 러시아-우크라이나 전쟁에서 흑해 전역의 제해권을 장악하지 못하게 된 가장 중요한 원인이 되고 말았다. 오데사, 세바스토폴 등 군사적·지정학적으로 매우 중요한 항구도시가 포함된 흑해를 중심으로 전개되어 있는 러시아 흑해함대의 항공전력을

표 9.3 러시아 해군이 보유 중인 ISRTA 항공자산

	보유 수	취역연도	특징	흑해 배치 수량
KA-31	4	1985	조기경보헬기	없음
TU-142	22	1972	초계기	없음
IL-38N	8	2015	전자정보감시정찰기	없음

자료: GlobalSecurity.org(2020).

보면, SU-30M, SU-24M/MR과 같은 전폭기와 TU-134UB-L, AN-12, AN-26, AN-2, KA-27, KA-29, Mi-8 등 훈련기나 수송기로 구성되어 있을 뿐, 감시정찰 혹은 표적획득을 임무로 하는 항공기는 단 1기도 존재하지 않는다.[20] 물론 러시아 해군 항공대 전체를 보면 조기경보헬기, 초계기, 전자정보감시정찰기를 보유하고 있으나 이들은 모두 태평양 함대와 발틱함대에 소속되어 있고, 흑해함대에는 배치 및 운용되고 있지 않다.

이처럼 흑해함대의 단거리 및 장거리 감시정찰능력이 사실상 전무한 상태에서 우크라이나군의 대함 미사일 및 공격형 드론이 밀집된 흑해의 제해권을 장악하기란 전쟁 개시 이전부터 불가능했다. 함대의 눈이 없는 상태에서 해역에 전투함을 전개시키면 어떤 결과가 발생하는지 이미 여러 차례의 사례가 증명해 준다. 가장 대표적인 예로 2022년 4월 14일 슬라바급 순양함의 1번함이자 흑해함대의 기함인 모스크바함이 우크라이나군의 넵튠 대함 미사일 2발에 격침된 사건을 들 수 있다. 2차 세계대전 이후 건조된 최대 전투함이 격침된 이 사건은 규모 면으로는 1982년 포클랜드 전쟁(말비나스 전쟁)에서 격침된 아르헨티나 해군의 벨그라노 순양함 사건과 비슷하지만 내용에서는 본질적으로 다르다.

포클랜드 전쟁 시 아르헨티나 해군의 헤네럴 벨그라노함은 2차 세계대전 중 건조된 구형 순양함이었으며 현대전에 대응하는 그 어떤 대공 및 대잠수

단도 갖추지 못했던 반면, 흑해함대의 기함인 모스크바함은 키로프급 대형 순양함과 더불어 러시아의 대양함대 구성을 책임지는 주력 전투함이다. 주요 장비로 3R41 볼나(волна, wave) 회전식 다기능 위상배열 레이더를 비롯해 2연장 SA-N-4 게코 지대공 미사일 발사기 2문(미사일 총 40기), 8연장 S-300F 수직 미사일 발사기 8문(미사일 총 64기)을 탑재하여 러시아 함대의 방공망을 책임지는 능력을 보유하지만, 처음부터 이 슬라바급 순양함은 미 해군의 항공모함 기동전투단을 공격하기 위해 건조되었다. 육상기지에서 출격하는 러시아 해군 항공대의 초계기 및 정찰기의 도움을 받아 교전하도록 설계되었기 때문에 초계기나 정찰드론이 없다면 탑재된 무장을 제대로 활용할 수 없다는 구조적인 단점이 있다.[21)]

이러한 이유로 그 어떤 초계기나 정찰기의 감시정찰 없이 오데사 인근 해역을 항해하던 모스크바함은 우크라이나 해군이 발사한 단 4발의 대함 미사일 중 2발에 격침된 것이다. 미 해군처럼 항공기를 활용하거나 위성을 이용하여 해양 감시정찰활동을 지속했더라면 우크라이나군이 발사한 대함 미사일을 조기에 발견해서 장거리 대공 미사일로 1차 요격한 후, 중거리 대공 미사일로 2차, 그리고 마지막 단계에서 CWIS(근접방어체계)로 최종 교전을 할 수 있었을 것이다. 그러나 항공정찰이 없다면 함정이 탐지할 수 있는 대함 미사일은 저공비행 시 불과 30km 정도로 국한된다. 이 정도 거리라면 아무리 전투력을 갖춘 순양함이라 할지라도 약 2회밖에 교전 기회가 없으며 미사일 4발을 모두 격추하기란 매우 어려운 조건이 된다.

이뿐만 아니라 모스크바함 격침 한 달 전인 3월 24일에 발생한 베르댠스크항의 러시아 엘리게이터급 상륙함 격침사건뿐만 아니라 그 후로부터 한 달 후인 5월 2~8일의 오데사 인근 즈미이니섬 공격 때도 러시아 해군의 전장감시 능력은 매우 제한적이었다. 우크라이나군이 즈미이니섬을 공습할 때 러시아 해군은 단 한 차례도 이를 저지하지 못했으며 개전 이후 지속적으로 전장감시에 실패하여 큰 피해를 초래했다. 이런 사실을 통해 단기간에 러시아 해군이 ISRTA 전력을 확충하기란 불가능하다는 것을 알 수 있었다. 3월부터 5월까지 흑해함대의 피해가 이어지자 러시아 해군은 즈미이니섬에서 완전히 철수했을 뿐만 아니라 흑해함대의 전투함들도 비교적 안전한 북쪽 해역으로 철수하여 결국 흑해지역의 작전활동은 축소된다.

이처럼 러시아 해군의 ISRTA 능력 부족은 1차적으로 흑해함대의 전투력에 막대한 피해를 발생시켰으며, 2차적으로는 러시아 해군이 결국 흑해를 통제하는 데 실패하게 만들어, 러시아-우크라이나의 흑해항로 협상이 시작되었다. 세계 밀 생산 5위 국가인 우크라이나는 육로보다 흑해를 통해 대부분의 밀 수출을 유지했는데, 러시아 침공 이후에는 우크라이나가 가용할 수 있는 항구가 전무한 상태에 접어들었다.[22] 최대 공업도시인 마리우폴에 자리 잡은 항구시설 대부분이 파괴되었으며, 최대 항구도시인 오데사는 개전과 동시에 러시아 흑해함대의 봉쇄와 폭격으로 단 한 척의 밀 수출 수송선도 출항하지 못하는 상태가 지속되었다. 그러나 6월까지 흑해함대가 연속적인 피해를 입자 러시아는 7월에 튀르키예-우크라이나-UN 대표부 간 4자협상에 임할 수밖에 없었다. 오데사항을 중심으로 한 해로에 민간 상선이 안전하게 항해할 수 있도록 하는 흑해항로 협상에 합의하면서 8월 1일에 최초의 밀 수출선이 오데사항을 출발하여 레바논으로 항해할 수 있게 되었다.[23] 이처럼 러시아 해군이 흑해의 통제권을 장악하는 데 실패하고, 우크라이나의 밀 수출을 봉쇄하는 전략적 목표 달성에도 실패한 가장 큰 원인은 바로 러시아 흑해함대의 ISRTA 능력이 부족하여 전투력에 피해가 누적되었기 때문이다.

그렇다면 전황을 반전시키기 위해서 러시아가 사용할 수 있는 전략에는 어떤 것이 있을까? 외부와의 동맹이나 협력을 통해 UAV를 구비하는 방안이 그나마 현실적이다. 오랜 개발 및 생산 기간을 줄일 수 있어 단기간에 충분히 ISRTA 능력을 확충할 수 있으며, 드론의 경우 대부분 컴퓨터와 인공지능으로 통제하는 추세이므로 상당한 시간과 비용이 소요되는 대형 정찰기나 정보수집기와 달리 운용 요원의 훈련 기간도 대폭 줄일 수 있다.

백악관 안보 보좌관인 제이크 설리반의 주장에 의하면, 전쟁 발발 직후 러시아는 이란으로부터 수백 대에 달하는 드론을 도입하는 데 합의했으며, 이란은 러시아가 필요로 하는 최첨단 드론을 양산하여 공급할 능력이 구비되어 있다. 그러나 러시아가 이란으로부터 입수한 드론은 거의 자폭용 드론이었으며, 수천 기의 드론을 수입한다고 해도 ISRTA를 위해 정찰드론을 재빨리 그리고 대량으로 신규 배치하기란 요원하다. 또한 러시아는 2019년 이후 미국의 MQ-9 리퍼와 유사한 최신형 정찰 및 타격드론인 오리온을 개발하여 실전 배치하려 했으나 SU-57 스텔스 전투기와 마찬가지로 양산에 실패하여 전선에 지극히 제한적으로만 투입해 왔다.

이러한 상황에 처한 러시아는 결국 드론을 통한 감시정찰능력이 러시아군에 가장 필수 불가결한 요소라고 인식하게 되었으며, 향후 이란에서 자폭용 드론 이외에도 다양한 드론을 공급 받을 수 있도록 관계를 구축할 가능성이 높다.[24] 장기적 관점에서 이란이 러시아에게 제공할 수 있는 옵션은 다양하다. 그중에서도 샤헤드-129 정찰 및 타격 드론은 미군의 MQ-9 리퍼와 같은 개념의 드론으로써, 400kg의 무장을 장착한 후 24시간 상공에 체류하며 약 2천 킬로미터의 항속 거리 내에서 작전을 수행할 수 있기 때문에 러시아에 가장 필요한 전력이다. 또한 모하제르(Mohajer)-6 드론은 항속 거리가 200km 정도로 짧지만 활주로만 구비되는 환경이라면 사단 이하급의 부대가 직접 운용할 수 있을 만큼 전술 운용성이 높아서 러시아 지상군의 최전선 감시능력 부족을 상당 부분 해소하는 솔루션이 될 수 있다.[25]

또한 이미 이란군이 10여 년간 활용해 오면서 안정성과 효율성이 입증된 샤헤드-123과 같은 드론(미군의 MQ-1 프레데터의 복제품으로 알려져 있으며 이미 대량생산이 진행되었다) 역시 러시아군에는 가뭄의 단비와 같은 솔루션이 될 것이다. 결국 이러한 배경으로 인해 전쟁이 장기화되면서 실제로 이란의 야전용 드론이 러시아에 대량으로 공급, 각 전선에 투입되고 있음이 밝혀졌다. 이란이 공급한 드론 중 우크라이나 방공망에 의해 격추된 샤헤드-136 무인공격드론뿐만 아니라 좀 더 대형 기체인 모하제르-6도 도네츠크 및 오데사 전선에서 연속적으로 포착되었다.[26)]

그러나 여기서 문제점은 이란제 드론의 격추율이 높아지면서 이란제 드론의 기술 수준에 의문이 제기되고 있으며, 이란의 전장정보시스템과 러시아군의 정보시스템이 통합되기 어렵다는 점도 발견되었다. 전쟁이 진행되면서 러시아는 이란제 드론이 이스라엘이나 미국의 정찰드론과 성능에서 유사하리라 기대하지 않게 되었다. 그럼에도 불구하고 러시아제 신형 정찰드론을 양산하여 전장에 투입할 때까지 현실적으로 사용 가능한 물량은 이란제 드론밖에 없기 때문에 이란제 드론은 주로 자폭 공격용으로 사용할 것이었다.[27)] 이러한 정황상, 서방의 드론을 모방하여 만든 UAV나 전투정보시스템이 상이한 외국제 드론을 도입하는 조치로는 러시아군이 안고 있는 고질적인 ISRTA 문제를 해결하기가 매우 어려울 것이라 볼 수 있으며, 이런 문제는 단기간에 해결할 수 없기 때문에 전쟁이 어느 쪽의 승리로 귀결되든지 러시아가 NATO군 대비 ISRTA의 열세를 극복하기란 요원할 것이다.

10장

게임 체인저? 게임은 이미 바뀌었다

러시아 대규모 기갑부대의 공세를 저지하고, 보급로를 차단하며, 후방의 탄약고를 연속적으로 파괴하는 재블린 대전차 미사일이나 HIMARS가 이번 전쟁을 끝낼 게임 체인저라고 언론매체나 소셜 미디어를 통해 많이 알려졌다. 이들 무기체계가 전황에 크게 영향을 미치는 것은 확실하지만, 최전선에서 실제 효과를 낼 수 있도록 만들어 주는 필수 불가결한 능력은 바로 ISRTA이다. 즉, 실질적인 게임 체인저는 ISRTA인 것이다.

전쟁의 신은 주사위를 던지지 않는다

돈바스 전쟁에서 우크라이나군은 전투기, 전차, 수상함 등 많은 재래식 전력의 손실을 겪었다. 그러나 미국과 NATO는 단기간에 우크라이나군의 전투력을 회복시키기 위해 기존의 구소련 재래식 무기체계를 완전히 탈피한 새로운 무기체계, 즉 전장감시용 소형 드론, 3세대 휴대용 대전차화기, 3세대 휴대용 지대공 미사일 등을 단기간에 대량으로 공급했다. 그러나 최전방에서 사용할 수 있는 소형 드론은 단기간에 대량 보급하거나 운용 요원을 훈련시킬 수 있지만, 대형 정찰자산은 가격을 떠나 우크라이나군이 단기간에 수령하여 사용하기가 불가능했기 때문에 미국과 NATO군은 전자전, 전자정보수집기 등을 우크라이나 상공에 배치하여 실시간으로 정보를 수집하고 우크라이나군에 제공하는 형태의 지원을 실시한다. 따라서 고고도·장거리 감시정찰은 미국과 NATO가 전담하고, 지상군이 운용하는 소형 정찰자산은 우크라이나군이 운용함으로써 이른바 하이로우믹스(High-Low Mix) 전술을 분담 적용했다. 개전 이후 미국은 약 25대의 KC-135, KC-10 공중급유기를 동원하여 24시간 급유체제를 정비했으며, 우크라이나 전선을 위해 다수의 정찰기를 운용했다.[1] ISRTA 전력을 독자적으로 준비하여 전장에 투입하는 데는 막대한 예산과 시간이 요구되기 때문에 전쟁 직전까지도 충분한 감시정찰능력을 구비하지 못한 러시아와 달리, 분업체계를 통해 전쟁에 즉시 활용 가능한 ISRTA 전력을 갖춘 우크라이나군이 전장에서 훨씬 더 효율적인 작전을 수행한 것은 우연이 아니었다.

결국 NATO와 우크라이나군 간의 하이로우믹스 분업체계를 통해 우수한 전장감시 능력을 갖춘 우크라이나군을 상대해야 하는 러시아로는 부담이 가중될 수밖에 없으며, 반대로 우크라이나군은 큰 비용과 시간을 투자하지 않고도 전장감시 능력에서 러시아에 비해 큰 전술적 우위에 서게 된 것이다. 이를 통해 러시아군에 비해 종합적으로 화력이 열세한 우크라이나군이 러시아군에게 큰 타격을 줄 수 있었으며, 불과 수주일 만에 러시아군이 우크라이나를 점령할 수 있으리라는 예상을 빗나가게 만들었다. 우크라이나군이 미국과 NATO의 항공정찰자산을 통해 매우 정확하고 가치 있는 정보를 제공 받는 데 반해,[2] 제공권을 확보하지 못한 러시아군은 우월한 화력을 제대로 사용하지 못하고 있음이 전황을 통해 드러났다. 전쟁 초기에는 미국과 NATO가 개입했을 것이라고 짐작하는 수준이었으나, 전쟁이 길어지자 미국과 NATO가

우크라이나군에 ISRTA를 실시간 제공하고 있음이 공개되었다.[3)]

NATO군이 우크라이나에 제공하는 ISRTA는 매우 체계적이고 효율적인 시스템으로 공유된다. NATO의 JISR(합동정보감시정찰)의 목표는 '알아야 할 필요성'이 아니라 '공유해야 할 필요성'이다. NATO가 궁극적으로 노리는 '정보의 공유'는 모든 회원국이 자동으로 똑같은 정보를 얻는다는 개념이 아니라, 적시에 필요한 정보의 공유를 보장하는 것이기 때문에 회원국 각국의 기여도 및 안보 상황의 위중성에 따라 그 수준이 달라진다.

평시와 전시를 구분하지 않고 NATO 정보획득부서는 동맹군 지상 감시(Alliance Ground Surveillance) 체계, AWACS(공중경보 및 통제체제) 등으로부터 감시정찰정보를 수집·분석·평가하는 단계를 거쳐 군 결정권을 가진 지휘부에 보고함으로써 최종적인 정보의 활용을 결정한다.[4)] 러시아-우크라이나 전쟁에서도 NATO는 정해진 교리와 작전수칙에 따라 우크라이나 영해 및 영공을 광범위하게 감시정찰하여 필요시 우크라이나군과 공유해 왔다. 알려진 정보에 따르면 2022년 2월 24일 전쟁이 발발하기 이전(2021년)부터 NATO는 우크라이나 전선에 대한 정보를 다각도로 수집해 왔으며, 그 정보수집의 수단도 가용한 모든 자산을 동원한 것으로 알려져 있다.[5)]

러시아-우크라이나 전쟁에 투입된 NATO군의 정찰자산은 주로 대형 정찰 및 전자전기로써, 미 공군은 노스롭 그루만(Northrop Grumman) E-8C JSTARS(합동감시표적공격레이더체계), 보잉(Boeing) RC-135 RC-135 리벳 조인트(Rivet Joint) 신호정찰기, 노스롭 그루만 RQ-4 글로벌 호크 고고도 장거리 정찰무인기를 투입시켰고, 미 육군은 봄바르디어(Bombardier)사의 챌린저(Challenger) 650 계열의 정찰표적지시다목적정보기(Airborne Reconnaissance and Targeting Multi-Mission Intelligence System: ARTEMS)를 지원했으며 영국 공군은 미 공군과 같은 보잉 RC-135 리벳 조인트 신호정찰기를, 기타 NATO 연합군은 RQ-4D 피닉스(Phoenix) 정찰무인기를 제공했다.

전쟁 발발 초기에는 러시아의 공세가 매우 강했기 때문에 우크라이나군의 방어선은 급격히 붕괴되기 일쑤였고, 그 결과 미국과 NATO 연합군의 ISRTA 자산으로부터 획득한 정보를 공유하는 것이 전황에 큰 도움이 되지는 못했다. 방어선이 계속 변하기 때문에 획득한 정보는 얼마 지나지 않아 활용도가 낮아졌으며, 전열을 가다듬고 예비대를 재편성해야 할 우크라이나군의 입장에서는 전장정보보다 동원체계가 더 우선시되었기 때문이다. 그러나 전쟁이 장기화되면서 포탄을 비롯한 모든 분야의 물자가 부족해지는 현상이 발생했다. 특히 포탄과 미사일이 부족해질수록 정확하면서도 실시간으로 제공되는 표적정보의 가치가 더 중요해졌다. 이 점에서 우크라이나는 미군과 NATO 회원국의 지원을 받음으로써 러시아에 비해 유리한 고지를 점할 수 있었다.

러시아군에 비해 압도적으로 열세인 우크라이나군이 효과적인 전투를 통해 러시아군의 공세를 차단할 수 있었던 이유 중 하나는 미국과 영국 등이 실시간으로 제공하는 ISRTA의 역할이 컸음을 의심할 여지가 없다. 미국 정부나 NATO 관료의 인터뷰 등을 통해서도 이를 확인할 수 있지만, 민간 항공기 레이더 추적 서비스인 플라이트레이더(FlightRadar)24 및 추적 데이터를 제공하는 전문 항공기 항로 데이터베이스인 ADS-B Exchange 등을 통해 간접적으로도 확인할 수 있다. 2022년 2월 24일 개전 이후, 전쟁 초기 10일간의 데이터를 비교해 보면 미국 및 NATO 공군 소속 정찰기, 전장감시기, 전선통제기 등이 해당 임무의 소티를 늘려 가면서 24시간 우크라이나 전선을 감시하는 것을 알 수 있으며, 그러한 실시간 수집정보가 우크라이나 군 당국에 전해져 야전군의 표적획득 및 전과분석에 사용되고 있음을 알 수 있다.

그림 10.1은 우크라이나 침공 시 민간 항공기 레이더 추적 서비스를 이용하여 민간 항공기에 등록되지 않은 군용기의 항적을 추적한 사례이다. 이 서비스를 이용하면 상당수의 군용기 작전활동을 추정할 수 있다. 예를 들어 Air Nav 실시간 항공기 추적 서비스를 통해 우크라이나 국경에 있는 항공기의 항

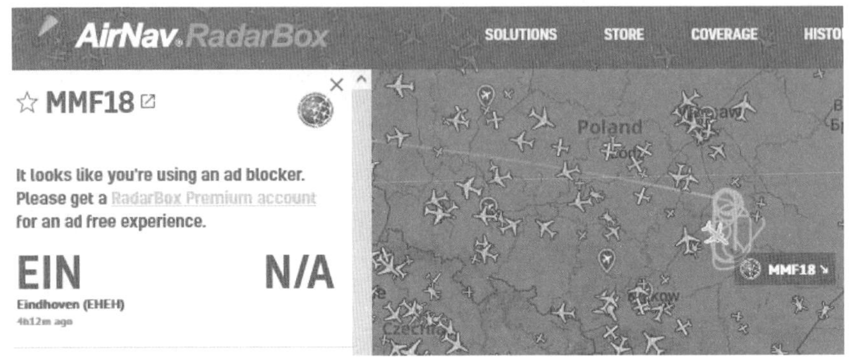

그림 10.1 항공기 추적 서비스에 표기된 미등록 군사 항공기의 활동 내역(AirNav RadarBos 2022년 4월 13일 현황)6)

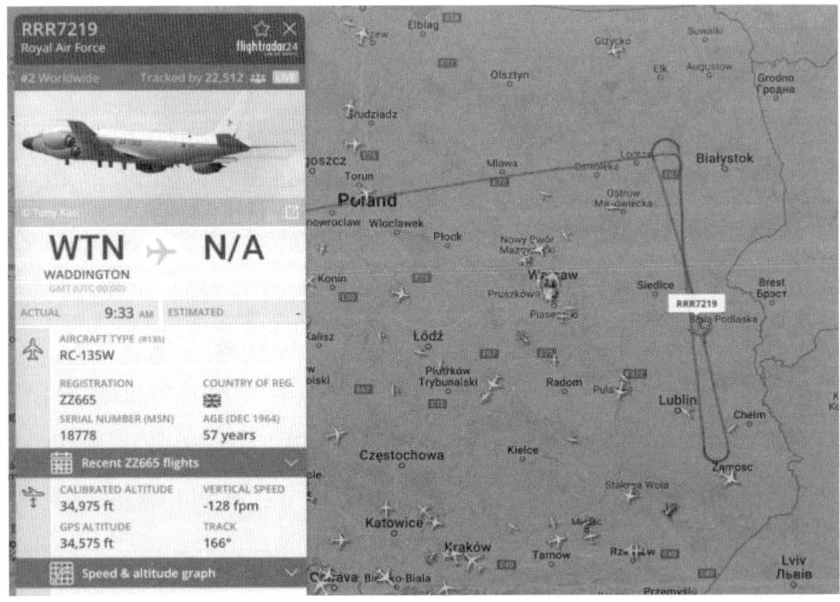

그림 10.2 영국 공군 소속의 RC-135로 추정되는 군사 항공기의 추적 항로

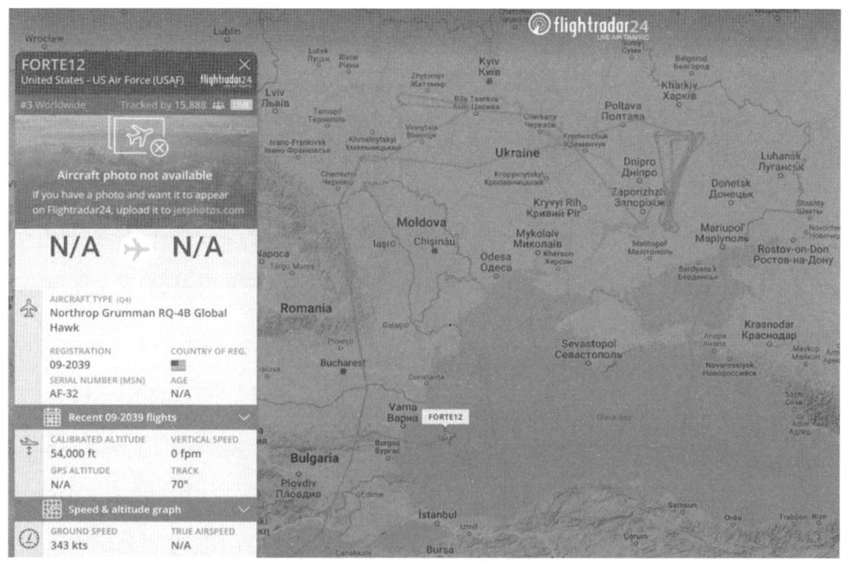

그림 10.3 2022년 3월 1일 추적된 미 공군 소속 RQ-4B 글로벌 호크의 항적
자료: 플라이트레이더24.7)

로, 기종, 고도, 속도 등의 정보를 파악할 수 있다. 그림에서 항적을 고려하면 NATO 공군 소속의 에어버스 MRTT 공중급유기가 우크라이나 영공 근처에서 공중급유 임무 중이었음을 추정할 수 있다.

그림 10.2는 영국 웨딩턴(Waddington) 공군기지에서 이륙하여 벨라루스와 우크라이나 국경지대에서 우크라이나 전장감시를 하고 있던 항공기를 추적한 것으로 추정된다. 영국 공군의 RC-135는 신호정찰기 리벳 조인트로써, 신호정보를 전문적으로 수집·분석하는 임무를 맡았다. ISRTA의 정보요소 중 가장 중요한 것은 신호정보와 지상군의 영상정보이며, 특히 신호정보는 러시아 연방군의 지휘통제 능력과 직결되기 때문에 러시아군이 NATO군의 신호정보 수집을 방해(Jamming)하지 못한다면 곧바로 작전수행에 큰 차질이 올 수밖에 없다.

그림 10.3은 새로 배치된 정찰드론(글로벌 호크)에 대한 활동을 나타낸 것이

다. RC-135는 1960년대 개발된 민간 항공기를 개조한 대형 정찰기여서 생존성이 약해 위험 공역을 비행하기는 어렵지만, 5만 피트 이상을 비행하는 고고도 정찰기는 직접 전장의 상공을 비행하면서 실시간으로 야전부대에 필요한 정보를 수집할 수 있다. 그림에서 글로벌 호크의 출발지는 보안상 나오지 않지만 비행 경로를 봤을 때, 튀르키예 인시르릴크 공군기지에서 이륙하여 우크라이나를 직접 경유하여 돈바스 지역을 상당히 장시간 정찰한 것으로 추정된다.

상동 방식으로 NATO 및 미국의 ISRTA 자산이 24시간 우크라이나 영공 및 지상 전선을 감시하고 있음을 확인할 수 있었으며, 실제로 미국과 NATO는 우크라이나 공군에 ISRTA를 실시간 제공하고 있다고 시인했다. 언론 보도에 따르면 개전 이후 미국은 약 25대의 KC-135, KC-10 공중급유기를 동원하여 24시간 급유체제를 정비했으며, 다수의 정찰드론을 우크라이나 전선을 위해 운용하고 있다는 것이다.[8)]

전장감시대결에서 열세에 처한 러시아군은 점점 더 포탄을 낭비했다. 소규모 동시다발적으로 러시아군의 보급로와 후방을 교란하는 우크라이나군에 실시간으로 대응하기가 어려워 보급이 취약해졌으며, 표적정보가 제한되어 일정 면적에 대한 대규모 포격에 의존했기 때문이다. 그러나 이러한 전술은 필요 이상의 화력을 낭비하여 그렇지 않아도 취약한 러시아군의 보급능력을 더 악화시켰다. 전쟁이 지속될수록 미군이나 NATO 회원국과 우크라이나의 정보 공유는 점점 확대되었으며, 그 효과는 러시아군의 군사목표 타격뿐만 아니라 지휘부, 보급기지 등 전선에서 멀리 떨어진 후방으로 확대되어 갔다. 우크라이나 포병이 장거리 사격으로 러시아 고위 장성 12명을 전사시킨 것을 포함해, 숲이나 민가에 숨겨진 임시 탄약고의 위치정보가 우크라이나군에게 전달됨으로써 전과가 확대되었다.[9)][10)]

미국 국방부나 영국 국방부의 발표 이외에도 NATO가 실제로 ISRTA 전력을 우크라이나군에게 지원하고 있다는 사실은 다양한 소스로 확인할 수 있다. 미국이 우크라이나 주변에 배치하거나, 우크라이나 영공에 전개한 항공정보자산은 소형 드론이 아닌, 대개 대형 드론 및 정찰기를 이용한 광역정보감시체계를 통해 획득한다. 앞서 설명한 플라이트레이더24 등 민간 항공기 레이더 추적 서비스를 통해 확인해 보면 미군의 정찰기가 돈바스 지역이나 하르키우 등 격전지에 직접 비행하여 정찰 및 감시작전을 실시한 적은 없는 듯하지만, E-8C와 같은 항공기는 수백 킬로미터 범위의 감시능력을 가지고 있기 때문에 교전지역 위를 비행하지 않아도 충분한 정보수집이 가능하다. 실제로 미군의 장거리 정찰기 대부분은 루마니아와 흑해 인근의 영공을 비행하면서 정보를 수집한다. 현재까지 확인된 미군 및 NATO의 감시정찰 기종은 감시 및 공격 UAV인 MQ-4 글로벌 호크, 공군의 장거리 전략정찰기 RC-135 리벳 조인트, 장거리 공중조기경보통제기인 E-3 센트리(Sentry) 등이다. 이에 반해 러시아 항공우주군의 정찰기는 포착되지 않았다.[11]

또한 특성상 장거리 드론은 작전임무가 거의 공개되지 않는다는 점을 감안해도, MQ-9 리퍼와 같은 드론은 비공식적으로 이미 우크라이나 인근 영공에서 작전수행 중인 것으로 파악되었다. 우크라이나 접경지역인 루마니아의 캄피아 투르지 공항에서 이륙한 미 공군 소속의 MQ-9 리퍼 UAV가 추락한 사건이 언론에 보도되면서 우크라이나 전쟁에 MQ-9 리퍼의 투입이 이미 시작되었거나 혹은 준비 중임을 암시했기 때문이다. MQ-9 리퍼는 우크라이나 전쟁 전에는 루마니아에 배치된 적이 없었으며 5월 부로 90명의 요원과 함께 배치되었다고 전해진다.[12] MQ-9 리퍼는 러시아-우크라이나 전쟁 이전부터 이미 탁월한 장거리, 고고도, 은밀성 등의 요소를 갖춘 전선 정찰 및 타격 드론으로 알려져 왔으며, 2015년 ISIL(Islamic State of Iraq and the Levant)의 핵심인물인 지하디 존의 암살, 2020년 가셈 솔레이마니 이란 혁명수비대 쿠드스군 사령관 암살, 2021년 아프가니스탄 카불 공항 자폭테러 배후인물 제거

와 같은 주로 은밀한 타격과 암살에 사용되었다.[13]

이번 러시아-우크라이나 전쟁에서는 AGM-114 헬파이어 미사일을 사용해 파괴임무를 띠고 전장에 투입된 것이 아니라, 주로 고고도 정찰을 위한 시험 운용을 한 것으로 추정된다. 미국은 MQ-9을 공군 이외에도 CIA(중앙정보국)에서 사용하는데, 그만큼 은밀성이 우수하고 작전 가동률이 높다고 할 수 있다. MQ-9은 공군의 대형 정찰자산에 비해 기체의 크기가 작고 속도가 느려서 효과가 제한적일 수도 있으나 신속하게 전개가 가능하다는 장점이 존재하며, 러시아 방공망이 MQ-9을 격추하기 어렵다는 평가가 있어서 현재 우크라이나군은 MQ-9을 대량으로 구매하여 튀르키예 바이락타르 TB2와 함께 하이로우믹스 전술로 운용할 예정이다.[14]

특히 MQ-9은 우크라이나가 운용 중인 튀르키예 바이락타르 TB2에 비해 전자장비가 월등히 뛰어나다. AN/APY-8 링스 II SAR(Synthetic Aperture Radar)을 채용하여 주야간 전천후로 영상을 획득할 수 있으며, 비록 인공위성이나 대형 정찰기에 장착된 SAR과 달리 AN/APY-8 레이더의 자체 한계, 즉 87km에 그치는 짧은 탐지거리가 제한적이기는 하지만 은밀한 저탐지성과 고고도 비행능력, 신속하고 신뢰성 있는 작전 투입 용이성 때문에 시범적으로 운용 과정을 거친 후 우크라이나 공군이나 육군이 대량으로 도입하여 주력 UAV로 활용할 가능성이 매우 높다.

MQ-9 리퍼와 같은 전술형 드론은 최전선에서 작전을 수행하기 때문에 신속하게 투입할 수 있지만 탐지거리와 시간에서는 대형 정찰기가 우위에 있다. 실제로 플라이트레이더24와 같은 항공기 추적 서비스로 조사해 보면, RC-135 리벳 조인트가 빈번히 추적된다. 이 기종은 미국의 핵심전략자산으로서 탐지거리가 550km 이상이며 우크라이나 영공에 진입하지 않고도 동부 전선에 대한 정찰정보를 우크라이나군에 전달할 수 있다. MQ-9 리퍼와 달리 RC-135 계열의 정찰기들은 1970년대에 개발되기 시작한 기종이라 작전능력에 의구심이 들 수는 있으나, 한반도에서 북한군의 대규모 훈련 혹은 핵실험의 징후가 있을 때 미군이 전개하는 정보자산인 만큼 연식과 달리 매우 높은 수준의 신호정보 수집·분석 능력을 갖고 있다.

RC-135의 뛰어난 신호정보 분석력을 활용하여 러시아군의 무선통신을 감청·분석한 후, 러시아군의 움직임과 목표정보를 실시간으로 우크라이나군에게 전달하여 타격했으리라는 추론이 가능하다. 전직 NATO 군사위원회 위원이었던 페트르 파벨 장군은 러시아군의 통신은 전장에서 너무 쉽게 도청할 수 있었다고 증언했다. 그럼에도 불구하고 여전히 러시아군은 전장에서 암호화되지 않은 민간 통신장비를 통해 지휘 및 작전 운용을 하고 있는데, 이러한 비복호화 통신신호는 NATO군의 정보수집능력을 감안한다면 러시아군의 치명적인 약점이 될 수밖에 없다.[15)]

또한 러시아 공군이 제공권 장악에 실패하고, 전장감시에 적극적으로 나서지 못하는 이유 중 하나로, 미군의 공중조기경보통제기인 E-3 센트리의 존재를 들 수 있다. E-3 센트리는 약 500km 거리에서 항공기를 탐지할 수 있을 뿐만 아니라 제한적으로 지상의 목표도 감시할 수 있다. 현재 NATO 및 미 공군에서 현역으로 취역 중인 E-3는 핵심 항법장비 및 비행장치의 현대화 프로그램을 통해 개수를 마친 기종이다. 미 공군에 의하면 DRAGON이라고 부르는 E-3 센트리 현대화 개수 프로그램은 2008년에 결정되어 2010년 보잉, 락웰 콜린스와 계약한 후 진행되었다. FMS(대외군사판매) Flight 2 비행 제어 및 통제 시스템을 중심으로 거의 대부분의 항전장비들이 최신형 컴퓨터 및 디지털 신호센서들로 대체되었다.[16)]

그러나 핵심적인 장비인 동체 위에 회전식으로 배치된 웨스팅하우스제 AN/APY-2 레이더는 수동식 위상배열 전자주사 PESA(Passive Electronically Scanned Array) 레이더로 교체되지 않고 유지되었는데, 이 AN/APY-2 레이더는 최근 추세인 능동식 위상배열 전자주사 AESA(Active Electronically Scanned

Array) 레이더에 비해 기능의 한계는 있으나, 수십 년에 걸친 운용 경험으로 신뢰성이 높고 축적된 데이터가 많을 뿐만 아니라, 일선 작전기지에서도 일부 수리가 가능하다는 장점이 있다. 특히 러시아 공군에 대한 정찰정보는 냉전시대부터 사용된 E-3 센트리의 정보가 신뢰도가 높다. 이러한 이유로 러시아 공군 작전기에 대한 감시는 E-3 센트리가 주로 담당하며, 옌스 스톨텐베르그 NATO 사무총장은 NATO의 정보자산을 최대한 근접시켜 우크라이나의 영공을 감시하고 있다고 한다.[17)]

미 공군의 E-3 센트리 전력에 더해, 흑해 해상의 정보는 미 해군의 P-8 포세이돈(Poseidon) 대잠초계기가 담당하는 것으로 보인다. P-8 포세이돈 대잠초계기는 항공모함을 베이스로 하는 소형 대잠초계기와 달리 육상기지에서 운용되는 장거리 기체로써, 전투 행동반경이 2,200km 이상이기 때문에 영국의 레이큰히스(Lakenheath), 독일의 스팡달렘(Spangdahlem) 기지에서 이륙해도 흑해까지 작전이 가능하다. P-8 포세이돈 초계기는 P-3C 오라이언 대잠초계기의 후속 기체로써, 원래는 러시아 및 중국의 잠수함을 추적·감시·탐지하는 임무용으로 설계되었으나, 21세기 들어 보다 복잡해진 해양감시정찰의 필요성에 따라 보다 광범위한 해양 ISRTA 능력이 강조되어 최근 기능이 업데이트되었다. P-8의 광범위한 해상감시기능은 이번 러시아-우크라이나 전쟁에서 가장 중요한 ISRTA로써 우크라이나군에게 제공되었다.[18)]

레이시온사에서 개발한 AESA AN/APS-154(AAS) 연안탐지레이더를 기체 하부에 추가로 탑재했으며, 이 신형 감시정찰레이더는 과거 P-3 오라이언에 채용되어 이미 성능이 입증된 AN/APS-149 연안탐지레이더의 개량형이다. 또한 SAR의 역할도 겸하여 실시간으로 광범위한 지역의 표적정보를 데이터링크를 통해 다른 항공기나 함선과 공유할 수 있어, ISRTA와 목표물의 타격이 거의 동시에 이루어질 수 있는 체계이다.[19)] 이러한 향상된 기능을 통해 미사일을 장착한 UAV나 전투함정은 레이더를 가동시킬 필요 없이 은밀하게 목표물에 접근하거나 해역에 상주하다가 P-8 포세이돈의 ISRTA 정보를 공유받아 장착된 대함 미사일을 발사하여 적 전투함이나 섬에 위치한 군사 목표물을 타격할 수 있다.

P-8 포세이돈이 본격적으로 우크라이나 작전에 투입됨으로써 우크라이나군의 독자적인 능력으로는 수행하기 어려운 군사작전을 성공시킨 사례가 많은데, 그중 가장 대표적인 것이 전쟁 중기인 4월 14일에 발생한 러시아 해군 흑해함대의 기함, 모스크바함 격침이다. 이 작전은 미군이 추적감시 중이던 모스크바함의 정보를 우크라이나군과 실시간으로 공유하여 실시된 것이라고 알려져 있으며,[20] 2차 세계대전 이후 가장 큰 규모의 군함이 격침된 사례이다. 모스크바함은 오데사 인근 해역에서 우크라이나군이 발사한 넵튠 대함 미사일 2발에 적중되어 피격된지 만 하루가 지난 4월 15일에 침몰했다. 러시아는 모스크바함 내부에서 원인을 알 수 없는 화재가 발생하여 탄약고 유폭으로 승무원 대부분이 대피했으며, 사망자는 1명에 불과하다고 발표했다.[21]

사건 발생 직후의 사진을 보면 이와 같은 러시아군의 발표는 국내 여론을 무마하기 위한 것으로 보인다. 미 해군의 정찰정보 및 피격현장 사진을 분석해 보면 2발의 대함 미사일 피격 후 함을 견인하려 했으나 인근 세바스토폴

그림 10.4 넵튠 대함 미사일에 2발에 피격된 모스크바함

▌원인 미상의 화재라는 러시아 해군의 발표와는 달리, 좌현에 대함 미사일의 피탄 흔적이 2군데 보인다.

항구로 예인하지 못해 결국 침몰된 듯하다. 이스라엘 언론을 통해 최초로 보도된 모스크바함의 사진에서 유추할 수 있는 바는, 최소한 2곳의 피격으로 보이는 화재 현장 혹은 피폭 부위가 있고, 함수 좌현의 P-1000 불칸(Вулкан) 미사일 발사대가 파괴되었으며, 함미 좌현의 파괴 부위는 AK-630 근접방공무기와 매우 가까운 곳이다.

러시아의 주장대로 함 내부에서 화재가 발생했다면 외부로부터의 추진체 돌입구가 없어야 할 뿐만 아니라 파괴 부위도 함교와 같은 상부 구조물이 아니어야 한다. 이는 외부 공격에 의한 파괴의 전형이다. 당시 미 해군의 P-8 포세이돈 대잠초계기가 모스크바함 인근에서 화재와 폭발 징후를 포착했으며, 그 거리가 70km였다고 다수의 언론이 보도한 점을 감안한다면, 피격 이전에 이미 미 해군의 정찰정보가 우크라이나군에 전달되었음을 추론할 수 있다.[22) 23)] 이 사건을 계기로 알 수 있는 바는, 미 해군의 P-8 포세이돈 대잠초계기와 같은 정찰자산이 흑해 상공에서 상시 정보를 수집하고 있으며, 장거리 해상추적감시 기능이 없는 우크라이나 해군의 상황을 감안한다면 미군과 우크라이나군은 ISRTA 정보를 공유하고 있다는 것이다.

러시아 흑해함대의 수난은 여기에 그치지 않았다. 10월 29일에는 세바스토폴 항구에 기항 중이던 흑해함대의 함정 중 최소 3척이 LRBM(장거리 탄도미사일)이 아닌 수상자폭드론에 의해 피격되어 파괴되거나 전투 불가능 상태에 빠졌으며, 이 중에는 모스크바함이 격침된 이후 러시아 흑해함대의 새 기함이 된 최신예 프리깃함인 어드미럴 그리고로비치급 마카로프함이 포함되었다.[24)] 마카로프함은 2017년에 취역했으며 격침된 모스크마함 이후 가장 완벽한 기함으로 낙점되어 세바스토폴을 기점으로 흑해함대에 배치되었다. 당시 공격에 동원된 수상자폭드론의 촬영 영상도 공개되었다. 이 드론의 공격으로 해상수송에 핵심인 LSD(도크형 양륙함), LPD(도크형 수송 상륙함), LST(전차 상륙함) 등 함정의 운항이 크게 제약을 받아 러시아군의 보급체계에 부담이 가중되는 효과가 발생했다.

10월 29일 흑해함대 공격은 모스크바함 격침과 마찬가지로 미국의 ISRTA 전력이 투입된 것으로 알려졌다.[25] 플라이트레이더24에 기반한 항공기 위치 추적정보에 의하면, 이탈리아 시칠리 기지에서 이륙한 미국의 RQ-4B 글로벌 호크 정찰기(FORTE10)가 세바스토폴 항구에서 우크라이나 해군의 수상드론 공격이 발생한 시간대에 해당 영역을 지속적으로 정찰하고 있었다는 정황 증거를 확인할 수 있다. 물론 이 전투지역을 동일한 시간대에 정찰했다고 해서, RQ-4B의 표적정보가 우크라이나 해군에 전달되고 그 정보에 따라 공격이 이루어졌다는 확실한 증거는 없다. 그러나 이런 공격 패턴은 4월에 있었던 모스크바함 격침 때와 매우 유사해 보이며, 장거리 정찰능력이 결여된 우크라이나 해군의 능력을 감안한다면 미국이 글로벌 호크 정찰기를 통해 획득한 표적정보를 우크라이나에 제공했다는 추론은 합리적이라고 할 수 있다.

지상과 해상의 TA(표적획득)에 이어 러시아 공군 자산에 대한 목표정보도 우크라이나군에게 실시간으로 제공되고 있다는 정황이 드러났다. 가장 대표

그림 10.5 10월 29일 세바스토폴에서 발생한 우크라이나 해군의 드론 공습 당시, 해당 영역을 정찰하고 있던 미국 RQ-4B 글로벌 호크 정찰기의 비행 항로(흰색 선).

적인 사례로, 9월 24일에 발생한 러시아 항공우주군 전술기 격추 사건을 들 수 있다. 우크라이나 국방부의 발표에 의하면 하르키우 최전선에서 발사된 MANPADS에 의해 러시아 항공우주군 소속 작전기 총 4기(SU-25 1기, SU-30 2기, SU-34 1기)가 격추되었다.[26]

단순 발표로 보일 수도 있지만, 당시 교전 상태를 기록한 동영상이 우크라이나 국방부 트위터에 공개되면서 격추 배경에 관심이 쏠렸다. 영상에서는 SU-30 전폭기가 다가오는 지점을 이미 촬영하고 있었고, SU-30이 시야에 들어오자마자 곧바로 MANPADS가 발사되면서 격추되었다.

MANPADS은 항공기의 열원을 추적하기 위해 적외선 탐색기를 작동시켜야 하는데, 준비 시간이 짧게는 2분에서 길게는 5분까지 걸리기 때문에 항공기가 갑자기 출현한다면 대응할 수 없다는 단점이 있다. 9월 24일의 교전 영상을 보면 우크라이나 보병대는 어느 지점에, 어느 정도의 고도로 러시아 SU-30이 지나갈지를 알았고, 그래서 적외선 탐색기를 미리 작동시켜 발사 준비를 했던 것이다. 즉, NATO군이 제공하는 실시간 표적정보에 러시아 작전기가 포함되어 있었고, 그 정보를 바탕으로 우크라이나군은 요격 가능한 고도 및 위치를 판단하여 미리 MANPADS를 배치했다고 보는 것이 타당하다.

이처럼 우크라이나는 NATO 회원국이 아님에도 불구하고 NATO 회원국에 준하는 다양하고 가치 있는 ISRTA를 획득할 수 있었을 뿐만 아니라, 그 정보를 바탕으로 러시아군을 상대하는 장기전을 감당하고 있다고 평가할 수 있다. 다음 절에서는 NATO가 제공할 수 없는 영역의 ISRTA 전력을 어떻게 우크라이나군이 획득하고 운영하게 되었으며, 그로써 NATO와의 분업체계를 완성할 수 있었는지에 대해 논의할 것이다.

전장에서 드론은 더 이상 옵션이 아니다

미국과 NATO군이 비교적 고고도에서 광범위한 ISRTA를 우크라이나군에 제공한 것과는 별도로, 우크라이나는 중고도 이하의 ISRTA 능력을 구비면서 사실상 ISRTA 분업체계를 만들었다. NATO의 대형 정찰자산이 NATO 비회원국인 우크라이나 영내에 직접 진입하여 작전을 수행하기 어렵기 때문에 우크라이나 영토 내 ISRTA 임무의 상당 부분은 우크라이나 공군이 관여할 수밖에 없었다.

우크라이나군은 돈바스 전쟁 이후 자체적으로 ISRTA 전력을 확보할 시간이나 예산에 여유가 많지 않았으므로, 자체 개발보다는 해외에서 판매 중인 검증된 드론을 도입하는 편이 최선이었을 것이다. 돈바스 전쟁 이후 우크라이나군은 중고도 이하의 다목적 드론에서 러시아군 대비 우위를 점하기 시작했다. 러시아는 미국의 MQ-9 리퍼, MQ-20 어벤저, RQ-7 섀도에 해당하는 첨단드론체계가 없는 반면, 우크라이나는 2020년 나고르노카라바흐 전쟁에서 명성을 알린 튀르키예의 바이카르(Baykar) 중공업에서 제작한 바이락타르 TB2와 같은 저렴하면서도 성능이 뛰어난 최신형 공격드론을 두 번에 걸쳐 18기 도입하여 운용하고 있다.[27] 우크라이나 공군의 바이락타르 TB2 전력은 18기 1개 편대 수준에서 개전 200일 시점에는 50여기 체제로 대폭 확대되었다. 우크라이나군이 바이락타르 UAV를 도입하게 된 동기는 돈바스 전쟁에서 패한 원인 중 하나가 전장정보를 실시간으로 획득하지 못했기 때문이라고 파악한 탓이며, 전쟁 이후 서방의 첨단무기체계를 도입하는 단계에서 인공지능 및 저피탐지기술이 적용된 3세대 드론을 대량 도입하고자 했다. 바이락타르 시스템은 미군의 전술무인기인 MQ-1 프레데터에 비해 성능은 열세이나 크기는 3분의 1 정도로 작고 가격은 1기당 약 120만 달러이기 때문에 우크라이나 공군이 단기간에 충분히 도입할 수 있었다.[28]

2022년에 우크라이나 공군이 운용하는 작전기 중 전폭기는 100여 대 미만으로 파악되며, 미국이 제공한 RQ-11 레이븐은 75기, 직접 구매한 튀르키예산 TB2는 50기 수준으로, 우크라이나 공군의 주력은 초음속 전폭기가 아니라 ISRTA부터 목표 타격이 가능한 다목적 드론이라고 할 수 있을 것이다.

TB2는 미국이 주력으로 보유한 MQ-9 리퍼와는 비교하기 어려운 중저가 드론이다. 공대지 대전차 미사일을 적재해 전차 등을 공격할 수 있으나 기본적으로는 정찰이 주 임무이다. 전술무인기 MQ-9 리퍼의 3분의 1 정도이며 비교 대상은 MQ-1 프레데터이다. 무장탑재능력은 이미 퇴역한 MQ-1 프레데터가 360kg을 장착할 수 있는 데 반해 TB2는 최대 150kg의 무장만 장착할 수 있는 수준이며, MQ-1 프레데터를 대체하는 MQ-1C 그레이 이글(Grey Eagle)이 무려 1,500kg의 무장을 장착할 수 있다는 점에서 TB2는 무장능력 자체만으로는 대단한 드론은 아니다.[29)] [30)] 게다가 ISRTA 능력을 강화하기 위해 감시정찰 및 표적지시 장치 등을 추가할 경우 무장탑재량은 더 줄어들어서 100kg 정도로 감소하기 때문에 공격무기로서 결정적인 역할을 하는 데는 무리가 있다.[31)]

그러나 드론전쟁에서 영원한 승자는 없다. 앞서 러시아는 이번 전쟁에 임하면서 다양한 지상 배치용 전자전 장비를 전선에 동원했다고 언급한 바 있다. TB2는 전쟁 초기 러시아의 전자전 체계에 상당한 수준으로 대응하고 있는 듯 보였으나, 전쟁 중기 이후에는 러시아군이 TB2를 완전히 해킹하는 수준으로 분석해서 정찰임무에 사용하기 어려워졌고 결국 자폭드론으로 전량 처분되었다. 이처럼 드론전쟁은 엎치락뒤치락하는 작용-반작용의 특성상 절대승자가 없다. 2020년 나고르노카라바흐 전쟁이 끝난 직후 TB2 제조사인 바이카르의 창업자 겸 CEO 할룩 바이락타르(Haluk Bayraktar)는 언론과의 인터뷰에서 "현재 러시아군의 전자전 수준으로는 자사의 TB2를 전파공격으로 무력화할 수 없다"라고 언급했다. 나고르노카라바흐 전쟁에서 초반의 우세를 상실하고 결국 TB2 때문에 패전에 이른 아르메니아의 총리 니콜 파시냔(Nikol Pashinyan)도 언론을 통해 아제르바이잔군이 대량으로 운용한 TB2 UAV와 이스라엘제 자폭무인기 IAI 하피(Harpy)를 막는 데 러시아제 드론 공격용 전자전 장비 다수는 아무런 역할을 하지 못했다고 푸념을 털어놓았다.[32] 그러나 2022년 러시아-우크라이나 전쟁 개전 1년 만에 TB2는 정찰드론으로서 임무를 수행할 수 없을 만큼 러시아의 대드론 전자전 능력은 급속히 성장했는데, 이것만으로도 드론전쟁의 치열함을 파악할 수 있다. TB2의 강점이 저렴한 가격, 우수한 ISRTA 능력, 강력한 AEW(대전자전) 능력이라고 했지만,[33] 결국 이 세계에는 영원한 강자가 없음이 증명된 셈이다. 초기에 12기를 도입하고 전쟁 중 손실이 이어지면서 추가 도입으로 6월까지 50여 기 이상을 튀르키예로부터 공급 받았다고 알려졌으나 불과 개전 1년 만에 TB2는 다른 드론에게 그 자리를 넘겨 줘야 했다.[34]

우크라이나는 러시아와 달리 외부로부터 소형 공격 및 감시정찰용 드론을 구매하는 데 제약이 없고, 대형 정찰자산 역시 NATO군으로부터 지원 받아서 정보를 얻을 수 있었기 때문에 현대전에서 요구되는 ISRTA 능력을 전장에 투입하는 데 근본적인 어려움은 없었다. 이에 반해 러시아는 2010년대 이후 국방예산을 장거리 미사일, 핵무기, 원자력 잠수함 등에 집중적으로 투자하여 정작 러시아-우크라이나 전쟁에 필요한 ISRTA 전력을 구축하는 데는 실패했다고 평가된다. 예산을 투자하지 않았기 때문에 이미 낙후된 구형 드론으로 최전선을 감시정찰하지만 그 효과는 매우 제한적이라고 볼 수 있으며, 특히 대형 감시정찰자산은 거의 전선에 투입되지 못했다고 알려진바, ISRTA 능력만 놓고 보면 우크라이나군이 러시아군에 비해 앞서 나갔다고 평가할 수 있다.

따라서 현대전의 결정요소로써 드론을 포함한 ISRTA 능력과 관련하여 러시아 연방군과 우크라이나-NATO군 간의 양적·질적 격차가 전쟁 초기의 전황을 결정했다. 더 이상 드론은 전쟁에서 옵션이 아니라 필수 불가결한 존재였으며, 게임 체인저가 아니라 이미 게임은 그렇게 체인지되었다.

우크라이나 전장에 드러난 게임 체인저의 진실

TV나 유튜브 등 다양한 매체를 통해 가장 많이 회자되는 이번 전쟁의 특징 중 하나는 바로 '게임 체인저'라고 할 수 있다. 1인칭 시점으로 펼쳐지는 화면을 통해 러시아 전차로 돌진하여 자폭하는, 이른바 카미카제 FPV 드론을 포함해서 마치 게임을 중계하듯이 M777, M142 HIMARS, M1A2 에이브럼스, F-16, 레오파르트 2, 재블린과 스타스트릭(Starstreak), 패트리어트 미사일, 스톰 섀도 미사일, 스타링크 등 다양한 무기와 기술이 게임 체인저로 소개되었다. 이러한 신무기들이 우크라이나 전선에 투입되면 전세를 일거에 바꿀 수 있으리라는 분석과 보도가 연이어 나왔다. 그러한 보도들을 요약하면 '게임 체인저가 전선에 투입될 시 전쟁의 승패가 결정된다'라는 주장이 된다. 이처럼 다양하게 거론된 게임 체인저들이 전장에 투입된 지도 벌써 일 년이 넘은 시점에서 과연 게임은 체인지되었는가를 묻지 않을 수 없다.

언론을 장식했던 다양한 게임 체인저들이 총동원되었음에도 불구하고 우크라이나 전쟁은 여러 가지 면에서 전쟁의 본질을 바꾸지는 못했다. 파편이 흩뿌려지는 참호에 숨어서 지긋지긋한 전투에 임하는 수많은 병사들이 등장하는 장면은 첨단무기가 지배하는 전장이 아니라 오히려 지난 세기인 1차 세계대전의 양상에 가까웠다. 수십만 발의 포탄을 주고받던 바흐무트나 아우디우카와 같은 곳은 2차 세계대전의 몬테 카시노, 1917년 플랑더스와 비교해도 별 차이가 없는 수많은 포탄 자국과 진흙 구덩이로 가득했다. 여기에 더해, 지난 세기부터 사용하던 전통적인 야포들이 수백만 발의 재래식 포탄을 발사함에 따라 러시아와 서구 유럽의 생산능력이 수요를 따라가지 못하는 상황도 과거 세계대전 때와 유사하다. 최첨단 전차가 연일 미디어에 소개되었지만, 러시아가 내놓은 궁극의 전차는 드론을 막기 위해 철판과 고무 타이어를 이리저리 덧댄 거북전차(turtle tank)였다. 결국 드론을 중심으로 한 게임 체인저 무기들은 전황을 드라마틱하게 바꾸지는 못했다. 바뀐 것은 전쟁의 양상 중 일부에 불과했다.

더욱 놀라운 사실은 그 어떤 미디어나 전문가도 대체 '게임 체인저'가 무엇인지 규정조차 하지 않고 이 용어를 남발하고 있다는 점이다. 게임 체인저라는 용어는 학문적으로는 경영학, 실용적으로는 스포츠계에서 유래했다는 것이 일반적으로 알려진 사실이다. 미디어에서 1982년 뉴델리 아시안 게임을 보도할 때 경기의 상황을 단숨에 역전시키거나 상대 진영의 경기력을 시종일관 압도할 수 있는 기술 혹은 팀 전술을 가리켜 게임 체인저라고 하면서 이 용어가 알려졌다. 이후 경영학에서는 주로 '현재 통용되는 사고나 행동의 방식을 심각하게 변화시키는 사건, 아이디어 혹은 단계'라고 통용되고 있다.[35] 게임은 시장 혹은 경제활동의 영역이라 할 수 있으며 체인저는 그 영역에서 통용되던 경제행위나 사고체계를 근본적으로 바꿀 수 있는 존재라고 할 수 있는 것이다. 이러한 유래로 미루어 볼 때 게임 체인저라는 용어는 군사적으로는 명확한 정의 없이 경영학 및 스포츠계에서 사용되는 개념을 적당히 혼용하여 사용하고 있다. 굳이 이 책의 지면을 이용해 나름대로 게임 체인저의 정의를 내려 보자면, '전쟁이나 국가 간 군사력의 대칭성을 근본적으로 바꿀 수 있는 압도적인 기술이나 지배적인 무기' 정도로 요약할 수 있을 것이다.

게임 체인저에 대한 구체적인 언론 보도를 보면, 용어의 정의 및 사용 사례가 명확하지 않다는 것을 어렵지 않게 파악할 수 있다.[36] 이 책에서 밝히고자 하는 게임 체인저는 첫째, 단기적인 전황을 극적으로 바꾸는 것이 아니라 기존의 전쟁 양상을 바꾸는 기술이나 무기체계를 의미한다. 둘째, 전쟁의 양상을 바꾸는 게임 체인저의 새로운 패러다임은 비가역적인 특성을 가진다. 게임 체인저가 전장의 양상을 바꾼다면, 그것은 보다 나은 효율과 전과의 성취를 증명하기 때문에 이전의 체계로 회귀하지 않는다는 의미이다. 따라서 이전의 체계로 회귀한다면 그것은 게임 체인저가 아니다. 셋째, 전장의 판도를 바꾸는 기술, 전술무기체계는 단독으로 영향을 주는 것이 아니라 다른 요소와 복합적인 작용을 하면서 패러다임을 바꾼다. 즉, 부대 전개 운용과 같은 전술적 융합, 작용과 반작용을 통한 전장 적응 프로세스를 거치면서 게임 체인저가 의미 있는 변수가 된다.

물론 기술적 혁신에 집중하여 게임 체인저를 바라보는 시각도 존재한다. 이러한 현상은 종종 RMA 논의에서 등장한다. RMA는 앤드류 마샬(Andrew Marshall)이 기본적인 콘셉트를 마련한 다음, 앤드루 크레피네비치(Andrew Krepinevich)가 "Cavalry to Computer: the Pattern of Military Revolution"(1994)이라는 논문을 발표하면서 마샬의 개념을 발전시켰다. 그 후 폴 데이비스(Paul Davis) 외 공저자 4인이 출판한 "Transforming the Force: Suggestion for DoD Strategy"(1998)라는 논문에서 기술과 정책의 결합이라는 개념으로 보다 정교해졌다. 이 논의의 핵심은 미국을 중심으로 한 군사기술의 발전이 전쟁의 양상 혹은 전황을 변화시키는 데 주역이 된다는 것이다. 그러나 21세기 들어 미국은 이라크 전쟁과 아프가니스탄 전쟁을 치르면서 기술 중심의 군사개혁이 한계에 직면했음을 스스로 인정하지 않을 수 없었다. 또한 2022년에 발발한 러시아-우크라이나 전쟁을 통해서도 단순히 기술적 우위가 전쟁을 유리한 방향으로 이끌어 나갈 수 없는 현실을 목도했다. 우크라이나 전장이야말로 기술적 우위에 기반한 게임 체인저에 거는 섣부른 기대가 실제 전장에서 통용되지 않는다는 것을 보여 준 명백한 필드 테스트였다. 우크라이나 전장에 소개된 게임 체인저들이 전황을 극적으로 바꾼 것이 아니라 단지 전쟁의 양상을 바꾸는 역할이었음을 몇몇 사례를 들어 소개하고자 한다.

첫 번째 사례는 재블린 미사일이다. 이 미사일은 록히드마틴과 레이시온사가 공동으로 생산 중인 제3세대 보병 휴대용 대전차 미사일로, 1980년대에 개발된 영국의 보병 휴대용 지대공 미사일과 이름은 같지만 전혀 다른 무기 체계이다. 재블린 미사일의 길이는 약 1.2m 중량은 22.1kg이며, 병사 1명만으로도 운용할 수 있고, 단순한 시스템에 비해 사거리는 2.5km 초속 140m/s로 비행하여 장거리 고속 타격 체계에 해당한다.[37] 시스템의 가격은 17만 6천 달러에 지나지 않기 때문에 대당 300만 달러 이상인 러시아 T-80U 전차에 비하면 극적인 가성비를 갖추었다고 할 수 있다. 2022년 미국 국방부의 발표에 의하면, 2021년 8월부터 2022년 6월까지 제공된 재블린 미사일은 모두 6,500여 기에 달한다.[38] 재블린 미사일이 우크라이나 전쟁에서 가장 주요한 게임 체인저로 주목 받은 비결은 다음과 같다.

재블린 미사일은 톱-어택 공격 모드를 제공하여 전차의 가장 취약한 상부 장갑을 파괴한다. 물론 재블린 이외에도 톱-어택을 할 수 있는 미사일이 존재하지만, 4km 이상의 사정거리, 80도 각도의 수직 돌입능력, 완전한 발사 후 망각 방식을 가진 보병 휴대용 대전차 미사일은 재블린이 유일하다. 대부분의 대전차 미사일이 발사 후 일직선으로 비행하여 전차의 정면이나 측면을 공격하기 때문에 전차의 회피 및 대응요격이 가능한 것과 달리, 재블린은 발사 후 일정 고도로 비행하다가 목표에 가까워지면 고도 300m로 솟구치며 전차 윗면을 향해 급하강하여 가장 취약한 상부 장갑을 쉽게 관통한다. 게다가 현재까지 톱-어택 미사일을 방어하는 러시아 연방군의 전차방어체계는 실전에 배치되지 않았기 때문에 러시아 전차의 피해가 급증했다. 재블린 미사일에 대한 대비(reaction)가 전혀 고려되지 않던 전쟁 초기 2022년 4월까지의 자료에 의하면, 재블린 미사일의 러시아 전차 파괴 성공률이 90%에 달한다는 분석이 있으며,[39] 93%라는 수치도 제시되었다.[40]

그러나 바흐무트, 부흘레다르, 마리우폴, 리시찬스크 등 전장의 무대가 광활한 평야에서 도시로 옮겨지면서, 재블린 미사일이 장애물에 취약하다는 약점을 러시아군이 알게 되고 이로써 대규모 전차부대를 이용한 공세는 주로 도시의 전투에 적용되고, 개활지나 참호전에서는 포격 중심으로 이루어지는 등 러시아 연방군이 재블린 미사일에 대한 반작용 전술을 도입하면서 재블린 미사일의 전과는 개전 초기와 달리 급격히 떨어졌다. 특히 냉전시대에 쓰여 이제는 창고에서 예비 치장물자로 보존 중이던 구형 T-62 전차를 재활용하여 전선에 투입하는 변칙적인 전술도 사용했다. T-62 전차의 투입을 두고 러시아군이 사용할 3세대급 전차가 고갈된 것이 아니냐는 추측이 있었는데, 러시아 연방군은 T-62 전차를 무인 조종하여 전선에 최일선으로 전진시킨 후 우크라이나군의 대전차 미사일 공격을 유도하여 발사지점을 파악한 후 대규모 포격함으로써 우크라이나 대전차 미사일 공격부대를 무력화하는 새로운 전술을 도입했다.

결국 재블린 미사일은 전쟁 초기 하르키우, 수미, 키이우, 체르니히우 등 평야지대 방어작전에서 압도적인 전과를 올리며 전차 무용론까지 회자될 만큼 주목 받았으나 재블린 미사일의 단점을 파악한 러시아 연방군의 반작용이 작동되면서 효과는 크게 감소했다. 또한 평야가 아닌 도심으로 주전장이 전환되면서 재블린 미사일의 역할이 크게 감소했다. 재블린 미사일은 우크라이나 전쟁에서 전황을 결정하는 압도적인 원인은 되지 못했으나, 전쟁의 양상을 바꾸는 의미에서 게임 체인저로는 충분한 자격을 입증했다. 일선에 배치된 전차들의 상부 공격을 방어할 수 있는 새로운 능동방어체계를 개발하게 만들었으며, 평야지대에서 전차부대의 돌격을 철지난 전술로 전락시켰다. 또한 대전차 미사일을 효과적으로 운용하거나 막아내기 위해 대규모 전술정찰 드론을 운용하는 것이 선택의 문제가 아니라 필수라는 교리를 확립하게 하는 등 재블린 미사일은 전쟁의 양상을 완전히 바꿨다는 의미에서 게임 체인저라고 할 수 있다.

두 번째 게임 체인저 사례로는 M142 HIMARS를 들 수 있다. 언론매체나 소셜 미디어를 통해 러시아의 대규모 기갑부대의 공세를 저지하고 보급로를 차단하며 후방의 탄약고 및 지휘본부를 실시간으로 파괴하는 HIMARS가 이번 전쟁을 끝낼 게임 체인저라고 회자되었다. 그러나 결론부터 말하자면, 진정한 게임 체인저는 HIMARS가 아니라 이 무기를 실제로 사용하게 만든 ISRTA[41] 능력이라고 할 수 있다. 어떻게 우크라이나 포병대가 러시아군의 은닉된 기갑부대 및 보급기지를 타격할 수 있었는가? 정찰드론이 러시아 후방의 보급대 및 지휘부, 물자저장소와 같은 취약지점을 찾지 못했다면 과연 HIMARS를 운용할 수 있을까? 재블린 미사일과 마찬가지로, HIMARS는 그 자체로 전황을 결정짓는 게임 체인저가 아니라 전쟁의 양상을 바꿀 수 있는 게임 체인저로 평가되어야 한다. 이번 러시아-우크라이나 전쟁에서 처음으로 대량 운용되기 시작한 HIMARS 고기동포병전력은 ISRTA와 연계했을 경우 지상전의 패러다임을 바꿀 수 있기 때문이다.

실전의 표면적인 사실만 보면, HIMARS는 그 자체로 혁명적이다. HIMARS의 첫 포대는 6월 23일 우크라이나에 인도되었으며, 그다음 날 바로 실전 배치되어 야간에 첫 번째 실사격을 실시할 수 있을 정도로 운용법 및 전장 적응도가 매우 높았다. 동부전선에서 러시아군은 매일 평균 1만 2천~1만 5천 발의 포격을 실시했는데, HIMARS가 실전에 투입된 후 러시아 연방군의 포병진지 및 물자보급소가 파괴되어 8월에는 하루 평균 5천~6천 발로 급감했다고 우크라이나 군 당국이 발표했다.[42] 물론 여기에는 HIMARS뿐만 아니라 미국이나 NATO 회원국들이 공여한 M777, PzH2000, 세자르(CAESAR) 등의 자주포 효과도 있었기 때문이라고 추정할 수 있다.

그러나 8월 들어 러시아군의 포격이 급격히 감소한 것은 HIMARS의 도입 및 운용 시기와 매우 겹치는 바가 있어 상관관계가 상당히 높다고 볼 수 있으며, 우크라이나 군 당국도 연일 HIMARS에 의한 전과를 발표하면서 HIMARS

는 우크라이나 공세작전의 총아로 떠올랐다. 미국이 제공하는 수량도 점차 증가하면서 HIMARS는 후방의 보급기지뿐만 최전선의 포병 및 기갑부대 제압작전에도 광범위하게 투입된다. ISW에서도 자주 인용되는 격파된 러시아 전차 사진(오릭스에 게재)을 보면, 8월 초 기준으로 최소 46대의 2S3 자주포를 포함해 152대의 기갑자주포가 HIMARS 및 M777와 같은 고기동포에 의해 파괴된 것으로 추정된다. 또한 우크라이나 국방부가 공개한 UAV의 정찰자료 영상에도 헤르손에 전개 중인 러시아 BMP-2 보병전투차가 HIMARS에 제압당하는 장면이 담겨 있다. HIMARS는 이제 모든 전선에서 러시아군의 모든 목표를 공격하는 첨병의 역할을 맡고 있다.

그러나 모든 전선에서 우크라이나군의 주 공격임무를 맡게 된 HIMARS는 갑자기 하늘에서 떨어진 신무기도, 전혀 새로운 기술을 도입해서 만든 SF영화 속의 미래형 무기체계도 아니다. HIMARS는 이미 2차 세계대전에 널리 쓰인 다연장로켓과 같은 범주의 무기체계이다. 카츄샤라는 이름으로 더 잘 알려진 소련군의 다연장로켓발사기가 이 무기체계의 시초이며, 당시 소련군은 군용·상용 트럭 위에 구경 82~300mm의 다양한 로켓을 장착하여 실전에 대량 투입했다.[43] HIMARS와 마찬가지로 실전에 투입된 소련군의 카츄샤 다연장로켓은 독일군에게 엄청난 충격을 주었으며, 특유의 비행 소음으로 독일군 사이에서는 스탈린의 오르간(Stalinorgel)이라는 별칭으로 불렸다. 시간이 흘러 21세기 들어서는 2차 세계대전과 정반대의 입장에서 미국의 HIMARS 다연장로켓이 러시아군을 패닉 상태에 도달하게 만들었다는 점은 역사의 아이러니라고 하겠다.

어찌 보면 상당히 전통적인 무기체계에 속하는 다연장로켓발사기가 왜 우크라이나 전장에서 전쟁의 양상을 바꿀 게임 체인저로 인정 받게 되었을까? 그것은 ISRTA를 통한 실시간 표적정보가 이번 전쟁에서 광범위하게 사용됨으로써 정밀유도능력을 가진 HIMARS가 시너지 효과를 냈기 때문이다.

HIMARS는 1980년대에 개발된 M270 MLRS와 한 가지 차이를 빼고는 거의 유사한 시스템이다. 실시간 표적정보를 군위성통신망뿐 아니라 민간위성통신시스템인 스타링크를 통해서도 입수할 수 있으며, 궤도형 차량과 달리 차륜형으로 재빠르게 기동하여 신속히 방열한 후 사격할 수 있다는 점이 바로 가장 큰 차이이다.

미국은 무겁고 복잡하면서 느린 M270 MLRS 대신 6×6 고기동 트럭 위에 M270의 발사관 중 50%만 탑재하여 평균 이동속도를 기존 50km에서 80km로 증가시키고, C-130 수송기에 탑재할 수 있을 만큼 경량화했다.[44] 또한 저렴하고 가벼운 로켓을 주로 발사하려고 했기 때문에 기존의 유도로켓에 준하는 명중률에 도달하기 위해 새로 개발한 GPS 장치를 탑재하는 등 단순해 보이는 개량만 실시했다. 그러나 이처럼 간단한 개량은 해외의 실전에서 큰 변화를 가져왔다. HIMARS는 스타링크와 연동되어 통신의 사각지대 없이 기동하면서 발사 준비를 하고, 정차 후 아웃트리거를 내리는 시간 낭비 없이 즉시 방열 후 사격하고 다시 이탈하는 사후이속(Shoot and Scoot) 방식을 채택함으로써, 기존의 포병으로는 구상할 수 없었던 새로운 지상전투의 패러다임을 만드는 데 중요한 역할을 했다.

그러나 HIMARS에는 치명적인 약점이 존재했는데, 바로 스타링크가 양날의 검이다. 스페이스 X의 CEO인 일론 머스크의 한마디에 우크라이나 전역의 스타링크 서비스가 차단된다면, HIMARS는 러시아가 보유한 구형 BM-30 스메르치 다연장로켓과 아무 차이도 없다. 실제로 2022년에 머스크는 우크라이나의 스타링크 접속을 차단시킨 적이 있으며, 세바스토폴을 공격하려던 우크라이나의 수상·수중 드론이 신호 상실로 공격에 실패한 사례가 있다.[45] 스타링크가 없으면 HIMARS의 존재 또한 가치를 상실하기 때문에 ISRTA와 스타링크가 HIMARS를 게임 체인저로 만들어 주는 원동력인 셈이다. 따라서 HIMARS 역시 전쟁의 승패를 가르는 마법의 무기가 아니라, 전쟁의 양상을 바꾼 게임 체인저로 재평가 받아야 한다.

HIMARS는 보급체계를 유지하는 데도 큰 변화를 일으켰다. 우크라이나 포병대는 HIMARS를 대부분 러시아군 후방의 탄약고 및 물자저장소 타격에 활용함으로써 러시아군의 보급체계를 심각하게 교란시켰다.[46] 러시아 본토로부터 가깝기 때문에 상대적으로 보급로가 짧은 남부전선과 돈바스 지역에서도 제대로 보급과 수송이 이루어지지 않는 원인 중 하나가 바로 HIMARS의 타격이다. 일반적으로 전술보급기지는 전선에서 너무 멀지 않아야 하고, 하루 이내에 왕복 운행할 수 있는 지역이어야 한다. 그러나 HIMARS와 같은 고속이동타격체계는 신속하게 전선을 이동하면서 러시아군의 전술보급기지가 형성되면 즉시 타격할 수 있다. ISTRA 능력이 부족한 러시아군은 전쟁이 장기화되면서 화력집중전술로 전환했으나, 화력집중은 막대한 포탄을 소모하기 때문에 최전선에서 가까운 곳에 포탄저장소가 설치되어야 한다. 그러나 러시아군의 전술보급기지는 HIMARS의 공격이 증가할수록 점점 더 후방에 설치되었으며 그만큼 보급은 점점 더 힘들어져 러시아군이 화력집중전술을 사용하기 어렵게 만들었다.

대대급의 수송능력을 감안할 때, 최대 60km 정도의 거리는 하루 이내에 보급수송을 하는 데 전혀 무리가 없다. 포탄을 적재한 트럭이 열악한 도로 상황에서 시속 15~20km로 저속 주행하더라도 60km라면 왕복 7~8시간과 상하차 1시간씩을 포함해 총 9~10시간이면 충분하기 때문이다. 그러나 HIMARS의 탄두 중 사거리가 가장 짧은 탄만 해도 70km를 타격할 수 있으므로 최소 70km 이상 후방에 보급기지를 배치해야만 했다. HIMARS의 투입으로 러시아 연방군의 보급수송체계는 보급로의 길이에 관계없이 모든 전선에서 동맥경화증에 시달리게 된 것이다.

러시아-우크라이나 전쟁에서 보듯, 결국 게임 체인저는 실제 전장에서 부대 전개 운용이나 기타 요인의 작용-반작용에 의해 역할이나 성과가 결정되며, 제 역할을 했을 때는 전쟁 양상을 비가역적으로 바꾸는 혁명적인 결과를 낳지만 그 변화는 진화적 과정에 의해 만들어진다. 향후에 국제 분쟁 및 전쟁을 보도하는 언론은 게임 체인저를 소개할 때 스포츠나 비디오 게임을 중계하듯 무기의 성능만 다룰 것이 아니라, 전술적 결합에 대한 의미, 범주화를 통한 사례 분석 등 보다 체계적인 관점을 가져야 할 것이다.

6부

우크라이나 전장을 지배한 전쟁 메커니즘 1, 지상군 전술과 무기체계 패러다임

6부에서는 ISRTA의 영향을 받은 지상군 전술과 무기체계가 전쟁 초기 전황에 어떻게 영향을 주었는지에 대해 중점적으로 논한다. 러시아와 우크라이나가 운용한 지상군 전술과 무기체계의 차이로 인해 양적 우세에 있던 러시아 연방군이 전쟁 초기에 작전목표를 달성하는 데 성공하지 못한다는 내용으로 전개될 것이다. 지상군 전술과 무기체계는 이 책에서 가장 중요한 변수인 ISRTA의 영향을 받아 전장에 적용되는 메커니즘이며, 결국 ISRTA의 역할에 따라 러시아와 우크라이나 간의 지상군 전술과 무기체계의 차이가 확대되면서 전쟁 초기의 전황을 결정하는 요인이 되었다는 가설을 증명할 것이다.

구체적인 사례로는 시베르스키도네츠강 도하 전투와 리만전투를 들겠지만, 크고 작은 전투를 모두 헤아려본다면 ISRTA가 지상군 전술과 무기체계에 직접적으로 영향을 준 사례는 훨씬 다양하다. 실제 전투를 검증하는 과정에서 "러시아가 2022년 우크라이나 침공에서 예상과 달리 전쟁목표를 달성하는 데 실패한 이유는 무엇인가?"라는 질문에 대한 첫 번째 메커니즘을 제시할 수 있다. 앞서 5부에서는 러시아 연방군과 NATO-우크라이나군 사이의 ISRTA 전력차, 그리고 ISRTA의 차이가 초래한 직접적인 영향(흑해에서의 모스크바함 격침, 러시아 항공우주군의 제공권 상실)에 대해 언급했다. 6부에서는 ISRTA의 차이에서 비롯되는 러시아와 우크라이나의 지상군 전술과 무기체계의 차이점에 대해 분석할 것이다.

과거를 복기해 보면, 2022년과 정반대로 2014년에 발발했던 돈바스 전쟁 기간에는 우크라이나가 고전을 면치 못했다. 그 이유는 당시 우크라이나가 NATO가 제공하는 ISRTA 전력을 가지고 있지 않았다는 데서 찾을 수도 있지만, 무엇보다 러시아와 우크라이나는 같은 무기체계를 사용했고 전술적으로도 러시아가 더 발전한 상태였기 때문에, 동일한 지상군 전투 패러다임 내에서는 러시아 연방군의 전술적 어드밴티지가 보다 유리했다.

냉전 붕괴 이후 같이 쇠락한 우크라이나 국내 군수산업, 부다페스트 안전보장 각서에 따른 군축의 영향, 구소련제 무기의 정비와 보충의 어려움으로 저조했던 장비 가동률 등 자본이 대량으로 소요되거나 시간이 오래 필요한 근본적인 문제가 있었다. 이런 어려운 대전환의 시기에 돈바스 전쟁이 발발했으며, 5년 이상 지속된 전쟁의 결과가 말해주듯, 우크라이나는 많은 병력을 잃고 크름반도 전체, 도네츠크주, 루한스크주 일부를 상실하는 등 패전이라고 할 만한 수준의 전쟁비용을 감내해야만 했다.

2014년 돈바스 전쟁과 2022년 러시아-우크라이나 전쟁의 차이점은 바로 변화된 우크라이나군의 지상전투체계와 변하지 못한 러시아 연방군의 차이, 즉 ISRTA와 연계된 우크라이나군에 대해 양적으로 압도적인 전력을 가진 러시아군이 상대적으로 낮은 전투력을 보인 점이라고 할 수 있다. 언론을 크게 장식한, 이른바 게임 체인저라고 알려진 미국의 M142 HIMARS와 같은 첨단 무기체계만으로는 우크라이나군이 러시아 연방군을 상대로 방어전략을 유지할 수 없다. 미국과 NATO 회원국들이 제공한 첨단무기체계를 어떤 방식으로 전투에 적용하는지, 즉 ISRTA 지원을 받은 후(선견), 지상전투의 작전을 누가 더 잘 세웠는지(선결), 그리고 그 작전으로 실제 어떤 무기를 사용해 최적의 전투를 했는지(선타) 여부가 중요하다.

이 전쟁은 최첨단무기체계만으로는 전쟁을 치룰 수 없으며, ISRTA와 ISRTA의 정보를 이용한 최적의 지상전투전술이 결합될 때 전장을 더 우세하게 점유할 수 있다는 것을 보여 주었다. 6부에서 언급할 전통적인 지상전투의 개념에는 보병의 역할, 기동과 우회[망치와 모루 전술(Hammer and Anvil Tactic)], 종심타격 등이 포함되며, 최첨단무기체계의 개념으로써 3대 요소인 기동성·정밀성·장사정을 모두 구현하는 지상무기체계를 중점적으로 다룰 것이다. 요약하면, 6부에서는 최첨단전력인 ISRTA와 전통적인 지상전투 패러다임, 그리고 각 전장에 최적화된 무기체계의 조합이 전황을 직접적으로 결정한다는 주장을 고찰한다.

11장

고갈되는 러시아의 무기고, 구소련의 황혼인가 노인 학대인가

회광반조(回光返照)라는 사자성어가 잘 어울릴 정도로 러시아군에게 2022년 러시아-우크라이나 전쟁과 돈바스 전쟁의 양상은 극명한 차이를 보여 준다. 돈바스 전쟁은 공식적으로 러시아 연방군의 정규군이 우크라이나를 침공하여 전면전을 감행한 것이 아니라, 우크라이나 정부로부터 독립을 선언한 도네츠크와 루한스크주의 민병대 및 친러 반군이 우크라이나 정부군과 전쟁을 한 것이지만 국경지대에 배치된 러시아 연방군 소속 기갑부대가 도네츠크주로 진입하여 친러 반군을 지원하기도 했다. 또한 공세의 주력인 돈바스 인민군은 사실상 그 중심 세력이 퇴역한 러시아 군인 및 경찰로 이루어져 있고 전투장비의 상당 부분을 러시아로부터 지원 받았기 때문에 사실상 러시아의 대리전으로 규정할 수 있다.[1)]

돈바스 전쟁 시 러시아의 지원을 받은 돈바스 인민군은 보병을 이용한 시가 전투에서 우크라이나 정부군의 진격을 봉쇄하고, 소규모 단위의 기갑부대를 활용하여 우크라이나군의 후방을 기습 공격하는 등 현지의 지역정보에 기반한 효과적인 전술을 적용했다. 돈바스 전쟁에서 러시아군의 지상군 전투체계 및 전술은 소규모 전투나 비정규전에서는 효과를 발휘할 수 있었다. 하지만 2022년 러시아-우크라이나 전쟁에서 드러나듯, 대규모 전면전 수준의 전투에서는 많은 취약점을 드러냈다. 이처럼 불과 몇 년 만에 러시아 연방군의 지상군 전투체계가 쇠퇴한 가장 근본적인 이유는 냉전시대의 무기체계에서 벗어나지 못하고 과거의 전술을 답습했기 때문일 것이다.

러시아 최정예 공수부대의 잘못된 투입, 호스토멜 전투

"2022년 9월 21일부터 러시아 전역에 부분적인 동원령을 선포하며, 이에 러시아 연방군으로 군복무를 마친 러시아 연방 시민에 대해 동원을 소집한다."

이는 9월 22일 푸틴 대통령이 전격 발표한 러시아 국가동원령에 명시된 지시사항이다. 9월 중순에 시작된 우크라이나군의 가을 공세로 인해 러시아 영토로 합병을 선언한 루한스크주의 리만을 우크라이나가 탈환하면서 푸틴 대통령의 루한스크주 합병 조치는 사실상 실패한 결과가 되었다. 이에 푸틴 대통령은 즉각 30만 명에 달하는 예비군 동원 법안에 서명했다.

이 조치로 러시아 전역에서 즉각 예비군의 무작위 동원이 실시되었다. 푸틴 대통령의 30만 명 예비군 동원 지시는 러시아 연방군에서 가장 큰 타격을 입은 부대가 보병부대였음을 방증하는 사례이기도 하다. 그렇다면 왜 전쟁 전이 아니라 뒤늦게, 게다가 2차 세계대전 이후 처음이라 할 정도의 대규모 동원령을 발표했을까? 전쟁 와중에 전투력이 낮을 수밖에 없는 고령의 예비군을 투입해서라도 최전선을 유지해야 할 만큼 러시아의 보병부대는 심각한 타격을 받은 것일까?

러시아의 병력 부족은 그만큼 2022년의 상황이 2014년 돈바스 전쟁 때와 달리 녹록하지 않았다는 방증이다. 2022년의 우크라이나 지상군은 더 이상 훈련되지 않고 낙후된 장비를 가진 2014년의 정부군이 아니라, 어느 정도

NATO화된 군대였다. 이에 비해 러시아 연방군은 푸틴의 특별군사작전으로 돈바스 전쟁 때와 달리 공식적으로 대량 투입되었으나 장비 및 전투체계에서 돈바스 전쟁에 비해 발전한 것이 없었으며, 오히려 대규모 부대를 전시 편성하다 보니 장비의 질과 양의 수준은 하락했다. 특히 아프가니스탄 전쟁과 돈바스 전쟁의 주역인 러시아 공수군은 문제점을 거의 개선하지 못한 채 2022년 전장으로 투입되어 큰 손실을 초래했다.

원래 소련 공수부대 혹은 스페츠나츠는 소련군 보병전투력을 대표하는 정예부대로 명성이 높았다. 그러나 2022년 러시아 공수부대는 공수작전의 기본인 수송장비부터 부족해서 효율적으로 전장에 투입할 수 없었다. 미군 공수부대가 다량의 전술수송기와 수송헬기를 이용해 신속하게 전투원들을 적의 종심지역에 투입하여 후방작전을 펼친 반면, 러시아 연방군의 공수부대는 공중에서 투입된다는 의미의 공수(空輸)가 아니라 트럭이나 장갑차로 이동한다는 점에서 일반 기계화보병과 별 차이가 없으며, 미군이나 NATO군의 공수부대에 비해 기동성이 크게 떨어졌다.

이러한 낮은 기동성은 아프가니스탄 전쟁이나 돈바스 전쟁과 같이 대규모 화력전에서는 큰 약점이 아닐 수 있지만 2022년의 전장은 전면전으로 전환되다 보니 러시아 공수부대가 전황에 미친 영향은 거의 미미한 수준이었다. 망치와 모루 전술에 대입해 보면, 공수부대는 우회기동을 하여 적의 가장 취약한 부분을 공격하는 타격수단이 되어야 한다. 그러나 러시아 연방군의 공수부대는 이 기본적인 망치와 모루 전술에서 어느 역할도 수행하기 어려운 상태이며, 이는 개전 초반의 대규모 공수작전인 키이우 공세(호스토멜 공항 전투)에서 드러났다. 전투를 거듭하면서 러시아 공수부대는 장비를 거의 소진하여 일반 보병부대에 소규모로 편입되기도 하고, 전근대적인 참호전에 투입되어 무수한 인원을 상실했다. 2차 세계대전 당시 단 한 번의 대규모 공수작전(크레타섬 전투)으로 공수부대가 궤멸 당한 후 전쟁 기간 내내 일반 보병처럼 축차투입되어 사라진 나치독일의 팔쉬름예거와 유사한 운명에 처한 것이다.

전투 사례: 호스토멜 공항 전투

개전 첫날 감행된 러시아 공수군의 키이우 포위작전은 수일 만에 실패로 돌아갔는데, 가장 큰 문제는 우크라이나군의 병력 규모나 배치, 방어시설에 대한 정보를 제대로 숙지하지 못한 상황에서 전투부대가 투입되었다는 것이다. 우크라이나군의 방어 태세를 정확히 알지 못한 상태에서 기습의 효과를 살리고자 공수부대만 후방으로 먼저 침투시켰다. 이는 외견상 미군이 이라크 전쟁에서 사용한 썬더 런(Thunder Run) 작전과 유사해 보였으나 결과는 러시아 연방군에게 재앙에 가까웠다. 러시아 연방군은 호스토멜 공항을 점령하면 젤렌스키 대통령의 피신을 막고, 후방 보급 및 지원을 차단할 수 있을 것이라고 판단했다. 그러나 애초에 우크라이나군은 수뇌부의 피신이나 항공작전 대신 키이우까지 이르는 교통로를 중심으로 방어진지를 구축하여 러시아군을 최대한 끌어들여 전투력을 소모시킨다는 작전을 입안했다. 우크라이나군은 전투 이전부터 러시아의 신호정보를 감청해서 러시아군이 어디로 침투하고 수도 키이우까지 어떻게 진격할지 알고 있었다. [2)]

호스토멜 전투는 전장정보 수집 및 표적 확인에서 러시아와 우크라이나의 가장 큰 차이점을 보여 준 첫 번째 사례라고 할 수 있다. 만약 러시아 연방군이 ISRTA를 통해 우크라이나군의 신호정보나 배치 상황을 충분히 파악했더라면 자신들의 지상군 전술을 변경하거나 병력을 탄력적으로 운용하여 전투의 결과가 달라질 수도 있었을 것이다.

호스토멜 공항은 키이우에서 불과 20km 떨어진 북서쪽에 위치해 있었기 때문에 러시아 연방군의 입장에서는 호스토멜 공항만 점령한다면 별다른 ISRTA 정보를 획득하지 않더라도 신속하게 키이우까지 진격할 수 있을 것이라고 오판했을 가능성이 매우 크다. 또한 우크라이나 최대의 공항인 호스토멜 공항의 총 3.5km 활주로만 확보한다면 지속적으로 안전한 보급이 가능하리라 판단했을 것이라는 추론도 가능하다. 공항만 점령 가능하다면, 호스토멜 공항에 전투기와 기타 항공전력을 전개하여 우크라이나 전선의 최후방에서 제2전선을 형성하여 우크라이나를 샌드위치처럼 압박할 수 있을 것이라는 긍정적 효과만 고려한 채 사전 정보 없이 기습에 주력했을 가능성도 있다.

우크라이나 수도 키이우의 신속한 포위와 수비대에 대한 기습을 중시했기 때문에 최정예 제41제병연합군이 투입되었다. 이 공격부대에는 러시아 최정예 공수부대인 제98근위공수사단 예하 3개 공수여단이 대부분 포함되었다고 알려졌으며, 사실상 러시아 연방군의 정예 공수전력이 투입된 것이었다. 그러나 첫 전투지인 호스토멜 공항을 둘러싸고 우크라이나군이 준비된 지연작전을 펼쳐 러시아 공수부대의 진격은 저하되었다. 러시아 공수부대는 공항에 갇혀 지속적인 보급과 병력 투입이 어려워졌고 전장정보 획득도 부족해서 안전한 보급로와 진격로를 확보하지 못한 채 전투력이 급격히 약화되었다. 호스토멜 전투에서 러시아 전투원들은 막상 자신들이 어디로 진격해서 무엇을 공격해야 할지 제대로 숙지하지 못했으며, 특히 가장 중요한 우크라이나군의 지휘 및 통신시설을 파괴하지도 못하는 등, 실시간 정보수집이 이루어지지 않았다는 사실이 후일 밝혀지기도 했다.[3)]

이처럼 러시아 공수부대는 실시간 정보수집능력이 결여된 상태에서 호스토멜 공항에 투입되어 공항을 점령하는 데는 성공했으나 주변 우크라이나군의 정보를 제대로 파악할 수 없어서 공항에서 한 발자국도 나가지 못했다. 우크라이나군은 제4신속대응여단을 곧바로 작전에 투입하여 공항을 포위하고 화력을 집중한 후 하루 만에 호스토멜 공항을 탈환한다. 우크라이나군의 방어 태세를 파악하지 못한 러시아군은 일단 공항에서 후퇴하여 뒤따라오던 제41제병연합군의 기갑부대와 합류한 후 2차 공항 점령을 시도했으며, 교전 끝에 다시 공항을 점령했고 우크라이나군은 공항 주위를 포위하며 후퇴했다. 러시아군은 IL-76과 같은 수송기를 통해 공항에 직접 병력을 추가 투입하고자 했으나, ISRTA가 부족해서 우크라이나군의 방공시스템을 파악할 수 없었기 때문에 수송기를 통한 보급과 병력지원을 즉각 실시할 수 없었다.

러시아군이 공항을 점령하고도 활용하지 못하고 있음을 파악한 우크라이나군은 러시아군이 전장정보를 제대로 입수하지 못하고 있음을 알게 된다. 그리고 러시아군이 IL-76을 이용하여 병력을 보충할 것이라는 정보를 입수함과 동시에 즉시 역(逆)공수작전을 기안한다.[4] 아나톨리 하르첸코 중위를 필두도 3개 소대의 공수부대가 헬기 3기에 분승하여 호스토멜 공항 옆에 강하한 후 러시아 공군의 수송기가 착륙할 수 없도록 교전을 실시했다. 이 교전으로 러시아군은 자신들이 우크라이군의 방어 태세를 실시간으로 파악하지 못했음을 자각한다. 공항은 원래 방어하기 어렵고, 핵심 시설 일부만 타격을 받아도 운용이 어려워 러시아군은 공항을 점령하고도 활용하지 못하는 치명적 상황에 놓였다.

우크라이나군에 대한 전장정보를 제대로 수집하지 못했기 때문에 러시아 제41제병연합군과 근위공수사단은 호스토멜 공항에서 더 이상 진격할 수 없었으며, 병력만 집결시킨 상태에서 결국 키이우 북부 이르핀 지역으로 철수를 시작했다. 이 후퇴작전 역시 쉽지는 않았으며, 정보가 제대로 전파되지 못해 잔존하고 있던 공수부대와 나머지 BTG는 후퇴작전 중에 지속되는 우크라이나군의 역습으로 보유한 장비의 상당수를 상실한 채 벨라루스까지 몸만 빠져나가야 했다. 그리고 더 이상의 대규모 공수작전은 전쟁 기간 동안 실시되지 못했다.

러시아 공수부대의 실패요인에는, 우크라이나군의 방어 태세를 정확히 파악하지 못했다는 점(1차 ISRTA 문제)도 있지만 전투가 지속되면서 안전하게 탄약이나 보충병을 받을 수 있는 보급로를 확보하지 못했다는 점(2차 ISRTA

문제)도 있다. 특히 우크라이나의 특수작전부대가 야간에 이동하여 러시아군의 보급로를 끊임없이 타격했는데, 러시아 연방군은 이러한 우크라이나군의 움직임을 실시간으로 파악하여 공격할 수 있는 ISRTA가 크게 부족했기 때문에 보급로를 쉽게 차단 당한 것이다. 이는 러시아 공수부대가 아무리 우크라이나군보다 수송기와 수송헬기가 많다고 해도 해결할 수 없는 영역의 문제였다.

개전 초기의 다양한 자료를 검토해 봤을 때, 러시아 일반 보병들의 무장 상태는 우크라이나군과 동등하거나 그 이상이었기 때문에 전장정보만 제대로 지원되었다면 실제 전투의 양상은 다소 달랐을 것이다. 예를 들어, 러시아 보병들이 주로 사용하는 분대 및 소대 지원화기는 RPG 계열의 무유도 방식 휴대용 로켓발사기와 9K115 및 9K135 대전차 미사일로 구성되어 있다. 이들 무기는 우크라이나 보병이 미국으로부터 지원 받은 대전차 미사일 재블린 등에 비해 파괴력이나 운용성이 떨어지지는 않는다. 다만 보병용 대전차무기의 핵심은 생존성의 확보라는 점을 간과해서는 안 된다. 우크라이나군은 전장정보를 습득해 기동성을 살리면서 비교적 소수의 병력으로도 높은 생존성을 확보하여 러시아군의 기갑부대 및 보급대를 타격할 수 있었으나, 러시아 연방군의 보병들은 상당수 고정된 지역에 갇혀 대전차 미사일을 포함한 공용화기를 운용해야만 했다. 이는 실시간 전장정보를 입수하지 못한 상태에서 대전차 미사일을 분대지원화력으로 운용할 수밖에 없었기 때문이다.

1만 2천여 대 러시아 전차군단과 장거리 미사일 전력의 실체

2022년 러시아-우크라이나 전쟁에서 주공의 역할을 맡은 러시아 기갑부대가 몰락한 가장 큰 이유는 푸틴 대통령이 추진해 온 새로운 지상군 무기체계의 개발과 생산 지연, 기존 구형 장비들의 정비와 성능보완계획이 제대로 이행되지 못한 데서 찾을 수 있다. 많은 예산을 투입하면서도 기갑부대의 세대 교체를 계획대로 달성하지 못했다는 점은, 드론이 지배하는 새로운 전장에 아무런 대비를 못했다는 반증이기도 하다. 러시아 지상군의 무기체계 및 전술의 개혁 실패를 다른 각도에서 보면, 왜 러시아는 재래식 공격무기이든 첨단 미사일이든 모든 것이 제대로 준비되지 않은 상태에서 전면적 침공을 개시했는지 의문이 들 정도이다. 러시아 연방군은 자국의 지상전투체계를 과신했거나 혹은 우크라이나군의 지상전력을 돈바스 전쟁 때와 같은 수준으로 보고 충분한 준비가 없더라도 단기전으로 능히 승리할 수 있을 것이라고 자신했던 것 같다.

지상전에서 가장 중요한 전투력인 MBT가 질적으로도 양적으로도 부족했다는 점은 러시아 특유의 대규모 기동전을 불가능하게 만든 원인이었다. 우크라이나뿐만 아니라 NATO의 위협에 대응하기 위해서는 고성능 기갑부대의 충분한 배치가 필수이지만, 문제는 고성능 전차를 대량으로 생산할 수 없다는 데 있다. 외형상 러시아의 전차산업은 양호해 보인다. 2015년에 4세대급 최신형 전차인 T-14 아르마타의 양산형 모델을 공개했으며, 러시아의 방산수출 규모는 돈바스 전쟁 기간에도 유지되어, SIPRI 자료에 의하면 2020년 기준 전 세계 총 수출량의 20%를 차지했다. 그러나 외형적으로 안정적인 방산 실적에도 불구하고, 내부적으로는 최신형 전차 및 기갑차량이 양산되지 않고 있는 모순적 상황에 처해 있다.

러시아-우크라이나 전쟁이 발발하기 직전인 2021년 기준으로, 러시아 연방군은 2,840대의 MBT와 더불어 치장물자로 1만 6,500여 대의 전차를 보유한 것으로 알려져 있다. 그러나 1980년대 말과 비교해 보면, 작전 가능한 전차가 1만 8천여 대였으며, 예비 치장물자까지 합하면 3만 대가 넘는 기갑부대를 운용하고 있었기에 전력은 급감한 수준이다.[5] 더욱더 문제는 1만 6,500여 대의 치장물자로 전환된 전차의 작전 운용 가능 수준이 매우 낮다고 평가

되며, 운용 중인 2,840대의 MBT도 반응장갑의 일종인 콘탁트(Kontakt)가 제대로 정비되지 않아서 파손되거나 유실되는 등 치장물자의 상태가 전투에 사용하기 어려울 정도라고 알려졌다. 일부 치장된 전차들은 2021년 기준으로 6개월 이내에 폐기해야 하는 수준이라는 것이다.[6)]

현용 2,840대의 MBT는 T-90A(350대), T-90M(10대), T-80BVM(140대), T-80U/BV(310대), T-72B3(850대), T-72B/BA(650대), T-72B3M(530대) 등으로 구성되어 있지만,[7)] 실제로 야간전투장비, 3세대 사통장비, 반응장갑, 엔진 개량 등이 적용된, 즉 21세기 이후 생산된 신규 전차 혹은 20세기에 생산된 전차를 업그레이드해서 새로운 제식명으로 현대화한 전차는 이 중 T-72B3, T-90M, T-80BVM 세 종류로 정확히 1천 대에 지나지 않는다. 또한 이 중 3.5세대 전차로 구분되어 수출품으로 생산되는 T-90MS 수준의 포수용 다중채널관측장비인 SOSNA-U 포수조준체계, 렐릭트 반응장갑, NBC 방호체계인 PKUZ-1A 등이 적용된 것 (혹은 적용될 예정인)은 단 150대의 T-90M과 T-80BVM 정도에 지나지 않는다.[8)]

즉, 프랑스의 르클레르나 독일의 레오파르트 2A6 수준의 전투력을 가진 전차는 최대 150대 미만밖에 되지 않는다. 더 큰 문제는 2,840대의 전차 가운데 실제 현대전이 수행 가능한 전차는 최신 개량형 150대를 포함해서 1천 대 정도로 제한될 뿐만 아니라, 전차의 기계적 수명을 25~30년으로 상정할 시 2030년까지 현재의 러시아 전차 중 1,500여 대는 퇴역하는 상황에 이른다. 따라서 2020년을 시작으로 보면 매년 150대의 신규 전차를 생산해야 현재 2,840대 규모의 전차부대를 유지할 수 있다는 계산이 나오지만, 러시아군은 이 기갑전력의 현대화 및 세대교체의 시점을 완전히 놓쳐 버리게 된다.

러시아 육군은 기존 T-64, T-72, T-80, T-90에 이르는 오비옉트 167로 시작해 오비옉트 219로 이어지는 20세기형 설계 개념을 폐기하고 완전한 신형 설계인 오비옉트 148 베이스의 T-14 아르마타 전차를 2015년에 개발하여 시

제품을 공개한 바 있다. 러시아는 4세대 전차인 T-14를 2019년부터 10년간 2,300여 대 이상 생산할 계획이었다. 만약 이 계획이 제대로 진행되었다면 러시아의 기갑전력은 NATO에 동등한 수준으로 재편될 가능성이 높을 뿐만 아니라 계획이 완료되었을 경우 우크라이나 침공을 그 시기에 맞출 여지도 있었다. 그러나 전쟁 발발 시점에 이르러서도 이 신형전차의 생산은 본격적으로 시작조차 들어가지 않았으며,[9] 초도 생산분 12대 이후에는 생산이 완전 중단되어 향후 재개시점에 대한 공식발표는 없는 상태이다.

신형 전차의 생산이 완전히 중단된 이유는 2014년 러시아의 크름반도 병합과 돈바스 전쟁의 여파로 EU와 미국이 포괄적인 경제제재를 실시한 여파라고 분석할 수 있다.[10] 포괄적 경제제재로 특히 방산과 제어계측 제품에 대한 러시아 수출이 차단되었으며, 그로 인해 전차 제작에 필요한 전자장비, 계측장비 및 공작기구 등이 수입되지 않았기 때문에 생산이 완전히 중단된 것으로 볼 수 있다. 수명의 이유로 매년 100여 대 이상의 전차가 순차적으로 퇴역해야 하는 러시아의 상황에서는 신규 전차의 생산이 사실상 묶여 있기 때문에 작전 가용한 전차의 수는 매년 기하급수적으로 줄어들 수밖에 없고, 시간이 흐를수록 우크라이나 침공의 기회는 좌절된다는 딜레마에 처한 것이다.

표 11.1은 1985년부터 2020년까지 러시아 육군의 MTB 보유현황 추이를 IISS, *The Military Balance*에 게재된 자료를 중심으로 재구성한 것이다. T-72 계열의 전차는 대부분 개수되어 수명연장사업을 마쳤으며 이들은 2030년까지 순차적으로 퇴역 및 예비 치장물자로 전환, 전량 교체될 예정이다. 오비옉트 148로 러시아 전차의 계보가 새롭게 바뀌었으며 크기, 무게, 전자장비 등에서 미국의 M1A2와 동급이라고 평가 받았으나, 기존 러시아 전차와는 공용되는 부품이 거의 없는 신설계품이어서 생산라인 조성 차질 및 그에 따른 해외부품 조달 문제가 있는바, 생산은 현재 중단된 상태이다.

낙후된 장비 문제는 비단 전차나 장갑차에 그치지 않고, 기계화보병의 장

표 11.1 소련 이후 러시아의 MBT 보유현황 추이

연도 전차	1990	1995	2000	2005	2010	2015	2020
T-90	-	-	300	400	300	350	360
T-80	4,000	4,000	4,500	4,500	4,500	550	450
T-72	10,000	9,500	9,500	9,700	9,500	1,700	1,850
T-64	9,700	8,500	5,400	4,000	4,000	예비	예비
T-62	11,300	5,500	3,700	3,000	150	예비	예비
T-54/55	19,000	2,000	1,200	1,200	1,200	예비	예비

자료: IISS, *The Military Balance* 자료 재구성.

비 전반에 걸쳐 전쟁이 장기화될수록 더 심각한 문제로 부상한다. 장갑차에 탑승하여 전장에 투입된 최전선의 러시아 기계화보병은 원래 방어장비에 만전을 기해 전투에 투입되어야 하지만, 전투 과정에서 우크라이나 보병이 남긴 전투모 및 방탄복과 같은 보호장구를 수집하는 일은 흔했으며, 소련 시절에 제조되어 제 성능을 구현할 수 없는 장비들로 인해 전투력 하락이 심각해진다.[11] 이러한 장비 부족과 낙후성은 푸틴의 30만 명 부분 동원령 이후 더 심각한 문제로 드러났는데, 러시아 전역에서 1970년대에 생산된 7.62mm 탄을 사용하는 AK-47 돌격소총뿐만 아니라 심지어 1959년에 생산된 AMK 소총도 지급되는 것으로 알려졌다. 1950년대에 생산된 탄입대, 1960년대에 생산된 AKM 소총, 방탄패널이 삽입되지 않은 방탄복 등 수준 낮은 전투장비가 새로 징집된 예비병력에게 지급되는 사례가 보고됨으로써, 전투원의 전투력뿐만 아니라 생존성을 보장하는 개인 전투장비마저 제대로 갖춰지지 않았다는 것을 추정할 수 있다. 이러한 낡고 낙후된 장비에 의존하면 전쟁이 장기화될수록 전투원의 손실은 더 가속화되고, 이를 충원하기는 더욱더 힘들어지는 악순환이 발생할 가능성이 커진다.

러시아군은 소련군 시절부터 보병이 보병전투차에 탑승하여 기동하면서 전투를 하도록 전술을 발전시켜 왔으나, 앞절에서 이미 언급한 대로 러시아 지상군의 전차와 보병전투차는 전장을 주도하지 못했고, 7개월이 지난 시점에서는 기갑차량이 최소 8천여 대 이상 파괴되었다는 정황까지 겹쳐서, 보병은 자신들을 보호해 줄 기갑부대의 도움 없이 작은 부대단위로 쪼개져서 낡은 장비에 의존하며 전투를 지속할 수밖에 없었다. 이러한 상황에서는 교전 시 우크라이나군 대비 사망율이 크게 높아졌는데, 이는 동원령 이후 급격히 높아진 신규 병력의 전사자 정보가 소셜 미디어를 통해 흘러나오고 있어 간접적으로 높은 전사율을 짐작할 수 있다.[12]

동원된 병력은 불과 10여 일의 짧은 기간 동안 1회의 사격훈련과 기초군사훈련을 마친 후 700마일 이상의 장거리 이동이 끝나는 즉시 최전선에 배치되며, 이들이 보유한 장비는 개인이 구매하여 준비한 수준으로 몹시 열악하다.[13] 러시아군 연방군은 2010년대에 보병전투장비 및 전투체계 개선에 큰 변화나 개혁을 실시하지 않았으며, 그 여파는 돈바스 전쟁이 아닌, 2022년 전쟁에서 러시아 보병들에게 혹독한 대가로 돌아왔다.

최신 무기를 도입하는 데 실패한 케이스는 러시아 연방군의 주공이라 할 수 있는 전차 및 기갑차량에만 그치지 않는다. 우크라이나군이 2022년 러시아-우크라이나 전쟁에서 주공으로 내세운 고기동포병부대와 유사하게 러시아 연방군 역시 장거리 미사일 시스템으로 주공을 대체할 수 있었으나 이마저도 성공하지 못한 듯하다. 전쟁이 점차 장기화되면서 러시아가 자랑하던 장거리 타격능력, 즉 탄도미사일의 현대화 및 유지보수도 난항을 겪는다. 로이터는 이와 관련하여, "우크라이나 전쟁에서 GPS나 레이저로 목표물을 찾아가는 러시아의 정밀유도무기시스템이 서방에 비해 훨씬 뒤떨어졌다"라고 보도했으며, 아울러 "목표물을 찾아 미사일을 발사했을 때 빗나가는 경우가 많다"면서 러시아 미사일의 실패율이 60%에 달한다고 미군 고위 분석가의 발언을 인용해 보도했다.[14] 서방국가들의 대러 제재로 수급이 급격히 줄어들고 있는 첨단무기(의 생산)와 그것의 유지보수를 위한 부품의 재고량도 문제이며, 설상가상으로 ISRTA가 확보되지 않아 유도 미사일이 계속 빗나가면서 필요 이상으로 발사하고 그로 인해 무기의 재고량이 더 빨리 소모되는 악순환이 벌어지고 있는 듯하다.

실제로 개전 이후 2022년 5월 초까지 러시아 연방군은 2,100여 발 이상의 장거리 미사일을 사격한 후 미사일 보유 재고가 크게 줄었기 때문에 러시아는 정밀유도무기 사용을 줄이고 재래식 포격을 강화한다.[15] 10월 대공세는 러시아의 장거리 타격체계에 심각한 문제점과 한계가 있음을 결정적으로 드러낸 사례로써, 러시아의 장거리 미사일 및 이란에서 수입한 공격용 드론의 높은 실패율을 보여 준다.

전투 사례: 크림대교 보복 공습

2022년 10월 8일에는 러시아 본토와 크름반도를 연결하는 유일한 교량인 크림대교(러시아에서 건설했으므로 러시아식 발음을 차용한다)가 붕괴하는 사건이 일어난다. 크림대교는 러시아가 합병한 크름반도의 케르치 지역과 러시아 본토인 타만반도를 연결하는 전략적 인프라로써, 비단 크름반도를 통치하기 위한 경제산업적인 이유 이외에도, 헤르손과 자포리자의 남부전선을 유지하기 위해 최고 수준의 전략적 가치가 있는 보급로로서 가치가 있다. 그러나 우크라이나의 사보타지로 인해 크림대교 일부 구간이 붕괴하여 차량 통행 및 기차 운행이 불가능해지는 상황이 발생했다.[16]

크림대교의 위상은 마치 미국의 샌프란시스코에 위치한 금문교와도 같아, 푸틴 대통령의 최대 토목사업 성과이자, 2차 세계대전 시 히틀러도 실패한 사업을 성사시켰다는 점에서 정치적 위상이 상당하다. 이러한 크림대교의 붕괴

그림 11.1 2022년 10월 9일 러시아 크림대교 붕괴 직후, 러시아 연방군의 대규모 장거리 미사일 공습지역

▌우크라이나 국토의 전 지역을 일제히 타격할 수 있는 러시아 연방군의 장거리 미사일 투사능력을 보여 준다.

는 러시아 국내 정치에 큰 파장을 불러일으켰으며, 대교 붕괴 후 푸틴 대통령은 즉각적으로 명령을 내려 우크라이나 수도 키이우를 중심으로 대규모 장거리 미사일 공격을 실시했다.[17] 공습은 수도 키이우뿐만 아니라 오데사, 드니프로, 헤르손, 지토미르, 오부키흐, 흐멜니즈키, 르비우 등 우크라이나의 주요 산업 및 교통통신 시설에 즉각적이고 광범위하게 가해졌다.

이 대규모 공습에는 러시아가 전략적으로 아끼던 KH-555[NATO명 AS-15 켄트(Kent)], KH-101(KH-555의 개량 버전)과 같은 러시아 항공우주군의 최신형 순항 미사일뿐만 아니라, 전략로켓군의 이스칸다르-M 전술탄도미사일, 미국의 토마호크 순항 미사일보다 더 뛰어나다고 러시아 스스로 평가해 온 러시아 해군의 칼리브르 3M-54 미사일 등이 총동원되어 83회의 공격이 가해졌다. 또한 러시아 지상군은 이란에서 도입한 자폭용 드론 샤헤드-136도 다수 발사하여 근거리의 우크라이나군 시설을 공격했다.

그러나 문제는 러시아가 궁극의 공격수단으로 간주해 온 이 장거리 첨단 미사일이 예상 이외의 낮은 실전능력을 보여 주었다는 점이다. 83발로 추정되는 러시아군의 장거리 미사일 중 우크라이나 군 당국의 발표를 인용하면 무려 45발이 격추되었으며, 이란제 드론도 다수 전장에서 격추되었다.[18] 또한 불발탄 및 목표에 도달하지 못한 낙탄도 발견되면서 러시아의 장거리 미사일에 대한 실전에서의 신뢰성과 효과에 의구심이 발생했다. 두 가지 측면에서 러시아 연방군의 장거리 타격능력은 효과가 반감되었다. 첫째, ISRTA 능력이 부족했기에 러시아 연방군은 막강한 위력의 장거리 미사일들을 표적에 정밀하게 타격할 수 없었는데, 그 이유 중 하나로 우크라이나 방공망의 위치 및 규모에 대해 자세한 전장정보를 알기 어려웠기 때문이다. 이는 전쟁 초반에서부터 드러난 문제로, 수도 키이우에 대한 순항 미사일 공격에서 대부분의 러시아 미사일이 주요 목표를 타격하지 못했을 뿐만 아니라, 키이우의 방공망 제압에도 실패하는 등 고질적인 ISRTA 문제가 장거리 타격능력의 효과를 극도로 제한시키는 원인이었다.

둘째, 부품의 부족 및 질적 하락의 문제이다. 서방의 정보기관이 분석한 바에 따르면, 10월 9일 대대적인 미사일 공습의 여파로 러시아 군 당국은 소모된 미사일을 재보충하는 데 큰 어려움을 겪고 있으며, 이는 서방의 경제제재로 인해 부품 수급이 어려워졌기 때문이라고 알려졌다.[19] 단 한차례의 대규모 공습으로 러시아 연방군의 장거리 타격체계가 유지되기 어려울 만큼 주공으로써의 장거리 미사일 전력은 예상을 벗어난 취약점을 드러냈다.

이처럼 러시아 연방군의 정밀타격무기 및 장거리 미사일이 서방의 부품에 크게 의존하고 있기 때문에 경제제재에 따른 부품 부족으로 재고량이 크게 떨어질 수 있다는 분석, 그리고 부족한 부품을 제3국산으로 대체하면서 품질 불량이 빈번할 것이라는 분석은 단지 가정이 아니라 실제 조사로도 증명된 사실이다. 영국의 왕립합동군사연구소(Royal United Services Institute: RUSI)에서 발간한 자료에 의하면, 우크라이나 공습에 사용되었던 러시아 미사일 잔해를 수거하여 분석한 결과, 기존에 생각했던 것보다 더 많은 서방제 전자부품이 사용되었음을 알 수 있었다.[20]

예를 들어 9M727 순항 미사일의 경우 31개 서방국가들의 부품이 사용되었음을 확인할 수 있었으며, 수도 키이우를 비롯하여 주요 도시를 공습하는데 광범위하게 발사된 Kh-101 순항 미사일에서도 역시 최소 30여 개 이상의 서방제 부품을 발견할 수 있었다. KH-101 순항 미사일은 미국뿐 아니라 대만, 스위스, 네덜란드 등에서 수입된 산업용 기계부품까지 포함되어 있으며 이 부품들이 없으면 미사일 제조 자체가 불가능할 정도였다.

각 전자부품에는 회사명이 선명히 각인되어 있었는데, 미국의 텍사스 인스트루먼트, AMD, 아날로그 디바이스, 사이프레스, 하팅, 어드밴스드 마이크로 디바이스 등 다양한 제품이 사용되었으며 주로 전파고도계, CPU, GPS 수신처리기, A/D 컨버터 등 러시아에서 생산할 수 없는 부품들이었다. 수출 규제 전에는 산업용 기계나 컴퓨터에 이 부품들이 탑재되어 러시아로 수출된 후, 러시아 군수업체들이 부품을 분해하거나 따로 분리하여 미사일의 회로나 모듈에 장착했던 것으로 분석되며, 수출 규제 후에는 이러한 고정밀 산업기계를 반입하기가 힘들어지면서 미사일 부품에 수급 차질이 생긴 듯하다. 이를 타개하기 위해 일부 부품은 제3세계의 복제품으로 대치했으나 신뢰도 및 정밀도에 문제가 있어서 오발 및 오차가 심해졌다고 풀이할 수 있다.

다양한 신무기의 개발과 별개로, 러시아가 전략무기에 해당하는 장거리 타격체계를 민간시설 파괴에만 사용할 수밖에 없는 이유는 결국 ISRTA가 부족해서 전방의 전투부대 공격에는 사용할 수 없고 고정표적인 후방의 민간시설에만 사용할 수밖에 없기 때문이다. 또한 대량생산에 성공하지 못하고 여전히 구소련 시대의 무기체계를 유지하면서 정밀도나 운용성에서 현대전에 충분히 대응하지 못한 측면도 존재한다.

결국 러시아의 지상군 전투 및 무기체계는 푸틴 대통령이 계획했던 '냉전시대의 탈피 및 세대교체'에 실패했다고 평가할 수 있을 것이다. 무기체계의 세대교체에 실패한 것은 단지 전장에서 사용되는 장비의 노후화뿐만 아니라, ISRTA와 같은 현대전의 전술을 제대로 시행할 수 없다는 구조적인 문제도 의미한다. 고전적인 망치와 모루 전술을 고려해 볼 때, 주공이자 망치의 역할은 이른바 배트로닉스라 불리는 전장정보 통합형 기갑부대나 장거리 고정밀 미사일 등이 수행해야 하지만, 그러한 무기체계는 대량생산에 실패했을 뿐만 아니라 일부 존재한다 하더라도 ISRTA를 제대로 활용할 수 없어서 효과가 반감되었다. 결국 냉전시대에 만든 기갑부대와 전술, 신뢰도와 정밀도가 떨어지는 장거리 미사일 전력을 대량으로 운용할 수밖에 없는 국면으로 몰린 것이다.

러시아 연방군은 지난 15년 이상의 군사력 재건 기간 동안 이 분야에서 매우 소홀했음이 이번에 입증되었다. 또한 산업구조와 기술적 수준을 고려해 근본적인 무기 생산을 계획해야 하고 해외로부터의 부품수급정책을 전면적으로 수정해야 하지만, 국제제재 아래 진행되고 있는 전쟁 와중에는 그런 조치를 취하기 어렵다. 이 모든 상황을 고려해 볼 때, 재래식 무기체계인 기갑부대와 장거리 미사일 전력이 원래 역할을 하기 어렵고, 전선이 고착화되면서 러시아 연방군이 가장 잘하는 분야인 지상전에서 전쟁목표 달성에 실패한 것이다.

12장

새 술을 헌 부대에, 헌 술을 새 부대에

우선 12장에서 다룰 전술에 대해 개념 정리를 하고자 한다. 전술은 책을 따로 써야 할 정도로 방대한 분량의 주제이기 때문에 이 책에서는 우크라이나군이 사용한 지상군 전술을 설명하기 위한 좁은 범위의 개념만 논할 것이다. 병법은 문자가 없는 시절부터 동굴의 벽화로 남겨질 만큼 유래가 깊으며 발전의 정도도 인류사에 비견할 만하다. 중국에서는 춘추전국시대에 이미 문서로 지상전술이 남겨졌으며, 대표적인 예로 8진법－장사진(長蛇陣), 언월진(偃月陣), 어린진(魚鱗陣), 봉시진(鋒矢陣), 학익진(鶴翼陣), 방원진(方圓陣), 안행진(雁行陣), 형액진(衡軛陣)－이라고 부르는 보병전술을 들 수 있다.

고대 그리스에서는 중장보병이라고 할 수 있는 호플리테스(hoplites)의 팔랑크스(Phalanx)와 고대 그리스 도시국가인 테베(Thebe)의 사선대형(Oblique Formation) 등 다양한 지상군 전술이 개발되어 실전에 적용되었다. 이처럼 고대에서부터 동서양을 통틀어 많은 전술이 파생되어 전장에 적용되고 또다시 그 전술이 발전되고 새로운 전술이 개발되면서, 로마시대에 공식과도 같은 지상전투의 기본전술－망치와 모루 전술이 확립되었다. 물론 이 전술 말고도 지상전투의 역사 속에는 무수히 많은 전술이 있다. 하지만 모든 전술이 공통적으로 담아내야 할 요소를 구분한다면, 첫째는 공격과 수비, 둘째는 주공과 조공, 셋째는 기동과 저지라고 할 수 있다. 망치와 모루 전술은 이 세 가지 요소를 처음으로 체계화하고 실제 대규모 회전에 적용함으로써 이론적 타당성을 검증 받은 지상전투전술의 기본이라고 하겠다.

망치와 모루 전술은 알렉산더 대왕 시대의 가우가멜라(Gaugamela) 전투와 이소스(Issus) 전투에도 개념적으로 적용되었다고 알려지며, 기원전 216년 현재의 이탈리아 칸네 평원에서 펼쳐진 칸나이(Cannae) 전투에서 최초로 완벽한 형태로 사용되었다. 카르타고 공화국의 총사령관 한니발(Hannibal)의 원정군(보병 4만 명, 기병 1만 명)은 이 한 번의 회전으로 로마 공화국의 9만 명 대군을 완전히 궤멸시켜 전쟁사에 한 획을 그었으며, 망치와 모루 전술은 이후 모든 지상전의 근간이 되었다.

칸나이 전투에서 망치와 모루 전술은 말 그대로, 튼튼한 모루 위에 달구어

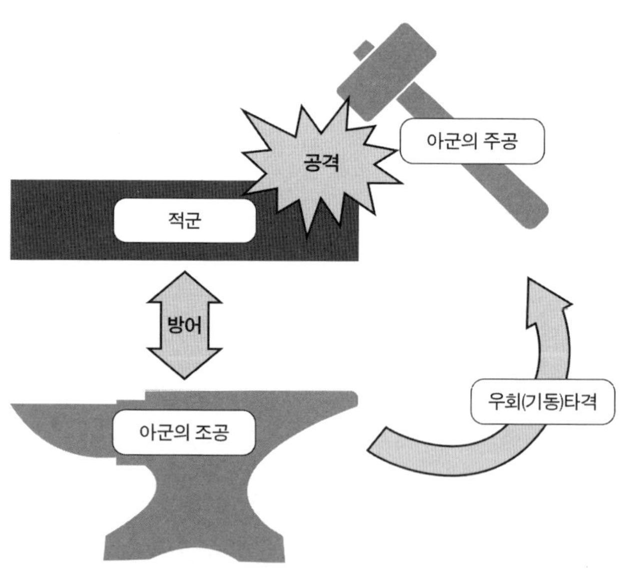

그림 12.1 망치와 모루 전술의 개념도

진 쇠를 올려놓고 망치로 가격하듯 조공과 주공, 기동과 저지, 공격과 수비를 확실하게 구분하고 각 역할을 지상군의 제대별로 부여하여 정교하게 진행하는 것이 핵심이다. 이런 기본적인 지상전투의 개념은 저지(attrition), 기동(maneuver), 그리고 거리(range)라는 세 가지 요소를 어떻게 통제하느냐에 달렸다. 저지는 방어, 기동은 공세, 그리고 거리는 적의 취약지점을 정확히 타격할 수 있는지로 재해석할 수 있다. 망치와 모루 전술은 저지, 기동, 거리를 통제하는 전통적인 지상전투의 패러다임으로써, 이를 전투행위와 결부 짓는다면 망치는 주공과 실질적인 공격을 담당하는 기동부대를 의미하며, 모루는 저지임무를 담당하는 조공역의 방어군을 의미하고, 방어와 공격 모두 해당하는 요소로는 지형적인 한계, 즉 거리를 어떻게 효율적으로 활용하여 정확히 적의 취약점을 타격할 수 있는지를 들 수 있다.

인류 역사상 수많은 전쟁과 전투가 발생했으나, 소부대 전투 및 군단 단위의 회전에서 망치와 모루 전술은 군사 지휘관들의 기본 작전 및 전술 원칙이었다. 한니발의 칸나이 전투 이래 1643년 로크루아(Rocroi) 전투, 1700년 나르바(Narva) 전투, 1815년 워털루 전투, 1874년 영국-아샨티 전투, 1918년 마른(Marne)전투, 1943년 쿠르스크 전투에 이어, 1991년 걸프전쟁에서도 노먼 슈워츠코프 사령관의 헤일메리 기동작전(Hail Mary Play) 등 수많은 전투가 망치와 모루 전술에 기반하여 계획 진행되었다.

21세기에도 한니발의 작전술은 여전히 전장을 지배하고 있다. 진지전이나 참호전, 혹은 게릴라전 등과 같은 사례를 제외한다면, 야전에서 펼쳐지는 지상전투의 대부분은 규모와 관계 없이 기동과 저지, 공격과 수비, 그리고 조공과 주공의 역할에 따른 망치와 모루 전술이 적용되어 있으며 이는 2022년 러시아-우크라이나 전쟁에서도 마찬가지이다. 다만 종심전투지역(Deep Battle Area: DBA)이 얼마나 넓은지, 혹은 얼마나 빠른 속도로 변화하는지 등 기술 발전에 따른 차이만 있을 뿐이다.

한니발 군단의 조공이었던 노련한 이베리아 중장보병들은 FGM-148 대전차 미사일과 스타스트릭 HVM으로 무장한 보병부대로 바뀌었으며, 로마군의 우익을 공격한 하스드루발의 갈리아 중기병대는 M142 HIMARS와 스위치블레이드(Switchblade) 공격드론으로 대체되었다. 그리고 2022년 러시아-우크라이나 전쟁에서 러시아 연방군의 밀려드는 기갑부대를 저지한 모루 역할은 우크라이나 보병부대이고, 기갑부대의 후방을 타격한 망치 역할은 HIMARS, M777과 같은 기동성 있는 장거리 타격체제였다. 실제로 이 전쟁에서 망치와 모루라는 기본 패러다임은 여러 차례 결정적인 전황으로 전환되는 국면에 나타났으며, 대표적인 사례는 2022년 5월 8일에 발생한 시베르스키도네츠강 전투, 9월 10일의 하르키우 전투, 9월 30일에 치뤄진 리만전투 등이다.

이 장에서는 시베르스키도네츠강 전투뿐만 아니라 리만전투 등의 21세기 전장에서 NATO와 우크라이나군이 ISRTA에 기반하여 고대의 지상전술인 망치와 모루 전술을 어떻게 현대적인 개념으로 재해석하고 실전에 적용했는지 살펴보고자 한다.

칸나이 전투의 재림, 시베르스키도네츠강 전투

우크라이나군은 20014년 돈바스 전쟁 이후 단계적으로 NATO군과 협력하여 지상군의 전술 및 무기체계를 근본적으로 구소련 시스템에서 서방 시스템으로 전환하기 시작했다. 이러한 군사력 재편의 기조는 러시아 연방군과 상당히 차이가 나는데, 러시아 연방군이 최신형 무기 개발과 핵무기 및 장거리 미사일 개발에 대부분의 예산을 사용했다면, 우크라이나군은 NATO 회원국은 아니지만 NATO와 공식적으로 협력 프로그램을 실시하여 NATO군의 ISRTA 전력에 편승하는 방향으로 군사력 증강을 모색했다. 최신 무기를 아무리 개발한다고 하더라도 전장의 정보를 실시간으로 파악하거나 표적정보를 획득하는 능력이 떨어진다면, 앞 절의 러시아 사례에서 보듯이 전술과 무기체계의 활용도는 극도로 저하될 수밖에 없다.

전투 사례: 시베르스키도네츠강 전투

ISRTA와 지상군 전술 및 무기체계의 연계를 보여 주는 가장 대표적인 사례로는 시베르스키도네츠강 전투를 들 수 있다. 2022년 5월 2일에서 10일까지 벌어진 이 전투는 러시아 연방군이 루한스크를 완전히 점령하기 위해 요충지인 리시찬스크를 점령하는 과정에서 주요 전투부대를 시베르스키도네츠강 너머로 도하시키려다 발생했다. 루한스크주를 점령하기 위해서 러시아 연방군은 단숨에 대규모 부대를 도하시키고자 했으며, 소규모 BTG가 아닌 러시아 제90근위전차사단을 투입했다. 결론적으로, 우크라이나군은 러시아 연방군의 도하작전을 항공정찰을 통해 소상히 파악하여 예상되는 도하지점에 기동성이 뛰어난 포병전력을 전개하여 러시아 연방군의 작전을 완전히 차단했다.

대규모 도하작전은 전쟁사에서 리스크가 몹시 큰 작전으로, 부대의 전개 이전에 도하를 막는 저항군의 병력 배치 및 지형정보를 자세하고 신속하게 분석함으로써 OODA 루프의 개념대로 작전 결심 후부터 행동까지 지체 없이 이루어져야 한다. 그러나 러시아 연방군은 루한스크에 전개된 우크라이나 병력을 사전정찰도 하지 않고, 대규모 기갑부대를 우크라이나군의 포화 속으로 축차투입하는 오판을 저질렀다.

5월 2일부터 러시아 정규 기갑사단이 시베르스키도네츠강을 도하한다는 정보를 입수한 우크라이나군은 NATO의 ISRTA 전력 및 우크라이나군이 자체적으로 보유한 전술드론 등을 이용하여 러시아군의 도하지점과 병력의 위

그림 12.2 5월 8일 시베르스키도네츠강 전투 직후 전과를 확인하기 위해 촬영한 사진

▌7개 부교 중 하나로 추정되며, 러시아 연방군의 BMP/BTR 계열 IFV/APC 및 다양한 차량이 도하작전 중 파괴되었다.
자료: 우크라이나군 블로그(5월 12일).

치를 5월 7일까지 정확히 파악했다. 5월 8일에는 러시아군이 부교 7개를 설치하여 일제히 도강하려 했으나 우크라이나군은 대전차 미사일로 무장한 공수부대 및 제17전차여단을 긴급 배치하여 도하작전을 저지하고, 보병 중심의 우크라이나군이 1차적으로 러시아 연방군의 진격을 저지하는 동안 기동성이 높은 M777 야포는 신속히 사격 가능한 지역으로 이동한 후 방열하여 도강 대기 중인 러시아군 기갑부대를 원거리에서 타격하고 부교시설까지 모두 파괴했다.[1)]

대규모 공세를 기갑부대의 전차와 기계화 부대의 보병이 저지하여 모루의 역할을 수행했으며, 신속한 기동이 가능한 공수여단 및 M777 야포가 최적의 위치로 기동한 후, 최적의 사거리에서 러시아군의 후방을 공격하여 전투를 마무리했다. 이 전투로 제90근위전차사단의 전차 및 장갑차가 최소 73대 이상 파괴되었으며 1,500명 이상의 사상자가 발생했다고 추산되었다.[2)]

불과 몇 시간의 전투로 1개 사단급의 기갑장비가 거의 파괴되고 연대 규모의 병력이 전사한 이 전투의 1차 시발점은 다름아닌 NATO-우크라이군의 기민한 ISRTA 능력에 기인한다고 봐야 할 것이다. NATO는 미국의 스타링크 시스템을 통해 실시간으로 표적에 대한 정보를 우크라이나군에게 하달할 수 있었으며, 우크라이나군은 민간 위치추적 앱인 GIS Arta를 이용하여 목표좌표를 최전방의 보병뿐만 아니라 측후방의 포병부대에서도 실시간으로 입수하여 통상적인 전투 준비시간을 1시간에서 20분으로 크게 단축하여 화력을 집중할 수 있었다.[3] 러시아 연방군은 전투 준비과정에서도 ISRTA를 제대로 적용하지 못했을 뿐만 아니라 전투 중에도 우크라이나군의 현황과 전투 상황을 파악하지 못했다.

러시아 연방군은 우크라이나군이 미리 파악하고 있던 위치를 변경하지 않고 연막을 피워 도하부대를 은닉하려 했으나, 항공정찰로 러시아 기갑부대의 규모와 배치를 파악한 우크라이나군은 정확한 좌표를 포병부대에 전달했고, 기동력을 갖춘 M777 야포로 구성된 우크라이나 포병대는 전장을 뒤덮은 안개, 연막과 상관없이 타격할 수 있었다. 심지어 러시아 연방군은 1차 도하 시도에서 실패했음에도 불구하고 동일한 위치에 또다시 기갑부대를 재편성하여 도하를 시도하다가 연쇄적으로 파괴 당했다. 이러한 과정을 볼 때, 러시아 연방군은 전투 과정에서도 현장의 정보를 실시간으로 파악하지 못하고 계획된 작전대로만 병력을 전개했음을 알 수 있다.

또한 우크라이나군은 ISRTA의 지원을 통해 망치와 모루 전술을 현대적으로 재해석한 지상군 전술을 적용하여 이 전투를 성공적으로 수행할 수 있었다. 과거 한니발의 노련한 이베리아 중장보병의 역할은 실전 경험이 풍부한 공수부대가 맡았으며, 갈리아 중기병대의 역할에는 M777 야포가 투입되었다.[4] 이 전투 하나만으로 예를 들면, 망치와 모루 전술이라는 지상전투의 패러다임은 크게 변하지 않았으나 우크라이나군이 러시아 연방군보다 이 전술을 효율적으로 운용할 수 있도록 NATO군의 협력 및 지원을 받았기 때문에

표 12.2 칸나이 전투와 시베르스키도네츠강 전투의 망치와 모루 교리 제대 구성

	칸나이 전투	시베르스키도네츠강 전투
모루(조공)	(카) 아프리카-이베리아-갈리아족 연합보병대	(우) 제17전차여단 (우) 제30기계화여단
망치(주공)	(카) 이베리아 경기병 (카) 켈트 중기병 (카) 누미디아 기병	(우) 제93기계화여단(M777 야포) (우) 제80공중강습여단
전면(front)	(로) 군단 보병대 (로) 동맹군 보병대	(러) 제90근위전차사단(도하) (러) 제74차량화소총여단
측면(flank)	(로) 파울루스-바로 경기병대	(러) 제41제병합동군 (러) 제90근위전차사단(대기)

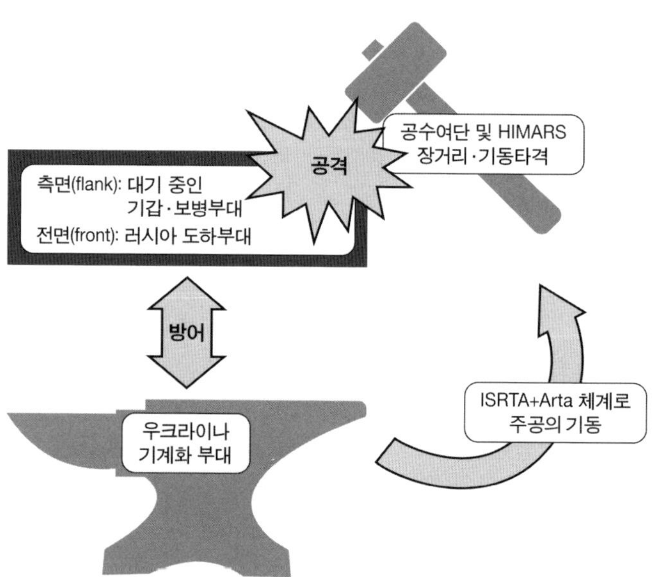

그림 12.3 우크라이나군이 적용한 망치와 모루 전술의 개념도

전투에서 소기의 목적을 달성할 수 있었다고 평가한다. 러시아 연방군이 도하하려는 장소를 실시간으로 파악한 우크라이나군은 미국의 스타링크 시스템과 GIS Arta 앱을 이용하여 광범위하게 포진된 보병부대와 포병부대를 실

시간으로 연계할 수 있었고, 파악한 표적획득정보를 이용해 재빨리 M777 야포를 전개하여 화력을 집중하는 등 망치의 역할을 수행했으며, 우크라이나 기갑 및 기계화 부대도 정확한 도하지점에 배치되어 모루로써 기능을 발휘했다. 과거 측면을 기동하여 공격하던 기마대의 역할로써 M777 야포뿐만 아니라 전투 헬리콥터 등 항공전력으로 러시아 연방군이 후퇴할 부교 위치 및 재집결할 위치까지 공격했다.

이 시베르스키도네츠강 전투는 돈바스 전쟁 이후 우크라이나군이 지속적으로 발전시킨 지상전투의 전술과 교리가 NATO군과 대등하게 공동작전을 수행할 수 있을 만한 단계에 이르렀음을 방증하는 대표적인 사례이다. 수년간 NATO식으로 전술 및 교리를 교체하고, 2022년의 러시아 침공 이후에는 대규모로 NATO 장비를 도입하여 그동안 NATO군과 실시한 공동훈련 및 전술에 기반하여 러시아 연방군과는 전혀 다른 군대로 거듭난 것이다.

시베르스키도네츠강 전투처럼 우크라이나군이 전쟁 기간의 주요 전투에 적용한 작전 개념은 기본적인 지상군 전술과 패러다임에서 크게 벗어나지 않았지만, 가장 큰 차이점을 두 가지로 구분해 보면 다음과 같은 요소를 꼽을 수 있을 것이다. 첫째, 근거리 중거리 장거리를 모두 통합하여 실시간으로 전장의 정보를 취합하고, 인공지능 및 초고속 데이터 처리 기반 시스템에 의거한 표적획득능력이 과거의 그 어떤 전쟁에서보다 두드러지게 전황에 작용했으며, 상대적으로 러시아 연방군이 지속적인 열세를 보였다. 둘째, 과거의 전쟁에서 주공은 기병이나 기계화 부대 중심의 중장비가 동원된 전투부대였고 조공은 보병이었으나 우크라이나군은 이러한 제대 구성을 탄력적으로 편성해 작전을 실시했다. 시베르스키도네츠강 전투에서 조공은 기갑부대와 기계화보병들로써 최전선에서 러시아 연방군의 도하를 직접적으로 저지했고, 주공은 기동력이 구비된 공수여단과 그 공수여단이 보유한 헬리콥터 및 M777 경량 야포였다.

지상군 전술과 더불어, ISRTA의 지원으로 우크라이나 보병의 무기체계 역시 제 역할을 수행할 수 있게 되었다. 19세기까지 전장의 주역이었던 보병은 1차 세계대전 이후 전차, 항공기, 포병의 급속한 발달로 인해 취약성이 급격히 증가했으며 전장을 결정짓는 역할에서 물러나 보조전력으로 변화했다. 그러나 이번 우크라이나군 보병무기체계는 ISRTA와 결합하면서 현대전에서 보병의 존재를 위협하는 세 가지 무기체계, 즉 전차, 포병, 헬리콥터에 효과적으로 대응할 수 있음을 보여 주었다. 기존에도 대전차 미사일이나 휴대용 지대공 미사일이 있었지만, 유도탄 기만장치 및 대보병 제압무기와 같은 대응책이 많이 개발된 상태였기에 보병의 전투 효율은 반비례하여 낮아졌으며, 보병은 전차가 지나간 자리에 들어와 깃발을 꼽는 역할로 전락하는 게 아닌가 하는 성급한 예측도 있었다. 그러나 2022년 러시아-우크라이나 전쟁에서는 보병이 실시간으로 전장정보를 입수하여 표적정보를 획득함으로써 전차, 박격포, 공격 헬리콥터 등 기존에는 보병에 대해 압도적인 우세를 가지고 있던 위협에 능동적으로 대항할 수 있을 뿐 아니라 전세를 바꿀 수도 있을 만큼의 이니셔티브를 획득했다는 점을 주요한 변화로 들 수 있다.

우크라이나 육군은 기갑부대를 이용한 정면승부와 같은 지상작전보다는, 비교적 은닉과 엄폐가 유리한 보병 위주의 방어전 및 후방교란작전을 중시하게 된다. 러시아 지상군의 기갑 및 보급부대가 진격하는 기동로에 미리 ISRTA 정보를 받아서 소수의 보병부대가 대전차 미사일로 무장하여 단계적으로 기갑 및 보급부대의 진격을 저지하고, 진격 속도가 저하되거나 혹은 아예 진격이 돈좌되는 순간에 기동성이 뛰어난 HIMARS 로켓이나 M777 야포를 이용하여 최적의 사격 위치로 이동한 후 러시아의 기갑 및 수송부대를 타격하고 위치를 다시 이탈하는 전술을 사용했다. 이러한 전술은 매우 순식간에 이루어지는 망치와 모루 전술의 변형으로써, 대규모 보병부대를 이용한 모루의 역할 대신, 강력한 대전차 및 지대공 미사일로 무장한 소규모 보병부대가 모루의 역할을 대체했다. 2차 세계대전이나 걸프전쟁 당시만 하더라도 기동부대는 전차 중심의 기계화보병이었으나, 러시아-우크라이나 전쟁에서 망치의 역할은 상시 기동하면서 언제든지 러시아 기갑부대 및 후방의 보급부대를 타격할 수 있는 HIMARS와 M777이 맡게 되었다. 물론 돈바스 전쟁 때도 우크라이나는 구소련의 대전차 미사일 뿐만 아니라 자국이 개발한 스투그나 초기형 미사일도 보유하고 있었지만, 이와 같은 2세대 구형 대전차 미사일의 최대 문제점은 사격 후 보병의 생존성이 극히 낮기 때문에 대규모로 전장에 투입할 수 없어서 전세를 바꿀 만큼 결정력은 없었다.5)

그러나 2022년 상황은 과거와 전혀 다른 요건이 추가되었다. 바로 NATO군의 ISRTA 전력이다. ISRTA의 도움으로 우크라이나는 러시아의 보급 및 기갑부대의 이동 및 배치 상황을 실시간으로 파악할 수 있었으며, 예상되는 최적의 위치에 대전차 미사일을 운용하는 보병부대를 배치하고, 공격 후 가장 안전한 후퇴로를 항공정찰로 파악하여 생존성을 높였기 때문에 속칭 '자살부대'로 악명 높은 대전차 미사일 공격부대에 대한 효과를 일신할 수 있게 되었이다. 가장 많이 사용되는 2세대 대전차 미사일은 반자동시선유도(Semi-Automatic Command to Line of Sight: SACLOS) 방식이며, 보병이 조준기로 전차를 겨냥하면 조준기의 전자유도장치가 미사일을 조준점에 찍힌 전차로 자동으로 지령하여 유도하는 방식이다. 이러한 방식은 수동유도에 의존하는 1세대와 비교하면 명중률 및 안전성이 크게 향상되었지만 전차에 적중할 때까지는 보병이 계속 조준기를 보면서 (20~40초가량) 조준해야 하기 때문에 발사 후 위치가 탄로나면 보병의 생존율은 매우 희박할 수밖에 없는 단점이 여전히 존재한다.6) 그러나 우크라이나군이 대량으로 도입한 소형 전장감시드론을 통해 이러한 상황은 크게 반전되었다.

여기에 더해 2세대 스투그나-P보다 더 우수한 3세대 대전차 미사일 FGM-148 재블린이 결합하여 전투의 효율을 극대화했다. 미국은 무기대여법(Lend-

Lease)을 개정하여 재블린 미사일을 대량 공급함으로써 러시아-우크라이나 전쟁의 지상전 양상에 근본적인 변화를 꾀했다. 재블린 미사일은 러시아군의 최신예 전차인 T-90M도 일격에 파괴할 수 있는 강력한 화력을 갖추었으며, 발사 직후 보병이 진지를 이탈할 수 있어서 생존성을 일신했으며, 경우에 따라서는 헬리콥터도 격추할 수 있는 다양한 폭파 모드를 제공함으로써 전차와 공격헬기 무용론의 불씨를 지필 정도로 큰 영향력을 보여 주었다. 오릭스의 자료에 의하면, 전쟁 후 7개월의 자체적인 집계에서 러시아군의 전차는 1,300여 대 이상 격파된 것으로 추정된다.[7] 정확한 데이터는 종전 이후에 나오겠지만, 우크라이나군 전차부대보다 보병부대가 파괴한 러시아군 전차가 더 많을 것으로 추정된다. 2022년 미국 국방부의 발표에 의하면, 2021년 8월부터 2022년 6월까지 제공된 재블린 미사일은 모두 6,500여 기에 달한다. 2022년 4월까지의 자료에 의하면, 재블린 미사일의 러시아 전차 파괴 성공률이 90%에 달한다는 분석[8]이 있으며, 93%라는 수치도 제시되고 있다.[9]

그렇다면 러시아가 재블린 대전차 미사일에 막대한 피해를 입으면서도 대응하지 못한 이유는 무엇일까? 첫째, ISRTA의 부족으로 우크라이나군의 정확한 위치를 알 수 없었기 때문이다. 러시아 연방군은 우크라이나군과 달리 전선 전반에 걸친 실시간 ISRTA 능력을 구비하지 못했고, 그 결과 전장정보가 부족한 상황에서 기갑부대를 축차투입함으로써 막대한 손실을 입었다.

둘째, 서방의 경제 및 수출 제재로 인해 러시아 전차는 대전차 미사일 방어시스템(Active Protection System)에 소요되는 반도체 및 정밀 부품을 입수하기가 극히 힘들어졌다. 현재까지 러시아는 드로즈드(Дрозд, 1978), 쉬토라(Штора, 1988), 아레나(Арена, 1993), 아프가니트(Афганит, 2016) 등을 개발하면서 서방의 대전차 미사일에 대응해 왔으며, 특히 최신형 아프가니트 시스템은 대부분의 대전차 미사일에 대응하는 세계 최고 수준의 방어시스템으로 알려져 있으나, 개발 후 6년이 지난 2002년 개전 당시까지도 전장에 투입시키지 못하고 있다. 앞서 언급한 최신형 T-14 아르마타 전차의 생산이 지연된 것과 같은 이유로, 첨단 반도체, 센서 및 정밀기계부품을 수입할 수 없었기 때문이다.[10] 구형 전차들은 재블린과 같은 3세대 대전차 미사일의 공격에 매우 취약했다. 전문가들은 이런 러시아 전차의 구조적 취약성을 '잭인더박스(Jack in the Box)' 현상으로 명명하기도 했다.[11] 상당수 러시아 전차들이 이번 전쟁 기간에 재블린 미사일을 막기 위한 응급 대응책으로써, 이른바 케이지(cage)라는 철제 구조물을 전차 포탑 위에 덧대어 미사일 공격을 막고자 했으나 수류탄을 투하하는 드론을 막는 것 이외에 효과는 별로 없었다. 오히려 증가한 중량이 전차의 기동성을 떨어뜨리고, 전차장의 시야를 가리는 부작용만 초래했으며, 포탑 위에 포탑 높이만 한 철제 구조물을 덧붙여 놓아 멀리서도 전차가 쉽게 발견되는 약점도 추가되었다.

셋째, 우크라이나 보병이 돈바스 전쟁 때와 달리 러시아군의 진격을 막을 수 있게 된 비결 중 하나는 대량의 보병 휴대용 지대공 미사일을 운용할 수 있었다는 점이다. 우크라이나군은 원래 구소련의 9K 계열 MANPADS를 운용하고 있었으나, 도입한 지 시간이 지나 노후화되었을 뿐만 아니라 전장에서 상대할 항공기는 전부 러시아제 헬리콥터나 저공비행전술기로 예상되었으므로, 미국은 냉전시대부터 러시아제 항공기를 상대하는 데 특화된 FIM-92E 스팅어 미사일을 대량으로 우크라이나 전선에 투입시켰다. 2022년 6월까지 미국이 제공한 스팅어 지대공 미사일은 1,400발로써, 대량의 미사일을 단기간에 제공함으로써 미국 내 재고량이 급감하여 미국 국방부가 제조사인 레이시온에 스팅어 미사일 1,300발을 신규 주문할 정도였다.[12] 특히 우크라이나의 육상기지 및 야전방공시스템이 모두 러시아제로 구성되어 있는 환경에서 전면전이 발생하면 예상할 수 없는 해킹이나 부품수급문제가 일어날 수도 있기 때문에 우크라이나군의 미국산 지대공 미사일의 대규모 도입은 합리적인 결정이라고 볼 수 있었다.[13]

여기에 더해 스팅어 미사일이 2세대 휴대용 지대공 미사일이라고 한다면, 영국이 새로 개발하여 러시아-우크라이나 전쟁에서 최초로 실전 테스트를 실시한 스타스트릭 미사일은 3세대에 속한다고 할 수 있다. 앞서 3세대에 해당하는 재블린 대전차 미사일이 기존 2세대의 단점을 거의 해결함으로써 대전차전에 대한 보병의 능력을 과거와 비교할 수 없을 정도로 끌어올렸다고 한 바 있듯이, 스타스트릭 휴대용 지대공 미사일은 보병의 최대 난적 중 하나인 지상공격항공기에 대한 새로운 전기를 마련했다고 평가할 수 있다.

미국의 재블린 대전차 미사일에 러시아의 모든 전차가 파괴되는 현상이 생중계되어 이른바 전차 무용론이 부각될 정도로 충격을 주었다면, 영국 쇼트 미사일 시스템(Shorts Missile Systems)에서 개발한 스타스트릭 휴대용 지대공 미사일의 성능 또한 러시아의 무장 헬리콥터가 아무런 대응을 할 수 없을 정도로 강력한 성능을 보여 주었다. 스팅어, 미스트랄, 이글라 등 기존의 1~2세대 보병 휴대용 대공 미사일은 적외선 탐색기를 탑재했기 때문에 헬리콥터가 플리어(FLIR)를 사출하여 기만 및 회피기동을 통해 미사일을 피할 수 있었고, 적기를 추적하기 위해 적외선 탐색기를 작동시키려면 적외선 센서를 45초에서 3분 정도 냉각시킨 후 발사해야 했기 때문에 적기를 발견하더라도 즉시 사격이 불가능했다. 그러나 스타스트릭은 항공기의 열을 추적하는 적외선 방식이 아니라 표적의 속도와 방향을 탐지한 후 발사 후 예상되는 충돌 지점으로 미사일을 유도하는 고도의 레이저빔 라이딩 방식을 사용한다. 따라서 헬리콥터는 기존의 적외선 기만장치 혹은 레이더 유도 기만장치인 채프(Chaff)를 사용할 수 없다.[14)]

그러나 과연 최신형 보병 휴대용 지대공 미사일만으로 우크라이나군이 러시아 연방군을 상대할 수 있을까? 그 대답은 '아니오'이다. 보병 휴대용 지대공 미사일은 대기시간이 짧기 때문에 적의 항공기가 공격할 경우 신속하게 대응할 수 없다. 그러나 적의 항공기가 이동하고 있다는 위치정보를 안다면

표 12.3 2022년 러시아-우크라이나 전쟁 개전 후 7월까지 양국의 헬리콥터 및 주력 UAV 피해

	러시아 손실 내역	우크라이나 손실 내역
육군 항공 헬리콥터	KA-50/52: 16기 Mi-24/35: 9기 Mi-8: 12기 Mi-28: 6기 기종 미상 헬리콥터: 6기	Mi-24/35: 1기 Mi-8: 5기 Mi-2: 3기
소계	49기 이상 손실	9기 손실
UAV	Orlan-10 정찰드론: 70기 Eleron-3 정찰드론: 12기 Takhion 정찰드론: 2기 Zala 421-16e2 정찰드론: 3기 Merlin 정찰드론: 1기 Supercam S450 정찰드론: 1기 미상 드론: 5기	A1-SM 정찰드론: 6기 UJ-22 정찰드론: 1기 Leleka-100 정찰드론: 3기 Spaitech Sparrow 정찰드론: 1기 FlyEye 정찰드론: 2기 Bayraktar TB2 다목적 드론: 9기 기타: 2기
소계	94기 이상 손실	24기 손실

자료: Oryx(2022.7.5).

그 위치에 도달하기 전에 미리 적외선 탐색기를 가동하여 발사준비 상태로 대기하고 있다가 적기가 도달하면 공격을 보다 효과적으로 할 수 있다. 우크라이나군은 ISRTA와의 연계로 러시아 항공기의 위치정보를 실시간으로 파악할 수 있게 되었으며, 그 결과 보병부대가 보유한 휴대용 지대공 미사일로도 항공기에 대한 대처를 과거에 비해 훨씬 효율적으로 할 수 있게 되었다. 우크라이나 공군의 공격을 받아 격추된 러시아군 항공기가 거의 없다는 점을 감안할 때, 러시아의 헬기 손실은 거의 대부분 휴대용 지대공 미사일에 의한 것이라고 추정할 수 있다.[15)]

보병에게 치명적인 약점이라고 할 수 있는 또 다른 위협요소로 박격포와 같은 소구경 곡사화기를 들 수 있는데, 이에 대한 대응책으로서 미국의 스위치블레이드 자폭형 공격드론도 전투력 향상에 기여했다. 이제까지 보병은 포병에 유일하게 대응할 수 있는 무기체계가 휴대용 60mm 박격포 정도였지만,

이마저도 사거리 및 기동성에서 크게 제한적이고 발사 후 위치가 탄로되면 역습으로 큰 피해를 입을 수 있었다. 또한 기존의 경량 전술드론, 특히 보병이 휴대하는 드론은 대부분 정찰형이라 공격수단이 될 수 없었으며, 일부 민수용 드론(농약 살포 및 항공 촬영용)을 개조하여 제한된 공격을 가하는(저위력 경량 폭탄을 투하하는) 수준이었다.

그러나 미국 에어로바이런먼트(AeroVironment)사에서 제작한 스위치블레이드 드론 시스템은 보병이 휴대하여 운용할 수 있는 세계 최초의 공격 전용 드론이라는 점에서 보병전투의 새 장을 열었다. 미국 국방부는 스위치블레이드 공격 드론 700 시스템[16]을 우크라이나에 제공했는데,[17] 이는 스위치블레이드를 개발하고 제식화한 후 단 한 번도 미군 이외의 외국군에는 판매되거나 대여 혹은 운용조차 되지 않았던 것이다.

스위치블레이드는 기본형이 2.5kg으로 보병이 휴대하기에 부담이 없을 뿐 아니라 1기당 6천 달러로 고가의 공격형 드론에 비해 경제성을 확보하고 있으며, 최대 15분 비행하여 반경 10km 이내의 목표를 IR·가시광선 센서 및 GPS 센서를 통해 타격할 수 있다.[18] 전차를 일격에 파괴하기에는 다소 부족한 공격력이지만, 소프트 타깃이나 포병부대를 공격하기에는 충분한 파괴력이다. 미국 이외의 국가에 판매되지 않은 최신형 무기체계라는 점을 감안할 때, 스위치블레이드의 정확한 성능 및 전과는 공식적으로 공표된 바 없으나 오릭스 및 디펜스 블로그(Defence Blog) 등 다양한 매체에서 스위치블레이드를 통한 타격 후 사진이 유출되고 있으며 이 중 대부분은 적의 야전지휘소 및 포진지에 대한 공격이었다.[19]

스위치블레이드가 기존의 보병 휴대용 미사일이나 경량 드론과 근본적으로 다른 이유는 크게 두 가지이다. 첫째, 탑재된 인공지능으로 적의 위치를 스스로 찾는 기능이다. 대전차 미사일이나 MANPADS는 적의 존재(위치 및 속도)를 직접 확인하고 발사 준비를 거쳐 록온(Lock on)시킨 후 발사하지만,

스위치블레이드는 표적을 정확히 확인하지 않더라도 일단 발사를 시키면 공중에서 표적을 스스로 찾아 공격한다. 이는 실시간으로 ISRTA를 제공 받지 못하는 최전선의 보병에게 크게 유리한 장점이며, 은닉되어 있는 적의 박격포 및 포병에 대해 보병에게 매우 유연한 공격전술을 제공해 준다. 둘째, 발사 후 표적이 없더라도 저속으로 15~40분간 인공지능이 전장을 감시하고 표적을 발견하면 공격모드로 전환되기 때문에 보병이 현장에서 기다릴 필요가 없다. 따라서 보병부대의 퇴각이나 기동에 여유가 생겨 보병의 생존율을 크게 높일 수 있다.

결국 재블린, 스타스트릭, 그리고 스위치블레이드와 같은 첨단 보병무기가 ISRTA와 연계되면서 헬기, 전차 및 포병에 대해 절대적으로 열세였던 보병의 패러다임을 전환시킬 수 있는 계기가 마련되었다. 우크라이나는 2024년 기준으로 유일하게 이 세 가지 무기체계를 ISRTA와 연계하여 동시에 운용하는 국가이다. 러시아 보병무기체계는 냉전 붕괴 직후의 수준에서 답보 상태일 뿐만 아니라 단기간에 최첨단 보병무기체계를 대량으로 확보할 능력이 구비되어 있지 않다. 이번 전쟁에서는 우크라이나군이 적용 중인 새로운 패러다임의 보병무기체계가 심화될수록 수적 우위보다는 질적 우위가 더 중요한 변수가 될 수 있으며, 이는 곧 소수의 보병으로도 공세를 지연시키거나 차단시킬 수 있는 모루의 역할을 충분히 할 수 있음을 증명한다.

ISRTA와 고기동타격체계의 만남, 리만전투

"러시아 연방군은 우크라이나군 HIMARS를 44대 파괴했다." 러시아 국방부는 9월 2일 자 텔레그램과 트위터를 통한 일일 전황보고에서 우크라이나군의 HIMARS를 성공적으로 격퇴하고 있다는 내용을 대대적으로 발표한 바 있다. 그러나 실제로는 당시 기준으로 러시아가 파괴한 HIMARS는 단 한 대도 없었으며, 모든 HIMARS가 작전 가능한 상태였다고 밝혀졌다.[20] 이러한 해프닝은 러시아 연방군의 ISRTA 능력이 대단히 낮은 수준임을 반증하는 사례라고 할 수 있다. 9월까지 미국이 제공한 HIMARS는 20기인데 44기를 파괴했다는 러시아 군 당국의 주장은 러시아 정보 당국이 전장의 상황조차 제대로 파악하지 못한 게 아니냐는 의구심을 불러일으켰다.

그렇다면 왜 러시아 국방부는 이처럼 금세 진실이 밝혀질 허위 사실을 발표한 것일까? 이에 대한 추론은 크게 세 가지이다. 첫째, 미국이 제공한 HIMARS 및 M777 고기동견인포로 인해 러시아 지상군의 피해가 증폭되고 있기 때문에 러시아 군 당국이 수치를 과장해서 발표할 정도로 HIMARS 파괴에 대한 강박관념에 사로잡혀 있을 가능성이다. 둘째, 러시아 연방군의 ISRTA가 제대로 작동하지 않아서 실제 HIMARS를 공격한 것인지, 공격 후 전과 확인을 제대로 한 것인지에 대한 검증조차 하지 못하고 있을 가능성이다. 셋째, 심리전의 일환으로, 미국이 고가의 고기동포병체계를 제공한다 하더라도 러시아 연방군은 그에 대한 대책을 만전에 기하고 있음을 보여줌으로써 러시아 연방군의 사기를 유지하고, 반대로 우크라이나군의 임전태세를 약화시키려는 목적이다. 이 모든 가정이 사실일 수도 있고 틀릴 수도 있지만 한 가지 확실한 사실은 이번 전쟁에서 처음으로 대량 운용되기 시작한 HIMARS 및 M777 고기동포병전력은 ISRTA와 연계했을 경우 지상전의 패러다임을 바꿀 수 있는 중요한 축이 되었다는 점일 것이다.

HIMARS의 첫 포대는 6월 23일에 우크라이나에 인도되었으며, 그다음 날 바로 실전 배치되어 야간에 첫 실사격을 실시할 수 있을 정도로 전장 적응도가 높았다. 동부전선에서 러시아군이 매일 평균 1만 2천~1만 5천 발의 포격을 실시했는데, HIMARS가 실전에 투입된 후 8월에는 하루 평균 5천~6천 발 수준으로 급감했다고 우크라이나 군 당국이 발표한 바 있다.[21] 우크라이나 국방부의 드론 정찰자료 영상에서는 헤르손에 전개 중인 러시아 BMP-2 보병 전투차가 HIMARS에 제압 당하는 장면이 공개되었다. HIMARS는 이제 모든 전선에서 모든 러시아군의 목표를 공격하는 첨병 역할을 맡고 있다. 어찌 보면 상당히 전통적인 무기체계에 속하는 다연장로켓발사기가 어떻게 우크라이나 전장에서 가장 중요한 무기체계가 될 수 있었을까? 그것은 바로 ISRTA를 통한 실시간 표적정보로 인해 정밀유도능력을 가진 HIMARS의 전투력이 극대화되었기 때문이다. 이러한 HIMARS와 ISRTA의 결합은 이번 전쟁에서 가장 극적인 반전을 이룬 리만전투에서 그 효과를 충분히 드러냈다.

전투 사례: 리만전투(리만 포위전)

정밀하고 장거리 사격이 가능할 뿐만 아니라 기동성이 뛰어난 HIMARS는 실시간으로 적의 위치를 파악할 수만 있다면, 망치와 모루 개념에서 과거 기병을 대체할 만한 새로운 기동타격수단으로 자리 잡을 수 있다는 점을 리만전투에서 보여 주었다. 9월 30일 리만전투에서 우크라이나군은 HIMARS를 주요 타격수단으로 활용하여 러시아 연방군의 기갑부대를 전투 시작과 동시에 대량으로 파괴했다.[22] 리만전투에서 우크라이나군은 주요 거점인 리만을 탈환하기 위해 여단급 이상의 보병부대를 집결시켜 리만 주위를 포위하면서 러시아 기갑부대의 공세를 최대한 저지함과 동시에 리만 동쪽의 자리츠네(zarichne)와 얌필은 포위하지 않고 러시아군의 퇴로로 비워놓았다. 러시아 연방군은 우크라이나 보병이 저지하지 않는 동쪽으로 병력을 집결할 수밖에 없었으며, HIMARS가 집결된 러시아 연방군을 신속히 기동타격함으로써 리만지역의 러시아군을 완전히 와해시켰다.[23]

이 전투에서 우크라이나군은 최정예 러시아군이라고 알려진 제1근위전차군을 포함한 제3군단 자체를 궤멸시켜 2차 세계대전 당시 바그라티온 작전의

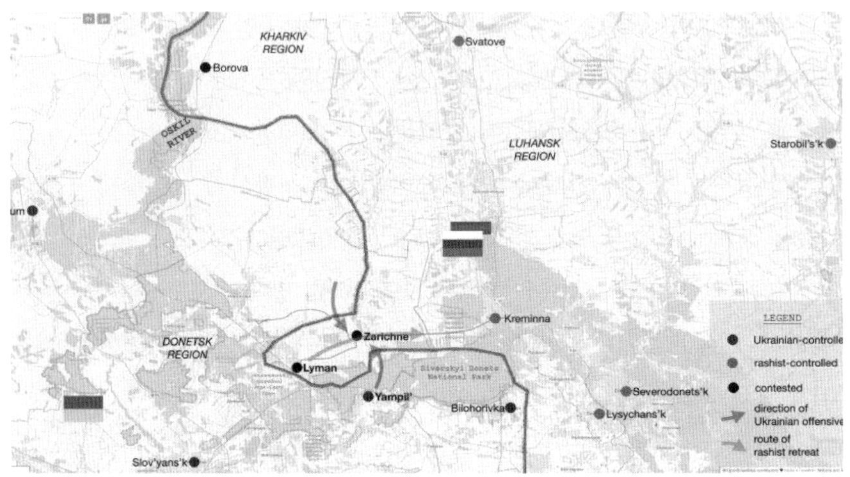

그림 12.4 리만전투 상황도(9.29~30)

▌우크라이나군은 보병여단을 중심으로 리만 돌출부에서 러시아 기갑부대의 공세를 저지하고 동쪽의 자리츠네만 포위망을 풀어 러시아군을 유도한 후 집결된 러시아군을 HIMARS로 타격하여 궤멸시켰다.

재림을 보여 주었다고 평가 받는다. 리만전투 이전에 우크라이나군 수뇌부와 NATO군은 수차례 워게임을 실시했으며, 사전정찰 및 정보수집을 충분히 마치고 나서, 이지움을 탈환 후 리만까지 공략할 수 있을 것으로 판단했다.[24) 이에 반해 러시아 제3군단과 제1근위전차군은 우크라이나의 주공이 헤르손 공략에 집중할 것이라 판단했으며 우크라이나의 주공이 이지움-쿠퍈스크를 점령한 이후에도 리만까지 진격할 것이라고 예측하지 못했다. 이미 ISRTA에서 전투 이전에 승패가 50%는 결정되었다고 해도 과언이 아닐 것이다.

리만은 이지움이나 쿠퍈스크처럼 교통의 요지 및 물류집적소이기 때문에 러시아 연방군이 리만을 방어함에 있어서 지속적으로 ISRTA를 가동시켜야 함에도 불구하고 이지움과 쿠퍈스크가 점령되고 있는 와중에 리만 방어태세를 구축하는 데 실패했다는 것은 ISRTA 부족의 심각성을 증명한다. 우크라이나군은 포켓(포위망)을 형성하면서 러시아군이 한 방향으로만 퇴각할 수 있도록 유도했고, 전장정보를 습득하지 못한 러시아군은 우크라이나군이 유도한 포켓의 출구로 집결하여 퇴각했다. 결국 리만 동쪽의 자리츠네 방면 출구에 러시아 퇴각병력이 집결되면서 이를 파악한 우크라이나 포병대가 HIMARS를 중심으로 집중포격을 실시하여 퇴각하는 러시아군을 붕괴시켰다. 오히려 이 전투에서 러시아군이 포기하고 전장에 방치한 전차를 노획함으로써 우크라이나의 전차 보유 수는 개전 전보다 늘어났다.[25] 영국 정보 당국은 우크라이나가 개전 이후 440여 대의 전차 및 650여 대의 기갑차량을 노획하여 정비 후 우크라이나 육군에 배속시켰다고 평가했다.[26]

고기동화포병전력을 주공의 수단으로 채택함으로써, 단지 러시아군의 보급 및 전투지원체계를 마비시키는 효과만 발생한 것이 아니다. 전쟁의 막바지에 예상되는 대규모 전차전 혹은 대규모 회전을 위해 주공의 역할인 전차전력을 최대한 보존하고 전차 승무원들의 피로도를 최소화하는 동시에 정비 및 훈련에 만전을 기할 수 있었다. 이에 반해 막대한 전차 손실을 입은 러시아 연방군은 1950~1960년대에 개발하고 생산한 T-55, T-62까지 창고에서 꺼내 21세기의 전장으로 투입하고 있는 실정이다. 원래 T-62 전차는 헤르손 전선처럼 우크라이나군의 기갑부대가 소량으로 배치한 곳의 방어용으로만 투입되었으나, 전차의 소모량이 높아지자 일선전차로 투입될 수밖에 없었다. 결국 러시아 연방군은 냉전시대에 생산된 T-62 전차 800여 대를 개수하여 현대화 사양을 추가하고 전장에 투입하기로 결정한다.[27]

이처럼 NATO-우크라이나군은 전통적인 군사사상인 망치와 모루 전술을 현대전에 적용하고 아울러 지난 세기의 대규모 기갑부대를 중심으로 한 지상전투의 패러다임을 바꾸기 위해 다양한 시도를 했으며, 그 대표적인 사례가 바로 능동적으로 적의 공세에 대응할 수 있게 된 보병전투체계의 개선 및 고기동포병전력을 주공으로 활용하는 신개념의 망치와 모루 전술이다. 이러한 전술과 무기체계의 발전을 통해 우크라이나군은 전쟁 전 압도적 우위라고 평가되던 러시아 연방군의 전투력을 단계적으로 약화시켰다.

이상의 전쟁 초기 전황을 바탕으로 도출한 6부의 결론은 다음과 같다. 첫째, 러시아 연방군은 2014년 돈바스 전쟁에서 드러난 우크라이나 지상군의 전투력을 과소평가하는 동시에 돈바스 전쟁에서 등장하지 않은 NATO군의 ISRTA 전력을 계산에 포함시키지 않았다. 이에 반해 우크라이나군은 러시아가 침공하기 직전인 2021년부터 미국을 시작으로 집중된 서방의 무기체계를 수용함과 동시에 NATO의 ISRTA 지원을 바탕으로 돈바스 전쟁과 전혀 다른 새로운 지상전투전술을 적용했다. 둘째, 러시아 연방군은 2000년대 이후 이른바 RMA의 일환으로 첨단 지상무기체계를 개발하는 데 성공했으나 크름반도 병합 이후 가해진 서방의 제재로 핵심 부품의 수급과 첨단무기체계의 양산에 실패했다. 그 결과 냉전시대에 개발된 무기체계를 바탕으로 ISRTA와 연계되지 않은 구소련군의 전술을 답습함으로써 양적으로 우세한 기갑전력과 포병전력의 제병효과가 발생하지 못했다. 결국 우크라이나군과 반대로

그림 12.5 ISRTA와 전쟁 메커니즘 1(지상전술전투체계)의 상관관계

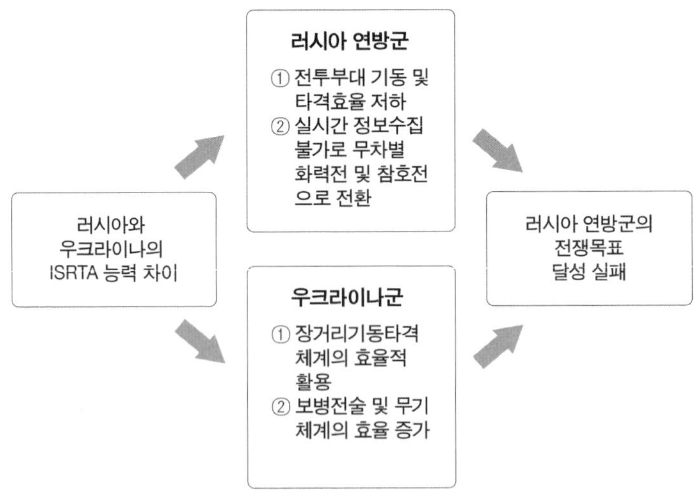

ISRTA라는 새로운 군사적 혁신을 수용하지 못한 러시아 지상군은 돈바스 전쟁에서 선보였던 전술과 무기체계로 작전을 펼치면서 전쟁 초기에 막대한 피해를 초래했으며, 그 결과 주요 전략목표를 점령하지 못한 채 공세 실패에 이르렀다.

7부

우크라이나 전장을 지배한 전쟁 메커니즘 2, 보급과 전투지원체계

"러시아 연방군은 곧 심각한 보급문제에 봉착하여 진격을 멈출 수도 있다."

로이터가 개전 이틀 후 타전한 기사에서 지적한 것처럼, 러시아 연방군의 보급체계는 공세의 속도 및 우크라이나군의 저항에 직접적으로 영향을 받는 가장 취약한 아킬레스건과 같은 부위임이 드러나기 시작했다.[1)] 보급체계에서 나타난 문제를 보면 MBT 2,800여 대, 예비 치장물자로 보관 중인 전차 물량만 무려 1만 1천여 대에 이르는 세계 최대 기갑전력의 러시아 지상군이 왜 2,500여 대 미만의 전차를 보유한 우크라이나 지상군을 상대로 전쟁에서 고전할 수밖에 없었는지 설명할 수 있다. 기름이 없는 전차는 존재하지 않는 것과 다름없기 때문이다.

7부에서는 ISRTA로 유발된 러시아 연방군의 보급 및 전투지원체계의 문제점을 주로 다룬다. 결론부터 이야기하자면, 러시아군은 전선에서 실시간으로 전장정보를 수집하고 평가한 다음 표적정보를 활용하는 능력이 우크라이나군에 비해 열세였기 때문에 양적인 화력에서 우위였음에도 불구하고 전쟁 초기 전선을 돌파하지 못했다. 그리고 전선이 고착된 이후에는 전쟁이 장기화되면서 러시아의 보급체계는 예상을 초월한 전쟁물자 수요를 충족시키지 못하고 전쟁목표 달성에서 점점 거리가 멀어지는 악순환에 빠졌다. 이에 반해 우크라이나군은 돈바스 전쟁과 달리 축소된 보급로의 이점을 살려 소형 드론 등으로 보급로를 실시간 파악하면서 보급체계를 지원할 수 있었고, 미국 및 NATO의 대규모 전쟁물자를 직접 지원 받으면서 전쟁 초기 러시아 연방군의 공세를 저지할 수 있었다. 7부에서는 이러한 러시아군과 우크라이나군의 보급 및 전투지원체계의 차이를 고찰하고자 한다.

이를 위해서는 2022년 러시아-우크라이나 전쟁과 같은 대규모 전면전 수준의 전쟁이 6개월 이상 장기화될 경우 과연 어느 정도의 전쟁물자를 준비해야 하며, 전투를 거치면서 실제로 소비되는 물자의 양은 어떤 수준인지, 또한 그 많은 물자를 보관하고 수송하고 배분하는 운송체계를 유지하는 데 어느 정도의 자원과 장비가 필요한지 개념 정리가 필요하다.

전쟁에서 보급과 수송체계의 중요성은 춘추전국시대부터 제자백가에서 나온 각종 병법서들, 손자(孫子), 오자(吳子), 육도(六韜), 삼략(三略), 사마법(司馬法), 이위공문대(李衛公問對), 위료자(尉繚子) 등에 소상히 기술되어 있을 만큼, 비단 현대전에서 부각된 전쟁요소가 아니라 시대를 초월하는 전쟁 수행의 요소라 할 수 있을 것이다. 그러나 과거에 기술된 각종 병서와 전술에서는 현대적 의미의 보급과 수송체계에 대한 양적 자료를 다루지 않고 개념적·추상적으로 기술하기 때문에 현대전에 적용할 만한 보급과 수송체계의 자료를 인용하려면 최소한 1990년대 이후에 기술된 자료를 이용해야 한다.

가까운 예로 1991년의 걸프전쟁을 들 수 있다. 사막의 방패 작전(Operation Desert Shield)은 미국이 이라크에 본격적으로 진격하기 위한 사막의 폭풍(Operation Desert Storm) 작전을 앞두고 공중우세 및 장거리 보급로를 확보하기 위해 준비한 것이었다. 당시 미국을 중심으로 한 다국적군이 담당할 전역은 가로 세로 약 350×400마일의 광역 전투지역으로, 3개의 주요 보급로와 14군데의 주요 물자집적소로 구성되어 있었다.[2] 이는 2022년 러시아-우크라이나 전쟁에서 러시아 연방군이 부담해야 할 보급로의 규모와 매우 유사하다. 러시아의 최서부전선이라고 할 수 있는 헤르손에서 러시아 본토 아조프까지의 직선거리가 322마일로, 러시아가 실제 보급로를 유지해야 할 최소한의 거리라고 볼 때 걸프전쟁에서 다국적군의 보급로와 매우 유사한 수준이다. 걸프전쟁 당시 다국적군은 군 자체적인 수송능력의 한계에 직면하여 2천여 명의 민간인 트럭 운전자를 추가로 고용하는 계획을 세울 만큼 장거리 수송에서 민간의 협력을 얻어야만 했다.[3)]

수송로의 길이 이외에도, 소비되는 물자의 양도 전쟁 수행에 중요한 역할을 한다. 사막의 방패 작전 당시 미국에서 추산한 소비물자의 양을 1개 기계화 사단 기준으로 볼 때, 교전이 없는 평시임무 수행 시 하루 평균 557톤, 적의 공격에 대응하는 작전을 수행할 경우 하루 평균 2,079톤, 그리고 완전한 공격임무로 전환되었을 경우에는 하루 평균 2,473톤을 소모한다고 되어 있다.[4)] 러시아 연방군 역시 미국과 유사한 기갑부대 중심의 기동전으로 공세를 펼치기 때문에 전투물자 소비 수준도 비슷하리라 추측할 수 있다.

만약 1개 기계화 사단이 하루 평균 2천 톤의 물자를 소비한다면, 이 물자를 수송하기 위해서는 트럭의 하루 왕복 주행 거리와 보급 시간을 고려할 때 약 80km마다 보급품 집적소를 건설해야 하며 2.5톤 트럭 기준으로 하루 두 차례 보급을 실시한다면 최소한 400여 대 이상의 트럭이 쉬지 않고 가동해야 한다는 계산이 나온다. 바로 이러한 보급의 부담은 현대전 수행에서 가장 중요한 요소이며 보급체계를 타격하는 전술이 가장 효율적인 공격수단이 될 수 있다는 것을 2022년 러시아-우크라이나 전쟁이 잘 보여 준다.

13장

보급문제에서 한시도 자유롭지 못했던 러시아군

양적·질적으로 우세한 NATO의 ISRTA 전력은 비단 최전선에 위치한 러시아 지상군의 장비와 병력을 직접 타격하는 데 그치지 않고, 러시아 연방군의 후방에 위치한 물자집적소, 보급 및 정비기지, 교량 및 도로를 파괴함으로써 간접적으로 러시아 연방군의 전투력을 크게 약화시켰으며, 전쟁이 장기화될수록 보급체계의 난맥은 우크라이나에 산개된 러시아 연방군 전체의 생존을 위협할 만큼 주요한 전장의 마찰이 되었다. 러시아 연방군의 보급 및 전투지원체계는 개전 초기부터 드러나기 시작했다. 우선 개전 2주가 지난 시점에서는 러시아 본토에서 거리가 먼 수도 하르키우 및 북구 수미전선에서 심각한 연료 및 탄약 부족으로 기갑차량들의 기동이 둔화되었다는 관측이 연이어 보고되었다.

한 달이 채 지나지 않아 남부전선의 진격이 돈좌되기 시작했고, 이윽고 동부를 포함한 모든 전선이 고착화된 시점에서는 연료뿐만 아니라 탄약 부족으로 지상군의 화력지원도 제한적인 상황에 도달했다. 이뿐만 아니라 기본적인 전투지원체계라고 할 수 있는 의약품, 식량, 피복 및 장구류 등에서 장기간의 전투를 유지할 수 없는 열악한 수준의 지원이 이루어지고 있다는 정황이 광범위하게 포착되었다.[1] 전쟁이 장기화되면서, 단기전에서는 문제시되지 않을 수 있었던 보급문제가 전쟁 용어에서 흔히 회자되는 전장의 마찰로써 작용하여 결국 러시아 연방군의 발목을 잡았다.

이러한 보급 및 전투지원체계의 난맥이 러시아군을 전선에서 위태로운 수준까지 내몰리게 만든 원인은 크게 세 가지이다, 첫째는 ISRTA를 간과함으로써 취약해진 보급로 및 과도한 물자의 소비이다. 러시아 연방군은 2월 24일 푸틴의 특별군사작전 명령이 하달된 직후, 수도 키이우를 점령하고 수미-체르니히우주를 점령하여 단기간에 전쟁을 끝냄과 동시에 벨라루스-러시아 본토를 잇는 북부회랑을 만들고자 했다. 이를 위해서는 1,500km가 넘는 보급선을 러시아 본토로부터 유지하거나 혹은 벨라루스에서 300km 정도의 보급선을 확보해야 했다. 러시아 연방군은 우크라이나군이 2014년 돈바스 전쟁 때처럼 소극적인 방어 태세로 임한다면 고속기동전으로 우크라이나의 방어선을 뚫고 종심을 확대하여 보급선을 유지할 수 있을 것으로 보았다.[2]

그러나 돈바스 전쟁 때와 달리 우크라이나군은 전선을 돌파 당한 이후에도 소규모 부대단위로 기동하면서 러시아의 주공보다는 보급호위부대를 집중 타격했다. 이러한 우크라이나군의 대응에 러시아가 효과적으로 대응할 수 있는 방법은 두 가지였는데, 하나는 보급대의 호위전력을 대폭 확충하여 우크라이나군의 매복공격이 있을 때마다 반격하는 것이고, 다른 하나는 광범위한 항공정찰을 통해 우크라이나 기동부대의 위치를 실시간으로 파악하여 장거리 미사일이나 항공기(헬기, 공격기 등)를 통해 신속하게 타격하는 것이다. 그러나 전자는 공격하기에도 부족한 전투력을 보급부대에게까지 할당한다는 것은 불가능에 가까운 요구였으며, 후자 역시 ISRTA 체계 개발과 도입에는 몇 년 이상의 시간과 막대한 비용이 들기 때문에 불가능한 방안이었다. 따라서 러시아 지상군은 보급선이 길어질 때마다 우크라이나군의 매복공격으로 보급선에 막대한 타격을 입을 수밖에 없는 상황에 처하게 되었다.

둘째, 러시아군이 작전지역을 해외로 결정하는 경우, 현지의 지형적인 요소이다. 주전장이 대부분 러시아와 러시아에 인접한 수천 킬로미터의 광대한 전선이기 때문에 장기간 광대한 보급망을 유지하기란 러시아(소련)에게 그 자체로 극복하기 매우 어려운 물리적인 장애인 것이 사실이다. 러시아는 18세기 이후 근대전을 경험하면서 광대한 전선과 머나먼 보급선의 장애물로 인해 전쟁에 패한 역사가 적지 않았으며, 보급에 대해 전통적으로 간과하는 군사적 성향이 짙기도 하다.

우선, 3개의 함대를 보유했으나 해상보급체계를 확립하지 못함으로써 주로 철도 보급에 의존하던 1905년 러일전쟁에서는 결정적 전투인 봉천회전에서 만주의 광대한 전선과 수천 킬로미터가 넘는 보급선을 유지하지 못해 그것이 결국 직접적인 전투의 패인이 되기도 했다.[3] 봉천회전에서 이어진 쓰시마 해전에서도 러시아 발트함대의 전투함 38척은 기항인 쌍트페테르부르크에서 출발하여 목적지인 블라디보스토크항까지 무려 3만 3천 킬로미터에 이르는 초장거리 함대 기동을 하면서 가장 중요한 연료인 석탄을 보급하는 데 실패함으로써 예상 기동로 및 작전수행 기간에서 한계를 드러내어 일본의 연합함대에게 쓰시마 해협에서 일방적인 기습을 당한 후 함대가 소멸되는 결과가 발생하기도 했다.

1차 세계대전에서도 러시아 제2군의 괴멸에 가까운 패전으로 기록된 1914년의 타넨베르크 전투 역시 낙후된 보급체계와 지나치게 긴 보급로가 패전의 가장 큰 원인이었다. 독일군은 러시아군이 빈약한 통신망과 낙후된 보급망에 의존하고 있다는 사실을 알았으며, 파벨 폰 렌넨캄프의 제1군은 러시아군의 보급이 느리다는 점을 활용하여 13일 만에 러시아 전선으로 기동했다. 전선에 병력만 도착하고 물자보급은 충분하지 않았던 러시아군은 완평된 독일군의 공세를 감당하지 못하고 와해되었으며, 이후 러시아군이 다시 서부전선으로 진출하지 못하게 될 만큼 치명타가 된 사례도 있었다.[4]

전장이 현대로 옮겨진 이후에도 러시아(소련)군의 보급문제는 만성적이라고 할 만큼 개선될 여지가 보이지 않았다. 1979년에 시작되어 1989년에 소련의 패배로 끝난 아프가니스탄 전쟁에서도 소련군은 판지시르 계곡, 자와를 산맥에서 보급로를 유지하는 데 실패하면서 결국 1만 5천여 명의 전사자를 남긴 채 철수해야만 했다.[5] 현지 소련군 지휘관들은 전차와 공격헬기를 증강하기보다는 기계화보병이 호위하는 강력하고 신속한 보급부대를 운용해야 하며, 주요 요충지를 요새화하고 공세 이전에 보급물자를 충분히 준비한 후 작전을 개시해야 하고, 주변 지역을 지속적으로 감시하고 장악하여 보급로를 지켜야 한다는 기본적인 군사작전교리를 제안했으나 모스크바에서는 신속한 전과를 원했기 때문에 보급보다는 더 많은 전차와 공격헬기를 투입했다.

셋째, 러시아(소련)군의 군사적 교리의 특수성을 들 수 있다. 약 100년간 러시아(소련)군의 주요 전사를 돌이켜 볼 때 정치제제, 지도자, 군 체계와 관계없이 러시아(소련)군은 근본적으로 군사력 확충에서 더 많은 병력과 화력을 전선에 집중하는 군사적 전통을 유지하고 있으며, 이것이 2022년 러시아-우크라이나 전쟁에서도 영향을 미치고 있다고 분석할 수 있다. 미국의 무기대여법 지원 아래 막대한 물자와 장비를 공급 받았던 2차 세계대전에서도 러시아는 보급물자나 공병장비보다는 공격무기, 즉 전차와 자주포를 최전선에 먼저 수송하는 경향이 있었다. 이러한 점들을 감안할 때, 눈에 보이지 않는 러시아 내부의 군사적 전통이 여전히 잔존하면서 2022년 러시아-우크라이나 전쟁에 악영향을 미치고 있다는 가정도 충분히 가능하다.

러시아 연방군은 21세기가 20여 년 지난 현시점에도 해외 군사작전의 보급을 트럭과 같은 저속 운송수단에 의존하고 있으며, 방호력이 낮은 트럭부대를 호위할 호송부대나 트럭의 저속을 보완할 입체적인 항공 수송수단을 보완하는 데 실패했다고 볼 수 있다. 2022년 러시아-우크라이나 전쟁은 주전장이 러시아 영토가 아니라 철도나 해상 보급로를 활용하기 어려운 우크라이나 영내 및 흑해 연안이기 때문에 막대한 보급물자를 거의 대부분 APC(장갑수송차량)에만 의존하는 보급수단의 한계를 극복해야 했으나, 전쟁 초기의 전황을 분석해 보면 명백히 수송수단의 개선 및 보호에 실패하고 있음을 알 수 있다.

물론 미군이나 NATO 역시 최전선의 지상군 보급수단으로 트럭과 같은 저속 차량을 대량 운용하고 있으나, 느린 속도를 보완하기 위해 항공 보급을 보급수단의 보조 축으로 활용하고 있으며, ISRTA를 통해 보급대를 실시간으로 감시 호위하고 있다는 점이 큰 차이라고 하겠다. 이에 반해 미국 및 NATO군과 달리 여전히 트럭이라는 2차원적 보급수단과 호위 및 속도 개선에 한계를 드러낸 수송수단의 낙후성 때문에 러시아군의 보급문제는 현대전에서 속도와 방어라는 측면의 근본적인 취약성을 안고 있다.

앞서 소련은 1979~1989년 아프가니스탄 전쟁에서 우크라이나 전쟁과 매우 유사한 보급문제를 겪은 바 있다고 지적했다. 아프가니스탄 전쟁 중 소련은 거의 모든 보급을 빈약한 호위 병력이 방어하는 트럭 행렬에 의존했으며, 무자헤딘은 트럭보급대의 취약한 방어를 집중적으로 노려 소련군의 보급체계를 마비 직전까지 몰고 나갔다. 변변한 전차 한 대 없는 무자헤딘의 타격에 아프가니스탄 주둔 소련군 10만여 명의 생존이 위태로운 사태까지 이어진 것이다. 지형적으로 중요한 지점에 중간보급기지를 설치하고, 그 기지를 중심으로 수송부대를 보호하는 지역 방어부대를 편성하고, 속도가 느린 트럭의 단점을 보완하기 위해 의약품 등은 헬리콥터로 보완하는 등의 대책을 생각하지 못한 것은 아니었으나, 당시 소련군은 일렬로 주행하는 트럭보급대에 의존하는 2차 세계대전 당시의 체계에서 크게 벗어나지 못하고 있었다. 아프가니스탄 침공 이후 30여 년이 지난 2022년 우크라이나 침공에서도 수송수단의 한계와 보급대 호위능력 저하라는 문제점을 개선하지 못했음이 드러났다.

현대전에서 보급대 호위는 ISRTA 전력과 기동성 있는 기계화 호위대 및 근접지원 항공전력이 유기적으로 이루어질 때 가능한데, ISRTA에서는 이미

5부에서 기술한 바와 같이 공격부대에 대한 지원에도 실패했기 때문에 보급부대에까지 ISRTA 전력을 투사하기란 러시아군에게 거의 불가능에 가까웠다. ISRTA가 제대로 지원되지 않기 때문에 보급대를 노리는 우크라이나군의 매복공격대를 사전에 탐지할 수 없어서 소규모의 매복공격조에 의한 대전차 미사일 공격에 보급대의 측면은 항상 취약한 모습을 보였고, 이를 보호할 기계화보병부대는 우크라이나군이 어디에 매복해 있는지 특정할 수 없어서 막대한 양의 탄을 소모하며 보급문제를 더 악화시켰다. 이처럼 개선되지 않은 러시아군의 수송수단 및 호위부대의 낮은 방호력으로 인해 러시아 연방군의 보급문제는 갈수록 악화되었다.

넷째, 러시아 연방군이 보유한 보급물자 및 소모재 비축량이 대규모의 장기적 현대전을 수행하기에는 매우 부족하다는 사실이 드러나고 있다. 소련-아프가니스탄 전쟁과 러시아-우크라이나 전쟁의 유사점은 단기 결전을 예상한 보급량과 운송수단에 있다는 점도 들 수 있다. 보급량과 운송수단의 예상 수치를 크게 벗어났다는 사실만으로도 러시아(소련)군의 보급체계가 매우 낙후되었으며 수십 년이 흐른 현재까지 개선되지 않았다는 점을 방증한다. 물론 러시아가 푸틴 체제에서 군수체제의 개혁을 전혀 시도하지 않은 것은 아니다.

2008년부터 본격적으로 시작된 국방개혁안에는 군수개혁도 포함되어 있었다.[6] 제3차 국방개혁 내용 중에는 지속가능한 군수 및 전투지원체계에 대한 비전이 있었는데, 주요 내용은 민간 산업분야와의 협력, 의무시설의 통폐합과 효율화, 군수물자 보관시설 확충 및 통합형 군수지원체계 구축이 골자를 이루고 있었다. 그러나 이러한 군수개혁은 돈바스 전쟁 기간을 통해서도 드러났듯이 소기의 목적을 달성하지 못하고 고질적인 러시아 연방군의 군수체계 문제점을 다시 부각시켰을 뿐이다. 군수개혁의 가장 큰 장애물은 바로 만연한 부정부패였기 때문이다.

예를 들어 2012년에 한 러시아 방산업체는 전술미사일을 요격하기 위한 항공기 장비 개발과 관련하여 2,600만 달러 규모의 계약을 체결했으나, 그 어떤 개발 결과도 없이 예산만 사라져버린 사기계약으로 밝혀졌다.[7] 이러한 방산비리는 빙산의 일각에 불과하다고 알려져 있으며, 2010년부터 2020년 사이에 국가재무장계획의 일환으로 약 6천억 달러를 투자했으나 40% 정도의 예산은 부정부패로 인해 투자되거나 회수되지 못한 매몰비용으로 처리된 적도 있었다.[8] 러시아 군부 및 방산업체 간의 만연한 부정부패로 인해 국방개혁에 분명 군수 및 전투지원체계 개혁안이 있음에도 불구하고 전쟁물자의 부족은 돈바스 전쟁에서도 문제가 되었으며, 2022년 우크라이나 침공 때도 만성적인 군수체계의 저효율에 시달리는 원인이 된다.

만성적인 전장 동맥경화증을 보여 준 수미지역 전투

수 킬로미터에 늘어선 보급차량과 이를 호위하는 전차와 보병전투차를 보면 러시아 육군의 화력과 장비의 양적 수준은 확실히 세계 2위 군사대국에 걸맞은 규모라고 하겠지만, 문제는 이 장비를 유지할 만큼의 보급체계가 매우 부족하다는 것이다. 특히 길게 늘어선 보급부대의 행렬은 곳곳에서 우크라이나군의 습격을 받아 화염에 휩싸이곤 했는데, 이는 러시아 국경에서 멀리 떨어질수록 더 많이 관찰된다. 대표적으로 키이우, 체르니히우, 수미 등 우크라이나 영토 깊숙한 전선에서 러시아군의 보급 행렬은 유지가 불가능할 정도로 공격 받고 있다. 왜 이런 문제가 발생하는 것일까?

여기에는 크게 세 가지 지형적인 요인을 러시아가 간과한 점을 들 수 있다. 첫째, 러시아 연방군은 고속으로 진격할 경우 개전 일주일 이내에 수도 키이우를 함락시킬 수 있을 것이라고 판단했으며, 그 결과 보급로를 위협하는 우크라이나군의 전투력 규모 및 배치에 대한 전장정보 수집, 즉 ISRTA를 이용한 보급로 보호에 상대적으로 소홀했다. 전장정보를 실시간으로 획득하지 않아도 속전속결로 1천 킬로미터가 넘는 보급로를 유지하면서 전투를 지속할 수 있으리라 기대한 것이다. 그러나 러시아 연방군의 기대와는 달리, 키이우까지의 길은 너무나 멀었으며, 텅 비어 있을 거라고 생각한 우크라이나 내륙 곳곳에서는 우크라이나의 대전차 공격조가 ISRTA 지원을 받아 실시간으로 러시아군의 위치를 파악하여 최적의 타격 위치에 매복해 있었다.

둘째, 러시아 연방군은 개전을 결심할 당시 우크라이나군이 돈바스 지역에 병력을 집중할 것이기 때문에 북부전선에는 전력 공백이 발생할 것이며, 수도 키이우를 기습 공격하여 압박한다면 젤렌스키 대통령이 해외로 망명하거나 항복할 것이라고 예상했을 가능성이 높다. 따라서 키이우까지의 보급선이 길어도 기동전을 통해 속전속결로 수도 키이우를 점령할 계획을 세운 것이다. 우크라이나 당국이 키이우를 조기에 포기한다면 러시아 본국에서 멀리 떨어진 키이우까지의 보급선 문제를 전장의 마찰이라고 인식하지 않았을 가능성이 크다. 그러나 러시아 연방군은 ISRTA의 부족으로 키이우, 수미 및 체르니히우의 우크라이나 방어 태세에 대한 정보, 우크라이나군의 움직임, 그리고 정작 중요한 젤렌스키 대통령의 움직임도 파악하는 데 실패함으로써 속전속결의 전술은 폐기 상태가 되어 버렸다.

셋째, 광대한 우크라이나 영토의 대부분이 밀밭이라 기동이 힘들고 겨우내 쌓인 눈이나 비가 녹아서 진창(러시아어로는 라스푸티차, 우크라이나어로는 베즈도리자)이 되면 지형 자체가 장애물이 되리라는 점을 간과했다. 따라서 야지 횡단은 애당초 포기한 채 전적으로 도로에 의존한 전장 보급선을 유지했는데, 기갑부대를 먼저 전개시켜 도로의 안전을 확보하고 기계화보병으로 수송부대를 호위한다면 트럭과 같은 약한 수송차량이라도 안전하게 도로망을 이용하여 장거리 보급을 할 수 있을 것이라고 낙관했을 수 있다.

넷째, 흑해함대가 흑해의 제해권을 완전히 장악하고, 베르댠스크나 마리우폴 항구를 재가동시키고, 오데사항을 점령할 수 있다면 비용 대비 효과가 뛰어난 해상수송을 통해 우크라이나 남부전선에 광범위한 보급을 할 수 있을 것이라는 기대감을 가지고 전쟁에 임했을 수도 있다. 그러나 러시아 연방군이 기대했던 요소들은 모두 예상과 빗나갔으며, 키이우 점령 실패, 젤렌스키 정권 붕괴 실패, 라스푸티차, 오데사 점령 실패 등 악재가 겹치면서 러시아 연방군의 공세는 개전 초기에 돈좌되었다. 이를 타개하기 위해 막대한 포탄을 소모하면서 오히려 취약한 보급체계에 더 많은 부하가 가해져 보급체계가 마비되는 결과에 이르렀다.

전투 사례: 수미지역 보급로 전투

매복공격을 받아 파괴된 러시아군의 보급트럭 행렬에서 화염이 피어오르고 그 대열 옆에는 포탑이 날아가 시커멓게 그을린 T-72 전차들을 비롯해 도로를 빠져나와 수풀 속으로 몸을 피하는 러시아 병사들의 모습이 연일 TV나 소셜 미디어에서 나옴으로써, 이번 전쟁을 상징하는 전장의 이미지로 굳어졌다. 단기 결전에 실패한 러시아군에게 남은 것은 지루하고 잔혹한 보급체계의 수난이었다. 그나마 러시아 본토와 가깝고 이미 돈바스 전쟁을 통해 상당부분 영토를 장악한 돈바스 지역을 제외하고 나머지 전선, 즉 키이우, 체르니히우, 수미, 하리코프, 멜리토폴 그리고 헤르손 지역의 보급은 약속이라도 한 듯 개전 2주 만에 심각한 동맥경화 현상에 시달리게 되었다.

이는 1979년 소련-아프가니스탄 전쟁에서와 똑같은 현상으로, 본국에서 수천 킬로미터나 떨어진 아프가니스탄의 산악지역에 장거리 장기간 보급체계를 유지하는 대신, 단기 결전으로 (특수부대 중심) 아프가니스탄을 장악하던 방식과 거의 유사하다. 우크라이나도 마찬가지이다. 비록 아프가니스탄보다 본국에서의 보급로는 짧지만, 전선의 범위는 아프가니스탄에 비해 우크라이나가 훨씬 넓다. 우크라이나는 유럽에서 국토의 면적이 가장 넓은 국가이다.[9] 러시아는 15만 명 이상의 병력과 각종 무기 및 물자를 러시아 국내에서는 철도로 운송한 후, 우크라이나 영내의 철도 집결지에서 하차시켜 체르니히우, 드니프로강, 멜리토폴 그리고 헤르손으로 이어지는 육상 보급로(트럭 이용)로 운용할 계획이었던 것 같다.

러시아 연방군은 철도 집결지 중 하나인 수미지역을 점령하는 데 실패함으로써 북부 및 북동부 전선의 보급은 전적으로 도로에 의존할 수밖에 없는 상황이었다. 러시아 연방군이 체르니히우 및 수미 지역에서 주요 거점을 점령하지 못하자 언론들도 러시아가 병참문제로 향후 진격에 큰 장애를 겪을 것이라는 보도를 내놓았다.[10] 러시아 연방군이 대부분의 보급을 도로에 의존하게 되었다는 말은, 영토 크기에 비해 촘촘하게 발달하지 않은 우크라이나의 국도와 고속도로의 상황에 군의 생명줄이 달렸다는 뜻이다. 우크라이나 입장에서는 그 긴 보급로 중 일부 지역에 소규모의 공격 팀을 배치하여 매복기습을 하는 전술이 매우 효과적이었으며, 이는 곧 대부분의 보급로에 걸쳐 파급되었다.

러시아 연방군은 이 보급로를 지키기 위해 세 가지 방안을 써야만 했다. 첫째, 보급부대에 충분한 기계화보병을 호위부대로 배속하여 우크라이나군의 매복공격이 있을 경우 반격하거나 차단하는 방법이다. 이 방법은 러시아 연방군의 병력 운용에 여력이 없기 때문에 채택하기 어렵다. 둘째, 공격 및 무장 헬리콥터를 이용하여 보급로 상공에서 우크라이나군의 공격을 신속하게 격퇴하거나 역습을 가하는 방법이다. 이는 아프가니스탄 전쟁에서 미국이 칸다하르 지역에 보급부대를 호송할 때 자주 쓰던 전술이었으나 상당한 자원이 소모되고 제공권을 확보해야 가능한 방법이기 때문에 역시 어렵다. 셋째, ISRTA 전력을 충분히 활용하여 우크라이나의 습격부대나 매복부대를 실시간으로 파악하여 우크라이나군이 작전을 개시하거나 기동하기 전에 미리 타격하는 방법이다. 이 방법의 장점은 보급대를 호송하는 호위부대가 많지 않아도 될뿐더러, 비용이 많이 들고 위험부담이 따르는 공격헬기를 운용하지 않아도 대처할 수 있다는 장점 때문에 가장 효율적이다. 그러나 ISRTA가 없다면 이 또한 무용지물에 가까운 대책일 뿐이다.

결국 러시아 연방군은 ISRTA 능력의 부재로 인해 세 가지 방법 중 첫 번째를 채택했으나, 전쟁이 길어질수록 호위부대에 투입되는 병력과 장비는 점점 줄어들 수밖에 없으며, 이 방법 또한 ISRTA가 연계되지 않는다면 매우 비효율적인 호위작전일 뿐이다. ISRTA의 결여로 인한 보급체계의 위기는 전쟁이 발발한 후 며칠이 지나지 않아 현실이 되었다. 러시아의 보급로 붕괴 사례 중 가장 대표적인 것으로는 2월 24일부터 4월 초까지 이어진 수미지역에서의 전투를 들 수 있다.

수미전투는 푸틴의 특별군사작전이 하달되자마자 러시아의 정예부대인 제1근위전차군이 동원되어 예하 20여 개의 BTG가 동원되었다. 주요 전투지역은 의외로 광범위한데, 그 이유는 우크라이나군이 러시아 연방군의 보급로 중 특정 지역만 공격한 것이 아니라 취약지를 실시간으로 파악하여 타격했기 때문이다. 따라서 수미시를 중심으로 수백 킬로미터 이상 길게 이어진 보급로가 수미전투의 주요 전장이라 할 수 있으며, 북부전선의 핵심 지역인 수미시는 러시아 및 벨라루스에서 지리적으로 가까운 도시이기 때문에 이 지역이 보급의 향방을 결정할 주전장이 될 수밖에 없었다.

러시아 연방군은 개전과 동시에 쇼스트카, 코노포프 등의 작은 마을을 점령하면서 수미시의 북쪽을 포위했으나 수미시의 남부인 오흐티르카 및 트로스티안네츠 마을을 포위하는 데 실패하면서 전선의 돌파가 정체되었고, 정체된 전선을 따라 이어지는 보급로 전체에 우크라이나 예비전력인 국토방위군여단과 비정규 민병대가 매복공격을 하면서 러시아 연방군은 수미시를 점령하

그림 13.1 우크라이나 북부전선에서 포착된, 총 연장 60km에 이르는 러시아 보급부대 행렬 중 일부

는 대신 보급로를 방어하는 데 전념할 수밖에 없었다.

러시아 연방군의 수십 킬로미터가 넘는 보급부대 행렬은 하루에 2~3km 정도밖에 전진을 못할 만큼 정체된 경우가 많았는데, 이는 우크라이나의 소규모 기동부대가 대전차 미사일 등으로 무장하여 보급로 행렬 중 취약한 지점을 불시에 타격했기 때문이다. 이에 러시아 지상군은 보급부대 주변을 정찰하여 적의 위치나 규모를 파악하는 ISRTA 능력이 절대적으로 부족했기 때문에 우크라이나군의 기습매복공격에 매우 취약했다.[11] 콘보이라 불리는 보급부대 행렬에는 정찰용 항공기(드론이나 헬리콥터)가 광범위한 정찰을 실시하고, 정찰부대가 적의 기습을 사전에 파악하여 공격헬기나 기동력이 구비된 타격체계를 이용하여 보급대를 보호해야 하지만 보급부대에 할당된 항공호위부대는 존재하지 않았다.

전략적인 차원에서 우크라이나군의 기습매복을 차단하기 위해서는 보급로를 일일이 지킬 것이 아니라, 체르니히우 및 수미 지역을 완전히 점령해야 안정적으로 보급대를 운용할 수 있다. 러시아 연방군이 개전과 동시에 체르니히우와 수미 지역을 공략한 것도 다 그러한 배경이 있기 때문이다. 그러나 2월 24일부터 3월 말까지 진행된 수미 지역의 전투에서 오히려 우크라이나군

그림 13.2 3월 2일의 우크라이나 전황

▌안정적인 보급로를 확보하기 위해 러시아 연방군은 하르키우-수미-체르니히우를 연결하는 북부회랑을 만들고자 했으나 각 지점을 연결하지 못하고 결국 북부회랑 형성에 실패했다.

은 점령 당했던 수미시 북쪽 마을들에 역습을 가하고 차례로 탈환하면서 러시아 연방군의 전략적 목표 중 하나인 수미 점령은 실패로 드러났고 보급기지의 형성도 불가능해졌다.

수주에 걸친 전투를 통해 러시아 연방군은 ISRTA에서 우크라이나군을 압도한 적이 없으며, 그 결과 보급로를 주로 공격하던 우크라이나 2선급 예비전력인 국토방위군여단에게도 전투 주도권을 빼앗기고 말았다. 만약 러시아 연방군이 보급로 주변에 대한 실시간 감시정찰에 충분한 여력이 있었다면, 우크라이나 기습부대의 위치를 미리 파악할 수 있었다면, 러시아는 긴 보급로를 안전하게 확보하면서 러시아 본토-체르니히우-수미-키이우에 이르는 진격루트를 확보할 수 있었을 것이다. 그러나 러시아군은 ISRTA 부족으로 인해 보급로를 주로 노리던 우크라이나 매복부대를 견제하지 못했고, 이는 북부전선 전체에 대한 보급문제로 이어져 결국 수미지역 점령에 실패하는 결과를 맞이했다. 우크라이나군이 북부전선을 완전히 탈환한 이후로 러시아 연방군은 단 한 번도 이 지역을 다시 점령하기 위한 공세를 재개할 수 없었다.

보급체계 유지에서, 부족한 ISRTA 능력과 맞물려 또 다른 장애물이 발생했는데, 이른바 라스푸티차(러시아어 Распутица), 베즈도리자(우크라이나어 Бездоріжжя), 진흙 장군(General Mud)으로 불리는 계절 현상이 그것이다. 겨우내 쌓였던 많은 눈이 1월 말부터 녹기 시작하여 포장된 도로를 제외한 모든 지형을 진흙밭으로 만드는 이 현상은 러시아, 벨라루스, 북부 우크라이나 일대에서 4월 하순까지 이어지는데, 특히 비포장도로의 융해를 일으켜 차량이 통행하는 데 극히 힘든 조건이 된다. 따라서 궤도형 차량이 아닌 장륜형 차량에는 많은 화물을 적재할수록 진흙 속으로 더 깊숙이 파고들어가 운송이 아예 불가능하거나, 극소량의 물자만 수송 가능한 상태가 된다.

개전 초기에는 라스푸티차가 러시아군의 진격을 방해하는 큰 원인이었는데, 우크라이나군의 매복공격이 빈번해지자 러시아 콘보이 행렬은 자주 도로를 벗어나 평야를 가로지르기도 하고, ISRTA 지원이 결여된 상태에서 우크라이나군의 매복이 예상되는 위험지역을 크게 우회해야 하는 상황이 자주 발생했다. 이 경우 호송부대는 비포장지역을 지나갈 수밖에 없어 상당수 차량이 라스푸티차라는 천연의 함정에 빠져 버렸다. 라스푸티차는 특히 트럭에 의존하는 러시아군의 보급 행렬을 방해하는 큰 원인이었다.

사실 우크라이나와 서부 러시아의 평야지대의 라스푸티차가 2022년 러시아-우크라이나 전쟁에 처음 등장한 것은 아니고, 이미 돈바스 전쟁 이전부터 양국이 모두 인지하고 있었던 장애물이다. 따라서 러시아가 이를 예상하지 못했다는 주장은 근거가 약하다.[12] 게다가 역사적으로도 대부분 러시아는 라스푸티차를 통해 어드밴티지를 얻은 경우가 많았으며, 특히 국가의 존망을 결정하는 대전투에서 라스푸티차는 러시아의 최종 기후병기와도 같았기에 라스푸티차의 위력을 무시하거나 예상하지 못했을 리는 없다. 가장 대표적인 예로, 1812년의 나폴레옹 침공 시 나폴레옹은 익히 라스푸티차라는 전장의 마찰을 예상하여 여름에 전쟁을 시작했으나, 러시아군의 지연전술로 진격이 늦어져서 결국 라스푸티차로 보급과 부상병 후송이 늦어지는 바람에 모스크바 전투 이전에 병력의 3분의 1을 상실하는 큰 차질을 입었고, 결국 러시아 정벌에 실패한다.[13)]

또한 독소전쟁의 시작인 1941년의 바르바로사(Barbarossa) 작전에에서도 히틀러는 모스크바를 공략하기 위해 라스푸티차가 발생하기 전인 10월 이전까지 작전을 마치려고 했으나 러시아군의 지연작전으로 결국 11월부터 시작된 라스푸티차에 보급로 및 진격로가 차단되어 공세종말점이 찾아왔고, 중부집단군의 경우에는 40만 명 이상의 인명피해가 발생하여 동부전선 전체가 무너지는 시발점이 되고 말았다. 이처럼 대전쟁을 통해 수만에서 수십만 명에 이르는 인명피해를 가져다준 라스푸티차는 러시아를 지켜준 기상무기(meteorological weapon)였다.

그럼에도 불구하고 러시아의 군수체계 및 야전공병부대는 우크라이나 전역에서 발생하는 이 기상조건에 대비를 전혀 하지 않았거나 혹은 무시했다고 볼 수 있다. 역사적으로 라스푸티차는 러시아의 편이었기 때문에 이번에도 러시아가 라스푸티차에 대해 안일한 생각을 가지고 있었는지는 확인할 방법이 없으나, 전황에서 드러난 러시아군 보급체계의 문제점은 러시아가 라스푸티차에 철저히 대비하지 못했음을 알려준다. 물론 전쟁을 수주에 끝내거나 혹은 4월 말 이후 라스푸티차가 소멸하면 러시아군의 보급체계에 숨통이 트일 수는 있으나, 문제는 전쟁에서 가장 중요한 시기인 공세의 시간표에 진흙장군이 버티고 있었다는 것이다.

보급 부족을 타개하려면 신속히 부대를 전개해서 적의 공격을 막아 낸 후, 그 적을 추적하고 지휘본부까지 타격하여 제2, 3의 매복공격을 원천 차단하는 것이 차선책이다. 그러나 공격의 최전방에 있던 T-90A 전차, 2S3 아카치야 자주포는 우크라이나군과 교전하기 위해 진격하다가 빈번하게 라스푸티차에 갇혔으며,[14] 이를 회수할 공병대나 군수지원체계가 없었기 때문에 우크라이나군이 노획하거나 사용 불가능하도록 파괴하는 등 비전투 손실도 급증했다.

개전 초기에 러시아 공병대 및 군수지원체계가 라스푸티차를 극복하지 못한 것이 드러남에 따라, 결국 기갑부대 및 보급대는 다시 포장된 도로에 의존해 기동할 수밖에 없었고, 우크라이나군의 입장에서는 보급로 기습이 더 용이해졌다. 이러한 기동로의 제한은 향후 전쟁이 진행되면서 러시아군의 가장 큰 취약점 중 하나가 되었는데, 라스푸티차를 피해 도로를 이용하면, 소규모 전투 인원으로 구성된 우크라이나군이 도로 주변에 매복하여 휴대형 대전차 미사일과 드론으로 러시아 보급대 및 호위부대를 집중 공격했으며, 이는 마치 소련-아프가니스탄 전쟁에서 무자헤딘의 매복공격의 악몽이 재현된 것과 같은 양상이다.[15]

수미지역 전투에서 드러나듯이, 트럭에만 의존하는 단조로운 운송체계도 러시아군이 현대전을 수행할 능력이 낮다는 평가를 받은 원인이었다. 우선 군 전문가들이 지적한 대로, 트럭에 의존하는 수송 방식은 시간이 매우 오래 걸릴 뿐만 아니라 편도가 아닌 좁은 길의 왕복 운행이라는 점을 감안하면 수송기, 헬기, 철도, 선박 중에서 가장 효율이 떨어진다. 길고 좁은 길을 수많은 트럭이 왕복하면서 물자를 실어 나르고 다시 보급기지로 복귀하여 전선으로 기동하는 운행을 해야 하기 때문이다. 평균적으로 러시아 연방군 병사에게는 하루에 200kg 정도의 보급물자가 필요하다. 이것은 음식, 연료, 탄약, 의약품 등 병사 1인에게 소요되는 보급물자를 평균으로 나누어 계산한 수치이다. 러시아는 최소 15만 명 이상의 병력을 우크라이나 침공에 동원했으므로, 산술적으로는 매일 3만 톤 이상의 보급물자를 전선으로 수송해야 한다. 그러나 러시아군은 전통적으로 NATO군이나 미군의 체계와 달리 편제에서 수송과 보급을 담당하는 병력이 적다.

가장 기본적인 BTG 기준으로 볼 때, 900여 명으로 편성이 완성된 BTG에서 보급 및 수송을 담당하는 전투지원병력은 150여 명 정도이다. 물론 작전의 규모가 커지면 여단급 혹은 더 큰 제대단위의 보급부대가 각각의 BTG를 보조할 수 있지만, 이미 이번 전쟁에서 드러난 것처럼 BTG의 보급은 유기적으로 진행되지 않는다. 이는 미군과 비교 시 극명하게 대비되는데 미군 병사 1명당 전투지원병력이 10명 비율인 점을 감안하면, 러시아군 특히 BTG의 보급수송체계가 얼마나 열악한지 가늠할 수 있다.[16]

또한 트럭에 의존하는 수송체계에는 반드시 호위대가 따라다녀야 한다. 장갑이 없다시피한 트럭은 예상되는 공격 위치에 보병전투차와 기계화보병의 감시 및 차단기동으로 보호되는 것이 기본전술이다. 그러나 우크라이나 전역에서 보도된 자료 사진과 드론으로 촬영된 전투 영상을 볼 때, 수송대는 호위대로부터 적절한 호위를 받지 못한 채 무방비로 노출되어 있었음을 알 수 있다. 심지어 우크라이나군의 매복공격이 진행되고 있는 상황에서도 기계화보병이 즉시 보병전투차에서 하차하여 제압사격을 하지 않고 연료와 탄약이 적재된 트럭을 남겨둔 채 전선을 급히 이탈하는 장면이 자주 공개되기도 했다.

트럭에 의존하는 장거리 운송체계를 타개할 수 있는 방안은 여러 가지이다. 러시아 본토에서 우크라이나 동남부의 베르댠스크항, 서남부의 오데사항, 크름반도의 세바스토폴항으로 대규모 물자를 장거리로 운송한 후, 대공방어체계가 구비된 물자저장소를 구축하여 수시로 트럭이나 헬리콥터 등을 통해 수송한다면 최소한 남부 및 동남부 전선의 보급문제는 어느 정도 완화할 수 있다. 그러나 문제는 러시아 해군이 흑해 제해권을 확보하지 못했을 뿐만 아니라, 안전하다고 생각된 크름반도에서도 보급기지 공격이 격화되고 있으며 가장 중요한 오데사항은 점령 시도도 하지 못했다는 점이다. 무엇보다 러시아 육군은 전선에서 가용할 수 있는 수송용 헬리콥터가 별로 없다는 점이 공세와 보급 모두에 지장을 주고 있다. 보급이 지연되면 100km 정도의 거리는 헬리콥터 입체고기동으로 각각의 BTG에게 필요한 물자를 상시 보급하거나 가장 중요한 전투지원임무 중 하나인 부상병의 후방 수송도 신속하게 할 수 있는데, 우크라이나 전선에서는 대규모 헬리콥터 공중보급은 거의 이루어지지 않고 있다.

그 이유는 크게 세 가지로 볼 수 있다. 첫째, 미국과 영국이 제공한 스팅어 및 스타스트릭 휴대용 지대공 미사일로 인해 최전선에서 러시아 헬리콥터의 활동이 봉쇄되어 있다고 할 정도로 운용이 제한적이다.

둘째, 헬리콥터를 이용해 대규모 공중수송작전을 실시하려면 야전에 대규모 항공기지나 물자집적소가 안전하게 유지되어야 하는데 미국이 지원한 장거리 타격무기체계로 인해 전선 근처에 대규모 물자보급소를 만들기가 어려워졌다.

셋째, 소련군 이래 지속되어 온 러시아 육군의 군사교리에 따르면, 러시아 육군항공대의 헬리콥터는 수송보급보다 대전차 및 화력지원 임무에 우선 동원되기 때문에 헬리콥터를 이용한 대규모 수송은 이루어지기 어렵다.

실제로 아프가니스탄 전쟁에서 수송용 헬리콥터였던 Mi-8(NATO명 Hip)은 임무의 40~45%가 전투병력을 최전선으로 투입시키는 공중강습이었으며, 나머지 임무는 정찰, 폭탄을 투하하는 지상화력지원, 수송 등으로 다양해서, 수송용 헬기로서 원래 수행해야 할 보급 및 수송임무는 매우 제한적으로 실시되었다.[17)]

이처럼 긴 보급선을 트럭에 주로 의존하는 러시아군의 보급 및 수송능력은 미군이 아프가니스탄 전쟁에서 보여 준 것과 큰 격차가 있다. 미국은 아프가니스탄 전쟁에서 하루 평균 약 400톤의 물자를 항공수송에 의존하며 전선을 유지했다.[18)] 같은 전장에서 전쟁을 치룬 러시아는 험난한 아프가니스탄의 산악도로에서 주로 트럭에 보급을 의존했으며(시속 45마일 이하), 그로부터 30년

이 지난 현시점에도 수송능력에서 크게 달라진 점이 없다. 항공수송과 달리 빈 트럭이 다시 기지로 돌아가는 시간을 감안하면 신속하면서도 지속적인 공세를 유지할 수 없는 수준이 되어 버린다.

러시아의 BTG를 지원하는 수송연대는 150여 대의 일반 트럭, 50여 대의 트레일러, 260대의 특수 트럭을 운용하는데 이 수송여단이 책임질 BTG는 편제상 3개이다. 그러나 전면전 시, BTG 1개가 소비하는 물자(포탄, 연료, 식량, 공병 자재 등)는 트럭 기준으로 50~90여 대이며 이는 1개 수송연대가 감당할 수 있는 분량을 초과한다.[19] 따라서 러시아군이 조기에 공세종말점에 봉착하고 진격 대신 방어 태세로 전환한 이유 중 하나는 구소련 시절부터 크게 변하지 않은 보급 및 수송능력에 있다고 보아야 한다.

이러한 문제점 때문에 러시아군은 개전 후 불과 수주일 만에 북부 및 북동부 전선에서 공세를 중단하거나 전선에서 물러났으며, 남부 및 남동부 전선에서만 공세를 유지했다. 앞서 그림 13.2에서 확인할 수 있듯이 키이우까지의 보급선이 지나치게 길뿐더러 루트도 매우 제한적이고, 남부 헤르손까지의 보급선도 마찬가지이다. 체르니히우 서쪽을 점령하는 데 실패함으로써 키이우까지의 보급선이 끊겼으며, 남부전선도 헤르손까지의 보급선이 지나치게 길고 마리우폴에서의 격전으로 보급이 제한되었다.

어쩌다 러시아는 북한에게까지 포탄을 빌리게 된 걸까?

우크라이나 군 정보 당국은, 개전 3일 만에 키이우 인근 도시인 코노토프에서 러시아군의 보급수송차량 40여 대를 파괴하고 도로망을 차단함으로써 러시아의 BTG가 식량문제로 공세를 중단한 채 민가에서 음식과 식수를 조달하고 있다고 발표했다.[20] 우크라이나군이 방어 태세를 강화하면서 러시아군의 보급 차단은 거의 모든 전선에서 나타난다. 러시아 연방군은 마리우폴, 세베로도네츠크 등과 같은 돈바스 지역에서 ISRTA 부족을 강력한 포격으로 상쇄하려는 화력집중전술로 전환했다. 흔히 스팀 롤링(steam rolling)이라 불리는 이 돌파전술은 막대한 탄약을 소모하여 방어 태세를 붕괴시킨 후 기계화 보병을 투입하여 적의 종심까지 진격한다.[21] 이 전술은 ISRTA가 없을 경우 단기적으로는 효과가 있지만, 대량의 포탄을 사용한다는 점에서 러시아군의 만성적인 보급문제를 악화시킬 가능성이 매우 높다.[22]

설상가상으로 돈바스 지역은 러시아군의 취약한 방공망으로 인해 당초 짧은 보급선의 이점도 제대로 살리지 못한 지역이 되었다. 가장 대표적인 예로, 러시아군은 베르단스크와 마리우폴 항구를 통해 대량의 물자와 병력을 수송할 수 있으리라 예상했으나 OSINT(공개출처정보)를 활용한 우크라이나군이 토치카 탄도미사일을 이용하여 베르댠스크에 정박 중인 엘리게이터급 상륙함 오르스크(Orsk)를 격침시키고 다른 엘리게이터급 2척에도 피해를 주었다. 이 공습으로 러시아 함장 2명이 사망하고 탄약 및 유류고까지 폭파되는 피해가 발생하면서 베르댠스크항을 통한 보급은 제한되었다.[23]

또한 우크라이나 포병대는 미국으로부터 지원 받은 고기동 다연장로켓인 HIMARS를 전장에 투입하여 러시아군 후방의 탄약고 및 물자저장소를 지속적으로 타격함으로써 러시아군의 보급체계를 더 교란시켰다.[24] 보급로가 그다지 길지 않은 남부전선과 돈바스 지역에서도 제대로 보급과 수송이 이루어지지 않는 원인 중 하나는 미국이 원조한 장거리 타격체계로 보급기지가 파괴되었기 때문이다. 전술보급기지는 전선에서 너무 멀지 않아야 하고, 하루 이내에 왕복 운행이 가능한 지역이어야 한다. 그러나 미군이 제공한 HIMARS와 같은 고속이동타격체계는 신속하게 이동하여 러시아군의 보급기지를 타격할 수 있다. 러시아군이 화력집중전술로 전환하면서 최전선에서 소요되는 포탄의 양이 급증한 반면, 러시아군의 후방보급기지는 우크라이나군의 장거리 타격으로 시간이 지날수록 보급을 지속하는 데 어려움을 겪게 되었다.

HIMARS의 탄두 중 사거리가 가장 짧은 탄을 써도 70km를 타격할 수 있으므로 최소 70km 이상 거리에 보급기지를 배치해야 한다. 호위대가 따르거나 도로 사정이 양호하다면 하루에 120km 정도의 보급도 가능하다. 벨라루스 국경에서 수도인 키이우 외곽까지는 약 130km 정도이고, 크름반도에서 헤르손까지는 180km 정도에 지나지 않는 짧은 보급로라서 쉽게 수송이 가능하지만, 러시아군은 이 짧은 보급로에서도 HIMARS와 같은 장거리 타격체계 때문에 수송작전에 번번이 실패하고 있다. 러시아 육군의 보급수송체계는 이제 보급로 길이의 길고 짧음과 관계없이 모든 전선에서 동맥경화증에 시달리게 된 것이다. 아무리 포격을 집중적으로 실시해 화력을 집중하는 강력한 공세를 실시한다고 해도, 대규모 포격 이후 신속하게 재보급이 이루어지지 않기 때문에 포격 이후에 진격할 모멘텀을 상실하는 악순환에 빠지게 되었다.

이러한 보급의 문제를 해결할 수 있는 방법은 세 가지로 축약된다. 첫째, ISRTA 및 능동적 콘보이 능력을 구비하여 보급체계를 보호하는 것이다. 둘째, 러시아의 자체적인 군수물자 생산능력을 대폭 향상시켜 전선에서 기하급수적으로 요구되는 물자의 요청을 해결하는 방법이다. 셋째, 외부의 조력자로부터 가장 시급한 전쟁물자를 대량으로 조달하는 방법이다. 그러나 여기서 첫 번째 방법은 러시아가 전쟁이 끝나기 전까지는 해결하기가 불가능하다. 그 이유는 ISRTA 및 보급체계의 혁신이 전쟁 중에는 해결하기 어려운 군의 구조적 문제이기 때문이다. 두 번째 군수물자 생산능력의 강화 역시 비현실적이다. 이미 러시아는 군수공장을 저율생산에서 전율생산으로 전환한 지 오래이며 물자의 부족은 여전히 해결하기 어려운 수준이다. 공장이나 생산량을 지금보다 더 증대하려면 최소 수년의 설비 증축시간이 필요하기 때문에 단기적으로 해결할 수 없다.

따라서 가장 현실적인 방법은 북한으로부터 포탄과 로켓포를 제공 받고,

이란으로부터 자폭용 드론을 공급 받아, 전선에서 가장 소모율이 높은 전쟁물자의 수급을 외부에서 충당하는 것이다. 이를 위해 러시아는 이란으로부터 수천 기 이상의 자폭용 드론을 공급 받아 왔으며, 2023년 10월부터는 북한에서 약 100만 발 이상의 포탄을 제공 받은 것으로 알려졌다. 해를 더 넘겨 2024년 여름까지 600만 발의 포탄이 제공되었다는 첩보도 존재한다. 러시아는 더 이상 혼자 힘으로 이 전쟁을 수행할 수 있는 임계점을 넘어 버렸다. 결국 러시아 연방군은 보급부대를 호위하는 데 필수인 ISRTA 능력의 절대적인 부족, 길어진 보급선, 기동이 힘든 지형조건, 우크라이나군의 장거리 타격무기에 의해 파괴된 보급기지 때문에 러시아 연방군이 아무리 압도적인 포병부대를 가지고 있다 하더라도 마음대로 포격을 하기 어려운 상황에 내몰렸다. 결국 국제사회의 제재에도 아랑곳하지 않고 (혹은 무시하고) 부족한 전쟁물자를 이란이나 북한에게 조달 받는 단계에 이른 것이다.

고질적인 보급체계의 문제점 중 또 다른 하나는 세계 2위의 군사력에 걸맞지 않은 열악한 보급물자의 수준이다. 러시아 육군의 보급물자 및 전투지원물자의 수준은 구소련 시절 이래로 크게 개선되지 않고 있다는 사실이 다양한 OSINT로 인해 드러났다. 소셜 미디어에서 공개된 장면 중 우크라이나군이 노획한 러시아군 보급트럭에 우크라이나 현지에서 수탈한 민간용품이나 지난 세기에 생산된 의약품 보급상자가 실려 있는 장면은 러시아 육군의 군수물자 수준과 비축량이 매우 열악하다는 점을 부분적으로 드러냈다.[25)]

2월이라는 동계에 전투를 개시했음에도 불구하고 대부분의 전투기갑차량이 설상위장을 하지 않아 쉽게 표적이 되고 있을 뿐만 아니라, 한지(寒地) 전투장비를 갖춘 보병이 거의 눈에 띄지 않는다거나 러시아 병사 포로가 보존기간이 2002년인 전투식량을 휴대하고 있었다는 사실은 러시아군이 이 전쟁을 충분히 준비하지 않았거나, 준비할 생각 없이 임했다는 점을 반증한다.[26)]

러시아군이 얼마나 많은 포탄을 소모하는지는 현재뿐만 아니라 전쟁 이후

표 13.1 5월 하순의 러시아군 포격작전 횟수

날짜	포격작전 횟수	날짜	포격작전 횟수
19	356	26	526
20	251	27	499
21	735	28	524
22	700	29	717
23	688	30	710
24	684	31	710
25	490	평균	585

자료: RUSI(2022.6.17) 자료 재편집.

에도 정확히 파악하기 어렵다. 러시아는 1979년도 아프가니스탄 침공 때도 사상자를 포함한 물자의 소비량을 공식적으로 발표한바 없으며, 체첸분쟁 때도 전쟁 데이터를 자세히 밝히지 않았다. 그러나 영국의 왕립합동군사연구소(RUSI)는 러시아 육군이 6월 공세종말점에 들어가기 직전인 5월의 대규모 포격작전 횟수를 바탕으로 러시아 육군의 포탄 소비량을 추정했다. 그 자료에 따르면 전면전에서 러시아는 결국 포탄 생산량 및 비축량에 비해 소비율이 더 커서 전쟁을 장기적으로 지속하기 어렵다는 전망이 나왔다.[27]

RUSI에서 추산한 자료를 바탕으로 일반적인 러시아군 포병편제를 고려해 볼 때, 포병의 작전임무는 일반적인 야포와 다연장로켓의 혼성 포병으로 이루어지므로 야포가 60~70%, 다연장로켓포병이 30~40% 정도로 구성된다는 전제 아래 포탄 소모율을 역산할 수 있다. 1일 평균 약 585회의 포격작전 중 390회는 일반 포병의 작전임무이고, 195회는 다연장로켓부대의 작전임무라고 가정할 수 있다. 일반 야전포대는 6문으로 구성되지만 전투 중에는 대개 고장, 정비, 대기임무 등으로 2문 정도는 사격할 수 없기 때문에 4문이 1개 포대로 사격할 수 있다고 가정할 때, 1문이 4발만 발사해도 390회의 사격명

령으로 하루에 최소한 6천 발 이상의 포탄이 소모된다고 추정할 수 있다.

공세가 얼마나 격렬하게 이루어졌는지는 구체적으로 평가할 수 없기 때문에, 최소 6천 발에서 많게는 그 10배인 6만 발 이상의 포탄이 하루에 소모될 수 있다. 러시아는 매년 200만 발 정도의 152mm 주력 포탄을 생산할 능력이 있다고 알려져 있으며, 매일 평균 2만 발의 포탄을 소모한다고 추정되는 상황이 이어진다면 개전 100일이 지나는 시점에는 생산량보다 소비량이 더 증가해서 포탄 부족으로 공세가 멈출 수밖에 없다.[28] 따라서 6월 이후 러시아군의 공세가 급격히 감소한 이유 중 가장 큰 요인으로 포탄 부족이 제기되는 점은 매우 합리적인 추론이다. ISW의 보고에서는, 러시아군이 전쟁 전에 비축했던 탄약의 55~60%를 7월까지 소모했다고 분석하고 있으며 러시아군의 주력 장거리 타격체계인 Kh-101 순항 미사일, Kh-555 순항 미사일, 이스칸더 지대지 탄도탄, 칼리브르 함대지 미사일은 핵심 반도체 및 부품이 서방의 경제제재로 입수되지 않아 운용하기 어려운 수준이 되었다.[29]

야전포병의 일반 152mm 포탄 소모율이 높은 이유 중 하나는 러시아 연방군의 ISRTA 능력이 우크라이나 전선에서 역할을 하지 못해 과도한 포탄 낭비가 초래되었기 때문이다. 포격작전을 구상할 때는 실시간으로 전장을 감시정찰하여 표적에 대한 정보를 획득하고, 그 정보를 바탕으로 최적의 타격수단을 선정하여 공세에 임해야 하며, 공세가 끝난 후에는 다시 ISRTA 전력을 활용하여 표적에 대한 공격이 얼마나 효율적으로 이루어졌는지를 평가하여 다음 공격에 반영하는 것이 현대 포병지원사격의 기본적인 절차이다. 그러나 5장에서 전술한 바와 같이 러시아 연방군은 전선 전반에 걸쳐 ISRTA를 효과적으로 운용할 수 없었으며, 그 결과 정확한 표적획득정보 없이 무차별적인 포격을 실시한 후 공격의 성공 및 효과를 제대로 평가하지 않고 보병과 기갑부대를 전개하는 우를 반복했다.

러시아군은 예상보다 더 큰 피해를 받으면 또다시 포격을 집중하여 포탄을 과도하게 소모하는 악순환의 고리를 끊지 못하고 있다. 우크라이나군이 하루 평균 6천여 발의 포격으로 러시아군과 전선을 유지하고 있다는 점을 감안할 때,[30] 러시아군이 하루 평균 2만 발 이상을 소모하는 작전 형태를 지속한다면 전쟁 전에 비축한 탄약 재고를 조기 소진할 가능성이 점점 높아진다.

전투 사례: 바흐무트 공방전

러시아는 ISRTA 능력 부족으로 인해 막대한 포격을 감행하여 마치 건물 하나하나를 다 격파해 나가면서 진격하는 듯한 초토화 작전 전술을 채택했다. 이런 러시아가 막대한 보급의 문제에 직면한 대표적인 사례는 바흐무트 전투(공방전)이다. 2022년 러시아-우크라이나 전쟁을 대표하는 전투가 되어버린 바흐무트 (점령과 방어를 둘러싼) 전투는 러시아 연방군의 ISRTA 문제가 어떻게 병력과 장비의 손실을 초래하고, 그 결과 보급체계의 부담을 가중시키는지 악순환의 메커니즘을 가장 잘 설명해 주는 사례이다.

바흐무트는 전쟁 이전에도 혹은 전쟁이 발생한 이후에도 중요도가 높지 않은 도네츠크주의 소규모 도시였다. 러시아군은 돈바스 전쟁이 끝나고 새로운

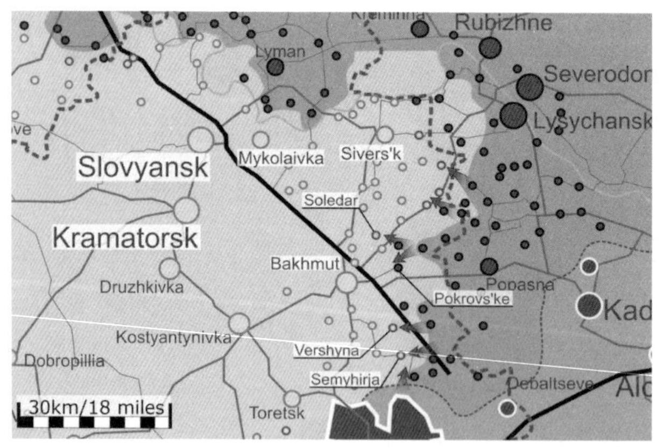

그림 13.3 2022년 7월 31일의 전황

▌리만에서 슬로뱐스크로 진격하는 루트가 우크라이나군에 의해 저지됨에 따라, 러시아 연방군은 포파스나에서 바흐무트를 점령한 후 바흐무트를 기점으로 슬로뱐스크를 점령하려는 대규모 우회작전을 개시한다.

전쟁이 시작되었음에도 도네츠크주를 완전히 점령하지 못했기 때문에 도네츠크주의 마지막 남은 전략적 요충지인 슬로뱐스크를 점령하는 것이 도네츠크주 전선에서 가장 큰 목표였다. 그러나 우크라이나군도 슬로뱐스크의 중요성을 파악하고 있었기 때문에 러시아 지상군은 슬로뱐스크로 직접 진격하지 못했고, 대신 남쪽으로 우회해서 진입하려 했다. 그 우회로의 한가운데 위치한 도시가 바로 바흐무트였기 때문에 무려 8개월에 걸친 바흐무트 공방전이 벌어졌다.

러시아 연방군은 바흐무트를 점령하기 위해 인근의 주요 마을들을 집중포격했으며, 인근 도시인 솔레다르에도 대규모 포격을 개시했다. 우크라이나군의 방어기지, 병력 배치, 보급기지, 지휘통제시설 등에 대한 전장정보지원이 부족했기 때문에, 러시아 지상군은 포병의 대규모 제압사격 후 보병을 투입해 마을, 시가, 건물을 하나하나 점령하는 물량전으로 바흐무트 공략작전을 세웠다. 또한 바흐무트뿐만 아니라 그보다 더 남쪽으로 우회하는 루트를 개척하기 위해 아우디우카도 점령하기 위한 공세를 강화했다.[31)]

바흐무트 전투지역에 러시아 지상군의 포병부대 공격이 집중되면서 러시아 연방군은 느리지만 조금씩 전선을 돌파했으며, 특히 최대의 용병그룹인 바그너 그룹의 전투중대가 대거 바흐무트에 투입되면서 바흐무트 방면의 전투는 격렬하게 진행되었다. 바흐무트시에 막대한 포격전을 수행하기 위해 러시아 지상군은 남부전선에서 공세를 포기하고 참호를 파면서 수비로 전환할 만큼 러시아에 막대한 보급의 부담이 가해졌다. 포격의 규모는 엄청났는데, 매일 적게는 3만 발, 많게는 7만 발 이상의 포탄이 바흐무트시 주변의 위성마을인 흘라도소베, 자이체베에 쏟아졌다. 그리고 이 막대한 포격이 끝나자마자 보병부대가 투입되었는데, 특히 용병부대인 바그너 그룹이 코데마, 다차 등지에서 주요 전투를 이끌어 가는 모습도 보여 주었다.[32)] 그러나 수개월에 이르는 막대한 공방전에도 불구하고 러시아 연방군의 점령지 획득은 주목할 만한 면이 없었는데, 러시아 연방군이 전장의 정보를 정확히 파악하기기 어려워서 진격 속도가 매우 느렸고, 마을단위로 전투가 벌어지면서 우크라이나군이 재점령하기도 하고 다시 러시아군이 점령하는 등 반복적인 상황이 지속되었기 때문이다.

ISRTA 능력 부족으로 러시아 연방군은 막대한 포탄을 사용해 가면서 건물을 하나씩 하나씩 파괴하고, 벙커와 참호를 일일이 포격으로 폭파시키면서 하루에 수십 미터 단위로 진격했는데, 이러한 끊임없는 참호전과 포격전이 바흐무트 전투의 상징이 되어 버렸다. 얼마나 많은 포탄을 사용했는지에 대한 정확한 데이터는 나와 있지 않지만, 언론에 보도된 군사 전문가들의 현장 인터뷰를 보면 우크라이나군은 매일 5천~6천여 발의 포탄을 소모한 반면, 러시아 연방군은 매일 6만여 발의 포탄을 사용한 것으로 알려졌다.[33] 전쟁 이전의 바흐무트시 인구가 총 7만 명 수준이고 바흐무트를 방어하는 우크라이나군의 규모가 평균 2만여 명에 미치지 못한다고 알려져 있으므로, 러시아 연방군은 매일 바흐무트시 인구와 우크라이나 방어군의 병력 수와 동일한 규모의 포탄을 소모하고 있는 것이다.

이처럼 러시아 연방군의 막대한 포탄 소모는 아무리 러시아가 재래식 병기의 재고량이 충분하다고 하지만 전쟁 수행에 어려움을 줄 만큼 부담이라는 점은 명확하다. 유럽국가 전체가 1년에 생산하는 155mm 포탄의 양이 최대 80만 발 수준인 데 반해 러시아는 2주일이면 유럽국가 전체가 생산하는 양만큼의 포탄을 소비하고 있으니 러시아가 장기전으로 갈수록 전쟁수행능력이 고갈될 수밖에 없다는 사실은 무리한 추론이 아니다.

러시아 군수물자의 비축량 및 전투지원체계의 문제점

ISRTA 능력의 열세로 인한 막대한 포탄 소모와는 별개로, 일선의 병사들이 사용하는 모든 종류의 전쟁물자 그리고 가장 중요한 병력자원의 충원도 러시아에게 국가적인 부담이다. 러시아 연방군이 가용할 수 있는 전투력을 거의 대부분 도네츠크 및 루한스크주 전선에 투입하고 있다는 정황이 크게 두드러진다. 바그너 그룹이 도네츠크 전선에서 러시아 정규군과 맞먹는 규모로 투입되고 있다는 첩보가 많을 뿐만 아니라, 실제로 천 명 단위 이상의 러시아 퇴역군인 및 죄수들이 수시로 모병되어 간단한 훈련 후 바로 전선에 투입되고 있다.[34)]

또한 더 많은 용병을 모집하기 위해 상트페테르부르크에 국제모병센터를 신규 설치하여 수시로 외국 및 국내 용병을 모집하고 있으며, 바흐무트 및 솔레다르의 주 공격부대는 바그너 그룹으로 구성되어 있고 이들 전투부대가 러시아 정규군과 차별된 전투력을 보여 주기 위해 실제 점령지를 부풀리는 측면은 있지만 높은 사상자가 나오는 정황으로 볼 때 동부전선의 전투 핵심세력임은 부인할 수 없는 사실인 듯하다.[35)]

하르키우 및 헤르손에서 거듭된 러시아 연방군의 패배와 도네츠크 전선에서의 더딘 진격으로 러시아 연방군의 사기가 크게 저하된 듯하며, 러시아군 지휘부는 '장벽부대', 혹은 '후퇴차단 부대'라 불리는 이른바 독전대를 운용하고 있다는 첩보가 나오고 있다. 과거 소련에서는 2차 세계대전 시 후퇴하는 자국 병사들에게 무차별 사격을 가하지는 않았으나 탈영병 혹은 명령 불복종 병사들을 시범적으로 처형한 사례는 있었다고 본다.[36)] 독전대까지 운용하는 이유 중 하나는 새로 동원한 신병 및 바그너 그룹 죄수부대의 전투력과 사기가 낮기 때문인 듯하다. 충분한 훈련, 적합한 장비, 그리고 화력지원이 필수인 전선에서 징집 후 2주 정도의 교육을 받고 낡은 장비를 장착한 채 전선에

투입되다 보니 막대한 사상자가 발생하는 악순환에 빠지고 있다.[37)]

심지어 야전삽조차 제대로 보급되지 않아 맨손으로 땅을 파는 실정이며,[38)] 소총 역시 1960년대 제작된 AKM이 보급되었다는 정황도 있다. 그러나 이러한 상황에도 불구하고 푸틴 대통령은 우크라이나 전선에서 후퇴하거나 협상할 생각이 없고, 오히려 우크라이나를 점령하는 전쟁 초기의 목표를 여전히 고수하고 있다. 이미 30만 명 규모의 동원령을 하달했으며, 10월 19일에는 헤르손, 자포리자, 도네츠크, 루한스크 등 남아 있는 점령지에 계엄령까지 선포하는 등 더 강경한 대책을 계속 내놓고 있다.

그렇다면 러시아가 2차 세계대전과 같은 수준으로 국가경제를 전시경제로 전환하고 전 국민을 대상으로 강제징집령을 선포한다면 러시아 연방군의 물자부족은 해소될 수 있을까? 이에 대한 대답은 상당히 부정적이라 할 수 있다. 앞서 언급한 대로 푸틴 대통령은 전쟁의 장기화 및 군사목표 달성 지연에 대한 해결책으로 9월 21일에 국가동원령을 공표했으며, 동원령의 주요 내용은 30만 명 이상의 예비군을 현역으로 동원하는 것이었다. 이로써 러시아는 전면전 수준으로 전쟁을 수행하는 단계가 되었으나, 실상은 예상과 전혀 달랐다. 30만 명의 예비군을 동원하여 재훈련시키고 현역으로 부대에 배치하여 돈바스 지역에 투입한다는 계획이 보급물자 부족이라는 커다란 암초에 정면으로 부딪혀 표류 상태에 빠졌기 때문이다.

일단 군인과 민간인의 가장 큰 차이는 정규 군복을 입고 전투하는가 그렇지 않은가이다. 그러난 러시아는 동원령 발효 이후 징집된 예비군에게 전투복조차 제대로 공급하지 못한 것이다. 전쟁 초기에 물류창고에 있어야 할 군복 150만 벌은 동원령 이후 점검에서 상당수 사라졌다.[39)] 노바야 가제타의 보도에 의하면, 동원된 병사들은 1960년대에 제조된 구형 AKM 소총을 지급받았으며 1950년대 프라하의 봄 진압작전 때 사용했던 것과 동일한 탄입대도 지급 받았다. 방탄 헬멧의 내부에는 케블러 소재의 라이너 대신 매우 얇은 철판이 들어 있었으며 의약품은 보존연한을 넘겨서 폐기해야 할 정도였다.

물량전의 폐해는 비단 포탄이나 소총과 같은 무기의 보급에서만 부담을 주지 않는다. 전쟁이 장기전으로 진행될수록 부상병의 후송과 의료물품의 공급이 식량, 연료, 탄약보다 더 중요하다. 물자는 후방에서 재생산할 수 있지만 훈련된 전투요원은 단기간에 재충원할 수 없기 때문에 부상 당한 전투원을 신속히 후방으로 이송해야 하고, 전장에서 충분한 치료를 가능케 하는 의료품의 재고와 품질이 전쟁 후반으로 갈수록 중요해진다. 전장에서 부상을 입었을 경우 헬기로 1시간 이내에 야전집중치료실로 후송하는 것이 가장 좋지만 러시아의 수송체계, 특히 헬리콥터가 수송 및 후송임무에 여력이 없다는 사실은 이미 전술한 바 있다.

러시아는 평시에 유럽 각국으로부터 의약품을 수입했으나 돈바스 전쟁 이후에는 외국에서 수입하는 의약품의 양이 현저히 줄어들었다. 전쟁이라고 해서 의약품을 수출 규제하는 것은 아니지만 전쟁의 영향으로 항구가 폐쇄되고, 냉장유통시켜야 할 의약품을 제때 보낼 수 없어서 출하가 중단되거나, 세관업무가 마비되어 많은 종류의 의약품이 러시아로 유입되지 못하고 있다. WHO(세계보건기구)가 집계한 자료에 의하면 전쟁 이후 약 16억 달러 상당의 의약품이 러시아로 반입되지 못해서 전쟁물자 이외에 러시아의 민간 의약품이 크게 부족해질 수도 있다는 전망이 나오고 있다.[40)]

의약품 부족으로 부상병의 현장 처치가 늦어지거나 악화되기 때문에 러시아 육군의 전투원 상실은 러시아가 예상했던 수치보다 훨씬 커졌으며, 이런 현상이 빈약한 수송 및 후송체계와 맞물려 부상 당한 전투원의 후송과 재활 그리고 임무 재투입에 소요되는 기간이 크게 증가하여 궁극적으로는 전투원 부족이 심각한 지경에 이르렀다. 이를 만회하기 위해 러시아 연방군은 사설 용병집단인 바그너 그룹의 지원을 받을 수밖에 없는 상황에 처했고, 바그너 그룹의 비정규 용병이 증가할수록 전쟁범죄와 지휘체계 혼선이 가중되는 악순환에 빠졌다. 바그너 그룹은 2014년 돈바스 전쟁에도 1천여 명 이하의 규모로 파병되어 돈바스 지역의 친러 반군과 공동작전을 수행했다. 2022년 우크라이나 침공에서는 정규군 수준의 장비와 규모로 개입했으며 러시아 정규군의 사상자가 증가할수록 바그너 그룹의 개입도 증대되었다. 정확히 어느 정도의 규모로 투입되었는지는 공표된바 없으나, 6월까지 최소 3천 명에서 최대 8천 명의 바그너 그룹 용병이 전사했다는 추정치가 나올 정도로 러시아군의 재충원 문제는 심각한 수준에 도달해 있다.[41] 결국 2024년 10월에는 북한군이 러시아에 파병되는 결과까지 초래했다.

결론적으로 러시아 연방군의 보급 및 전투지원체계는 현대전의 필수요건인 ISRTA 능력이 부족하여 보급체계에 부담을 줄 수밖에 없는 근본적인 약점을 가지고 있으며, 그에 따라 장기전으로 전환된다 하더라도 ISRTA 능력 강화 및 전시경제 전환은 단시간에 이루어지지 않으므로 보급문제를 비약적으로 해소하기란 거의 불가능하다. ISRTA 능력이 열세라면 공세작전을 강화할수록 보급이 더 어려워지는 악순환이 생긴다. 결국 러시아 연방군은 전쟁이 장기화될수록 예상을 초월한 큰 피해를 감내할 수밖에 없는 상황에 몰렸고, 9월 21일에는 2차 세계대전 이후 최초라는 국가동원령이 내려졌음에도 불구하고 근본적으로 보급과 전투지원체계의 문제점을 해결할 방법은 거의 없다고 볼 수 있다.

14장

NATO의 우크라이나 지원과 우크라이나의 딜레마

2차 세계대전 시 소련군은 독일군에 비해 상대적으로 짧은 보급로를 유지하면서, 자국 내의 지형적인 이점을 활용하여 지연전을 펼치며 결국 스탈린그라드에서 시가전이라는 방어적 이점을 살려 동계전투를 준비하고, 독일군의 진격을 돈좌시킴과 동시에 천왕성 작전을 발동하면서 독일군의 보급로를 완전히 차단한 후 독일국방군 6군, 4기갑군을 포위섬멸하여 동부전선의 전세를 결정지은 바 있다. 당시 소련군의 승리를 뒷받침한 것은 2개월 이상의 혹독한 동계전투를 준비하는 데 필요한 물자를 독일군에 비해 유리한 짧은 보급선을 통해 공급할 수 있었으며, 볼가강을 중심으로 수상 보급 인프라를 활용하여 비교적 안전한 볼가강 동쪽 유역을 통해 카프카스 유전에서 생산되는 석유를 포함한 자원을 수송할 수 있었기 때문이다. 즉, 독일군에 비해 짧고 안정적인 보급선을 유지하고, 자국 영토의 장점인 민간 인프라를 충분히 활용할 수 있었기 때문에 2개월간의 장기 전투에서 독일군을 고립섬멸할 수 있었다.

그러나 2022년 러시아-우크라이나 전쟁에서는 2차 세계대전 시 소련군이 누리던 어드밴티지를 러시아 대신 우크라이나가 차지하는 역설적인 상황이 연출되었다. 방어작전에서 짧은 보급선의 유지는 여러 측면에서 장점이 있는데, 그중 전장 상황의 변화에 따른 정보수집이 용이하고, 수집된 전장정보에 따라 신속하게 적재적소에 보급할 수 있다는 점이 가장 유리했다. 이러한 이점은 키이우 방어전투에서도 드러났으나, 남부전선의 전략적 요충지인 마리우폴을 둘러싼 포위공방전에서도 나타났다. 마리우폴은 러시아가 개전 직후 가장 많은 전투력과 물자를 소비한 전투지 중 하나일 정도로 러시아에게 중요할뿐더러, 우크라이나군에게는 가장 방어하기 어려운 도시이기에 개전 초기에는 러시아군이 단기간에 이 도시를 점령할 수 있을 것으로 보였다. 그러나 우크라이나군은 드론 및 다양한 정찰수단을 적극적으로 활용하여 포위 당한 마리우폴시에 지속적으로 보급을 유지함으로써 무려 3개월이나 도시를 방어했다. NATO를 중심으로 한 외부의 군사물자지원 또한 우크라이나군이 러시아군에 비해 군수 및 보급에서 유리한 점이었다. 미국의 무기대여법 시행, NATO의 전쟁물자지원, EU를 통한 민간 수송 인프라 지원 등은 타국에서 전쟁을 수행하는 러시아 연방군으로써는 기대할 수 없는 우크라이나군만의 어드밴티지라고 할 수 있다.

80년 만에 다시 포화에 휩싸인 마리우폴

전쟁사에서 공격이 아닌 방어전쟁의 이점으로서, 공세와 달리 방어작전은 물자 소비량 및 장비의 소모율이 상대적으로 낮다는 점과, 병참 및 정비기지가 공자(功者)보다 더 가까운 곳에 위치할 수 있다는 지리적 이점으로 인해 장비의 가동률 또한 방자(防者)가 공자에 비해 높다는 점이다. 예를 들어 전차의 손망실 및 유지보수를 생각해 보면 방어전의 물자보존과 정비의 이점이 얼마나 중요한지 파악할 수 있을 것이다. 우크라이나군은 전쟁 기간 내내 러시아군이 전장에 방치한 장갑차나 전차를 회수하여 재정비한 후 전선에 투입했는데, 이는 러시아 연방군으로써는 시도하기도 어려운 군수체계의 차이를 보여 준다. 심지어 우크라이나군은 9~10월 2개월간 일반 보병대대 10개를 해체했는데, 이는 부대가 전투 후 소멸된 것이 아니라 러시아군으로부터 노획한 기갑장비를 활용하여 보병대대 대신 기계화여단 3개로 재편했기 때문이다.

그러나 아무리 보급선이 짧고, 지근거리에 병참기지가 있어도 한 가지 요소가 결여된다면 보급은 여전히 어려울 수 있다. 즉, ISRTA가 존재하지 않거나 절대적으로 열세라면 보급로의 장단 여부, 보급기지의 원근 여부는 군수 및 보급체계에서 상수가 아니라 변수로 작용할 수 있다는 의미이다. 실제로 우크라이나군은 압도적인 러시아군의 화력집중작전에도 불구하고 주요 요충지에서 기대 이상으로 오래 버티며 방어작전을 수행했는데, 대표적으로 바흐무트, 마리우폴, 이지움, 세베로도네츠크 등 주로 동남부 지역 러시아 연방군이 유리한 지역에서였다. 러시아 연방군이 우세한 지역에서 오랜 기간 방어작전을 수행할 수 있었던 가장 큰 이유는, 러시아군의 공세와 진격의 정보를 실시간으로 파악하여 보급이 중단되지 않도록 유지했기 때문이다.

전투 사례: 마리우폴 공방(포위)전

마리우폴시는 돈바스 전쟁 때 러시아가 점령하지 못한 도네츠크주의 가장 중요한 요충지이다. 도네츠크주의 제2도시이면서 아조프해의 관문이라 할 수 있는 동부 최대의 항구가 있고, 제철소와 조선소 등 중공업 시설들이 다수 위치한 공업도시이기도 하다. 마리우폴을 러시아가 점령해야만 러시아 본토로부터 크름반도에 이르는 남부회랑이 완성될뿐더러, 도네츠크주를 장악하는 효과가 있기 때문에 2022년 우크라이나 침공 개전 첫날부터 격전이 이루어진 곳이다.

러시아 연방군은 마리우폴시 공략에 2차 세계대전 당시 베를린시를 점령했던 최정예부대 중 하나인 제150소총사단을 투입했을 뿐만 아니라 다수의 제병연합부대를 포함해, 제11근위공중강습여단, 제22근위독립특수작전여단, 제3근위스페츠나츠여단 등 '근위'라 칭하는 최정예부대 상당수를 이 전선에 투입했다. 이에 우크라이나군은 푸틴이 '네오나치' 부대라고 비난했던 '아조프 연대'를 중심으로 제36해병여단, 제56기계화여단, 일부 민병대 조직으로 방어전을 수행했다. 러시아와 우크라이나 간 마리우폴 전선의 병력 규모는 신뢰할 만한 공식자료가 존재하지 않아 추정치로 가늠해야 하는데, 우크라이나군은 7천~8천여 명 규모로, 러시아 연방군은 1만 9천~2만여 명으로 추산하고 있다.

병력 규모로만 보면 러시아 연방군이 약 3배 정도로 우세하지만 전황은 러시아 연방군에게 마냥 유리하게 전개되지는 않았다. 개전 수주일 이내에 러시아 연방군이 마리우폴시를 장악할 것이라는 당초 예상과 달리, 우크라이나군은 약 3개월간 마리우폴시를 방어했는데, 러시아군이 마리우폴시로 통하는 거의 모든 도로를 장악하고 포위공략전을 실시했던 상황을 감안한다면 매우 이례적인 전과이다. 실제로 전투의 대부분은 아조프스탈 제철소를 방어기지로 만든 우크라이나군이 그 공장을 중심으로 포위해 오는 러시아 연방군을 매일 격퇴하는 양상이었으며, 러시아군은 마리우폴로 이어지는 대부분의 도로를 점거하여 우크라이나 방어군의 보급을 차단하고 고사시키는 작전으로 진행되었다. 이른바 고립작전이 마리우폴 공방전의 핵심이다.

우크라이나군은 러시아 연방군의 공세가 중단되고 공격군이 후퇴하거나 기지로 돌아갈 때, 실시간으로 전장정보를 수집하여 보급로에 안전이 확보되면 헬리콥터까지 동원하여 필수물자, 즉 탄약, 식량 및 의약품을 신속하게 수송했으며 돌아가는 헬리콥터에는 부상병까지 태워 보내는 대담한 보급작전을 약 두 달간 수행했다.[1] 총 16기의 수송헬리콥터로 구성된 마리우폴 특수수송대는 작전 기간 중 2기의 헬리콥터를 상실했으나 수백 명의 방어군에게 필요한 탄약, 식량 및 의약품을 보급했고 여기에 더해 총 72명의 전투원을 수송했다. 헬리콥터를 이용한 특별 수송작전은 ISRTA의 도움이 없이는 절대적으로 불가능한 임무였다. ISRTA를 최대한 활용하여 러시아 연방군의 대공방어시스템이 가동되지 않는 시간, 러시아 경계병들의 활동이 약해지는 시간뿐만 아니라 러시아 연방군의 병력이 적은 루트를 탐색하여 헬리콥터를 이용한 보급을 펼쳤던 것이다. 이 수송대는 한번에 약 12톤의 물자를 수송했으며 귀환할 때는 최대 60여 명의 부상병을 싣고 후방기지로 귀환하는 임무를 수행했다. 격추된 헬기 2기는 마리우폴에서 피격 당한 것이 아니라, 후방기지로 귀환하는 도중 휴대용 지대공 미사일을 장비한 러시아군 순찰대와 조우하면서 발생한 손실이었다.

우크라이나군의 ISRTA 활동 결과, 우크라이나군은 마리우폴시를 포위한 러시아 연방군의 대공방어시스템이 매우 취약하다는 점을 파악했으며, 이를 역이용하여 과감한 헬리콥터 보급수송작전을 유지할 수 있었다. 포위전으로 우크라이나군을 고사시키려던 러시아 연방군의 전술은 사실상 실패했는데, 무려 3개월간의 방어작전을 지속한 후 우크라이나군이 마리우폴을 포기한 이유는 보급 부족이 아니라 러시아 연방군의 집중포격으로 방어시설 대부분이 파괴되었기 때문이다. 우크라이나 방어군은 항공기를 통한 ISRTA 지원 이외에도 자체적으로 ISRTA를 운용했다. 자체 통신망을 유지했을 뿐만 아니라 우크라이나 방어부대는 열상감지장비 및 쿼드콥터류의 정찰드론을 항시 운용하고 있었다. 이러한 장비를 3개월 이상 운용 가능하다는 것 또한 우크라이나군의 보급이 지속되었음을 방증하는 사례이다. 마리우폴시가 러시아군의 집중포격전술로 인해 모든 인프라가 파괴된 상황을 감안할 때 전기, 물, 가스 등이 차단된 상태에서 3개월의 방어작전을 수행했다는 점 또한 우크라이나의 보급라인이 지속적으로 유지되고 있었음을 알 수 있다.

마리우폴시를 우크라이나군이 3개월간 방어함에 따라, 러시아 주력부대들이 마리우폴 전선에 묶인 채 다른 주요 지역으로 전진하지 못하는 전략적인 국면 전환이 발생했다. 이 3개월 동안 우크라이나는 키이우, 드니프로 북부, 오데사 등 주요 지역을 방어하는 시간적 여유를 얻었을 뿐만 아니라, 9월 이후 우크라이나군이 하르키우주, 헤르손시를 탈환하는 작전을 입안할 수 있을 만큼 전투력을 보존하는 것도 가능해졌다. 이 모든 전략적 상황의 변화는 바로 ISRTA를 통해 보급을 유지함으로써 우크라이나 방어군이 마리우폴시에서 무려 3개월간 방어작전을 수행한 데에서 기인한다.

민주주의의 무기고, 우크라이나에게 과연 언제까지 열려 있을 것인가?

"우리는 민주주의의 위대한 무기고가 되어야만 합니다(We must be the great arsenal of democracy)."

프랭클린 루스벨트 대통령의 1940년 12월 29일 라디오 연설 이후, 미 행정부와 의회는 나치독일의 침공에 맞서 연합군의 전쟁수행물자를 지원하기 위해 1941년 무기대여법이라 불리는 '미합중국 방위 촉진을 위한 법안'을 통과시키고 1944년 기준으로 최대 353억 8,264만 6천 달러 규모의 군수물자 및 비품을 연합국에 제공하여 2차 세계대전을 승리로 전환시키는 결정적인 역할을 했다.[2)]

당시 무기대여법의 혜택을 받은 연합국 중에는 소련도 포함되어 있으며 전차 1만 3천여 대를 포함한 막대한 양의 전쟁물자를 미국으로부터 지원 받아 나치독일을 상대로 승리를 거둘 수 있었다.[3)] 그러나 마치 역사의 아이러니라도 재현된 것처럼, 2022년에 무기대여법은 제정된 지 81년 만에 재개정되어

1941년의 지원 대상국이었던 소련(러시아)을 평화 교란자로 규정하고 러시아를 상대하기 위해 우크라이나에 막대한 군사지원을 하게 되었다.

"NATO 문서에 러시아는 공식적으로 유럽과 대서양 안보의 '주적'으로 명기되어 있습니다. 우크라이나는 공격의 주요 무대가 될 것입니다." 푸틴 대통령은 2월 24일 우크라이나에 대한 전면적 침공을 알리는 특별군사작전 지시를 하달하면서 NATO의 개입을 더 이상 묵과할 수 없다는 경고를 한 바 있다. 그러나 이러한 푸틴 대통령의 경고에 대해 NATO는, "많은 비용을 치르더라도 우크라이나에 대한 지원을 중단해서는 안 된다 … 만약 블라디미르 푸틴 러시아 대통령이 우크라이나에서 군사적 목적을 달성하게 된다면 NATO는 훨씬 더 큰 비용를 치르게 될 것이다"라며, 옌스 스톨텐베르그 NATO 사무총장은 우크라이나에 대한 군사적 지원의 필요성을 강경한 어조로 발표했다.[4]

이처럼 러시아-우크라이나 전쟁은 다른 측면에서 볼 때, 러시아와 NATO의 군사적 충돌이라고도 해석할 수 있으며, 아울러 우크라이나는 NATO 비회원국이지만 회원국에 준하는 NATO의 군사적 지원을 바탕으로 장기간의 소모전을 감내할 태세를 갖추었다고 볼 수 있다. 결국 우크라이나의 전쟁 초기 방어작전의 성공 여부는 NATO의 물자와 보급에 달려 있었다.

'152억 달러', 이 수치는 새로 개정된 무기대여법의 시행으로 2022년 9월까지 미국이 우크라이나에 지원한 군사지원의 규모이며, 이는 2020년 기준으로 우크라이나의 GDP가 155.6억 달러임을 감안한다면 불과 반년 동안 우크라이나의 GDP와 같은 규모의 막대한 군사지원이 우크라이나로 투입된 것이다.[5] 비단 미국뿐 아니라 EU 및 기타 국가들의 지원을 2023년 1월까지 기준으로 한다면, 우크라이나가 지원 받은 모든 방면의 원조 규모는 약 70억 유로에 달한다.[6] 따라서 미국, 영국 및 EU가 2022년 상반기에 지원한 전 방면의 원조 규모는 우크라이나 GDP의 1.5년치에 해당한다고 추정할 수 있다. 이로써 81년 만에 부활한 미국의 무기대여법과 EU의 지원으로 현재 우크라이나에 대한 군사적 지원은 가히 신민주주의의 무기고라고 할 만하다. 우크라이나 군사지원의 선두에 서 있는 미국은 전쟁 발발 이후 1년이 지난 시점에도 지속적으로 지원을 유지하고 있으며 2023년 회계연도를 기준으로는 무려 19조 2억 2천만 달러 규모의 군사원조가 이루어지고 있다.

2차 세계대전과 마찬가지로 미국의 무기대여법으로 지원되는 항목은 군사적 목적의 금융지원뿐 아니라, 전차, 항공기, 전투함, 탄약, 의약품 등 전쟁에

표 14.1 FY2021~FY2023 미국의 우크라이나 군사지원액

#	authorized	value	#	authorized	value
1	2021.8.27	60.0	17	2022.8.1	550.0
2	2021.12.28	200.0	18	2022.8.8	1,000.0
3	2022.2.25	350.0	19	2022.8.19	775.0
4	2022.3.12	200.0	20	2022.9.8	675.0
5	2022.3.16	800.0	21	2022.9.15	600.0
6	2022.4.5	100.0	22	2022.10.4	625.0
7	2022.4.13	800.0	23	2022.10.14	725.0
8	2022.4.21	800.0	24	2022.10.28	275.0
9	2022.5.6	150.0	25	2022.11.10	400.0
10	2022.5.19	100.0	26	2022.11.23	400.0
11	2022.6.1	700.0	27	2022.12.9	275.0
12	2022.6.15	350.0	28	2022.12.21	1,000.0
13	2022.6.23	450.0	29	2023.1.6	2,850.0
14	2022.7.1	50.0	30	2023.1.19	2,500.0
15	2022.7.8	400.0	31	2023.2.3	425.0
16	2022.7.22	175.0	32	2023.2.20	460.0

합계: 19,220.0

자료: CRS 2023-0227.[7)]

실제로 사용되고 소모되는 물자의 형태를 직접 공급함으로써 수혜국이 전쟁 물자를 재구매하는 시간과 노력을 생략할 수 있도록 하며, 물자의 수송도 공여국이 수단을 제공하여 수혜국의 수송체계 부하를 막기 위해 공여국이 직접 전달하는 방식으로 진행된다. 따라서 2022년에 개정된 미국의 무기대여법도 2차 세계대전과 유사한 방식으로 실시되며, 전쟁을 수행 중인 우크라이나는

표 14.2 전쟁 개시 1년 후인 2023년 2월까지 미국이 지원한 주요 무기체계 내역

분류	내역
보병전투체계	스팅어 휴대용 지대공 미사일 1,600세트 재블린 휴대용 대전차 미사일 8,500세트 TOW 광학 유도 대전차 미사일 1,500 세트 스위치블레이드 보병전술공격무인기 시스템 700세트 보병용 전술드론 1,800기 보병전술전투장비 4만 6천 세트 방탄복 및 방탄헬멧 7만 5천 세트 유탄발사기 및 개인보병화기 1만 1천 세트+탄약 1억 발 이상
기갑전투체계	T-72B MBT 45대 HMMWV 고기동 다목적 전술차량 1천 대 특수 경량 전술차량 100대 M113 APC 200대 M1117 ASV 250대 대지뢰 방호장갑차량 440대
포병 및 전투지원체계	155mm 자주포 142문+탄약 100만 4천 발 특수 목적 정밀 자주포 포탄 4,200발 대전차 지뢰살포용 자주포 포탄(RAAM) 9천 발 105mm 야포 36문+탄약 18만 발 견인포용 전술차량 22대 HIMARS 38기 군용 수송트럭 44대+중량 트레일러 88대 지뢰제거장비 및 운용시스템
감시정찰 및 방어시스템	특수작전 지휘차량 4대 NASAMS 지대공 미사일 발사시스템 8기 HAWK 호크 대공 미사일 발사시스템 24기 어벤저 야전방공시스템 4개 소대 고속 대방사 유도탄(HARM) 100발
항공전력	Mi-17 전술 헬리콥터 20기

자료: 미국 국방부.

별도의 수송기, 수송선, 수송열차 등을 준비하지 않고 직접 물자를 수령함으로써, 한정된 수송수단을 전선 보급에 집중시켜 운용할 수 있다는 전략적인 이점 또한 존재한다.

이러한 미국의 무기대여법 및 EU와 영국의 군사지원을 통해 우크라이나는 단기간에 병력의 열세를 극복할 수 있는 기반을 마련했으며, 보급에서도 별도의 보급수송수단을 구비할 필요 없이 외부의 지원을 수용하고, 자국의 수송수단은 모두 전선에서 활용할 수 있는 전략적 어드밴티지를 획득했다.

미국이나 영국 등 주요 군사 강국들 이외에도 많은 중소 규모의 국가들이 직접적인 전쟁물자를 우크라이나에 지원했다는 점 역시 눈여겨볼 만하다. 2022년 러시아-우크라이나 전쟁 개전 이후 약 1년간 체코, 폴란드 등 인접 국가에서 우크라이나가 지원 받은 전차는 최소 320대로 알려졌는데, 이는 외부 지원보다 오히려 러시아 연방군이 연료 부족 등의 이유로 방치한 전차를 회수하여 정비한 후 우크라이나군의 전력으로 편입시킨 수량이 더 많다는 점으로 볼 때, 보급 정비의 중요함을 알려 주는 단적인 예시이다. 우크라이나 당국에 의하면 9월 말까지 우크라이나군이 러시아에서 노획하여 정비를 끝내고 현역에 투입한 전차가 수백 대 이상으로 알려져 있다. 게다가 우크라이나 국내의 정비공장에서 창정비를 끝낸 전차는 주로 T-80BVM 혹은 T-72B3 등 1980년대 이후 만들어져서 비교적 성능이 보장되는 물량이다. 자국 내의 정비공장을 이용한 노획전차의 편입은 방어전투를 수행하는 우크라이나군의 이점 중 하나이다. 전쟁 발발 한 달 후 우크라이나군은 74대의 전차를 상실한 반면 117대의 러시아 전차를 노획했다.[8] 오릭스의 집계자료를 참고하면, 9월 말까지 상실된 우크라이나군의 전차는 총 279대인데, 러시아 연방군으로부터 노획한 전차가 420여 대 이상으로, 오히려 방어전쟁을 치르면서 전차 보유 수가 증대되는 역설적 상황이 발생했다.

전투 사례: 즈미이니섬 전투

NATO가 전투장비를 지원한다고 해서 우크라이나군이 러시아 연방군보다 전력 우위에 설 수 있는 충분조건은 될 수 없을 것이다. 이번 사례는 NATO가 제공한 전투장비와 NATO의 ISRTA가 결합되어 우크라이나군에게 결정적인 승리를 가져다준 즈미이니섬 전투를 예로 들고자 한다.

2022년 6월 말을 기준으로 동부전선에서는 러시아 연방군의 공세가 지속되었으나 이와 달리 크름반도에서 헤르손-자포리자-돈바스에 이르는 남부회랑을 형성하는 데 성공한 러시아는 흑해 및 남부전선에서 공세가 아니라 확보한 회랑을 지키려는 방어적 태세로 전환했다. 우크라이나군은 이러한 러시아 연방군의 전략에 정반대로 동부전선에서는 방어작전에 주력하고 남부 및 흑해 연안에서는 공세를 시작하는 역습을 준비했다. 가장 중요한 목표는 역시 헤르손시였으며, 두 번째로 중요한 지역은 크름반도의 세바스토폴 항구와 즈미이니섬이었다. 이를 위해 사전예비공격 차원으로 헤르손 및 오데사 인근 흑해 연안에 포격 및 드론을 써서 제한적인 공격을 지속했다. 공격이 제한적일 수밖에 없었던 가장 큰 이유는 서방에서 장거리 타격체계를 공급 받는 데 시간이 소요되었을 뿐만 아니라, 지원 받은 장거리 타격체계의 운용 연습 및 표적 획득을 위해 고도의 ISRTA 활동이 필요했기 때문이다.

헤르손, 세바스토폴, 오데사, 즈미이니섬 등 다양한 남부전선의 목표 중 눈여겨볼 주요 요충지는 우크라이나 최대의 항구도시인 오데사시 인근의 즈미이니섬이었다. 이 섬은 오데사주의 작은 유인도로써, 크기는 약 0.17km^2에 지나지 않지만 우크라이나 및 루마니아 사이의 영토문제뿐 아니라 흑해의 제해권 확보를 위해 군사적으로 매우 중요한 섬이다. 이 섬과 세바스토폴 항구를 장악하면 오데사 항구에서 입출항하는 모든 선박을 감시 및 통제할 수 있다. 러시아 연방군 입장에서는 즈미이니섬을 확보하지 못하고 세바스토폴 항구만 확보한다면 흑해 서부의 항로를 통제하기 어려운 상황에 놓인다. 그러한 전략적 가치로 인해 2022년 2월 24일 개전 첫날 러시아 흑해함대가 이 섬을 장악했다.

전쟁 초기에 전격적인 러시아 해군의 점령작전으로 별 다른 저항도 해 보지 못한 채 즈미이니섬을 빼앗긴 우크라이나군은 NATO로부터 섬 탈환에 필요한 전투장비를 보급 받을 때까지 제한적인 공격만 할 수 있었다. 특히 튀르키예로부터 구매한 바이락타르 TB2 공격형 드론이 전력화되고, NATO로부터 즈미이니섬 주변의 ISRTA 정보를 실시간으로 공유 받게 된 5월 이후, 우크라이나는 즈미이니섬 탈환작전을 시작했다. ISRTA의 도움으로 즈미이니섬 대공방어시스템의 전력 규모를 완전히 파악한 우크라이나군은 섬에 배치된 스트렐라-10 지대공 미사일, ZU-23 계열의 대공포부터 제거하기 시작했다. 특히 러시아 연방군의 최신형 방공레이더인 토르 9K330도 모두 파괴했으며, 새로운 9K330 레이더를 배치하기 위해 이를 수송하던 수송헬기까지 ISRTA로 추적하여 모두 격추시켰다.

즈미이니섬을 손바닥 내려다보듯 ISRTA로 완전히 파악한 후, 위협적인 대공방어시스템을 차례대로 제거하자 즈미이니섬을 방어할 수 있는 시스템은 러시아 흑해함대의 전투함만 남았다. 그러나 이 전투함들도 ISRTA로 인해 모든 활동이 감시 당했으며, 우크라이나군은 장거리 드론을 활용하여 대부분의 경비정 및 보급수송함을 격침시키는 데 성공한다. 6월부터는 미군이 신속히 공수한 M777 곡사포, 다연장로켓을 포함하여 토치카-U 지대지 미사일 등을 활용하여 즈미이니섬 지상에 설치된 러시아군의 관측시설, 병영시설, 보급시설 등을 대부분 파괴했다. 한 달 넘게 지속된 우크라이나군의 즈미이니섬 공격을 통해 흑해함대 소속 경비정 4척, 상륙함 1척, 예인선 1척 등이 격침되었으며 섬의 모든 방어시설이 무력화되었다. 결국 러시아는 즈미이니섬의 방어를 포기하고 7월 2일에 섬에서 완전히 철수함으로써 우크라이나군이 즈미이니섬을 재점령했다.

지난 4월 15일경 흑해함대의 기함 모스크바함이 격침 당한 데 이어 우크라이나 해군의 7월 초 즈미이니섬 탈환으로 흑해함대는 나머지 전투함을 대부분 안전한 세바스토폴항에 기항하여 방어 태세로 전환한다. 러시아 해군 전투함에 맞설 만한 전투함이 없었던 우크라이나 해군이 즈미이니섬 공략에 사용했던 무기 대부분은 외국에서 조달 받거나 지원 받았던 것이다. 특히 튀르키예제 공격형 UAV인 바이락타르 TB2를 이용하여 즈미이니섬의 대공방어시스템(스트렐라-10 지대공 미사일, ZU-23-2 대공포)을 파괴해 나갔으며, 섬을 방어하던 러시아 해군의 랩터급 경비정들을 지속적으로 공격했다. 섬의 방어체계가 약화된 후, NATO의 ISRTA 지원을 받은 우크라이나 공군은 SU-27 전폭기를 동원하여 섬에 주둔 중인 러시아군을 공격했다. 우크라이나 해군은 미국에서 신속히 도입한 하푼 미사일을 ISRTA 지원에 힘입어 운용하면서 해역 주변의 보급선, 예인선 등을 격파했다. 우크라이나는 즈미이니섬을 탈환함으로써 오데사항의 선박 출입에 대한 안전보장을 확보했을 뿐만 아니라 크름반도를 공략하기 위한 전초기지를 확보하고, 아울러 러시아 해군의 흑해함대 기능을 사실상 정지시키켰다.

즈미이니섬 전투의 핵심은, 우크라이나군이 섬을 공략하는 데 활용한 대부분의 무기체계가 전쟁 이후 외국에서 도입하거나 지원 받은 드론, 미사일, 장거리 야포 등이 중심으로써, 외부에서의 보급 및 군수지원체계가 뒷받침되지 않는 이상 달성하기 어려운 전투였다는 점이다. 또한 외부에서 도입한 장거리 타격무기체계를 효과적으로 활용하기 위해 모든 전투행위에서 NATO군의 ISRTA 지원을 실시간으로 제공 받고 있었다는 점이다. 따라서 즈미이니섬 전투에서는 새로운 무기체계를 외부에서 공급 받아 즉시 전력화할 수 있도록 해준 보급 및 군수체계와 이를 뒷받침하는 ISRTA의 연계가 가장 중요한 성공요인이라 할 수 있다.

그러나 NATO를 중심으로 한 우크라이나에 대한 지원이 무한정 제공될 것인지에 대해서는 전쟁 600일이 지난 시점에서 회의론적 시각이 생기고 있는 것도 사실이다. 그 예로 전쟁 초기에 활발히 진행되던 민간 분야의 군수지원이 크게 줄어들었다. 러시아는 자국 영토가 아닌 우크라이나 영토에서 작전을 수행하기 때문에 모든 수송을 군용 트럭에 의존해야만 하지만, 우크라이나는 자국 영토에서 전쟁을 수행하기 때문에 철도를 포함한 교통 인프라 및 민간영역의 수송수단을 유용할 수 있기 때문에 보급체계의 부하가 러시아군에 비해 현저하게 낮다. 이러한 점을 이용하여 전쟁 발발 직후 우크라이나 당국은 민간 트럭을 전시에 활용할 수 있도록 했으며 이에 EU 및 우크라이나의 민간 수송회사들이 인도적인 물자수송에 대해 무상으로 수송용 트럭과 수송요원을 제공하기도 했다.[9)]

전쟁 개시 후 수많은 민간 차량이 자발적으로 혹은 정부의 요청에 따라 군의 수송 및 전투지원 임무에 사용되었다. 험한 지형에서 사용하기 유리한 4륜구동의 민간 SUV를 민간 자동차 사업소에서 군용으로 개조하여 투입하는 활동이 광범위하게 이루어졌다.[10)] 마치 아프리카 및 중동지역에서 이른바 테크니컬이라 불리는 민간 차량의 개조와 같은 현상이 우크라이나에서도 발생했는데, 소규모 부대의 빠른 이동이나 물자의 수송 그리고 정찰 및 기습에 동원되고 있는 것으로 파악된다.[11)]

또한 다수의 민간인 조직 및 수송 인원들이 인도적 차원의 지원물자에 대해 자원해서 수송체계를 뒷받침하고 있기 때문에 우크라이나 당국이 의약품 및 비전투용 지원물자에 대해 별도의 수송체계를 구성하는 데 도움이 되고 있다. 폴란드에서 출발한 지원물자들이 민간인 수송체계를 교대로 바꿔 가면서 루블린, 르제스조우, 루이우 등을 거쳐 키이우 외곽, 수미, 하르키우까지 전달되고 있으며, 전쟁 발발 4주차에 이르러서는 약 400대의 민간 트럭이 6천 톤의 비전투 인도적 물자를 수송한 것으로 알려졌다.[12)]

그러나 전쟁이 장기화되면서 민간 회사들이 우크라이나의 군수물자를 수송하는 사례는 거의 사라졌고, 특히 흑해의 오데사항에서는 연이은 러시아의 장거리 미사일 공격으로 해상 민간무역도 크게 타격을 입는다. 우크라이나는 자체적으로 차량을 생산할 수 있지만, 미국과 영국 그리고 EU 국가들에게 제공 받는 전쟁물자 가운데 특히 우크라이나군에게 부족한 수송수단이 대량으로 포함되어 있다는 점은 주목할 만하다. 그리고 이 점은 만약 외부에서 차량 등의 제공이 중단되면 우크라이나는 스스로 전쟁을 하기 어렵다는 말로도 풀이할 수 있다.

2차 세계대전 시, 소련군이 미국에게 지원 받은 전쟁물자 중 가장 가치 있었던 것은 전차나 전투기가 아니라 트럭과 일명 'JEEP'이라고 불리던 소형 수송전술차량이었다는 점을 상기해 볼 필요가 있다.

소련은 전차나 항공기는 고사하고 기초적인 전쟁물자의 생산과 보급이 붕괴되기 직전의 상황이었다. 미국에서 식량, 피복, 의약품, 보호장비 등을 대량으로 공급 받고, 미국이 제공한 트럭을 활용하여 일선에 보급함으로써 소련군은 보급체계의 부하를 해소할 수 있었다. 당시 소련이 공급 받은 전차가 1만 3천여 대 규모였는데, 수송용 트럭 및 JEEP은 40만 대 이상이, 트랙터도 8천 대 이상이 공급되었다. 보급물자의 규모는 모포 150만 장, 전투화 1,500만 켤레, 식량 450만 톤 이상 등에 이를 만큼 막대한 양이 제공되어 소련군의 보급체계를 뒷받침할 수 있었다.[13)] 당시 독일군이 말을 이용해 상당수의 보급물자를 운송해야 했던 데 비하면, 소련군은 미국이 제공한 40만 대의 GM 트럭과 JEEP으로 전 전선에 걸쳐 선진적인 보급체계를 운용할 수 있었다.

그러나 역사는 다시 반대로 흘러, 2022년의 무기대여법 및 EU와 영국의 군사지원으로 인해 이제는 러시아가 궁지에 몰리게 될 정도의 막대한 물자가 우크라이나로 흘러갔다. EU에서 우크라이나에 제공한 전차의 대수는 2022년 7월까지 320여 대이지만, 지원한 수송용 트럭 및 일반 차량은 1,200여 대가 넘는다. 차량의 종류 또한 미국의 험비를 포함해, 오시코시사의 고기동 트럭, 메르세데스 벤츠의 6×6 고기동 전술트럭이 포함되어 단순히 트럭의 양뿐만 아니라 질적인 차원에서도 우크라이나군의 수송능력을 일순간 배가시킬 수 있었다. 또한 영국은 자국에서 실전 배치가 막 이루어진 최신형 수송용 드론 T150까지 우크라이나에 공급했는데, 이는 총 3억 7천만 달러 규모의 군사 지원 패키지에 포함된 것으로써 최전선에 물자를 신속하고 안전하게 수송할 수 있도록 제작되었다.[14)]

물론 대용량의 군수물자를 수송할 수는 없지만, 최대 70km의 범위 내에서 65kg의 물자를 GPS 유도를 통한 무선 지령으로 최전선에 보급할 수 있기 때문에, 지상교전지역 내에서 트럭으로는 불가능한 신속한 물자공급이 가능하다. 주로 의약품, 통신장비, 감시장비 등을 전선의 상황에 따라 소규모로 흩어진 부대에 실시간으로 보급할 수 있기 때문에 2차원적인 수송수단에서 벗어나 3차원으로 전선의 수송 패러다임을 바꿀 수 있는 역할까지도 가능하다.

모든 물자와 자원 그리고 무기에서 러시아군에 비해 열세인 우크라이나군이 개전 1년이 넘도록 전선을 유지하고, 9월 말의 가을 대공세 이후 실지를 회복하면서 러시아 연방군을 돈바스 전쟁 이전 단계로 후퇴시키려는 전략까지 구상하게 된 배경에는 NATO-미국의 막대한 전투물자지원이 자리 잡고 있다. 유류, 탄약, 식량 이외에 미군이 보급체계에서 최우선시하는 항목은 의약품 분야이다. 미군은 세계에서 유일하게 육군의무군수사령부(U.S. Army Medical Logistics Command: AMLC)를 별도로 설치 운용할 정도로 보급체계에서 의약품 및 의무물자 공급을 독립적으로 관리 공급하고, 해외 기지에 미군의 무물자소(U.S. Army Medical Material Center)를 지역별로 구성 운용하고 있다. 2022년 러시아-우크라이나 전쟁에서 러시아 연방군의 병력손실이 예상을 초월하고, 우크라이나군의 병력이 초기 예상보다 손실이 적은 이유 중 하나는 전선으로 보다 많은 의료물자를 신속하게 수송하는 능력 및 물자의 공급량에 큰 격차가 있었기 때문이다.

미국은 육군의무군수사령부 예하 독일 주둔 제30의무여단이 관리하는 의무물자소를 통해 NATO 회원국으로 신속하게 의료물자를 공급할 수 있는 시스템을 구축해 놓았으며, 미국 정부가 공급하는 막대한 물량의 의무의료물자를 의무군수사령부를 통해 우크라이나로 신속하게 공급할 수 있도록 했다. 실제로 독일에 위치한 의무물자소를 통해 전시 비축 의약품(Army Propositional Stocks: APS)을 신속하게 우크라이나로 수송했다.[15] 의료물자의 보급 이외에도, 의료전투지원체계에서도 우크라이나군은 NATO 및 미군의 전투지원체계를 활용할 수 있게 되어 러시아 연방군과 양적 및 질적으로 현격한 차이의 어드밴티지를 보유하게 되었다. 미국은 전장에서 부상 당한 우크라이나 전투원을 후송하여 독일에 위치한 미군 야전병원에서 치료 및 회복할 수 있도록 했으며, 이는 NATO 회원국과 의료체계에서 동일한 지원을 약속한다는 조치와 일맥상통한다.[16] 이러한 미국과 NATO의 전투지원체계를 통해 우크라이나군은 마치 2차 세계대전 시 소련군이 획득한 것과 동일한 어드밴티지를 가지고 러시아군을 상대하면서, 전투력 손실을 최소화할 수 있었다.

결론적으로 이 장에서 다룬 보급 및 전투지원체계에서 드러난 러시아와 우크라이나의 차이로 인해 러시아군의 초기 공세가 연쇄적으로 중단되었다는 것이다. 이를 요약해 볼 때 첫째, 기동부대를 이용하여 단기전을 통해 개전 초기 수미, 하르키우, 오데사, 마리우폴, 체르니히우 그리고 수도 키이우까지 동시에 전격적으로 점령하려던 러시아 연방군의 작전계획은 돈바스 전쟁 때 존재하지 않던 NATO군의 ISRTA 전력이 개입하면서 일선 전투부대의 공세뿐만 아니라 방어에 취약한 보급부대에 대규모 피해가 발생하면서 개전 2주일 이내에 실패로 끝났다. 둘째, 정밀타격능력이 부족한 최전방의 러시아 기갑부대 및 포병대는 화력전으로 전환하여 대량의 포탄을 소모함과 동시에 전선을 돌파하고자 했으나 이러한 화력전으로의 전환은 오히려 열악한 러시아

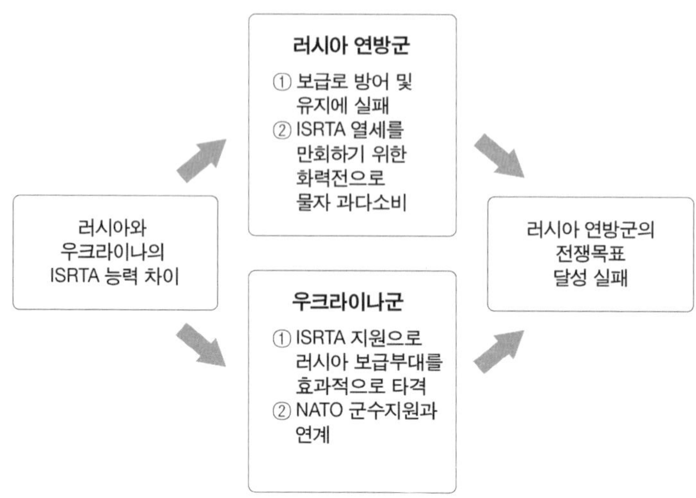

그림 14.1 ISRTA와 전쟁 메커니즘 2(보급 및 전투지원체계)의 상관관계

연방군의 보급체계를 더욱 악화시키는 요인이 되었다. 셋째, 전쟁 초기에 러시아 보급부대를 성공적으로 타격한 우크라이나군은 러시아의 공세가 소강상태로 전환되면서 미국을 중심으로 한 NATO군의 막대한 전쟁물자를 수용 및 배치(RSOI)할 수 있는 시간과 보급로를 확보했다. 이러한 일련의 과정을 통해 전쟁 발발 6개월 후인 9월에 실시된 우크라이나군의 대대적인 반격작전 ―리만 및 하르키우 탈환을 준비할 수 있게 되었다.

그러나 전쟁이 장기화되면서 외생적인 우크라이나의 보급체계는 큰 위기에 빠질 확률도 그만큼 커졌다. 전쟁비용이 막대히 상승했을 뿐만 아니라, 무한정 같았던 NATO의 무기고도 서서히 그 바닥을 드러내고 있기 때문이다. 우크라이나가 자체적으로 물자를 생산해 내거나 혹은 대반격작전을 통해 전선의 주도권을 쥐고 전쟁을 빨리 끝낼 수 있다면 NATO에 전적으로 의존하는 보급체계의 한계를 벗어날 수 있으나, 그러한 방안은 전쟁이 길어질수록 요원해질 뿐이다.

우크라이나 전장을 지배한 전쟁 메커니즘 3, 편제와 지휘체계의 차이

2022년 러시아-우크라이나 전쟁이 발발한 전후 시점에서 대부분의 전황 예상은 보다 많은 병력을 동원할 수 있는 러시아 연방군의 우세 혹은 단기 결전으로 러시아가 승리할 것이라는 전망이 대부분이었다. 그 근거는 러시아와 우크라이나 간의 병력 규모 및 장비와 물자의 보유량 차이가 극복하기 거의 불가능한 수준이었기 때문이다. 결국 전쟁은 사람이 수행한다. 아무리 무기, 자원, 지형적 요소가 우세하더라도 전쟁을 직접 수행하는 인적 요소에서 열세에 놓인다면 전쟁의 승패를 가늠하기 어렵다. 그러나 여기서 말하는 인적 요소란 그저 병력이나 인구의 많고 적음을 의미하지 않는다. 전투에 투입되는 병력을 어떻게 효율적으로 구성하는가, 편성된 병력을 어떻게 지휘하고 통제하는가 등 인력을 효과적으로 전장에 투입하여 목표를 달성할 수 있는 술(術, art)이 인적 요소의 요결이다.

과거 전사를 돌이켜 볼 때, 병력을 어떻게 구성하고 누가 어떻게 지휘통제하느냐에 따라 전투의 결과가 예상과는 정반대인 사례를 어렵지 않게 찾아볼 수 있다. 서기 23년 중국 현한(鉉漢)군은 1만여 명의 병력으로 기병 중심의 기동전을 구사하여 무려 43만여 명의 신(新)나라 군을 궤멸시킨 사례(곤양대전)도 있었다. 그보다 앞선 기원전 205년에는 초(楚)나라의 서초패왕 항우가 약 3만의 병사로 56만 명에 달한 한(漢)나라의 유방을 상대로 기습 공격을 구사하여 30만 명을 사살한 팽성대전의 사례도 찾아볼 수 있다. 결국 전투에서 병력의 많고 적음은 승패에 어느 정도 관여하는 상관관계일 수 있으나, 승패에 직결되는 인과관계라고 단정할 수 없는 것이다.

이러한 인적 요소, 다시 말해 편제와 지휘체계라는 메커니즘은 2022년 러시아-우크라이나 전쟁에서도 어김없이 작동했다. 러시아 연방군이 100만 명 이상의 병력을 동원할 수 있다 하더라도, 그 편제와 지휘체계가 우크라이나군에 비해 비효율적이라면 승리를 낙관할 수 없다.

8부에서 주로 논의할 내용은 병력의 규모와 장비의 보유량을 비교하는 양적 비교 이외에, 실제로 전장에서 병력과 장비를 어떻게 운용하는지, 부대의 구성은 어떻게 되는지, 지휘체계의 효율성은 어떻게 작용하는지, 전투원의 충원과 유지가 어떤 영향을 미치는지, 즉 인적 요소가 전황을 크게 좌우할 수 있다는 점에 대해 다룬다.

구체적인 전투 사례 및 개혁의 과정을 세밀히 분석하기 이전에 우선 편제, 지휘체계 등 인적 요소에 대한 개념을 정리할 필요가 있다. 우선 병력의 규모나 장비의 종류가 아닌, 편제란 요소는 대체 무엇인가? "편제란 조직된 부대 또는 기관에 임무 및 기능을 부여하고, 부서 또는 예하 부대를 편성하며 지휘관계 등을 정하는 것으로서 전시편제와 평시편제로 구분한다."[1] 이 짧은 문장은 대한민국 국방부 훈령에서 규정하고 있는 군대의 편제(編制) 정의이다. 현대의 군사조직, 혹은 군대는 수천 년간 끊임없이 진화해 왔으며 군대의 존재 목적, 수행하는 다양한 임무, 구성하는 요소 또한 지속적으로 변천해 왔기에 현대적 의미에서 '군대란 이런 조직이다'라고 한마디로 정의하기 힘들다.

체계적으로 군대라는 조직을 구성하고, 유기적으로 이를 운용하기 위한 요소에는 최소 세 가지가 있는데, 지휘체계(command), 부대단위(unit), 편제(formation)를 들 수 있다. 지휘체계는 군을 이루는 가장 중요한 요소로써, 일정 수준의 무장집단이 폭력을 합법적·체계적·효율적으로 행사할 수 있게 만들어 주는 통일된 통제 및 명령체계를 의미한다. 부대단위는 다양한 인원과 방대한 자원을 특정한 상황과 임무에 체계적으로 투입할 수 있도록 구성된 조직단위를 의미하며, 군, 군단, 사단, 여단, 연대, 대대, 중대, 소대 등 병력이나 장비의 규모와 종류를 나눈 단위라고 여기면 된다.

편제는 군대 내에서 조직된 각 단위를 군사행동의 목적에 맞도록 지휘체계에 결합하여 구성하는 것으로써 대한민국 국방부 훈령에서 언급한 내용과 일맥상통하다. 즉, 편제는 일정 수준의 부대단위(공군의 비행편대, 해군의 전단, 육군의 중대 등)를 전시 및 평시 상황에 맞도록 설계된 특정한 지휘체계의 통제하에 운용할 수 있는 특정 군조직을 의미한다. 이 책에서는 다양하고 광범위한 현대 군사조직의 모든 편제에 대해 언급하지 않고, 2022년 러시아-우크라이나 전쟁에 국한된 전장의 범위 내에서 적용되는 지상군 편제에 대해 논의한다.

앞서 언급한 것처럼, 전쟁 이전에 많은 언론과 전문가들의 분석에서, 러시아 연방군의 병력 규모가 우크라이나군을 압도하기 때문에 예비병력에서도 우위에 있는 러시아 연방군이 승리할 것이라는 예측이 다수였다. 아무리 군축으로 축소되었다고 해도 러시아 연방군의 정규 병력은 최소 90만 명에서 최대 110만 명이다. 이에 비해 우크라이나군의 병력은 최대 21만 명이기 때문에 지상전이 중심일 수밖에 없는 러시아-우크라이나 간의 전면전은 산술적으로 러시아가 유리할 수밖에 없다. 그러나 이런 피상적인 수치를 비교해서는 전쟁을 파악하기 어렵다. 전쟁은 정태적이지 않고 동태적이기 때문이다.

우선 병력 비교의 문제점부터 고찰해 보자. 단순히 총 병력을 비교함으로써 전쟁의 승패를 가늠한다면 부대단위 및 각 군의 구성에서 오류를 낳을 수 있다. 전쟁 발발 직전인 2021년을 기준으로 볼 때, 우크라이나군 총 병력 21

만 명 중 육군의 병력은 14만 5천여 명으로 비중이 매우 컸으며, 러시아 연방군은 총 병력 90만~110만 명(이 수치는 국가근위대 및 준군사조직을 포함하는지 아닌지에 따라 집계의 기준이 달라진다)에서 육군의 병력이 28만여 명에 그쳤다[2)]는 사실을 간과해서는 안 된다. 즉, 총 병력에서는 러시아 연방군이 우크라이나군에 비해 약 4배의 우위를 점했으나, 2022년 러시아-우크라이나 전쟁에서 주 전투를 담당하는 지상군의 병력으로 범위를 좁힌다면 러시아 연방 지상군 병력은 우크라이나 육군 병력에 비해 2배에 채 미치지 못하는 수준임을 고려해서 전투력을 평가해야 한다.

여기서 이 주제를 좀 더 발전시키면, 총 병력 혹은 총 병력 중 육군의 비중을 비교하는 방식에서 더 나아가 편제의 단계로 주제를 옮길 수 있다. 대부분의 국가는 병력 수가 적게는 수만 명, 많게는 100만 명 이상으로 유지되기 때

그림 8부 1 러시아 연방군의 최상위 편제인 군구를 표기한 지도

▌우크라이나와 접경지역의 군구는 서부군구와 남부군구임을 알 수 있다.

문에 하나의 단위로 이를 통제할 수 없고, 병력과 장비를 필요한 임무에 따라 정해진 지휘체계에 연계해서 분산 혹은 병합하여 배치한다. 지상군 병력으로 쪼개서 분석해 보자. 2021년 기준으로 러시아 연방군의 육군 총 병력은 28만 여 명이고, 우크라이나 육군은 약 14만 명이라고 가정했을 때, 병력비 차이는 2배 정도로 러시아가 여전히 유리하다. 그러나 러시아 연방군은 지상군 중심으로 해군과 공군을 묶어 세계 최대의 면적을 가진 자국의 영토를 총 5개의 군구(district)로 편제를 나누어 병력과 장비를 분산배치하고 있기 때문에 실제로 전쟁에 투입할 수 있는 병력은 크게 제한된다. 영토의 면적으로 비교하면 러시아는 약 1700만 km^2이며 우크라이나는 약 60만 km^2이기 때문에 러시아 연방군은 5개의 편제로 나누어 부대를 분산배치할 수밖에 없다.

러시아-우크라이나 전쟁에서 직접적으로 전투임무에 투입되는 병력은 대부분 서부군구(약 15만 명)와 남부군구(약 10만 명)의 병력으로써, 이 두 군구의 병력은 우크라이나군 병력인 28만 명보다 열세이다.[3] 지상군의 경우에 서부군구는 러시아 최정예 전차부대인 제1근위전차군단을 포함하여 10개 여단, 남부군구는 2개의 차량화보병사단을 포함해 10개 여단으로 구성되는바, 부대단위를 고려하면 이 두 군구의 지상군 병력은 최소 15만 명에서 최대 18만 명 내외로 추정할 수 있다.[4] 결국 편제까지 고려했을 경우 약 100만 명 이상으로 추정되는 러시아 연방군의 병력 중 실제 우크라이나 전선에 투입될 수 있는 러시아 연방 지상군의 규모는 약 15만~18만 명이며, 이는 우크라이나 육군 병력인 14만 5천 명에 비해 압도적으로 우세하지 않다는 결론을 내릴 수 있다.

실제로 2022년 2월 개전에 동원된 러시아 연방군은 최대 총 19만 명, 지상군은 80여 개의 BTG로 알려져 앞서 추산과 거의 일치한다.[5] 물론 러시아 연방군 내에서 최대 군구인 중앙군구나 상대적으로 피로도가 낮은 동부군구에서 지상군 병력을 더 차출하여 투입하거나 약 200만 명으로 추산되는 예비군을 얼마나 동원할 수 있는지까지 계산에 넣을 수 있다. 하지만 이런 경우는 러시아가 전선에서 수세로 전환되거나 패전의 위기에 있을 경우이므로 예비 병력을 동원한다는 발상 자체가 러시아군의 전투력 약화를 의미한다고 볼 수 있다.

러시아 연방군의 5개 군구 중 서부군구와 남부군구에서 특별군사작전을 위해 편성된 최대 19만 명 규모의 병력 중 지상군은 80여 개 이상의 BTG로 구성된다고 알려졌다. 러시아 연방군은 2008년 이후 최상위 편제단위인 군구를 재편하는 과정에서 최전방 전투를 수행하는 1선급 부대의 편제도 같이 실시했는데, 이것이 바로 BTG 편제개혁이다. BTG는 러시아 연방군이 신속한 해외작전 및 기동을 위해 대대급 부대단위를 독립적인 작전통제에 따라 전투에 투입할 수 있도록 만든 소규모 전투편제로써, 부대의 인원과 장비가 기존 러시아의 여단 단위보다 경량화된 것이 특징이다.[6)]

러시아 연방군은 이렇게 새로 개편된 부대편제인 BTG를 중심으로 2022년 러시아-우크라이나 전쟁을 개시했으며 그 결과는 전쟁이 진행될수록 전면전에 적합하지 않다고 평가되고 있다. 이에 비해 우크라이나군은 구소련 시절에는 러시아와 같은 편제와 전술로 구성되었었으나 지난 8~10여 년간은 러시아와 다른 길, 즉 NATO와 유사한 부대편제와 훈련 및 지휘체계를 선택했다. 결국 같은 뿌리에서 출발했으나, 러시아와 우크라이나는 상반된 편제를 채택하여 이번 전쟁에 임했으며 그 결과는 극명하게 전황을 통해 드러났다. 이 장에서는 러시아의 BTG 편제와 우크라이나의 서방 NATO식 편제 변화를 비교함으로써 러시아-우크라이나 전쟁에서 왜 러시아 연방군이 그토록 낮은 전투력을 보여 주었는지 고찰하고자 한다.

15장

독이 든 성배가 된 돈바스 전쟁과 BTG

러시아 연방군이 개전 초반부터 키이우, 하르키우, 수미 전선에서 군사목표 달성에 실패한 원인 중 하나는 러시아가 2006년부터 실시해 온 편제의 개편, 즉 BTG의 전투력이 예상대로 나오지 않았기 때문이다.[1)] 특히 전쟁이 장기화되면서 BTG에 대한 효과는 더 의구심이 커졌는데, 당초 BTG의 개편 목적이었던 높은 기동성과 작전 배치의 용이성, 신속한 현장지휘능력, 그리고 다른 BTG 및 상위 제대와의 연계성 등이 제대로 구현되지 않는다는 평가가 전황 분석을 통해 나오고 있기 때문이다.

러시아 연방군이 사단 중심의 대규모 기갑부대 편제에서 대대급 소규모 편제로 재편한 이유는 시대의 변화에 부응하기 위해서다. 구소련의 해체로 인한 대규모 병력 유지의 어려움 및 냉전 구도의 붕괴에 따른 군사력 투사 방식의 변화로 인해 보다 가벼운 군 편제로의 전환은 필수였으며, 이는 미국을 포함한 NATO군도 마찬가지여서 1990년대 냉전이 종식된 이후 21세기 들어 각국은 군 편제를 운용하기 쉬운 체제로 변화시켰고 러시아도 그중 하나였다.

구소련 시절부터 소련(러시아)은 포병 및 기갑부대의 화력을 집중시키는 이른바 충격군(shock troops) 전술 중심의 지상전 교리를 유지해 왔으며, 1980

년대 이후에는 충격 요법에 더해 육군항공대의 헬리콥터 전력을 더해 OMG라 불리는 사단급 편제를 유지해 왔다.[2)] 그러나 2000년대 들어 러시아 연방군은 사회적으로 심각한 인구감소, 민주화 및 경제활동 촉진을 위한 의무 군복무 축소, 더디기 짝이 없는 군인의 처우 개선, 만성적인 미비한 전투지원체계, 냉전시대에 상정된 세계대전급의 대전쟁 발발 가능성 저하 등의 이유로 구소련식 대규모 OMG 편제를 유지하는 데 한계에 봉착한다.

또한 서유럽국가와의 대규모 전면전보다는 구소련 공화국들 간의 분쟁과 국경 분쟁을 수차례 경험하면서 대규모 사단을 중심으로 운용하기보다는 소규모의 여단급 이하 부대를 신속하게 필요한 전선에 배치하여 전선의 상황에 따라 현지 전술지휘관의 지휘에 의거하여 유연하게 대응할 필요성이 제기되었다. 즉, 러시아 연방군의 BTG 개편은 탈냉전이라는 세계적 변화에 부응하면서 냉전식 시스템인 군단-사단급 대규모 기갑부대의 배치 운용을 탈피하고 그보다 작은 대대급 혹은 대대 간 협조체제를 이루는 소규모 부대로 작전부대를 재편하는 개혁이라 할 수 있다.

공화국 분쟁과 돈바스 전쟁의 잘못된 결론, BTG 개편

1부에서 언급한 바와 같이, BTG 개편은 수차례의 공화국 분쟁을 겪은 후 문제점을 근본적으로 개선하기 위해 2006년에 시작되었다. 돈바스 전쟁을 거치면서 상당 수준으로 완성 단계에 이르렀으며, 미군의 여단전투단(Brigade Combat Team)과 유사하게 신속한 병력 투입을 전제로 하는 작전부대 편제가 되었다. 그러나 2006년부터 시작된 서방의 대러시아 경제제재 및 전략물자 수출금지 등으로 인해 러시아가 구상한 해외파견부대 구상은 크게 축소될 수밖에 없는 상황을 맞는다. 신속한 해외 파병을 위해서는 전략 및 전술수송기,

방공시스템 및 현지 전장감시시스템, 그리고 해군을 통한 장기간의 물자공급 시스템 등이 갖춰져야 하지만, 러시아의 악화된 경제 상황은 미국과 유사한 여단급 규모의 신속파병부대 편제를 만들 여건이 되지 못했다.

이를 해소하기 위해 푸틴 대통령은 2020년까지 NATO의 군사력에 대응할 수 있는 러시아군의 전면적인 개혁과 전투력 증강사업을 위해 약 7,700억 달러(약 23조 루블)를 10년간 편성해 줄 것을 러시아 의회에 요청했다.[3] 하드웨어 측면과 함께 소프트웨어로서 전술 교리의 변화도 개혁의 대상이었다. 과거 소련 육군은 대규모 병력을 집중하여 포병과 기갑부대를 연속적으로 투입하는 제파(諸波)식 공세, 기계화보병을 대량으로 투입하는 종심타격교리를 유지했으나, 아프가니스탄 전쟁이나 체첸전쟁 등을 통해 지역분쟁에 알맞은 새로운 전술의 필요성에 직면한다. 이러한 요구에 맞춰 러시아 연방군은 기존의 군-군단-사단-여단 체계를 탈피하여 23개의 보병 및 기갑사단을 60여 개의 전투여단으로 재편하는 내용을 골자로 하는 편제혁신을 진행해 왔다. 대규모의 투자와 실전 경험을 통해 2010년대의 러시아군은 시리아 내전과 돈바스 전쟁을 경험하면서, 군사력 투사 및 실제 전과에서 10년 전과는 다른 양상을 보였다.[4]

돈바스 전쟁 기간 중 러시아 육군여단은 평시에는 여단급 규모로 운용되다가, 유사시 파병 결정이 내려지면 부대 병력을 나눠서 대대 규모로 축소시킨 후 BTG로 편성해 파병하는 것이 일반적이었다. 군사 전문가들은 BTG의 실전능력을 설명할 때 돈바스 전쟁의 사례를 드는데, 장비나 훈련 수준이 낙후된 게릴라 혹은 민병대를 상대하는 경우에는 유연한 전투력을 발휘하지만 NATO와 같은 고도로 준비된 정규군에 대응하면 전술적인 어려움에 봉착할 가능성이 높다고 평가했다.[5]

BTG는 기본적으로 기계화보병대대이다. 따라서 가장 중요한 핵심 전력인 전차중대 1개와 보병중대 3개로 이루어지며, 이를 지원하기 위해 BTG 3개마

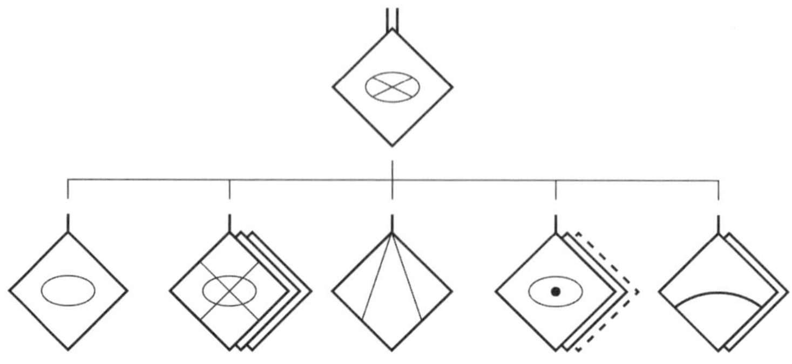

그림 15.1 러시아군 BTG의 기본 구성

다 포병중대 2~3개, 방공중대 1개가 배속된다. BTG 하나의 병력 규모는 900여 명 정도이다. 따라서 원래 계획된 BTG는 통상적인 러시아군 차량화소총병대대(총 인원 450여 명, 3개 기계화보병중대, 1개 박격포중대 및 기타 지원대)에 비해 매우 강력한 지원 세력을 보유하여 일종의 대대급 태스크포스로서 독자적인 전투수행능력을 지향한다.[6]

편제 규모가 대대급으로 2,500여 명인 미군의 여단전투단에 비해 러시아 BTG의 규모는 3분의 1 정도이다. 하지만 미군에 비해 수송기 혹은 수송함이 적은 러시아 연방군은 비교적 신속하게 분쟁지역으로 전개가 가능하다. 또한 화력은 부족하지만 3개의 BTG에 상위 부대인 포병 및 기갑여단의 지원이 가능하기 때문에 전장의 상황에 따라 유연하게 전투를 수행할 수 있으며, 상위 제대의 보급체계를 활용한다면 대대급으로는 부족할 수 있는 전투지원체계도 보완이 가능하도록 구상된 체계이다.

이처럼 신속한 전개와 유연한 작전수행능력을 중점으로 한 BTG 중심의 러시아군은 2014년 돈바스 전쟁에서 상당한 전과를 보여 주었기에, 2022년 러시아-우크라이나 전쟁에서도 제 역할을 할 수 있으리라는 예측이 일반적이었다. 비록 구형 장비라고는 하나 러시아 BTG의 T-72B3 전차는 더 구형인

표 15.1 러시아 연방군의 BTG와 미군의 여단전투단 장비 비교

	구소련군 기계화사단	러시아 BTG (2014~)	미국 기갑여단전투단 (2016~)
병력	1만 7천여 명	900여 명	4,700여 명
전차	200여 대 이상	10~15대	90여 대
장갑차	550여 대 이상	40여 대	400여 대
군수지원대	1개 연대	1개 소대 (3일간 전투물자 유지)	1개 연대 (7~10일 전투물자 유지)
구난차량	20여 대	2대	25대
의무장갑차량	미상	없음	32대
드론유닛	없음	중대급 1개 유닛	여단급 2개 유닛

주: 러시아 연방군의 BTG는 군수지원과 감시정찰에서 미군의 여단전투단에 비해 큰 열세이다.

우크라이나군의 T-72A형 전차에 비하면 나은 장비였고, 돈바스 지역의 현지 반우크라이나 무장세력과의 협력은 여전히 유효한 전력이며, 기술적으로 낙후하지만 드론을 통한 정보수집능력도 있었기 때문에 러시아 연방군의 전투력은 냉전 붕괴 직후보다 더 낫다고 평가할 수 있었다.[7)]

그러나 돈바스 전쟁과 달리 대규모 전쟁이 발생한다면, 각 BTG 간에 유기적인 정보 네트워크가 편제상 충분히 확보될 수 없다는 단점이 존재한다. 실제로 친러 반군이나 체첸 공화국 파견병들과 공동작전 시 장비 수준이 떨어지는 부대들의 통신 네트워크로 인해 전선 통제가 어려워지기도 했다.[8)] 또한 대대급 부대의 한계상 부대 자체가 보유한 보급물자가 적고, 상위 제대에 있는 수술실과 같은 의료지원체계는 완전히 결여되어 있다. 러시아는 이러한 문제점을 해결하기 위해 질적 강화보다는 양적 투입으로 전쟁을 조기에 끝내려는 전략을 취한 듯 보였다. 2022년 러시아-우크라이나 전쟁에서 전군 BTG의 75%인 120여 개의 BTG를 우크라이나 전선에 투입할 준비를 했으며,[9)] 개전 2주차 이후의 대공세를 위해 키이우 지역에만 최소 40여 개에서 최대 50

여 개의 BTG를 집결시킨 것으로 추정되었다.[10] 그러나 BTG는 전면전 상황에서 아무리 많이 동원해도 근본적인 한계가 있음이 이번 전쟁을 통해 드러났다. 2022년 러시아-우크라이나 전쟁에서 드러난 러시아 연방군 BTG 편제의 근본적인 문제는 다음 세 가지로 압축할 수 있다.

❶ 자체적 ISRTA 부족 및 비효율적 지휘통제시스템

러시아 연방군 BTG의 첫 번째 문제점은, 질적으로도 양적으로도 부족한 ISRTA 능력 및 지휘통제(통신)시스템이다. 러시아 연방군의 BTG는 독자적인 컴퓨터 통제 기반의 전장지휘시스템뿐만 아니라 대대급의 위성통신 및 지휘통제시스템도 갖추지 못했다. 또한 서방의 제재로 핵심 반도체가 부족해서 전장감시용 소형 드론과 같은 야전정찰자산이 부족했다.

이러한 문제를 해결하기 위해 현지 친러 민병대를 감시정찰활동에 활용할 수밖에 없었으나 이미 드론을 광범위하게 쓰는 우크라이나군에 비해 정보의 양과 질 모두가 떨어질 수밖에 없다. 돈바스 전쟁 때는 친러 민병대 혹은 현지에서 징집한 현지 자원으로 최전선의 정보를 수집하는 것이 일반적이었으며 꽤 효과적이었다.[11] 부족한 정찰드론전력을 메꿀 단기적인 방법은 중국제 민수 드론의 도입뿐이다. 이란제로 알려진 다수의 드론이 전장에 배치된 것으로 보이지만, 이란제 드론은 자폭임무에 특화된 공격형 드론이기 때문에 ISRTA와는 거리가 멀다.[12] 실제로 돈바스 전쟁 당시 우크라이나 도네츠크 지역에 파견된 BTG와 현지 친러 민병대는 암호화를 거치지 않은 일반 민간 휴대전화망과 무전기, 소셜 미디어 등으로 연락하거나 이마저도 제대로 하지 못하는 모습을 보여 주었다.[13]

돈바스 전쟁 중이던 2014년 8월 초, 우크라이나 제95공중강습여단은 전쟁 최대 규모의 장기간 후방침투작전을 실시했다. 소규모가 아닌 2개 기계화보병대대, 1개 전차대대, 1개 자주포대대로 구성된 제95공중강습여단이 병력을 나누어 다수의 축선으로 공격했고, 그렇게 분산된 병력들이 반군 방어선을 돌파하여 적 후방에서 재집결했다. 그 후 제95공중강습여단은 도네츠크-루한스크 경계를 따라 깊숙이 침투하여 돈바스 지역의 남쪽 경계를 따라 200km를 동진하면서 러시아 정규군의 전차 및 자주포를 다수 파괴하거나 노획하고 고립된 우크라이나군 수비대와 합류하여 병력을 보충하는 등 루한스크 공항까지 작전을 실시하고 다시 출발점인 슬로뱐스크로 복귀했다.

이 작전 기간에 우크라이나군은 러시아군이 서로 통신을 제대로 하지 못해 BTG들이 협동작전을 하는 데 큰 제약이 있음을 발견했다.[14)] 부족한 ISRTA와 더불어 지휘체계에서도 BTG는 구조적인 문제점을 안고 있다. 러시아군은 무기장비의 현대화 및 개혁조치를 취하면서도 구소련군의 지상군 지휘통제체계를 존치시켰는데, 이는 2022년 러시아-우크라이나 전쟁에서 또 다른 약점을 제공한다. 구소련군은 소부대 전술단위의 지휘통제보다 보다 광범위한 전구의 작전지휘를 중시하는 전통이 있었다.[15)] 이러한 배경은 이념 및 정치적인 면에서 유래하는데, 전쟁계획 및 작전지휘는 중앙당에서 하달된 목표를 일사분란한 지휘통제체계 아래 하달하여 전투를 수행하기 위함이었다. 냉전 시기에는 이러한 지휘체제의 장점도 물론 존재했다.

그러나 이러한 중앙 통제형 지휘체계는 오히려 러시아가 개혁해 온 BTG와 상극의 성질을 가지고 있다. 러시아군이 사단단위의 편제를 대대급으로 축소한 가장 큰 이유는 현대전에서 기동전을 효율적으로 수행할 수 있도록 큰 부대단위에서 작은 부대단위로 나눈 것이라고 이미 전술한 바 있다. 기동전의 핵심은 시시각각으로 변하는 전장의 상황에 맞춰 일선의 부대가 유동적인 전장 환경에서 신속하고 정교하게 임무를 수행할 수 있도록 현장의 지휘체계가 유지되어야 한다. 그러나 러시아군은 신속한 현장 지휘를 위해 현장 지휘관이 능동적으로 판단하여 통제하는 소위 임무형 지휘체계보다 구소련식 통제형 지휘체계를 유지했다. 이 체계는 훈련 시 반복되는 사전예행연습을 통해 예상되는 작전을 반복 숙달하고, 상부의 지휘관은 변화된 상황에 맞게 훈련된 작전계획대로 부대를 일사분란하게 통제한다.[16)]

따라서 아무리 BTG로 개편하면서 대대장의 현장 지휘의 권한이 강화되어도 기본적인 군사교리의 한계상 변화하는 전장 상황에 맞춰 효과적으로 지휘하기가 매우 어렵다. 게다가 BTG는 ISRTA가 취약하기 때문에 통제형 지휘체계로 작전을 시행하면, 상부의 지휘부는 전장의 상황을 제대로 모른 채 미리 계획되어 있던 전술과 진격 루트만 고수하여 공세를 치르는 경직된 전투행위를 반복할 수밖에 없다. 그런 전투의 대표적인 사례로는 부흘레다르 전투를 들 수 있다. 대부분의 우크라이나 전장에서 드러나듯, 미리 준비된 BTG의 작전계획은 변화된 전장 환경에서 제대로 활용하지 못한 경우가 많았으며, 변화된 전장 환경을 ISRTA 부족으로 제대로 파악할 수 없어서 막대한 인명 및 장비의 피해를 감내해야만 했다.

❷ 대규모 작전에 부적합한 인원 편성

둘째, 적은 병력으로 구성된 러시아의 BTG 편제는 숙련병과 전문 직업군인의 비율 또한 기존의 편제보다 축소시켰으며, 그에 따라 병력손실 시 대체할 인원이 부족하기 때문에 숙련된 전투원이 전투불능상태가 되면 급격한 전투력 저하로 이어질 수밖에 없다. 2022년 러시아-우크라이나 전쟁의 총아로 ISRTA 전력에는 야전에서 직접 운용할 수 있는 전장감시드론도 포함되어 있는데, 이러한 ISRTA 체계를 활용하는 데는 숙련된 전투원의 역할이 매우 중요하다. 급박한 전선의 상황상 단기간에 징집한 소총수보다 훈련하고 양성하는 데 시간이 걸리지만 ISRTA나 통신체계를 유지하는 데 필요한 숙련된 전투원을 충분히 양성할 수 없다는 점이 러시아 연방군의 구조적·인적 한계라고 하겠다.

그렇다고 해서 야전용 ISRTA 드론을 운용하는 전투원을 많이 훈련시켜 배치하면 실제 전투에 필요한 소총수, 공용화기요원 등이 감소하여 전투력의 저하가 발생할 수 있다. 전술드론 팀이나 네트워크 및 전자전을 위한 장비와 병력을 추가하면 부대의 ISRTA 능력은 상승하지만, 화력의 저하가 발생하는 모순이 발생한다. ISRTA 및 네트워크 지원병력을 추가하고 그에 따라 부족해지는 공격력을 메꾸기 위해 숙련된 전투원의 비중을 늘리는 것이 해결책이지만 이 또한 쉽지 않다. 러시아 지상군의 계급 구조나 전투원의 충원 및 훈련문제는 러시아 연방군의 인적 요소에서 고질적인 장애물이기 때문이다.

일반적으로 야전군의 숙련된 전투원은 장기복무한 병사나 NCO(부사관)단으로 구성된다. 19세기 프로이센에서 근대적인 참모부 및 부사관제가 확립된 이후, 군대는 장교, 부사관, 그리고 병사의 계층으로 구분되어 각각의 기능과 역할을 발전시켜 왔으며, 러시아군도 이러한 흐름에 맞게 러시아 고유의 장교단, 부사관단, 그리고 병사의 계급 및 역할체계를 발전시켜 왔다.

러시아 육군 병력의 30% 정도는 모병제를 통해 입대한 자원병이고, 장기복무병인 이들은 러시아 육군 전투력의 핵심이라고 할 수 있다. 그러나 나머지 60~70%는 징집된 자원으로써, 군에서 충분한 보상을 받지도 못할뿐더러 사회에서의 경력 단절과 경제활동 미참여로 인한 손실 등으로 자원병들에 비해 군복무에 대한 신념과 숙련도에서 차이가 날 수밖에 없다. 무엇보다 러시아 육군 징집병의 문제점은 1년 단기복무로 인한 숙련도의 저하이다. 실제 전황을 보도한 자료에 의하면, 편제에서 러시아군은 100% 충원을 하지 못하고 70~90%만 충족하는 수준이었으며, 이마저도 1년 단기복무한 비숙련 자원으로 채워지고 있다. 500여 명 규모의 전투병력이 BTG에 필요하지만 실제로 운용된 전투원은 350여 명이었음이 전쟁 기간 중 노획된 러시아군의 문서로 확인되기도 했다.[17)]

2022년 9월까지 러시아가 손실한 병력은 최소 8만 명으로 집계되며, 단기간에 8만 명의 손실분을 충원하려면 강제징집된 비숙련 전투원으로 대체해야만 하기 때문에 전투력 저하는 피할 수 없다.[18] 강제징집된 비숙련 전투원이 BTG에 점점 더 배치될수록 전투의 효율이 낮아졌다. BTG에서 트럭을 운전하던 징집병이 트럭에 문제가 생기자마자 수리 및 정비를 포기하고 물자가 실린 트럭을 보급로에 방치한 채 도주하는 사례가 빈번히 발생하는 등 비숙련 전투원의 문제점은 전쟁이 길어질수록 심각해지고 있다.[19] 러시아 내부에서 발간된 자료에 의하면, 러시아 보병대의 4분의 1 정도가 자신들이 사용할 전투장비에 대해 숙달하지 못했음이 밝혀지기도 했다.[20]

BTG를 구성하는 1개 전차중대와 3개 보병중대 중 가장 전투임무에 하중이 걸리는 보병부대는 많아야 500여 명으로, 이들은 전투, 보급 및 호위, 현지 치안유지 및 전장감시 등 모든 임무를 수행해야 하기에 만성적으로 부담에 시달릴 수밖에 없다. 전시에는 전선 현지의 치안유지, 인사·보급·군수업무에 부대 병력의 30% 이상이 필요하다는 점을 감안하면 실제 전투에 투입할 수 있는 병력은 300명 정도가 최대치이다. 이처럼 BTG의 병력 부족은 게릴라전이나 비정규전에서는 어느 정도 대응할 수 있지만, 전면전에서는 개전과 동시에 심각한 사태가 될 가능성이 높다.[21]

그렇다면 숙련된 전투원이라고 할 수 있는 부사관단은 문제가 덜 심각한가? 아니다, 징집된 병사보다 더 취약한 집단이 바로 러시아 연방군의 부사관단이다. 부사관단은 대부분 징집병보다 장기복무를 하고, 더 많은 교육과 훈련체계를 통해 전투기술 및 지식을 습득하며 보다 나은 처우를 받고, 장교단과 병사와의 연결 고리로써 야전전투 시 부대의 윤활유 역할을 하는 매우 중요한 집단이다. 한국군은 물론이고 NATO의 모든 편제에서 야전의 핵심인 부사관단의 유지 및 관리에 중점을 두고 있다.

특히 소부대의 작전에서, 부족한 장교단의 역할을 부사관단이 대부분 수행해야 하기 때문에 대대급 이하의 부사관단은 유사시 장교와 같은 임무를 수행하는 능력도 갖춰야 하며, 부대 내에서 보급 및 정비의 실무를 주로 맡기 때문에 러시아 연방군처럼 대대 중심의 BTG를 운용할 경우 오히려 다른 나라보다 부사관단의 역할 강화가 요구된다. 따라서 러시아 연방군에도 부사관단이 존재하기 때문에 BTG 내에서 그 역할을 충분히 할 수 있을 것이라 예상했다면 그 예상은 틀렸다. 왜냐하면 NATO와 같은 의미의 부사관단은 러시아 연방군에 존재하지 않고, 실제 전투에서 부사관단의 취약성은 러시아 지상군의 아킬레스건이기 때문이다.[22]

러시아 지상군의 부사관단은 선발 과정부터 NATO로 대변할 수 있는 서방의 체계와 다른데, 부사관단을 별도로 임관하는 것이 아니라 징집병 중 2~3년의 복무 연장을 원하는 대상에성 선발하여 계약하는 방식으로 충원한다. 따라서 최소 5년 이상 복무하는 서방의 부사관단과는 훈련과 교육에서 수준 차이가 날 수밖에 없다. 부사관단의 교육 및 훈련과정에서도 유사시 장교를 대신하는 부대지휘 및 통제훈련은 누락되어 있으며, 주로 레이더, 차량 조작, 장비 정비 등 현장 기술의 숙련도를 높이는 데 중점을 두고 있다. BTG와 같이 인원이 부족한 편제에서 유사시 장교단이 부족하면 부대를 통제하는 문제가 부각되기 쉽다.[23] 무기체계 개혁은 서방의 흐름에 따라 많은 부분을 받아들였으나, 유독 부사관단의 육성을 소홀히 한 점은 러시아군의 치명적인 약점으로 남게 된다.

2009년부터 러시아 연방군은 전문 부사관단을 육성하기 위한 장기 프로젝트의 일환으로 리아잔(Ryazan) 고등공수학교와 같은 기초교육기관을 통해 전문 부사관단을 체계적으로 키우려 했으나 연간 2천 명에도 못 미치는 적은 수의 부사관단만 육성했을 뿐이다. 순수한 정규군 규모는 2013년 기준으로 77만 명에서 2019년 기준으로 94만 명까지 늘어났으나, 정작 지상전에서 핵심 역할을 해야 할 부사관단의 규모는 2013년 기준으로 5만 명이었고 2019년 기준으로도 5만 명으로 전혀 증가하지 않았다. 이에 반해 단기 병사자원은 2013년의 52만 명 규모에서 2019년 66만 명으로 크게 증가했다.[24] 즉, 러시아군의 병력 증강은 양적으로는 대규모 증원되었으나, 질적으로는 오히려 더 하락했다고 볼 수 있다.

군 병력 대비 매우 낮은 부사관단의 비율은 다른 나라와 비교해 볼 때 더 명확한 차이를 보여 준다. 러시아군의 부사관단 비율은 전군 대비 약 5.3%로써, 미군의 39%에 비해 크게 떨어진다.[25] 심지어 우크라이나군의 전군 대비 부사관단의 비율은 약 25%로써, 러시아 연방군의 부사관단 비율보다 무려 5배나 많은 수준이다.[26] 결국 러시아 연방군의 고질적인 부사관단의 역량 부족은 러시아-우크라이나 전쟁에서 러시아 지상군의 낮은 전투 수준 및 BTG의 병력손실 후 급격한 전투력 저하를 초래하는 주요 변수가 되었다.

따라서 러시아의 BTG가 전장에서 전투력을 유지하려면 분쟁지역에서 친러 민병대, 혹은 현지에서 수급된 경험 있는 전투자원으로 BTG의 전력을 보완하는 것이 필수이다. 대대급 전투단은 일부 전력이 손실되면 예비병력이 없기 때문에 후방으로 보내 재편성하고 다시 전투에 투입해야 하는데, 이럴 경우 공백 기간이 너무 길어져서 전선 유지가 힘들다. 따라서 현지 친러 반군의 협조가 중요하다.[27] BTG의 전투원 부족은 결국 전쟁이 장기화되면서 심

표 15.2 각국의 부사관 비율

국가	부사관 비율(%)	국가	부사관 비율(%)
대한민국	15	독일	35
미국	39	영국	20
일본	44	대만	37
프랑스	24	북한	15

자료: 한국국방연구원(2005) 발췌 편집.[28]

각해졌는데, 비공식적으로 6만여 명 이상의 전투원이 개전 이후 사망했다고 추정되며 병력을 보충하기 위해 40개 이상의 BTG가 후방으로 퇴각할 수밖에 없었다. 이런 문제를 해결하기 위해 9월 21일 푸틴 대통령은 30만 명의 예비역을 동원하는 국가동원령을 선포하고 러시아 전역에서 강제징집을 임의로 실시하게 되었다.[29] 2024년에는 1만 2,500여 명의 북한군이 러시아로 파병되었는데 이들 대부분이 북한 특수부대라고 할 수 있는 폭풍군단 소속인 점은 숙련된 전투원 부족이 극심하다는 반증이라 하겠다.

❸ 편제 내 물자 및 장비의 부족

BTG의 세 번째 문제점은 자체적으로 보유한 장비뿐만 아니라 전투지원 및 전투근무지원 능력이 부족하여 전면전이나 대규모 전선에서 전투력을 상실할 확률이 매우 크다는 점이다. BTG는 작은 편제 규모의 이점을 살려 전선에 전개하는 속도와 범위가 육중한 기갑사단이나 대규모 보병사단보다 훨씬 빠르고 넓다. 그러나 이러한 장점은 곧바로 양날의 칼이 되어 단점으로 다가올 수 있다.

대대급의 부대들이 각각 전선에 흩어진 상태에서 BTG에게 매일 실시간으로 보급물자를 전달하고, 전상자를 후방으로 나르는 군수 및 보급체계는 러시아의 능력으로 불가능에 가까우며, 전면전일 경우에는 과부하에 더 빨리 걸릴 수밖에 없다. 수송 및 보급체계가 선진화되어 있는 미국도 여단급 전투제대에 물자를 보급하는 데 심각한 난맥을 경험했던 것을 고려한다면, 여단보다 3분의 1로 작은, 다시 말해 3배나 많은 단위의 각 부대에 장기전을 실시하면서 장비를 유지하고 전투지원을 원활하게 하는 일은 러시아의 전투지원 체계를 감안하면 불가능에 가깝다.

러시아 BTG의 장비편람을 보면, BTG 자체의 보급트럭은 10~12대, 공병

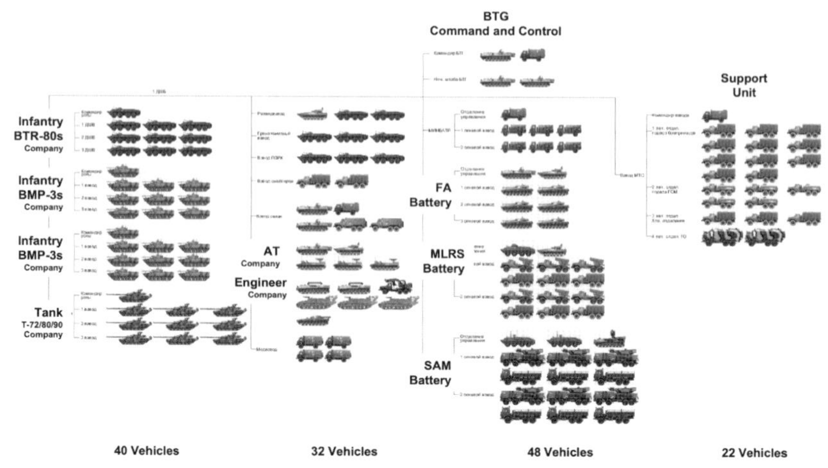

그림 15.2 러시아 BTG 편재에 배속된 장비의 목록[30]

장비트럭은 5대로 편성되어 있으며 이 보급 및 전투지원능력을 바탕으로 BTG가 스스로 부대의 보급 및 정비를 할 수 있는 기간은 최대 10여 일, 재보급에는 3일 정도가 소요된다고 한다.[31] 만일 2022년 2월 24일에서 3월 7일까지 10여 일간의 전투로 러시아가 당초 계획했던 작전목표 중 대부분을 달성했더라면, BTG와 관련된 보급 및 전투지원능력은 심각한 결점으로 부각되지 않았을 가능성도 있다. 그러나 거의 모든 전선에서 개전 초부터 진격은 둔화되었으며, 각 BTG는 자신들이 보유한 물자를 예상보다 더 많이 소비했고, 이를 보충해 줄 상위 제대의 보급대는 우크라이나군의 공격으로 차단되어 기동성이 생명인 BTG의 전투력은 개전 초기부터 상실되었다.

표 15.3은 일반적인 BTG의 자체 물자 보유량을 열거한 것으로써, 이와 같은 물자를 보유하고 10일간 전투임무를 수행할 수 있으리라는 예측 아래 편성되었다. 그러나 세부적인 사항을 볼 때, 표대로 물자를 100% 보유하고 있다 가정하더라도 전면전 상황에서, 그것도 ISRTA 지원이 미약한 전장 상황에

표 15.3 제200차량화소총여단 소속 BTG가 보유하는 표준 전투물자량

무기체계	표준 보유량	무기체계	표준 보유량
2S3M 자주포용 152mm 포탄	432	코드 중기관총용 12.7mm탄	30,000
2B16 노나-K 박격포용 120mm 포탄	1,380	SVDS 지정 사수용 7.62mm탄	1,080
T-72B3 전차용 125mm 포탄	450	PKT 기관총용 7.62mm탄	38,000
BM-21 다연장로켓용 122mm탄	540	PKP 기관총용 7.62mm탄	4,800
9P149 슈투름-S 대전차 유도 미사일	144	AK-74M 소총용 5.45mm탄	191,070
9P135M 대전차 유도 미사일	145	마카로프 권총용 9mm탄	848
26M 퉁구스카 지대공 시스템용 미사일	48	AGS-17 고속유탄발사기용 30mm탄	522
9A34M2 스트렐라-10 지대공 시스템용 미사일	36	GP-25 유탄발사기용 40mm탄	340
9P516 이글라 MANPADS 미사일	27	VSS 소음권총용 9mm탄	3,000

자료: Grau and Bartles(2022) 발췌 편집.

서 10일간 전투를 수행하기란 불가능하다. 예를 들어, BM-21 다연장로켓용 122mm 포탄이 540발 있어도 지속적인 전투는 불가능하다. BTG에 배속된 BM-21 다연장로켓발사기는 8기 정도인데 각 발사기별로 로켓 36발이 장전되므로 1회 사격 시 288발이 소모된다.

따라서 재장전을 한 번이라도 다시 하려면 로켓 576발이 필요하고 표준 보유량인 540발로는 겨우 2회 발사하는 수준에 불과하다. 전투의 핵심인 전차의 포탄 보유량 문제는 더욱 심각하다. 125mm 포탄 450발을 보유하지만 T-72B3 전차가 적재하는 포탄은 39발로써 BTG에 12대가 배치되어 있다면 그것만으로도 포탄 468발이 필요하다. 10대가 배치되어 있는 경우에도 390

발이 소요된다. 화력지원의 중심인 2S3M 아카치야 152mm 자주포의 경우는 1문당 포탄 40~46발을 적재하는데, BTG 내에는 2S3M 자주포 10~12문이 배치되기 때문에 최소 요구되는 포탄은 450~560여 발이다. 자주포의 경우에도 차체 내에 보유한 포탄을 소모한 이후에는 전차와 마찬가지로 전투행위를 중단할 수밖에 없다.

따라서 BTG의 기갑부대와 화력지원부대는 차에 적재된 포탄을 모두 소모하면 상위 부대에서 재보급이 이루어지기 전까지는 전투 불능에 빠진다. 이와 같은 BTG 자체의 물자 보유량 부족은 이전 돈바스 전쟁이나 남오세티야 분쟁과 같은 소규모 전투에서는 큰 문제가 아니지만, 전면전 상황에서는 단기에 작전목표를 달성하지 못하면 심각한 전투 불능사태에 빠지는 취약점을 내재할 수밖에 없다. 2022년 우크라이나 침공과 비교하여, 돈바스 전쟁이나 시리아 전쟁에서 BTG가 성과를 낸 이유 중 하나는, 돈바스 지역이 친러시아

표 15.4 2014 돈바스 전쟁과 2022년 러시아-우크라이나 전쟁 간 BTG의 효과 비교

시기 / 기능	돈바스 전쟁의 BTG	러시아-우크라이나 전쟁의 BTG
지휘통제	경험이 풍부한 현지 무장집단을 통솔하여 신속한 작전수행 가능	돈바스 지역을 제외한 모든 전선에서 현지 협력체제 구축 난망, 비숙련 징집병의 전투임무 저이해도
정보통신	HUMINT 및 민간 정보통신망 활용 가능	서방 EW 통신감청으로 통신제한, 비우호지역 감시정찰 제한 및 BTG 간 협력작전 약화
기동력	현지 무장집단 신속 전개 및 기동로 확보 후 대대의 기갑부대 돌파	도심전투 이외의 하천, 습지 등 자체 돌파기동능력 부족
화력	BTG 간의 화력지원을 통해 포위섬멸작전 수행	BTG 간 연계 불가 시, 자체 화력 부족으로 교착전선 돌파 어려움
전투임무지원	현지에서 병력 충원, 부상자 후송 및 치료 용이	극도의 의료지원 부족, 손실된 병력 보충 및 휴식 재정비로 장기간 전투력 공백 초래

지역이라서 인적 자원과 보급물자를 현지 조달하기가 비교적 용이했고, 시리아에서는 친러 아사드 정권이 민병대와 현지 물자조달체계를 이용하여 전선을 유지할 수 있었기 때문이다. 그러나 각각의 부대가 광범위하게 흩어진 대규모 전면전에서 과연 러시아가 향후에라도 원활할 군수보급체계를 유지할 수 있을지는 의문이다.

BTG의 무덤이 된 부흘레다르 전투

이처럼 BTG의 탄생 배경과 발전 내역, 그리고 보유한 장비 및 병력 충원, 전투지원체계를 포괄적으로 조망할 때, 러시아 연방군의 BTG는 소규모 국가를 상대로 한 비정규전이나 제한전, 혹은 다른 국가의 내전에 참전하여 전투력을 확보할 수 있을 것이다. 하지만 상대가 ISRTA 전력이 확충되고, 더 우수한 전장관리시스템을 사용하고, 양은 적으나 질적으로 더 발전된 무기체계를 가지고 있다면 전투력을 제대로 발휘하기 어려우리라는 점을 추론하기는 충분하다. 이러한 BTG의 전투력 검증은 전쟁 기간 다양한 상황에서 교차검증할 수 있다. 다음 항에서는 2023년 2월에 발생한 부흘레다르 전투를 중심으로 사례를 분석할 것이다.

전투 사례: 부흘레다르 전투

부흘레다르는 동부전선 도네츠크주 전선과 남부전선 자포리자주 전선이 교차하는 군사적 요충지일 뿐만 아니라, 러시아 본토에서 크름반도까지 연결되는 철도역이 위치한 교통과 보급의 요충지이기도 하다. 특히 우크라이나 전역에서 가장 치열한 교전지역인 바흐무트에서 불과 100km 정도로 가까운 도시이기 때문에 러시아가 도네츠크주를 완벽하게 점령하려면 바흐무트뿐만 아니라 부흘레다르도 점령해야 한다. 이러한 전략적 중요성 때문에 개전 초기부터 러시아 연방군은 대규모 병력을 동원하여 부흘레다르 공략에 나섰으나 바흐무트와 같은 상황, 즉 ISRTA 능력 부족으로 과도한 포탄과 장비를 소모하는 상황이 연출되면서 8월까지도 부흘레다르시를 부분 점령할 수밖에 없었다.[32)]

교전이 장기화되면서 러시아 연방군은 부흘레다르를 점령하기 위해 더 많은 병력—6천여 명의 차량화소총여단 및 해군 육전대 등으로 이루어진 다양한 편제단위의 부대—을 투입한다. 그러나 2023년 1월 중순까지도 부흘레다르시를 점령할 수 없었다. 러시아 지상군 제1군 소속의 제5차량화소총여단 휘하의 BTG, 제3군 소속의 제72차량화소총여단 휘하의 BTG, 알가(Alga) 자원대대, 해군 육전대 소속의 제155육전여단, 제40육전여단, 도네츠크 자치공화국 소속 카스카드(Kaskad) 대대 등 너무나 다양한 소속의 대대급 전투단이 혼재해 있었다.

우선, 지휘 계통이 일원화되지 못하고 전투력의 연계가 불가능한 수준으로 대대별 각개전투의 양상이 이어졌다. 특히 지상군, 해군, 도네츠크 자치군, 의용군 등 다양한 소속의 연합전력에게 실시간으로 ISRTA 정보를 공유하기란 불가능에 가까웠다. 이들이 통신장비의 규격 및 보안코드를 공유하지 않았을 뿐만 아니라 해군과 지상군의 ISRTA 통합교전시스템 자체가 존재하지 않았기 때문이다.

ISRTA의 제공능력 부족 및 통합된 지휘통제체계의 부재로 인해 러시아 BTG의 가장 큰 패배 중 하나로 기록될 2023년의 2월 공세는 예견된 것이나 다름없었다. 특히 2월 10일을 전후로 이루어진 러시아 연방군의 대규모 공세는 러시아 지상전투의 문제점을 모두 보여 준 전형이라고 할 수 있다. 해군 육전대 및 지상군 BTG의 가용 전력을 동원한 공세 후에 러시아군은 부흘레

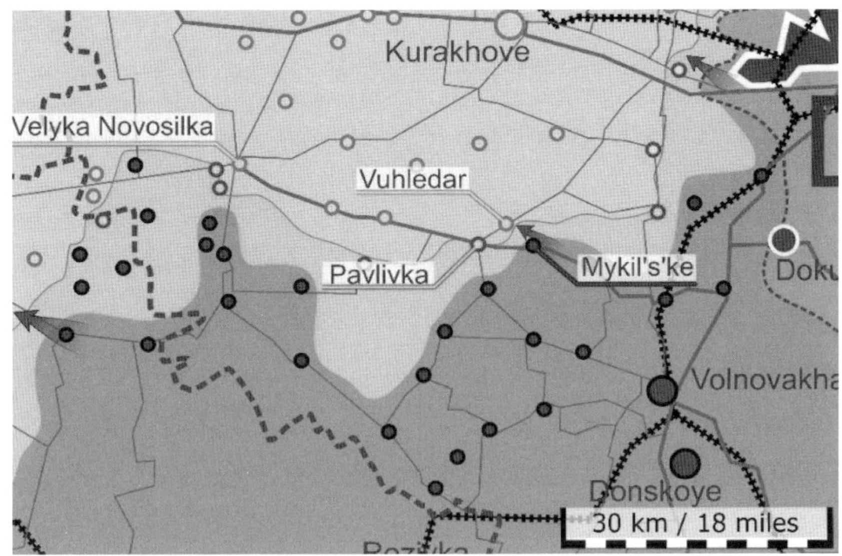

그림 15.3 2023년 2월 대공세 직전의 부흘레다르 전역 상황

다르 점령이라는 전과 대신, 부흘레다르에 배치된 주력 전투단을 대부분 손실했기 때문이다.[33] 2월 공세에서 5천여 명의 병력이 전사하거나 실종되었고, 무려 30대 이상의 전차를 포함한 전투차량 130여 대가 파괴되어 부흘레다르 방면의 러시아 전투부대가 거의 소실되었다.

이처럼 러시아군이 예상을 초월한 피해를 입은 가장 큰 원인은, 수개월 동안 같은 공격 루트로 우크라이나 진지를 공격해 왔는데 마지막 대공세 때도 똑같은 루트를 통해 공세를 감행했기 때문이다. 즉, ISRTA를 통한 전장정보의 습득이 결여된 상태로 기존의 작전계획을 바꾸지 않고 우크라이나군이 준비한 대전차 지뢰밭, 협조사격위치로 빨려 들어가듯 돌격했다. 불과 2주라는 단기간 전투 끝에 러시아군 수천 명 이상이 전사했다. 매일 150~300명의 전사자가 속출했다는 점에서 러시아군 지휘부가 매일 똑같은 위치로 똑같은 전술을 통해 BTG를 하나씩 축차투입했음을 추측할 수 있다. 앞서 지적한 대로

BTG를 연계시켜 대규모 공세에 동시에 투입하는 협동작전이 어렵다 보니 축차투입된 부흘레다르 방면의 BTG는 궤멸해 버렸다. 숱한 병력 보충과 기갑장비 투입 후 러시아가 부흘레다르 지역을 확보하는 시점은 무려 2024년 10월로, 전쟁 발발 후 2년 반이 지나서야 이 작은 도시에 진입했다.

16장

NATO처럼 되고 싶었던 우크라이나군의 빛과 그림자

2006년부터 러시아가 돈바스 지역을 침공할 준비를 하고 있었고, 크름반도의 병합도 우려되는 상황이 지속되었으나, 우크라이나는 국내 정치적 혼란 및 급격한 군축의 흐름 속에서 2014년 돈바스 전쟁이 발발할 때까지 전쟁에 충분히 대비되어 있지 못했다. 특히 크름반도와 흑해가 국가안보에 중요함에도 불구하고 해군은 서류상에나 존재할 만큼 유명무실한 수준이었다. 1992년 우크라이나가 구소련에서 독립할 당시만 하더라도 소련군의 16개 군구 중 3개를 담당할 만큼 양적으로나 질적으로 우수한 군대를 보유했으나, 독립 이후 20년간 전력 증강은 전혀 이루어지지 않았고, 돈바스 전쟁이 발발하기 직전인 2013년까지 오직 감군과 국방예산 감축만 실시되었다.

단적으로 해군 흑해함대는 1천 톤급 이상의 전투함이 단 한 척도 없을 만큼 사실상 해체에 가까운 수순으로 축소되었다. 흑해함대의 기함으로 예정되었던 항공모함 바랴그함은 중국에 매각되었고, 최대 순양함인 슬라바급 4번함 어드미럴 플로타 로보프는 운용비가 부족해서 아예 고철로 스크랩 처리되었다. 공군의 경우는 독립 직후 구소련 공군 소속이었던 최신형 TU-160 전략폭격기, Tu-22M 전술폭격기, Mig-29, SU-27 등을 보유하여 작전기만 1,100

대에 이르렀으나 돈바스 전쟁 직전에는 180여 기로 크게 축소되었다. 이는 러시아로부터 부품 등이 수급되지 않아 부품의 동류 전환으로 가동할 수 있는 작전기를 유지해 왔기 때문이며, 새로운 항공기를 도입하지 않는 이상 우크라이나 공군은 수년 내에 붕괴될 것으로 예상되었다. 육군의 경우는 해군과 공군보다는 나은 편이었는데, 이는 우크라이나가 자체적인 전차생산공장, 정비창, 탄약생산능력을 갖추고 있었기 때문이다. 2014년 돈바스 전쟁 발발 시점으로는 MBT 1,100여 대를 운용할 수 있었다.[1)] 그러나 비교적 전력 보전이 잘 되어 있다고 평가 받은 우크라이나 육군 역시 중대한 문제점 두 가지를 안고 있었다.

첫째, 지상군의 장비체계가 모두 1990년대 이전에 만들어지거나 설계된 것으로, 2022년의 현대전을 수행하는 데 큰 무리가 있었다. 2014년 돈바스 전쟁을 기준으로 봐도, MBT가 1,100여 대라고 하지만 자체적으로 T-72를 개량한 T-84 오플로트 전차는 10대, 1980년대 말에 제조된 비교적 양호한 T-80 전차는 165대에 불과했고, 나머지 전차는 T-64 및 T-72 계열로 1960~1970년대에 개발 생산된 물량이었다. 둘째, 우크라이나 육군은 2010년 직전까지만 해도 구소련의 영향을 받아 국토를 4개의 군구로 나누고 각 군구별로 보병 및 기계화사단 중심으로 운용하는 구소련식 편제를 유지하고 있었다. 이러한 편제의 특징은 앞서 러시아군의 구소련식 편제의 문제점에서 지적했듯이, 신속한 배치와 기동이 필요한 현대전에서 취약성을 보일 수밖에 없다는 점이다.

우크라이나 육군의 편제 한계를 누구보다 잘 아는 국가는 러시아로써, 양국 간 전쟁이 발발한다면 무기체계나 동원할 수 있는 예비병력이 더 풍부한 러시아가 훨씬 유리한 위치를 점할 수 있었다. 단기간에 스스로 구조적 문제점을 해결하기란 우크라이나의 산업 능력이나 재정 규모로 볼 때 불가능에 가까웠으며, 결국 NATO와 협력을 강화하거나 혹은 NATO의 회원국으로 편입되고자 노력하는 방법만이 현실적이었다. 그러나 러시아가 크름반도를 합병하고 돈바스 지역을 점령하고 최종적으로 2022년에 우크라이나 전역을 침공한 가장 큰 이유는 NATO의 동진을 막기 위한 예방적 전쟁 차원이라고 보는 시각도 있다.[2] 결국 우크라이나군의 NATO화는 마치 안보의 딜레마 개념처럼 우크라이나에게 양날의 칼과 같은 존재였다.

빛: 하르키우 탈환 전투

우크라이나군은 돈바스 전쟁 이전인 2000년대 초반부터 10여 년간 지속되어 온 병력 축소 및 장비 노후화로 인해 외부의 침략뿐만 아니라 반정부 세력의 무장봉기마저도 통제하기 어려운 수준으로 격하되었다. 이를 해소하기 위해 완전한 모병제에서 탈피하여 모병 및 징병을 혼합하는 체제로 전환했으며, 향후 러시아와의 무력충돌이 격화될 것으로 예상되는 동부전선의 방어는 고도로 훈련된 정규군이 담당하게 했으며, 상대적으로 위협이 약한 북부 및 수도 키이우 방위는 예비전력과 같은 개념의 신설 국토방위군(Territorial Defense Forces)이 중점적으로 담당하는 이원화 부대 배치도 함께 실시하게 되었다.[3] 돈바스 전쟁 중에는 이러한 개편이 완성단계가 아니라 진행단계였기 때문에 소기의 효과를 내지 못했으나, 이어지는 러시아-우크라이나 전쟁에서는 우크라이나군의 전쟁 초기 방어작전에 큰 역할을 했다.

후방의 예비부대 및 신규 병력은 비교적 안전한 후방에서 NATO군의 협력 아래 체계적인 훈련을 받은 정규 병력으로 재편되었으며, 이 병력이 개전 직후 수도 키이우와 북부전선 하르키우를 방어하는 데 핵심 역할을 했다. 또한 NATO군과의 훈련 및 교육을 지속함으로써 개전 이후 대량으로 유입된 NATO 무기체계를 운용하는 데 큰 혼선 없이 즉시 전장에서 활용 가능한 전술적 유연함도 갖추게 되었다.[4]

이런 우크라이나의 조직 개편의 효과는 러시아뿐만 아니라 대부분의 국가가 그다지 눈여겨보지 않던 전력증강사업이라고 할 수 있다. 병력을 대폭 증가시키지 않고 체질을 바꾸는 정도인 편제개편은 실제 전쟁이 발발하여 대규모로 병력을 투입하지 않고서는 그 효과를 검증하기 어렵기 때문이다.[5] 러시아는 돈바스 전쟁에서 파악했던 우크라이나 지상군의 편제와 장비 및 훈련수준에 맞춰 2022년 러시아-우크라이나 전쟁을 계획했고, 결과적으로 우크라이나가 NATO군과 합동훈련을 통해 준비한 예비부대의 전투력을 과소평가했다. 특히 후방이라 할 수 있는 북부 하르키우 및 수도 키이우에 소수의 BTG와 공수부대만을 투입하여 점령하려 했다는 점은 러시아 연방군이 우크라이나 후방에 새로 재편되어 배치된 예비전력을 간과했다는 반증이다.

비단 우크라이나군은 지상군만 NATO화한 것이 아니라 공군의 역할과 기능에서도 구소련의 교리를 탈피하고자 했다. 우크라이나 공군은 기존의 러시아식 편제, 즉 지상군의 작전에 따라 전투지원을 하는 편제를 탈피하여 NATO군과 같이 독립적인 운용체계로 재편되었다. 이를 위해 NATO식 군 계급체계를 도입하는 개혁안이 마련되었고, 훈련체계도 NATO군과 협력할 수 있도록 바뀌었다.[6] 러시아식 편제에서 공군은 지상군의 지원 전투력으로써 전술단위, 작전단위, 전략단위로 나누어지는데, 지상군의 전투가 전술단위이면 비행대대급의 항공전력이 지원하도록 되어 있으며, 지상군의 전투가 불리한 상황이어도 상위 제대인 비행전대를 동원하기 어렵고, 공군의 작전지휘권도 지상군 사령관에게 귀속됨으로써 신속하고 탄력적인 공군의 작전 운용이 어려웠다. 그러나 우크라이나는 서방과 유사한 3군의 독립체계로 군을 재편하고 공군은 제공임무, 지상지원임무, 감시정찰임무를 자체적인 지휘권으로 판단하여 지상군을 지원하거나 공중우세작전을 펼칠 수 있도록 전환시켰다. 그러나 우크라이나 입장에서는 편제개혁에 맞는 서방제 전투기 및 무장을 전쟁이 발발하고 나서도 제대로 도입 운용하지 못했다는 점은 우크라이나에게 커다란 전력 공백이 될 수밖에 없었다. 즉, 소프트웨어는 NATO식이지만, 하드웨어는 소련식인 어정쩡한 상태로 전쟁을 맞이했다는 점이다.

편제개편의 목적 중 구소련식 계급체계에서 NATO식 계급체계로 전환하는 것은 비단 NATO군과의 훈련이나 공동작전의 효율을 높여 준다는 1차적인 효과 이외에도, 계급체계 개혁으로 우크라이나 지상군의 전투력을 질적으로 강화시키려는 의도도 있었다. 구소련군 편제와 계급체계가 여전히 남아있는 러시아 연방군은 NATO나 서방국가에서는 보편화된 부사관 제도가 없는 시스템이라는 점에서 독특하다.[7] 우크라이나는 NATO식 계급 및 훈련체계로 전환하면서 서방의 부사관 제도를 도입하여 경험 있는 숙련된 전투원을 확보하는 데 주력했으며, 이는 곧 현장 전투부대의 숙련도와 전투 효율을 높이는 가장 중요한 근간이 되었다.

현대전에서 부사관단의 역할은 매우 중요해서, 복잡한 현대 무기체계를 능숙히 운용하고 관리하는 군사기술 전문가로서 그 위상이 바뀌고 있다. 우크라이나군은 돈바스 전쟁을 거치면서 훈련된 전투원을 직업군인으로 흡수하여 부사관단으로 재편했으며, 수년간 NATO와의 협력(훈련)을 통해 육성된 부사관단은 2022년 러시아-우크라이나 전쟁에서 러시아 연방군이 수행하기 어려운 고도화된 전투력을 습득함으로써 질적 차이를 만들어 낸다.

서방국가의 군대에서 많이 채택하는 임무형 지휘체계는 19세기 초 프로이센에서 출발했다. 1806년 예나-아우어슈테트 전투에서 나폴레옹에게 패한 프로이센군은 패배의 원인으로 상층 지휘부의 작전지휘의 경직성, 비효율적인 현장 상황정보 취득, 장교와 병사 간의 커뮤니케이션 부족을 꼽았다. 프로이센군 합동참모부는 이 문제를 해결하기 위해 상부에서는 작전목표 및 수단을 제공하고, 실행에서는 현장 지휘관의 임무수행 수단 및 결정의 자유를 최대한 보장했다. 19세기에 시작된 임무형 지휘체계는 2차 세계대전 중 히틀러가 강력한 통제형 지휘체계를 재확립했음에도 불구하고 독일국방군 지휘관들에게 전통으로 남겨져 전후 독일연방군, 미군, 영국군 등 NATO 회원국을 중심으로 확산되었다.

특히 속도와 기동이 중시되는 현대전의 특성상, 현장 지휘관의 신속한 판단과 정보획득능력이 요구되면서 임무형 지휘체계는 1980년대 미군의 공지전 교리의 핵심으로 자리 잡는다.[8] 임무형 지휘체계의 장점은 첫째, 전쟁 이전에 계획한 작전계획과 실행수단은 변화하는 전장에서 온전히 적용되기 힘들어 현장 지휘관의 신속한 판단과 상부 지휘관의 상황 판단, 지원 대책 등이 중시되는바, 편제별 지휘관의 분권화가 요구되기 때문에 유리하다. 둘째, 유사시 통신이나 전투지원이 차단되었을 경우 현장 지휘관의 판단으로 작전을 효율적으로 변경할 수 있는 기회를 마련할 수 있다.

우크라이나군은 돈바스 전쟁에서 반정부 민병대 및 러시아의 소규모 기동부대에게 큰 피해를 입으면서 구소련 지휘체계 및 편제를 개편하게 되는데, 미 육군이 채택한 임무형 지휘체계로의 전환이 대표적인 개혁조치였다. 2016년에 미군 유럽사령부 산하 제7군 훈련교육사령부가 우크라이나 야보리우(Yavoriv)에 대대급 CTC(전투훈련센터)를 설립하여 이곳에서 개별 전투원, 분대, 소대 및 대대의 전술훈련을 실시했다. 이 훈련체계를 기점으로 우크라이나 지상군의 모든 대대급 단위에서 2021년까지 임무형 지휘체계의 숙달과 NATO군의 보병무기체계를 사용할 수 있는 포괄적인 교육이 이루어진다.[9] 개전 초기의 전황을 볼 때, 러시아 지상군과 극명하게 차이가 나는 우크라이나 지상군의 지휘체계 특징은 다음과 같다. 첫째, 자국 영토 내에서 발생한 전쟁이기 때문에 해당 작전지역의 인간정보, 지형정보 및 전투지원정보를 러시아군보다 정확하고 신속하게 입수하여 현장 지휘관이 소규모의 병력으로도 러시아군의 보급대 및 포병부대의 취약점을 효과적으로 공격하는 소부대 분권 전술체계를 확립하게 되었다는 점이다.

둘째, 현장 지휘관은 각 임무에 맞게 숙련된 전투부대를 실시간으로 변화하는 전장에 적재적소 배치할 수 있게 되었다. 단기 징집병의 비율이 높은 러시아 연방군과 달리 우크라이나군은 드론 정찰임무부대, 대전차 미사일 운용부대, MANPADS 운용 부대 등 NATO군에 의해 훈련된 숙련된 전투부대를 보유하고 있었으며, 이들 전투부대는 상부의 지휘관이 일일이 통제하기 어렵기 때문에 현장 지휘관의 판단 아래 효율적으로 운용할 수 있었다.

셋째, 통신 및 전투지원체계가 봉쇄되거나 타격을 입는 경우에도, 현장 지휘관은 상부의 작전 지시를 기다리거나 미리 계획된 작전계획을 고수할 필요 없이 상황에 맞게 임의로 부대를 통제하여 전투력을 보존할 수 있게 되었다. 불과 5년여 동안 NATO군과의 협력 및 훈련을 통해 우크라이나 지상군은 구소련의 지휘체계를 완전히 탈피했으며, 미 육군 산하 제7군 훈련사령부가 주도적으로 실시한 임무형 지휘체계는 러시아 지상군과의 가장 큰 차이점이라 할 수 있다.

임무형 지휘체계와 더불어, 부대단위를 NATO군과 유사한 체계로 전환시켜 NATO군과의 협력을 보다 용이하게 하는 근간을 만들었다. 2014년 돈바스 전쟁이 발발하자 우크라이나 지상군은 신속하게 NATO식 편제로 전환했다. 기존의 구소련식 사단 및 군단편제를 버리고 그 대신 작전사령부 2개, 영토사령부 1개를 두고 그 휘하에 전투여단 17개과 독립전투연대 14개를 두어 미군처럼 여단 중심의 편제로 전환했다. 이 과정에서 우크라이나군은 이미 NATO 편제로 전환한 이웃 국가 폴란드와 합동훈련을 하거나, 미 육군으로부터 새로 재편된 우크라이나 정부군 훈련을 지원 받는 등 대규모 전쟁이 발발할 경우에 NATO 회원국처럼 외국의 군사지원에 신속히 부응할 수 있는 시스템을 구축했다.

실제로 미군은 NATO의 다국적군 동부 사령부가 있는 폴란드 슈체친 기지를 중심으로, 우크라이나에 장비와 병력을 파견하여 러시아와 친러 반군에 대항하는 전술과 교리를 훈련시켰다. 벤 호지스 유럽 주둔 미군 사령관은

2021년 3월부터 미군 1개 대대가 우크라이나군 3개 대대를 훈련시키는 프로그램을 시작했다고 발표했다. 이 훈련은 우크라이나 서부 도시 리비프의 야바리프에서 진행되며, 주요 훈련에는 러시아와 친러 반군의 대포 및 로켓공격을 보다 효과적으로 방어하는 방법, 도로와 교량 등 기반시설을 보호하는 전술, 사상자 처리법, 러시아가 통신을 교란하는 지역에서 작전을 수행하는 방법 등이 포함된다.[10)]

미군과 같은 여단 중심의 편제 구성, 육해공군의 독립적인 작전지휘체계 구분, NATO군과의 군사훈련 강화, NATO의 군수체계 지원 인프라 조성, NATO군의 ISRTA 정보를 공유하기 위한 플랫폼 개발과 운용 등 군 전체를 개혁하는 수준으로 NATO 파트너 혹은 회원국에 준하는 협력관계를 구축하면서, 우크라이나군은 NATO 비회원국이지만 체질적으로는 NATO 준회원국에 가까워졌다. 러시아와 우크라이나는 편제에서 구소련이라는 같은 뿌리에서 출발했으나, 탈냉전 시기에 분화된 편제개혁의 과정을 통해 서로 다른 길을 가기 시작했으며, 결국 2022년 러시아-우크라이나 전쟁에서 극명한 차이를 드러냈다.

전투 사례: 하르키우 탈환전—이지움, 쿠판스크 전투

우크라이나군은 개전 이래 가장 고비였던 키이우 전투를 성공적으로 치른 후, 여름 이후에 부대를 재편하고 NATO로부터 직접 지원 받은 다량의 군수물자를 배치하여 대규모 반격작전을 준비하기 시작했다. 우크라이나군이 우선적으로 회복해야 할 영토는 돈바스 전쟁 이후 새로 잃은 헤르손, 자포리자, 하르키우였으며, 이 세 지역을 회복해야만 돈바스 전쟁 때 상실한 크름반도, 도네츠크, 루한스크주 공략을 위한 발판을 마련할 수 있었다. 이러한 우크라이나군의 전략적 목표는 매우 추론하기 쉽기 때문에 러시아 연방군 역시 우크라이나가 수도 키이우 방어전에 성공한 이후에는 공세로 나올 것을 예상했다. 다만 러시아가 알 수 없는 것은 헤르손, 자포리자, 하르키우 중 어느 곳을 언제 공격할 것인가 하는 전장정보였다. 전술단위뿐만 아니라 전역단위의 ISRTA 능력도 부족한 러시아 연방군은 이 세 지역 중 우크라이나군이 반격할 지역이 어디인지 불확실한 정보를 바탕으로 추측할 수밖에 없었다.

그러나 러시아 연방군은 마냥 느긋하게 우크라이나의 공세를 기다릴 수 없었다. 왜냐하면 ISRTA의 지원이 부족해서 주요 격전지에서 포탄을 최대한 소모하며 조금씩 전진하는 전술을 사용할 수밖에 없었는데 이대로라면 러시아의 포탄 재고량은 머지않아 바닥을 드러낼 것이고, 그렇다면 우크라이나군이 어느 방향으로 반격해 와도 방어하기가 어렵기 때문에 가급적 빨리 우크라이나의 예상 반격지를 선택하여 선제공격하는 수밖에 없었다. 특히 미국이 고기동화로켓시스템인 M142 HIMARS를 우크라이나에 본격적으로 제공하고 훈련이 끝나는 8월부터는 러시아의 상황이 더 급박해질 수밖에 없었다. 이제 우크라이나군도 러시아 연방군의 후방을 본격적으로 타격할 수 있게 되기 때문이다.[11]

2022년 4~6월 사이 러시아 연방군은 각종 포탄을 매일 10만 발 안팎으로 포격을 실시했으나, 우크라이나군이 HIMARS를 투입하고 NATO군의 정확한 ISRTA 정보를 바탕으로 러시아의 장거리 포병부대와 탄약고를 파괴하면서 러시아군의 포격 횟수는 급격하게 감소했다. 이어서 우크라이나군은 남부 헤르손 전선에 대해 포격을 시작했으며, 8월 9일 노보페도리우카의 사키 공항에 대한 포격을 시작으로 헤르손 주변의 작은 마을들을 점령해 나갔다. 이를 보고 러시아는 우크라이나군이 반격의 시작을 헤르손 탈환으로 결정했다고 판단했다. 그도 그럴 것이 러시아 연방군에게는 헤르손 일대를 감시정찰할 수 있는 정찰자산이 거의 없어서 정황 증거로 우크라이나의 반격을 예상할 수밖에 없었기 때문이다.

ISRTA 전력이 절대적으로 취약했던 러시아군은 조만간 우크라이나군이 헤르손을 대규모 병력으로 공격하리라 판단하고, 동부 하르키우 전선에 있는 병력 중 상당수를 남부 헤르손 전선으로 이동시킨다. 러시아의 오판과 달리 NATO군은 ISRTA 전략자산을 동원하여 러시아 연방군 병력이 하르키우주에서 헤르손주로 이동하고 있음을 파악했다. 그리고 인공지능 시뮬레이션을 이용해 헤르손으로 병력이 차출된 하르키우주에 공격을 감행한다면 우크라이나군이 충분히 승리할 수 있다는 결과를 도출해 냈으며, 이러한 ISRTA 정보 및 전략 시뮬레이션 결과는 우크라이나군에도 제공된다.[12)]

러시아 연방군의 수준을 한 세대 이상 앞선 NATO의 ISRTA 능력은 9월에 시작된 이지움-쿠판스크 전투의 승패를 사실상 결정지은 최대 원인이다. 우크라이나군은 발라클리야를 돌파하고 연속적으로 인근 마을들을 점령하면서 하르키우 전선을 남북으로 갈랐다. 이는 이지움, 스바토베 그리고 리만을 재탈환하기 위한 기습공세임이 분명해 보였다. 러시아 연방군은 쿠판스크까지 불과 3일 만에 점령하는 우크라이나군의 고속기동전에 방어 태세도 제대로 갖추지 못한 채 투항하는 사례가 보고되기도 했다.

예상치 못한 우크라이나군의 하르키우 전선 돌파작전으로 하르키우를 방어하던 대다수의 BTG는 우크라이나군이 어디서 얼마나 되는 병력으로 공격해 오는지 파악하지 못한 채 부대단위로 각개격파 당했다. BTG의 가장 큰 취약점이 이러한 대규모 기동전에서 또 드러난 것이다. 자체적인 ISRTA 능력이 부족하기 때문에 적이 고속으로 기동하면서 공격해 올 경우 다른 BTG와 연계하여 공동작전을 할 수도 없고, 지휘체계가 임무형이 아니라 중앙 통제형이라서 기민한 대응조차 하기 어려운 상황에 처했다.

만약 러시아 연방군의 BTG에게 ISRTA 정보가 충분했다면, 우크라이나군의 공세가 강할 경우 신속하게 퇴각하여 후방에서 재집결하거나 혹은 인근 부대와 공조하면서 사보타지 작전을 수행할 수도 있었을 것이다. 그러나 이지움 전투에서 러시아의 BTG는 단 한 번의 반격작전도 조직해 보지 못한 채 빌로호리우카에서 다량의 기갑장비를 방치하고 후퇴했을 뿐만 아니라, 발라크리야에서는 정예부대인 스페츠나츠마저도 교전을 피한 채 다른 부대보다 먼저 서둘러 철수하는 등 러시아 연방군이 우크라이나의 반격을 전혀 감지하지 못했음을 보여 주었다.[13]

우크라이나군은 9월 6일부터 9일까지 3일간 50km 이상을 진격하면서 하르키우주 전선을 남북으로 갈라놓는 데 성공했으며, 러시아 연방군은 철수에 주력하면서 대부분의 기갑 및 보급물자를 방치하고 전선을 이탈했다. 반면 우크라이나군은 2K22 퉁구스카, BMP-3, T-72B3 등 비교적 최신 장비들을 노획했다. 우크라이나군의 예상을 뒤엎은 하르키우 역습은 러시아 연방군의 동부전선에 큰 혼란을 주었는데, 조직적인 방어작전을 전혀 수행하지 못하고 루한스크주로 퇴각하는 데 주력하면서 개전 이후 6개월 이상 유지해 온 하르

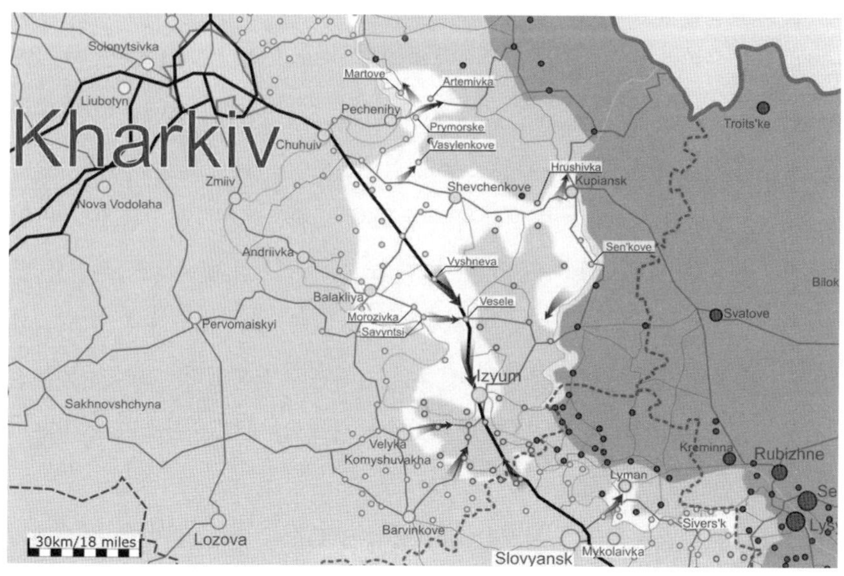

그림 16.1 2022년 9월 11일의 하르키우 전선 전황

키우 전선이 일주일도 되지 않아 붕괴하는 상황이 연출되었다. 러시아 연방군은 순식간에 주요 요충지인 쿠퍈스크, 이지움, 시베르스키도네츠강 방어진지, 리만까지 진격하면서 작전 개시 5일 만에 하르키우주 대부분을 재점령하는 괄목할 만한 전과를 보여 주었으며, 이지움과 리만까지 점령한 후에도 공세를 멈추지 않고 리시찬스크까지 러시아 연방군을 밀어붙이는 데 성공했다.

하르키우주의 주요 도시 및 요충지를 탈환한 우크라이나군은 하르키우주 북부에 고립된 러시아 연방군의 잔여 BTG를 추격 섬멸하는 작전을 이어 나갔는데, 단 2일 만에 러시아 국경까지 러시아 연방군을 후퇴시키면서 하르키우주 북부지방은 전쟁 이전의 수준으로 돌아갔다. 6일간의 전투를 통해 우크라이나군은 하르키우주 동부의 오스킬강 동안의 배후지역을 제외하고 하르키우주의 영토 80% 정도를 회복했으며, 이때 러시아 연방군이 상실한 병력과 장비는 집계하기가 어려울 정도로 혼란한 상황이 연출되었다. 무엇보다 러시아 최정예 기갑부대인 제1근위전차군의 붕괴 사실이 러시아 연방군에게 큰 충격으로 다가왔다.[14)]

대규모 공세가 있을 것이라던 헤르손에서는 정작 우크라이나군의 포격과 견제사격 등 소규모 전투만 있었던 것에 비해, 하르키우 전선에는 기동부대를 집중시켜 신속한 공세를 가함으로써 일주일도 안 되는 기간에 하르키우주 대부분을 탈환함으로써 현대전에서 성동격서를 재현해 낸 셈이다. 9월 19일까지의 전투로 우크라이나군은 오스킬강 동쪽의 오스킬 및 야츠키우카를 탈환함으로써 하르키우주 전역을 재점령하면서 전쟁 이후 유지되어 온 러시아 연방군의 하르키우주 전체에 대한 실효적 지배가 종식되었다. 그리고 동부전선은 기존 하르키우-루한스크-도네츠크주 3개 전선에서 루한스크-도네츠크주 2개 전선으로 축소되었다.

결과적으로 남오세티야 전쟁을 거치면서 BTG는 2014년 돈바스 전쟁에서 전장에서의 가능성을 보여 주었다. 그러나 BTG는 현대전에서 가장 중요한

ISRTA 능력이 매우 부족할 뿐만 아니라, 현장에서 정보를 즉시 처리하여 임무형 지휘를 수행할 역량 자체가 부족하기 때문에 NATO군의 지원을 받은 우크라이나군에 비해 전투력이 상대적으로 취약한 구조적 문제를 드러냈다.

그림자: 2023년 여름, 대반격 실패로 이어진 우크라이나 군 개혁의 한계

돈바스 전쟁 이후 급속도로 진행된 우크라이나 군 편제의 NATO화 흐름에 따라서, 우크라이나군은 비록 NATO 회원국은 아니지만 단계적으로 NATO 군이 사용하는 장비 및 군수체계를 도입하기 시작했다. 이러한 경향은 특히 돈바스 전쟁의 말기인 2021년에 뚜렷했으며, 2022년 러시아-우크라이나 전쟁 직전까지 NATO는 미국과 영국을 중심으로 돈바스 전쟁에서 손실된 우크라이나군의 장비를 보충하거나 신규 장비를 지원했다. 이때 가장 핵심적인 역할을 한 국가는 미국으로, 2014년 크름반도 병합과 돈바스 전쟁 이후 미국이 우크라이나에게 지원한 군사장비 및 물자의 양은 급격히 증가해왔으며, 이처럼 미국의 직간접적인 군사원조가 증가할수록 우크라이나군에게는 유리한 점과 불리한 점이 동시에 나타났다.

우선 장점은, 편제를 NATO식으로 바꾸고 NATO군과 공동으로 군사훈련을 해 왔기 때문에 새로 도입되는 NATO 규격의 군사장비 및 군수체계에 쉽게 적응할 수 있으며, 합동작전을 실시하는 데도 유리하다. 2004년부터 시작된 NATO-우크라이나 협력체계 구축 및 우크라이나군의 NATO 편제화 과정이 있었기 때문에 우크라이나군은 소규모 병력과 장비로도 러시아 연방군을 상대로 조기에 붕괴되지 않고 방어전투에 성공하여 장기전으로 전환 후 공세를 펼칠 수 있었다.

표 16.1에서 정리한 바와 같이, 우크라이나군이 구소련 편제를 폐기하고

표 16.1 NATO와 우크라이나의 군사적 협력체계 형성 과정

2004년	NATO는 우크라이나를 대상으로 작전능력 개념평가(Operational Capability Concept Evaluation)를 실시하여 NATO의 회원국 전 단계인 파트너십 프로그램 적용을 위한 초기단계 검토에 착수함
2008년	우크라이나는 NATO가 2001년부터 실시한 국제 테러방지 및 지역평화를 위한 공중상황 정보교환 프로그램(Air Situational Data Exchange Program)에 가입함
2012년	우크라이나는 NATO의 연계 군사력 구상(Connected Forces Initiative) 프로그램에 가입함으로써 NATO 회원국이 개입하는 다국적 전시 상황에 공동으로 대응할 수 있는 기반을 만듦
2014년	우크라이나는 아프가니스탄 전쟁 이후 시작된 NATO 회원국 및 파트너국의 상호 작전지원능력 배양을 위한 파트너십 상호작전성 구상(Partnership Interoperability Initiative)에 가입함
2015년	NATO와 우크라이나는 C3(지휘통제통신)체계, 사이버보안체계, 의료지원, 군수체계, 군표준화체계, 전략통신문제 등에 관한 협력에 합의함
2018년	NATO와 우크라이나는 NATO 지휘부가 입수하고 제공하는 회원국을 위한 통합정보지휘체계에 상호 협력하며, 회원국과 같은 수준의 사이버보안대책을 받는 것에 합의함
2019년	NATO와 우크라이나는 흑해 및 우크라이나 영토에 대한 NATO 파트너십에 준하는 상황감시정보(situational awareness) 강화에 합의함
2020년	NATO는 우크라이나에 대해 강화된 기회 파트너(Enhanced Opportunity Partner) 자격을 부여하면서 유사시 특별하고 장기적인 군사작전활동을 지원하기로 합의함

자료: NATO 자료를 발췌 정리.

NATO의 시스템에 편입하려는 시도는 지속적으로 발전되어 왔으며, 편제 및 지휘체계의 개혁이 공고화됨으로써 전쟁 발발 이후에 대규모의 군사원조가 집행되어도 우크라이나군은 큰 혼란 없이 NATO 회원국이 지원한 무기체계를 운용할 수 있게 되었다. 우크라이나군의 시발점은 구소련군이기 때문에 보병의 기본 장비에서 시작해 최일선의 MIG-29 전투기까지 대부분의 군사장비와 군수체계를 구소련의 시스템에 기반하여 운용해 온 것도 사실이다. 이러한 이유 때문에 NATO군의 무기체계가 대량으로 지원된다면 군수 및 보급체계에 혼란이 올 수 있다. 또한 우크라이나 전투원들이 NATO군과 연합훈

련을 하거나 교육을 받는 경우, 서로 다른 NATO-구소련 무기 및 군수체계에서 비롯되는 현장의 피로감과 혼란감은 피하기 어렵다.

예를 들어, NATO군의 표준 돌격소총 탄환의 규격은 7.62×51mm와 5.56×45mm로 정해져 있으며, NATO 회원국이 각자 자국의 소총을 개발하여 생산 및 배치하더라도 NATO의 규격에 맞는 탄을 사용하도록 합의가 되어 있다. 반면 우크라이나군의 표준 소총탄은 구소련군 및 바르샤바조약기구의 규격인 7.62×39mm 혹은 5.45×39mm에 맞춰져 있어서 NATO-우크라이나가 군수지원에 합의하더라도 물리적으로 NATO군이 우크라이나의 소총탄 보급을 원활히 할 수 없다. 이런 일련의 NATO 규격은 회원국이 임의로 정하고 보급하는 것이 아니라, NATO 집행부의 NATO 표준화 합의(NATO Standardization Agreement)에 의거해 군사표준화기구(Military Standardization Agency)가 방침을 정하고 표준화 사무국(Standardization Office) 및 표준화 스태프 그룹(Standardization Staff Group)을 통해 세부 방침이 정해진다.[15)]

결국 시간과 자원이 얼마나 투입되느냐의 문제일 뿐, 우크라이나군의 편제가 NATO 및 미군과 궤를 같이하는 것과 동시에 우크라이나군의 군수 및 군사장비도 NATO가 정한 표준규격으로 바뀔 수밖에 없으며, 전면전 수준의 전쟁이 발생한다면 우크라이나군이 보유한 대다수의 구소련 장비와 NATO 장비 간의 규격이 다르기 때문에 극심한 혼란이 올 것이라는 예상도 가능하다. 그러나 어떤 조치가 있었기에 러시아의 본격적인 침공 이후 우크라이나군 내부에서는 NATO-구소련 각각의 군사장비 및 군수체계의 혼란이 발생하지 않을 수 있었을까?

NATO-우크라이나군 사이의 군수체계 및 장비운용에 혼란이 발생하지 않은 이유는 크게 두 가지로 분석할 수 있다. 첫째, 동일 무기체계 내에서 구소련-NATO 체계를 가급적 혼용하지 않고 지원했기 때문이다. 지상전에서 가장 중요한 전투장비인 전차를 예로 들면, 우크라이나군은 최신형 전차로써 자국에서 개발한 T-84 오플롯을 비롯해 T-80BV, T-72A/B/M1, T-64BM/BV 등 다양한 전차를 운용하고 있으며, 이들 전차는 구소련 시절에 개발 생산, 혹은 개조되었기 때문에 전차포탄은 125mm 2A46M 계열 활강포나 115mm 2A20 활강포 규격에 맞게 사용해야 한다. 그러나 NATO 규격의 전차포탄은 120×570mm 혹은 105×617mm 두 종류로써 우크라이나가 보유한 전차에 전혀 사용할 수 없다. 이러한 문제로 인해 NATO는 우크라이나에 NATO 규격에 적합한 전차를 지원할 수도 없고, 우크라이나군이 운용하는 전차포탄을 공급할 수도 없다.

NATO는 NATO군이 운용 중인 서방 규격의 전차를 전쟁 초기에 우크라이나에 지원하는 대신, 바르샤바조약기구의 회원국이었던 폴란드, 체코가 예비물자로 치장하고 있는 구소련 전차들을 우선적으로 우크라이나에 지원했다. 그 이유는 이 구소련제 전차들이 2A46M 혹은 2A20 활강포 규격의 전차포탄을 사용하기 때문에 우크라이나군의 장비와 호환성이 유지되었기 때문이다. 또한 폴란드, 체코처럼 전차를 공여한 국가는 우크라이나에 지원한 분량만큼의 신규 전차를 다른 EU 회원국의 기금으로 충당하여 NATO 규격의 전차로 대체하는 계획을 추진하고 있다.[16] 폴란드나 체코가 자국이 보유하던 구소련

표 16.2 NATO 회원국이 우크라이나에 공여한 전차 목록

국가	공여 전차
체코	T-72M1 전차 40대 이상(예비 치장물자) T-72 전차(수량 미상)
폴란드	T-72M 및 T-72M1 전차 230대 이상 PT-91 경전차(수량 미상)
슬로베니아	M-55s 전차 28대 T-42 전차(미상)
북마케도니아	T-72 최소 8대

자료: Forum on the Arms Trade.

전차를 우크라이나에 공여하고 미국이나 독일의 M1A2 에이브럼스 혹은 레오파르트 2A4 전차를 제공 받는 근거는 우크라이나도 참여하고 있는 NATO 상호작전성 프로그램에 기반한 방위펀드이다. 이 기금을 통해 폴란드는 수백 대 이상의 전차와 자주포를 우크라이나에 상호 작전 호환성의 명분으로 공여하고 대신에 미국의 M1A2 전차로 신규 기갑부대를 재편하며, 심지어 NATO 회원국이 아닌 대한민국에서 K2PL 전차 1천여 대를 도입할 예정이다.

또한 우크라이나군이 보유하고 있지만 수요에 크게 못 미치거나 보급 유지가 어렵거나 혹은 품질의 신뢰성이 낮은 무기체계는 구소련계 장비의 재고가 상당수여도 일선에서 사용하지 않고, NATO군이 사용하는 장비를 신규로 공여 받아 구소련 무기체계를 대치하여 주력으로 사용함으로써 일선에서의 혼란을 줄이고 전투력 일신과 더불어 보급체계를 단순화했다.

예를 들어 휴대용 지대공 미사일의 경우, 우크라이나군은 구소련에서 개발된 9k32 스트렐라-2 MANPADS도 보유하고 있지만 IFF(적·아 식별) 및 부품 수급 등을 이유로 점차 사용을 줄여 나가면서, 대신 NATO군에서 운용하는 FIM-92 스팅어나 스타스트릭을 지원 받아 일선에서 운용한다. 대전차 미사일 역시 구소련에서 개발한 9K111, 9K135을 사용하는 대신, 최전선에서 우크라이나 보병이 운용하는 휴대용 대전차 미사일을 미국이 개발한 FGM-148 재블린 및 영국이 개발한 NLAW로 통합 운용하기 때문에 전투원의 훈련체계가 효율적으로 바뀌었을 뿐 아니라 보급체계에서도 단순화가 가능하기 때문에 전투력을 유지하는 데 크게 기여하고 있다.

둘째, 편제와 달리 우크라이나군의 장비 및 군수체계의 현대화를 급진적으로 진행하는 대신, 꾸준히 단계적으로 완화시켜 진행했기 때문에 비교적 큰 혼란 없이 전쟁 기간에 전투력을 강화할 수 있었다. 미국은 돈바스 전쟁 이후 꾸준히 우크라이나에 군사적·비군사적 지원을 지속해 왔으며, 개전 직후 폴란드를 비롯한 바르샤바조약기구 회원국들은 기존에 조성되었던 방위펀드를

표 16.3 주요 보병 휴대용 대전차 미사일 및 지대공 미사일의 공여국과 수량

미국	보병용 대전차 미사일: 6천여 발 이상 보병용 지대공 미사일 및 로켓: 800
영국	보병용 대전차 미사일: NLAW 3천여 발 이상 보병용 지대공 미사일: 스타스트릭 200 이상
독일	보병용 지대공 미사일: 3,200
UAE	보병용 대전차 미사일: 수천 발 이상(미상)

자료: 미국 국방부, 영국 국방부.

표 16.4 크름반도 병합 이후, 우크라이나에 시행된 미국의 안보지원 내역

(단위: 백만 US달러[17])

	FY2015	FY2016	FY2017	FY2018	FY2019	FY2020	FY2021	FY2022
금융지원	47.0	85.0	99.0	95.0	115.0	115.0	115.0	115.0
군사지원	-	226.5	148.6	195.5	214.8	256.7	275.0	300.0

자료: U.S. Congressional Research Service 자료 재편집.

이용하여 우크라이나에 장비를 표준화 과정에 맞게 우회 지원함으로써 우크라이나군의 지속 가능한 현대화에 기여했다.

미국의 발표에 따르면 NATO 회원국을 포함해 50여 개국 이상이 우크라이나 지원에 참여했으며, 우크라이나의 무기체계를 NATO 표준 시스템으로 통합하기 위해 단계적인 목표를 진행하고 있다고 한다.[18] 13~14년간 NATO의 지원은 꾸준히 지속되어 왔는데, 특히 NATO 규격 표준화에 대해 2019년까지 196건의 문건이 채택되었으며, 전쟁 이후에도 이는 중단되지 않고 총 292건의 문건 채택이 이루어졌다고 한다.[19] 이처럼 지속적인 우크라이나의 NATO화 과정은 우크라이나가 2014년 이래 전쟁 상태를 유지해 왔으며, NATO 회원국은 물론이거니와 NATO 파트너십에 속하지도 않는다는 점을 감안하면 대단히 이례적이라 할 수 있다. NATO의 우크라이나 지원은 향후에도 지속

적으로 이루어지리라 전망되는데, 9월에 열린 브뤼셀 NATO 총회에서 회원국 및 파트너십 40개국이 우크라이나에 무기를 제공하는 것 이외에도 수리장비, 부품 그리고 각종 지원 기계류를 공급하는 데 합의했다는 점이 이러한 전망을 뒷받침한다.[20)]

이처럼 미국과 NATO, 그리고 NATO와 파트너십을 가지고 있는 각국의 군사지원을 고려할 때 우크라이나군의 NATO화는 시간이 지날수록 공고해질 것으로 예측되며, 이에 비례해 러시아에게는 장기적으로 불리한 상황이 초래될 가능성이 매우 높다. 우크라이나군의 NATO화가 시작단계였던 돈바스 전쟁에서는 러시아 연방군의 지원을 받은 도네츠크-루한스크의 친러 반군이 유리한 조건이었으나, 미국을 포함한 50여 개국의 지원을 지속적으로 받은 2022년의 상황은 2014년과 크게 달라졌다고 할 수 있을 것이다. 우크라이나-NATO의 연계는 단기적·장기적으로 여파를 미칠 수 있는데, 1차적으로는 러시아 연방군이 전술적인 승리를 거둘 확률이 크게 낮아질 수 있다.

이는 개전 6개월이 넘도록 점령지를 확대하지 못하고 오히려 점령지가 축소되어 가고 있는 러시아 연방군의 전황을 볼 때 충분히 예측할 수 있는 부분이다. 2차적인 효과로는, NATO 및 미국의 막대한 지원에 대해 러시아가 부분 동원령을 넘어 전국적인 동원령을 선포하거나, 전시물자동원체계로의 전환, 중국이나 이란과의 군사협력 강화, 그리고 최종적으로는 핵무기의 사용 등 전술적인 차원을 넘어 국가전략에 영향을 미치는 상황으로 이어질 가능성도 매우 높아졌다. 비회원국 우크라이나의 NATO화는 이처럼 국지적인 전술에 영향을 주었을 뿐만 아니라 전략적인 차원에서도 이번 전쟁을 새롭게 조망할 수 있는 단서를 제공하고 있다.

8부의 결론은 다음과 같이 정리할 수 있다. 러시아 연방군은 신속하게 파병할 수 있을 뿐만 아니라 부대를 유지하는 비용도 절감할 수 있고, 새로운 전술도 비교적 쉽게 적용할 수 있는 대대급의 전술단위인 BTG로 편제를 개

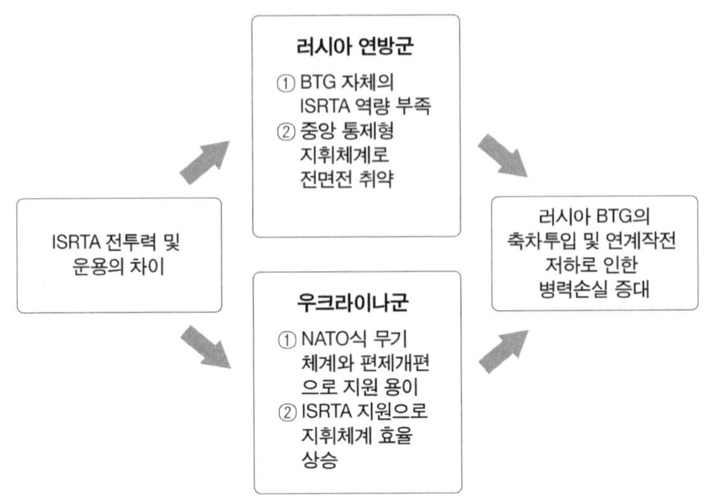

그림 16.2 ISRTA와 전쟁 메커니즘 3(편제 및 지휘체계)의 상관관계

편해 왔다. 그러나 구조적인 문제, 즉 ISRTA 능력의 부족으로 BTG의 전투력은 크게 저하되었다. 전장정보를 실시간으로 정확히 파악하지 못한 채 임무형 지휘체계가 아닌 중앙 통제형 지휘체계를 바탕으로 운용되기 때문에 공격 시 같은 루트에 투입되어 같은 전술을 반복하다 소모되어 갔다.

이에 반해 우크라이나군은 돈바스 전쟁의 실패를 근거로 급속한 NATO식 편제로 전환했는데, 이런 변화의 장점은 NATO군의 압도적인 ISRTA 정보에 근거한 신속한 지휘체계를 적용할 수 있다는 점, NATO군의 무기를 지원 받고 체계훈련을 거치면 실전에서 바로 적용할 수 있다는 점이다. 물론 2023년 여름의 대반격작전에는 성급하게 훈련이 덜 된 부대를 투입하여 낭패를 보기도 했다. 그러나 우크라이나군의 NATO화는 장기적인 관점에서 선택의 문제가 아니라 필수 불가결한 조치였다.

결론

광활한 영토와 풍부한 자원을 가진 국가, 세계에서 핵탄두와 ICBM을 가장 많이 보유한 국가, 세계 최대의 기갑부대 및 포병전력을 전개할 수 있는 국가, 이처럼 국가의 잠재력 및 군사력에서 초강대국 미국과 자웅을 겨루던 러시아는 왜 중견국 수준의 우크라이나와 전쟁을 치르면서 예상 밖의 낮은 전쟁수행능력을 보여 주었을까? 이것은 러시아-우크라이나 전쟁을 지켜본 모든 이들이 품은 가장 근본적인 의문이다. 많은 전문가와 학자들은 러시아의 군사력이 우크라이나를 압도하기 때문에 전면전이 발생한다면 조기에 러시아가 승리할 것이고, 장기전으로 간다 하더라도 우크라이나 국력의 한계 때문에 러시아가 원하는 정전협정을 맺을 수밖에 없다고 예상했다. 그렇다면 러시아가 이 전쟁에서 실패했다는 결과를 놓고 볼 때, 러시아의 군사력과 국력이 우크라이나보다 낮았던 걸까? 그렇지는 않을 것이다. 전차나 전투기의 보유량, 병력의 차이, 함대의 규모, 예비물자의 비축량 등 양적 데이터를 비교하는 것만으로는 파악할 수 없는 모종의 전투력 차이가 이번 전쟁의 결과를 조율했다고 볼 수 있다.

숫자나 데이터로 비교할 수 없는 전투력이 있다면 과연 그것은 무엇일까?

전통적인 정치학이나 안보학에서는 사기나 애국심과 같은 정신전력을, 경제학에서는 국방예산 집행의 효율성을, 그리고 지정학에서는 교통과 지형의 유불리를 고려할 수 있을 것이다. 그러나 이 책에서 중점적으로 고찰해 온 군사력 요소는 ISRTA, 보급과 전투지원체계, 지상군 무기체계와 전술, 그리고 편제와 지휘체계라는 네 가지이며, 이들 요소가 상호작용한 결과로써 러시아 연방군의 전쟁 초기 공세가 실패로 귀결되었음을 밝히고자 했다.

우선 ISRTA 능력에서 러시아군과 NATO의 지원을 받은 우크라이나군 사이에 전황을 좌우할 만큼의 중대한 격차가 있었다. 전장을 지배하려면 하늘을 지배해야 한다는 모토는 현대전에서 금과옥조와도 같다. 우크라이나군은 NATO의 전략정보자산과 자체적인 전술정보자산으로 구분하여 ISRTA 능력을 활용할 수 있었다. 전선을 꿰뚫어 보는 정보를 바탕으로 가장 중요한 장애물, 즉 지형과 시간의 활용에서 러시아보다 유리한 위치를 선점했고, 그 결과 적은 병력과 화력으로도 러시아 연방군의 공세를 1차적으로 전면에서 저지하고 2차적으로는 취약한 후방과 측면을 타격함으로써, 러시아 연방군이 전쟁 초기에 세운 목표를 거의 대부분 달성하지 못하게 만들었다.

두 번째, 지상전 전술과 무기체계의 변화에서 러시아와 우크라이나는 준비태세 및 전투 행위에서도 큰 차이를 보여 주었다. ISRTA의 현격한 차이로 인해 러시아 연방군은 압도적인 수적 우위를 제대로 활용하지 못했으며, 반대로 우크라이나군은 NATO의 정찰자산 및 인공지능을 통한 정보처리기술에 편승하여 예상을 넘는 전투력을 보여 주었다. ISRTA 능력이 결여된 러시아 연방군은 전쟁 초기에 주력 무기와 장비를 대량으로 손실하여 1960년대에 개발한 MT-LB 보병장갑차, 1차 세계대전 직전에 개발된 맥심 기관총까지 무기고에서 꺼낼 정도로 러시아 연방군의 지상군 무기체계는 냉전시대로 되돌아간 듯했다.

세 번째, 러시아와 우크라이나의 보급 및 전투지원체계에는 큰 격차가 존재했다. 러시아 연방군의 보급선은 NATO의 ISRTA 지원을 받은 우크라이나 군에게 끊임없이 차단 당했으며, 러시아와 우크라이나 사이의 보급 및 전투 지원 효율도 극명하게 대비되면서 전쟁은 단기전이 아니라 장기전으로 전환되었다. 러시아 연방군은 『손자병법』 제1장인 계(計)편에서 요약한 전쟁의 다섯 가지 요소 중 기본이라고 할 수 있는 주용(主用), 즉 물자와 보급을 제대로 해결하지 못함으로써 양적 우위에도 불구하고 전쟁 초기목표를 달성하는 데 실패했다.

네 번째, 편제 및 지휘체계에서 러시아와 우크라이나는 정반대의 접근을 시도했다. 여러 차례의 공화국 분쟁과 돈바스 전쟁의 실전 경험을 통해 만들어진 러시아 연방군의 지상군 편제 BTG는 정작 대규모 전면전, 화력전, 소모전에서 매우 낮은 전투력을 보여 주었다. 이렇게 된 가장 큰 이유는 ISRTA의 지원이 부족해서 미리 정해진 작전과 공격 루트를 통해 우크라이나의 방어전선을 돌파하려 했으며, 돌파가 실패한 이후에도 정찰자산을 가지고 전장을 재분석하지 않고 다시 동일한 전술과 루트를 통해 축차투입했기 때문이다. 이로써 러시아의 BTG는 전쟁 초기에 상당수 소실되어 버렸다.

이 책에서는 ISRTA의 역할을 중심으로 지상군 전술과 전투 패러다임, 보급과 지원체계, 편제와 지휘통제의 관계를 설정하기 위해 실제 전투 사례를 활용했다. 주요 전투를 사례로 살펴보면서 공통적으로 파악할 수 있었던 점은, 비록 러시아 연방군이 수성(守成) 중인 남부회랑 전투에서도 ISRTA의 역할이 무엇보다 중요했다는 것이다. 러시아 연방군은 2014년 돈바스 전쟁과 2022년 우크라이나 침공 사이의 8년이라는 시간 동안 전장의 변화에 대응하지 못했고, 그 결과 세계 군사력 2위와 25위의 전쟁이 1년 넘게 지속되었다. 드론 중심의 ISRTA 능력이 결여되었거나 혹은 비교 열세에 처한 전투부대는 다른 무기의 질이나 양이 우세하더라도 전투에서 패할 확률이 높다. 이러한 점을 고려한다면, 세계 최강의 ISRTA 전력을 보유한 NATO가 러시아-우크라이나 전쟁에 개입했을 때 러시아 연방군의 병력이나 전차 및 포병이 아무리 수적으로 우세였더라도 러시아 연방군이 조기에 승리할 것이라는 낙관론은 처음부터 잘못 그려진 청사진에 불과했을지 모른다. 러시아 연방군의 ISRTA 전력은 양적·질적으로 NATO군에 비해 그 격차가 너무 컸기 때문이다.

또한 이번 전쟁은 전쟁을 연구하는 방법론에서도 큰 시사점을 준다. 물론 현대전을 분석하거나 예측하기 위해서 발전해 온 양적 방법론, 즉 전차나 항공기의 보유량이나 포탄의 비축량, 미사일의 사정거리, 무기의 효과지수 등 계량화된 양적 데이터를 중심으로 한 방법론은 여전히 중요하다. 그러나 현대전은 갈수록 고도화되고 다차원적 전장이 예상되므로, 계량화된 수치를 이용하는 방법론만으로는 부족하다. 군의 편제 및 지휘통신체계, 전장감시 및 표적획득 능력, 병참 및 전투근무지원의 효율성, 그리고 전투무기체계를 활용하는 전술 등 수치로 직접 비교하기 어려운 질적 군사력에 대한 분석이 함께 이루어져야 한다는 시사점을 제시한다.

결론적으로, 이 책은 2022년 러시아-우크라이나 전쟁이라는 주제를 중심으로 "압도적인 국력과 수적 우위의 군사력에도 불구하고 전쟁 초기 예상을 벗어난 러시아군의 전쟁수행능력"이라는 의문에 답하고자 노력했다. 이 책은 질적 수준의 군사력 요소를 선정하여 각 요소 간 상호작용을 증명하는 방법으로 진행되었으나, 각 군사력 요소를 형성하는 모든 사안을 일일이 조사하여 추론 과정에 포함시키지 못한 점이 아쉽다. 또한 2024년 봄 이후의 전황을 담지 못했기 때문에 향후 개정 증보판을 준비하여 완전한 우크라이나 전쟁의 분석서가 되기를 기대해 본다. 개정 증보판이 가시화된다면, 네 가지 군사력 요소를 형성해 온 정치적·경제적·외교적 배경을 중심으로 내용을 추가해야 할 필요가 있다. 우크라이나 전장과 비교되는 다른 사례를 광범위하게 비교할 수도 있을 것이다. 각 군사력 요소를 연구하여 현재 진행 중이거나 예상되는 안보 이슈에 대입해 보는 시도도 가치 있을 것이다.

그 외에도, 한반도에서 연일 발생하고 있는 미사일 및 장사정 투사 무기체계 이슈 역시 미사일의 보유기 수나 사정거리, 탄두의 무게와 같은 수치 차원에서만 분석하기보다, 2022년 러시아-우크라이나 전쟁으로 알 수 있었듯이, ISRTA를 중심으로 군사력을 새롭게 평가하기 위한 연구를 시작하는 것도 중요한 의미를 가질 수 있을 것이다. 여기에 더해 2020년대 이후 격해진 이스라엘과 저항의 축 사이의 전쟁에서 갈수록 그 역할이 중요해지는 드론 및 게임 체인저를 중심으로 미래의 전쟁을 다루는 것도 의미가 있을 것이다.

전쟁은 인류의 역사와 같은 궤도에서 진행되어 왔으며, 우연히 발생한 것이 아니라 정치의 마지막 수단이자 인과관계의 작용으로 발생했다. 전쟁은 그 목적과 동기가 정의로움의 여지와는 관계없이 크나큰 희생과 비용을 초래하는 비극이기 때문에 전쟁이 일어나지 않도록 정치의 영역에서 해결하거나 혹은 전쟁이 일어났다면 무고한 희생을 방지해야 한다. 이를 위해서는 현실에 맞게 전쟁을 분석할 수 있도록 더 정확하고 현실성 있는 군사력 연구가 지속적으로 발전 확대되어야 할 것이다. 이 책이 위와 같은 군사력 분석의 관점에서 지평선을 넓히는 데 기여할 수 있기를 바란다.

주

서론 **1)** 일부 언론에서는 러시아가 전면전 개시 혹은 선전포고를 했다고 보도했으나, 실제로는 특별군사작전이라는 형태로 일부 지역에 대한 무력행위를 지시한 것이기에 정식 전쟁 선포와는 차이가 있다. 러시아의 공식적인 입장에도 우크라이나 점령은 언급되어 있지 않다. 이는 러시아 연방 정부 대통령실(2022, February 22)의 공식 보도자료를 통해 알 수 있다. 전면전 개시라는 보도는 대부분 로이터(2022, February 23)의 보도를 인용한 것으로써, 드미트로 쿨레바 우크라이나 외무부 장관이 "푸틴이 우크라이나를 상대로 전면전을 개시했다"라고 발표한 내용을 바탕으로 작성되었다.

2) 클라우제비츠는 그의 저서 『전쟁론』에서 전쟁의 진정한 상태에 관한 정보는 항상 불완전하고 정확하지 않다는 개념을 "전쟁의 안개"라고 표현했으며, 실제로 전투가 개시되면 그런 전쟁의 안개는 전장에서 마찰로 작용하여 공격과 방어 모두를 방해할 수 있다고 주장했다. 김만수, 『전쟁론 강의』(서울: 갈무리, 2020), 53~56쪽.

3) 박종수, 「우크라이나 사태 배경, 과정, 전망 및 시사점」, ≪KPI Issue Brief≫, 2(2022): 3.

4) H. Altman, L. Cook and S. Fraser, "More Russian forces mass near border, but still not ready to attack: Ukraine," *Military Times*, February 4, 2022; https://www.militarytimes.com/news/your-military/2022/02/03/more-russian-forces-mass-near-border-but-still-not-ready-to-attack-ukraine/(accessed June 17, 2023).

5) H. Yilmaz, "No, Russia will not invade Ukraine," *Al Jazeera*, February 9, 2022; https://www.aljazeera.com/opinions/2022/2/9/no-russia-will-not-invade-ukraine(accessed June 17, 2023).

6) 영어 표기는 국제적으로 크리미아(Crimea)이지만 크름반도로 국문 표기한 이유는, 2022년 기준 국제법상 이 지역이 우크라이나의 영토이기 때문에 우크라이나어를 차용했다. L. Bershidsky, "Putin's Priority Is Selling Gas, Not Waging War," *The Washington Post*, November 8, 2021; https://www.bloomberg.com/opinion/articles/2021-11-18/putin-s-top-priority-is-selling-gas-not-waging-war-against-ukraine#xj4y7vzkg(accessed June 17, 2023).

7) P. Sonne, "Putin is Testing U.S., NATO with Buildup along Russia-Ukraine Border," *The Washington Post*, November 19, 2021; https://www.washingtonpost.com/national-security/russia-ukraine-border/2021/11/19/f2ad2ed0-4979-11ec-973c-be864f938c72_story.html(accessed June 17, 2023).

8) E. Rumer and A. Weiss, "Ukraine: Putin's Unfinished Business," *Carnegie Endowment for International Peace*, November 12, 2021; https://carnegieendowment.org/2021/11/12/

ukraine-putin-s-unfinished-business-pub-85771(accessed June 17, 2023).

9) 신희섭, 「신희섭의 정치학: 우크라이나를 둘러싼 러시아와 미국」, ≪법률저널≫, 2021.12.10; http://www.lec.co.kr/news/articleView.html?idxno=732544(2023.6.17 접속).

10) "푸틴, 우크라이나 침공. 수도 키예프 함락 초읽기", YTN, 2022.2.25; https://www.ytn.co.kr/_ln/0104_202202251419518359(2023.6.17 접속).

11) I. Ali and P. Stewart, "Russian forces appear to shift to siege warfare in Ukraine-U.S. official," *Reuters*, February 27, 2022; https://www.reuters.com/world/europe/putins-nuclear-move-could-make-situation-much-much-more-dangerous-us-official-2022-02-27/(accessed June 17, 2023).

12) J. Beale, "How hard will it be to defend Ukraine from Russian invasion?" *BBC News*, February 24, 2022; https://www.bbc.com/news/world-europe-60492860(accessed June 17, 2023).

13) 방종관, "미군도 못해 본 파격 … 지역분쟁 딱 맞춘 '푸틴 대대전술단' 위력", ≪중앙일보≫, 2022.2.15; https://www.joongang.co.kr/article/25048266#home(2023.6.17 접속).

14) C. J. Dewdney, "History of Soviet Union: Historical State, Eurasia," *Britanica*, April 4, 2022; https://www.britannica.com/place/Soviet-Union(accessed June 17, 2023).

15) 러시아군의 예비전력은 제외하고 정규 편제된 병력만 인용함. Global Firepower , "2023 Russia Military Strength" [website]. https://www.globalfirepower.com/country-military-strength-detail.php?country_id=russia(accessed June 17, 2023).

16) Global Firepower와 달리 *Military Balance*는 국가근위대를 정규군에 포함하여 계산한다. 국가근위대의 임무는 사회치안 유지, 주요 국가시설 및 재산 방호, 영토 방어, 국경 수비, 대테러 작전 등 국가 내부의 적을 상대하는 데 치중되어 있고 러시아 경찰이 감당할 수 없는 대형 범죄나 비상사태가 발생하면 임무를 수행한다. 러시아 연방군에 소속되어 있지 않은 독립된 조직이지만, 국경 분쟁이나 외국 침략 등 유사시에는 비슷한 준군사조직인 국경경비대와 함께 러시아 국방부의 지휘를 받는다. The International Institute for Strategic Studies, *The Military Balance 2021*(London: Routledge, 2021), p. 164.

17) The World Bank, "Population growth (annual %)—Russian Federation 2022" [website]. https://data.worldbank.org/indicator/SP.POP.GROW?locations=RU(accessed June 17, 2023).

18) United Nation, "United Nations Population Division—World Population Prospects: 2019" [website]. https://data.un.org/CountryProfile.aspx/_Docs/CountryProfile.aspx?crName=Russian%20Federation(accessed June 17, 2023).

19) The International Institute for Strategic Studies, *The Military Balance 2021*(London: Routledge, 2021), pp. 190~209.

20) P. Olsson, "Measuring Quality of Military Equipment," *Defence and Peace Economics*,

33(1)(2022): 99~102.

21) H. Smith, "The Womb of War: Clausewitz and International Politics," *Review of International Studies*, 16(1)(January 1990): 42.

22) J. F. Troxell, "Military Power and the Use of Force," *Strategic Studies Institute of US Army War College*, 46(2)(2016): 220.

23) 피온(pion)과 말카(malka) 모두 서방에서 작명한 2S7 계열 자주포의 코드명이다. 러시아에서는 별칭 없이 2S7 혹은 2S7M이라고 칭한다.

24) S. D. Lutz, "A Counterforce/Countervalue Scenario—Or How Much Destructive Capability Is Enough?" *Journal of Peace Research*, 20(1)(1983): 22~23.

25) J. J. Mearsheimer, *The Tragedy of Great Power Politics*(New York: WW Norton, 2014), p. 45.

26) P. Kennedy, "The Influence and the Limitations of Sea Power," *The International History Review*, 10(1)(February, 1988): 14.

27) M. Balboni et al., *Mission Command of Multi-Domain Operations*(Carlisle Barracks, PA: The United States Army War College, 2020), pp. 34~36; https://press.armywarcollege.edu/monographs/918

28) S. V. Evera, "Offense, Defense, and the Causes of War," *International Security*, 22(4)(1988): 12.

29) TOS-1 부라티노 열압력탄 다연장로켓의 '부라티노'는 서방에서 붙인 코드명으로, 러시아에서는 쓰이지 않는다. 러시아어로는 짜쪨라야 오그네메쯔나야 시스떼마(тяжёлая огнемётная система)라고 해야 한다.

1장 **1)** L. Wojciech, "Polish Leopard 2 Modernization Meets Dead End," *Overt Defense*, February 12, 2020; https://www.overtdefense.com/2020/02/12/polish-leopard-2-modernization-meets-dead-end/(accessed June 17, 2023).

2) H. J. Barkey, "Why There's No Easy Solution to the U.S.-Turkey Dispute Over the S-400," *World Politics Review*, December 9, 2020; https://www.worldpoliticsreview.com/for-nato-turkey-s-400-crisis-has-no-easy-solutions/(accessed June 17, 2023).

3) M. N. Katz, "Why Russia Shouldn't Fear NATO: Far from threatening Russia, a strong NATO has a much greater incentive to act with self-restraint toward Russia than individual countries," *The National Interest*, July 2, 2015; https://nationalinterest.org/feature/why-russia-shouldnt-fear-nato-13243(accessed June 17, 2023).

4) 조명철·김지연, 「GTI(Greater Tumen Initiative)의 추진동향과 국제협력방안」, ≪대외경

제정책연구원≫, 10, 6(2010): 113~115.

5) 문수언, 「상하이협력기구(SCO)를 통하여 본 러시아와 중국 관계: 러시아의 우려와 대응」, ≪사회과학논총≫, 13(2013): 30.

6) Nation Master, "Economy Stats: compare key data on China & Russia" [website]. https://www.nationmaster.com/country-info/compare/China/Russia/Economy(accessed June 17, 2023).

7) Central Intelligence Agency, "The World Factbook—Economy of China" [website]. https://www.cia.gov/the-world-factbook/countries/china/(accessed June 17, 2023).

8) Central Intelligence Agency, "The World Factbook—Economy of China" [website]. https://www.cia.gov/the-world-factbook/countries/russia/(accessed June 17, 2023).

9) C. Aizhu and M. Xu, "China extends record imports of Russian oil into June, cuts Saudi supply—trade," *Reuters*, June 6, 2022; https://www.reuters.com/business/energy/china-extends-record-imports-russian-oil-into-june-cuts-saudi-supply-trade-2022-07-06/(accessed June 17, 2023).

10) 표 1.1의 자료는 15개국 수출국 중 상위 5개국만 재구성했음. D. Workman, D. Workman, "Top 15 Crude Oil Suppliers to China" [website]. https://www.worldstopexports.com/top-15-crude-oil-suppliers-to-china/(accessed June 17, 2023).

11) Reuters, "Russia plans ESPO Blend oil sea exports at record high for May," *Reuters*, March 30, 2022; https://www.reuters.com/business/energy/russia-plans-espo-blend-oil-sea-exports-record-high-may-2022-03-29/(accessed June 17, 2023).

12) 이주리, 「러시아의 대아시아 석유수출 현황과 잠재력」, ≪세계 에너지시장 인사이트≫, 17(5)(2017): 18.

13) K. Hille, "Beijing's first China-built aircraft carrier enters service," *Financial Times*, December 18, 2019; https://www.ft.com/content/1249f934-20dd-11ea-92da-f0c92e957a96 (accessed June 17, 2023).

14) Stockholm International Peace Research Institute, "China Replaces UK as World's Fifth Largest Arms Exporter," *SIPRI*, March 9, 2013; https://www.sipri.org/media/press-release/2013/china-replaces-uk-worlds-fifth-largest-arms-exporter-says-sipri(accessed June 17, 2023).

15) N. Aliyev, "Military Cooperation Between Russia and China: The Military Alliance Without an Agreement?" *International Centre for Defence and Security*, July 1, 2020; https://icds.ee/en/military-cooperation-between-russia-and-china-the-military-alliance-without-an-agreement/(accessed June 17, 2023).

16) C. Huygen, "One Step Forward, Two Steps Back: Boris Yeltsin and the Failure of Shock Therapy," *Constellations*, 3(1)(2022): 66.

17) 신동엽·이재승, 「러시아의 정부와 국영에너지기업 관계 연구: 로스네프트의 사례를 중심으로」, ≪국제정치연구≫, 18(1)(2015): 404~405.

18) The World Bank, "GDP growth (annual %)—Russian Federation 1990-2021" [website]. https://data.worldbank.org/indicator/NY.GDP.MKTP.KD.ZG?locations=RU(accessed June 17, 2023).

19) H. F. Scott, "Soviet Military Doctrine: Its Continuity - 1960-1970"(Defense Technical Information Center, US DOD, June, 1971), p. 21.

20) W. E. Odom, "Soviet Military Doctrine," *Foreign Affairs*(winter 1988/1989).

21) I. Iosebashvili, "Putin Pledges More Defense Spending," *The Wall Street Journal*, February 20, 2022; https://www.wsj.com/articles/SB10001424052970203358704577234960796991408(accessed June 17, 2023).

22) A. Vikram, "Russia's New Nuclear Weapons: Understanding Avangard, Kinzhal, and Tsirkon," *Next Generation Nuclear Network*, August 2, 2021; https://nuclearnetwork.csis.org/russias-new-nuclear-weapons-understanding-avangard-kinzhal-and-tsirkon/(accessed June 17, 2023).

23) Forces Net, "Kuznetsov Back in Russia after Destroying 1000 targets in Syria," *Forces Net*, February 6, 2017; https://www.forces.net/services/tri-service/kuznetsov-back-russia-after-destroying-1000-targets-syria(accessed June 17, 2023).

24) Andrew Radin et al., *The Future of the Russian Military*(Santa Monica, CA: RAND Corporation, 2019), pp. 14~15.

25) C. J. Coyne and A. R. Hall Blanco, "Empire State of Mind: The Illiberal Foundations of Liberal Hegemony," *The Independent Review*, 21(2)(Fall 2016): 239.

26) B. Posen, *Restraint: A New Foundation for U.S. Grand Strategy*(Ithaca, NY: Cornell University Press, 2014), p. 25.

27) S. M. Walt, *The Hell of Good Intentions: America's Foreign Policy Elite and the Decline of U.S. Primacy*(New York: Macmillan, 2018), p. 15.

28) U.S. Energy Information Administration, "Ukraine Natural Gas" [website]. https://www.eia.gov/international/analysis/country/UKR(accessed June 17, 2023).

29) Kupchinsky, op. cit.

30) V. V. Putin, "On the Historical Unity of Russians and Ukrainians" [website]. https://www.prlib.ru/en/article-vladimir-putin-historical-unity-russians-and-ukrainians(accessed June 17, 2023).

31) P. Dickinson, "Putin's new Ukraine essay reveals imperial ambitions," *Atlantic Council*, July 15, 2021; https://www.atlanticcouncil.org/blogs/ukrainealert/putins-new-ukraine-ess

ay-reflects-imperial-ambitions/(accessed June 17, 2023).

32) A. Wilson, "Russia and Ukraine: 'One People' as Putin Claims?" *Royal United Services Institute*, December 23, 2021; https://rusi.org/explore-our-research/publications/commentary/russia-and-ukraine-one-people-putin-claims(accessed June 17, 2023).

2장 **1)** R. O. Keohane and J. S. Nye, "Review: Power and interdependence Revisited," *International Organization*, 41(4)(Autumn 1987): 728~729.

2) 천연가스의 단위는 크게 세 가지(부피, 열량, 무게)로 분류할 수 있다. 부피단위는 천연가스 혹은 액화천연가스를 용량으로 나타낸 단위이고, 열량단위는 연료용 가스인 천연가스를 열량으로 계산한 단위이며, 무게단위는 액체 상태의 천연가스를 무게로 측정한 단위이다. 이 중 bcm은 가스의 부피를 측정하는 단위로써 Billion Cubic Meter, 즉 10억 세제곱 미터를 의미한다.

3) 자료에 의하면, 러시아는 2017년부터 가스 수출에서 세계 2위를 유지하고 있다. British Petroleum, "Country Insight−Russia" [website]. https://www.bp.com/en/global/corporate/news-and-insights/press-releases/bps-position-in-russia.html(accessed June 17, 2023).

4) Enerdata, "World Energy & Climate Statistics−Natural gas production" [website]. https://yearbook.enerdata.co.kr/natural-gas/gas-consumption-data.html(accessed June 17, 2023).

5) K. Schwarz, "Europe's Addiction to Russia's Gas: Why and How the EU Must Use This Moment to Invest in Renewable Energy," *The New Federalist*, April 20, 2022; https://www.thenewfederalist.eu/europe-s-addiction-to-russia-s-gas-why-and-how-the-eu-must-use-this-moment?lang=fr(accessed June 17, 2023).

6) Gazprom, "Contribution to Russia's Economy" [website]. https://sustainability.gazpromreport.ru/en/2020/3-about-the-gazprom-group/35-contribution-to-russias-economy/(accessed June 17, 2023).

7) J. Dempsey, "Victory for Russia as the EU's Nabucco Gas Project Collapses," *Carnegie Europe*, July 1, 2013; https://carnegieeurope.eu/strategiceurope/52246(accessed June 17, 2023).

8) U.S. Energy Information Administration, "Ukraine Natural Gas" [website]. https://www.eia.gov/international/analysis/country/UKR(accessed June 17, 2023).

9) R. Kupchinsky, "World: NATO Prepares for Energy Wars," *Radio Free Europe*, December 5, 2006; https://www.rferl.org/a/1073228.html(accessed June 17, 2023).

10) 김서원, "우크라 다음 타깃 몰도바 … 친러 지역서 의문의 연쇄폭발", ≪중앙일보≫, 2022년 4월 26일.

11) A. Higgins, "The War That Continues to Shape Russia, 25 Years Later," *The New York*

Times, December 10, 2019; https://www.nytimes.com/2019/12/10/world/europe/photos-chechen-war-russia.html(accessed June 17, 2023).

12) T. L Thomas, "Battle for Grozny: The 31 December 1994-8 February 1995" [website]. https://indianstrategicknowledgeonline.com/web/48253073-Battle-for-Grozny-Timothy-L-Thomas.pdf(accessed June 17, 2023).

13) 김기현, 「200년 민족갈등 이면에 송유관 이권 분쟁 있다」, ≪신동아≫, 2003년 1월 2일.

3장 **1)** Aljazeera, "Ukraine-Russia crisis: What is the Minsk agreement?" *Aljazeera*, February 9, 2022; https://www.aljazeera.com/news/2022/2/9/what-is-the-minsk-agreement-and-why-is-it-relevant-now(accessed June 17, 2023).

2) K. Reif, "The Lisbon Protocol—at a Glance" [website]. https://www.armscontrol.org/node/3289(accessed June 17, 2023).

3) D. G. Kimball, "Ukraine, Nuclear Weapons, and Security Assurances Fact Sheets and Briefs" [website]. https://www.armscontrol.org/factsheets/Ukraine-Nuclear-Weapons(accessed June 17, 2023).

4) A. Blake, "What the Budapest Memorandum means for the U.S. on Ukraine," *The Washington Post*, February 1, 2022; https://www.washingtonpost.com/ politics/2022/02/01/what-budapest-memorandum-means-us-ukraine/(accessed June 17, 2023).

5) United Nations Treaty Collection, "Memorandum on security assurances in connection with Ukraine's accession to the Treaty on the Non-Proliferation of Nuclear Weapons" [website]. https://treaties.un.org/doc/Publication/UNTS/Volume%203007/Part/volume-3007-I-52241.pdf(accessed June 17, 2023).

6) J. M. Shields and W. C. Potter eds., *Dismantling the Cold War: U.S. and NIS perspectives on the Nunn-Lugar Cooperative Theater Reduction Program*(Cambridge, MA: The MIT Press), p. 151.

7) Ibid., p. 155.

8) Center for Arms Control and Non-Proliferation, "The Nunn-Lugar Cooperative Threat Reduction Program" [website]. https://armscontrolcenter.org/fact-sheet-the-nunn-lugar-cooperative-threat-reduction-program-2/(accessed June 17, 2023).

9) S. Kimball, "Bound by treaty: Russia, Ukraine and Crimea," *Deutsche Welle*, November 3, 2014; https://www.dw.com/en/bound-by-treaty-russia-ukraine-and-crimea/a-17487632(accessed June 17, 2023).

10) Euromaidan Press, "A Timeline of the Euromaidan Revolution," *Euromaidan Press*,

February 19, 2016; https://euromaidanpress.com/2016/02/19/a-timeline-of-the-euromaidan-revolution/(accessed June 17, 2023).

11) N. Diuk, "Euromaidan: Ukraine's Self-Organizing Revolution," *World Affairs*, 176(6) (March/April 2014): 15.

12) BBC News, "Crimea Profile," *BBC News*, January 7, 2018; https://www.bbc.com/news/world-europe-18287223(accessed June 17, 2023).

13) M. Fisher, "Everything you need to know about the 2014 Ukraine crisis," *VOX*, September 3, 2014; https://www.vox.com/2014/9/3/18088560/ukraine-everything-you-need-to-know(accessed June 17, 2023).

14) Treisman, D. "Why Putin Took Crimea: the Gambler in the Kremlin," *Foreign Affairs*, Vol. 95, No. 3(May/June 2016), p. 52.

15) Shuster, S. (2014, March 10). Putin's Man in Crimea Is Ukraine's Worst Nightmare. *Time*.

16) BBC. (2014, April 5). Ukraine rejects Russia Gazprom gas price hike. *BBC News*.

4장 **1)** J. R. Haines, "How, Why and When Russia Will Deploy Little Green Men—and Why the US Cannot," *Foreign Policy Research Institute*, March 9, 2016; https://www.fpri.org/article/2016/03/how-why-and-when-russia-will-deploy-little-green-men-and-why-the-us-cannot/(accessed June 17, 2023).

5장 **1)** "우크라이나 수도 키예프 함락 임박 … 친러 정권 들어서나?", YTN, 2022.2.25; https://www.ytn.co.kr/_ln/0104_202202251613008857(2023.6.17 접속).

2) H. Altman, "Ukraine jets hit Russian column; Russia has used thermobarics, Ukraine military says," *Military Times*, Mar 2, 2022; https://www.armytimes.com/flashpoints/ukraine/2022/03/02/ukraine-jets-hit-russian-column-russia-has-used-thermobarics-ukraine-military-says/(accessed June 17, 2023).

3) M. Clark, G. Barros and K. Stepanenko, "Russian Offensive Campaign Assessment," *Institute for the Study of War*, March 11, 2022; https://www.understandingwar.org/backgrounder/russian-offensive-campaign-assessment-march-11(accessed June 17, 2023).

4) M. Clark, G. Barros and K. Stepanenko, "Russian Offensive Campaign Assessment," *Institute for the Study of War*, March 28, 2022; https://www.understandingwar.org/backgrounder/russian-offensive-campaign-assessment-march-28(accessed June 17, 2023).

5) Ukrinform, "In Sumy Region, Ukraine Army Destroyed about 80 Units of Enemy Equipment Using Bayraktar," *Ukrinform*, July 6, 2022; https://www.ukrinform.net/rubric-ato/3417524-in-sumy-region-ukrainian-army-destroyed-about-80-units-of-enemy-equipment-using-bayraktar.html(accessed June 17, 2023).

6) M. Clark, G. Barros and K. Stepanenko, "Russian Offensive Campaign Assessment," *Institute for the Study of War*, February 28, 2022; https://www.understandingwar.org/backgrounder/russian-offensive-campaign-assessment-february-28-2022(accessed June 17, 2023).

7) J. P. Chacko, "Ukraine's Sumy Region claims Bayraktar TB2 has destroyed about 100 tanks and 20 Grads from Russia," *Frontier India*, March 1, 2022; https://frontierindia.com/ukraines-sumy-region-claims-bayraktar-tb2-has-destroyed-about-100-tanks-and-20-grads-from-russia/(accessed June 17, 2023).

8) S. Udasin, "How a Ukrainian dam played a key role in tensions with Russia," *The Hill*, March 12, 2022; https://thehill.com/policy/equilibrium-sustainability/597910-how-a-ukrainian-dam-played-a-key-role-in-tensions-with/(accessed June 17, 2023).

9) S. Roblin, "The decades-old T-62 tanks Russia is being forced to send into combat could still give Ukrainians trouble," *Business Insider*, July 13, 2022; https://www.businessinsider.com/old-russian-t62-tanks-could-give-ukrainians-trouble-in-combat-2022-6(accessed June 17, 2023).

10) L. Sands, "Sunken Russian warship Moskva: What do we know?" *BBC News*, April 18, 2022; https://www.bbc.com/news/world-europe-61103927(accessed June 17, 2023).

11) A. Gatopoulos, "The Struggle for Snake Island," *Aljazeera*, June 30, 2022; https://www.aljazeera.com/news/2022/6/30/russia-ukraine-war-the-struggle-for-snake-island(accessed June 17, 2023).

12) T. Ozberk, "Ukraine Strikes Russia's Vasily Bekh Rescue Tug with Antiship Missiles," *Naval News*, June 17, 2022; https://www.navalnews.com/naval-news/2022/06/ukraine-strikes-russias-vasily-bekh-rescue-tug/(accessed June 17, 2023).

13) K. Stepanenko et al., "Russian Offensive Campaign Assessment," *Institute for the Study of War*, July 3, 2022; https://www.understandingwar.org/backgrounder/russian-offensive-campaign-assessment-july-3(accessed June 17, 2023).

14) D. Axe, "Russian Artillery Can Lob Shells at Ukrainian Troops With 10 Seconds' Notice," *Forbes*, February 2, 2022; https://www.forbes.com/sites/davidaxe/2022/02/02/russian-artillery-can-lob-shells-at-ukrainian-troops-with-10-seconds-notice/?sh=462218e540f7(accessed June 17, 2023).

15) J. E. Barnes, E. Schmitt, and H. Cooper, "The Critical Moment Behind Ukraine's Rapid

Advance," *The New York Times*, September 13, 2022; https://www.nytimes.com/2022/09/13/us/politics/ukraine-russia-pentagon.html(accessed June 17, 2023).

16) J. Stavridis, "How Ukraine Turned the Tide Against Russia," *Time*, September 14, 2022; https://time.com/6213007/ukraine-offensive-against-russia/(accessed June 17, 2023).

17) Beauchamp, Z. (2022, February 24). Putin's "Nazi" rhetoric reveals his terrifying war aims in Ukraine. *VOX*.

18) ISW 이외에 블룸버그 및 BBC에서도 매주 우크라이나 전선의 전황을 업데이트하는 웹페이지를 별도로 신설했다. Locations of Reported Attacks, Ukraine, Bloomberg에서 확인할 수 있다.

19) 이 연구에서 전황 정리에 가장 자주 인용되는 지도는 ISW에서 인용한 것으로, Map by George Barros with Thomas Bergeron - Institute for the Study of War에서 확인할 수 있다.

20) The Kyiv Independent News. (2022, February 24). Russian forces take control over Antonov International Airport in Hostomel, roughly 10 kilometers away from Kyiv. *The Kyiv Independent news desk*.

21) ISW. (2022, February 28). "Russian Offensive Campaign Assessment, February, 27". *ISW*

22) Lister, T. (2022, February 25). Ukraine Says It Is Ready to Talk about a Ceasefire and Peace, *CNN News*.

23) ISW. (2022, February 28). "Russian Offensive Campaign Assessment, February, 27". *ISW*.

6장 **1)** Garamone, J. (2022, March 1). Ukrainian Resistance, Logistics Nightmares Plague Russian Invaders. *US DOD News*.

2) 테일러(2022)와 같은 기자들의 현장 취재를 통해 러시아가 심각한 보급·후송·통신문제에 직면해 있음이 알려졌으며, 이는 산악지대가 없는 우크라이나의 특성상 매우 의아한 현상이라는 분석이 나오기도 했다.

3) 사바흐(2022) 등의 언론 보도를 통해 알려진 또 하나의 사실은, 여러 민간 군사 전문가들이 예견한 대로 휴대가 가능한 보병의 대전차무기가 21세기 들어 처음으로 대량 운용되고 그 효과가 극명하게 드러나고 있다는 점이다.

4) 홀랜드와 스톤(2022)의 보도에 의하면, 개전 4일차에 미국이 처음으로 우크라이나에 대한 대규모 지원을 실시하겠다고 밝혔으며, 이 이후로 군사적 장비 지원뿐만 아니라 인도주의적 지원도 확대되기 시작했다.

5) ISW의 2022년 3월 4일 전황 자료에서 발췌(Assessed Control of Terrain in Ukraine and Main Russian Maneuver Axes as of March 4, 2022, 3:00 PM EST).

6) 오릭스는 러시아뿐만 아니라 우크라이나의 기갑부대 및 거의 모든 장비류의 파손 및 격파

현장을 사진으로 확인하여 집계하고 있다. 출처는 Oryx. Attack On Europe: Documenting Equipment Losses During The 2022 Russian Invasion Of Ukraine 참조.

7) ISW 전황 보고(2022, March 7).

8) 전쟁 발발 2주가 넘어서자 러시아군의 종합적인 현대전 수행능력에 대한 의구심이 증가하기 시작했으며, ABC 뉴스(2022, March 8)는 보도를 통해, 러시아가 전장감시, 보급, 예비물자 동원, 대규모 화력집중에서 예상 이외의 낮은 수준을 보여 주었다고 평가했다.

9) BTG에 대한 자세한 내용은 본문 6장을 참조. Rossow and Amos(2017)는 이미 2017년에 BTG의 한계를 파악했다.

10) 정확한 BTG의 투입 시기와 작전 현황을 파악하기란 불가능하지만, 전황 보고 및 피해 확인을 유추하여 비교적 근사에 가까운 BTG 운용이 전달되고 있다. 일부 정보는 러시아군의 무전을 도청함으로써 입수된다. 시우토(2022)의 보도에 의하면 러시아 BTG의 약 4분의 3 전력이 우크라이나 전선에 동원되었다고 한다.

11) BTG를 운용함으로써 푸틴이 전쟁 초기에 키이우를 점령하여 단기전으로 진행하려 했음이 정황 증거상 드러났다. 라이언(2022)의 보도에 의하면, 푸틴은 예비군 동원 없이 기존 병력만으로도 우크라이나를 점령할 수 있을 것이라고 판단했다고 한다.

12) ISW의 3월 9일 전황 보고에서 발췌함(ISW. Assessed Control of Terrain in Ukraine and Main Russian Maneuver Axes as of March 9, 2022, 3:00 PM EST).

13) ISW의 3월 18일 전황 보고와 22일 자료를 발췌하여 비교했다.

14) 보로비요프(2022)의 보도에 의하면, 아직 강제징집이 시작된 것은 아니며, 징집령이 발동되더라도 경제활동에 참여하는 징집 대상의 반발이 클 것으로 예상된다. 세메노바(2022)의 보도는 보로비요프의 보도를 뒷받침해 주는 내용으로, 돈바스 지역의 러시아 점령지에서는 이미 많은 소년병들이 징집된 정황을 찾아볼 수 있다고 한다.

15) 우크라이나 육군이 해상의 러시아 함선을 피격한 것에 대해, 많은 언론이 미국의 ISRTA 협조가 이루어지고 있음을 방증한다고 보도하고 있다. 산토라 등(2022)의 보도에서도 우크라이나군이 전략자산정보를 실시간으로 전송 받고 있다는 정황 증거를 보도했다.

16) 이 지도는 워 매퍼(War Mapper)에서 발췌한 것으로, 2022년 4월 1일 기준이다. 자세한 내용은 https://twitter.com/war_mapper에서 확인할 수 있다.

17) 로이터 통신에 따르면 드라기 총리는 “conditions were not mature yet for a ceasefire in Ukraine”라고 밝혔다. 휴전이라기보다는 정전이라고 번역하는 편이 사실에 더 근접하지만, 국내 언론은 대부분 휴전이라고 번역하고 있다. Ceasefire 혹은 truce는 정전이고, 휴전은 armistice, 종전은 end of war라고 번역해야 한다(Reuters, 2022).

18) 이 정보는 복수의 자료에서 확인할 수 있으며, 다수의 매체(ISW, BBC, CNN 등)가 이 우크라이나 군 정보부의 발표를 공식 인용하고 있다(ISW, 2022).

19) CNN. (2022, May 16). Ukrainian forces say they have fulfilled their “combat mission” in besieged Mariupol. CNN. https://edition.cnn.com/europe/live-news/russia-ukraine-war-news-05-16-22/h_355dd0f6074fb19de20a7ea309c975b8

20) Oryx. (2022, May 5). Overview of Russian equipment losses added on 04/6/2022. Oryx. https://twitter.com/oryxspioenkop/status/1533398616148164608

21) Salama, V. (2022, July, 10). Ukraine's Defense Minister Says It Has 'Passed Test' on New U.S. Guided Rockets, Needs More. The Wall Street Journal. https://www.wsj.com/articles/ukraines-defense-minister-says-it-has-passed-test-on-new-u-s-guided-rockets-needs-more-11657455388

22) Hird, K., Mappes, G. Barros, G., & Kagan, W. (2022, July, 16). Russian Offensive Campaign Assessment, July 16. ISW. https://www.understandingwar.org/backgrounder/russian-offensive-campaign-assessment-july-16

23) Lemon, J. (2022, July 22). Ukraine HIMARS Destroy More Than 100 'High Value' Russian Targets: OfficialNewsWeek. https://www.newsweek.com/ukraine-himars-destroy-high-value-russian-targets-1727253

7장 **1)** Defence Intelligent. (2022, August 3). Latest Defence Intelligence update on the situation in Ukraine—3 August 2022. Minstry of Defence. https://twitter.com/DefenceHQ/status/1554695964899819520

2) Stepanenko, K., Philipson, L., Lawlor, K., & Kagan, F. W. (2022, August 1). Russian Offensive Campaign Assessment, August 1. ISW. https://www.understandingwar.org/backgrounder/russian-offensive-campaign-assessment-august-1

3) Stepanenko, K., Lawlor, K., Hird, K., Barross, G., and Kagan, F. W. (2022, August 7). Russian Offensive Campaign Assessment, August 7. ISW. https://www.understandingwar.org/backgrounder/russian-offensive-campaign-assessment-august-7

4) Stepanenko, K., Lawlor, K., Hird, K., Barross, G., and Kagan, F. W. (2022, August 9). Russian Offensive Campaign Assessment, August 9. IWS. https://www.understandingwar.org/backgrounder/russian-offensive-campaign-assessment-august-9

5) Defence Intelligence. (2022, August 16). Latest Defence Intelligence update on the situation in Ukraine—16 August 2022. Ministry of Defence. https://twitter.com/DefenceHQ/status/1559411321581572098

6) Stepanenko, K., Mappes, G., Howard, A., Philipson, L. and Kagan, F. W. (2022, August, 29). Russian Offensive Campaign Assessment, August 29. ISW. https://www.understandingwar.org/backgrounder/russian-offensive-campaign-assessment-august-29

7) Ponomarenko, I. (2022, September 1). How Many Tanks Does Russia Really Have?. The Kyiv Independent. https://kyivindependent.com/how-many-tanks-does-russia-really-have/

8) Hird, K., Barross, G., Philipson, L. and Clark, M. (2022, September 7). Russian Offen sive Campaign Assessment, September 7. IWS. https://www.understandingwar.org/back grounder/russian-offensive-campaign-assessment-september-7

9) Stepanenko, K., Mappes, G., Barros, G., Philipson, L. and Clark, M. (2022, September 8). Russian Offensive Campaign Assessment, September 8. ISW. https://www.understan dingwar.org/backgrounder/russian-offensive-campaign-assessment-september-8

10) Defence Intelligence. Latest Defence Intelligence update on the situation in Ukraine－13 September 2022. (2022, September 13). Ministry of Defence. https://twitter.com/Defe nceHQ/status/1569550041194405890

11) BBC. (2022, September 16). Russia's Wagner boss: It's prisoners fighting in Ukraine, or your children. BBC. https://www.bbc.com/news/world-europe-62922152

12) Russian Times. (2022, September 21). Russia to begin partial mobilization－Putin, The measure will apply to members of the reserve forces and those with military experience. Russian Times. https://www.rt.com/russia/563209-putin-donbass-mobilization-ukraine/

13) Defence Intelligence. (2022, October 7). Latest Defence Intelligence update on the situation in Ukraine－7 October 2022. Ministry of Defence. https://twitter.com/DefenceH Q/status/1578262947150938113

14) Al Jazeera. (2022, October 10). Putin accuses Ukraine of Crimea bridge blast 'terrori sm'. Al Jazeera. https://www.aljazeera.com/news/2022/10/10/putin-accuses-ukraine-of-cr imea-bridge-blast-terrorism

15) The Kyiv Independent News Desk. (2022, October 11). Forbes estimates Russia's Oct. 10 missile strikes cost $400~700million. The Kyiv Independent. https://kyivindependent.c om/forbes-estimates-russias-oct-10-missile-strikes-cost-400-700-million/

8장 **1)** Stanikzai, S. (2022, November 1). Afghan General Says Russia's Vagner Group Recruiting His Former Troops For Ukraine War. RadioFreeEurope RadioLiberty. https://www.rferl.org/a/russia-afghanistan-commandos-recruiting-vagner/32110975.html

2) Hird, K., Mappes, G., Bailey, R., Howard, A. and Kagan F.W. (2022, Novemver 25). Russian Offensive Campaign Assessment, November 25. ISW. https://www.understandin gwar.org/backgrounder/russian-offensive-campaign-assessment-november-25

3) Defence Intelligence. (2022, November 4). Latest Defence Intelligence update on the situation in Ukraine—04 November 2022. Ministry of Defence. https://twitter.com/DefenceHQ/status/1588418427944898561

4) Sauer, P. (2022, November 7). We Were Completely Exposed, Russian Conscripts Say Hundreds Killed in Attack. The Guardian. https://www.theguardian.com/world/2022/nov/07/we-were-completely-exposed-russian-conscripts-say-hundreds-killed-in-attack

5) Abrahams, J. (2022, October 22). Russian soldiers 'living in holes they have dug with their bare hands' in Ukraine. The Telegraph. https://www.telegraph.co.uk/world-news/2022/10/22/russian-soldiers-living-holes-have-dug-bare-hands-ukraine/

6) Defence Intelligence. (2022, November 10). Latest Defence Intelligence update on the situation in Ukraine—10 November 2022. Ministry of Defence. https://twitter.com/DefenceHQ/status/1590585033466998784

7) Bowen, J. (2022, November 13). Kherson: Inside the city liberated from the Russians. BBC. https://www.bbc.com/news/world-europe-63615008

8) Defence Intelligence. (2022, November 29). Latest Defence Intelligence update on the situation in Ukraine—29 November 2022. Ministry of Defence. https://twitter.com/DefenceHQ/status/1597482502200983552

9) Smith, P. (2022, December 6). What Ukrainian drone attacks on airbases inside Russia could mean for Putin's war. NBCNews. https://www.nbcnews.com/news/world/ukrainian-drone-attacks-russia-airbases-kursk-putin-war-what-it-means-rcna60276

10) RFE/RL's Russian Service. (2022, December 26). Moscow Claims Downed Ukrainian Drone Kills Three At Russian Air Base. RadioFreeEurope RadioLiberty. https://www.rferl.org/a/russia-engels-base-drone-servicemen-killed-saratov/32193745.html

11) Tiwari, S. (2023, January 3). 6000 KM Away From Ukraine, Russia Moves Its Nuclear Bomber Fleet From Engels Air Base To The Far East—Reports. The Eurasian Times. https://eurasiantimes.com/6000-km-away-from-ukraine-russia-moves-its-nuclear-bomber-fleet/

12) Bailey, R., Hird, K., Mappes, G., Barros, G., Howard, A. and Kagan, F. W. (2022, December 17). Russian Offensive Campaign Assessment, December 17. ISW. https://www.understandingwar.org/backgrounder/russian-offensive-campaign-assessment-december-17

13) Defence Intelligence. (2022, December 12). Latest Defence Intelligence update on the situation in Ukraine—12 December 2022. Ministry of Defence. https://twitter.com/DefenceHQ/status/1602178312738148352

14) USIP. (2023, March 1). The Iran Primer: Timeline Iran-Russia Collaboration of Drones. United States Institute of Peace. https://iranprimer.usip.org/blog/2023/mar/01/timeline-ir

an-russia-collaboration-drones

15) Roshchina, O. (2022, December 29). Russia launches missiles after overnight drone attack, air defence operating in various oblasts of Ukraine. Ukrainska Pravda 23. https://www.pravda.com.ua/eng/news/2022/12/29/7382794/

16) Defence Intelligence. (2023, January 17). Latest Defence Intelligence update on the situation in Ukraine—17 January 2023. Ministry of Defence. https://twitter.com/DefenceHQ/status/1615234018164760576

17) Oryx. (2022, February 24). Attack On Europe: Documenting Russian Equipment Losses During The 2022 Russian Invasion Of Ukraine. Oryx. https://www.oryxspioenkop.com/2022/02/attack-on-europe-documenting-equipment.html?m=1

18) Defence Intelligence. (2023, February 10)Latest Defence Intelligence update on the situation in Ukraine—10 February 2023. Ministry of Defence. https://twitter.com/DefenceHQ/status/1623945327374999556

19) Meilhan, P., Chen, H. (2022, January 29). West to deliver 321 tanks to Ukraine, says diplomat, as North Korea accuses US of 'crossing the red line'. CNN. https://edition.cnn.com/2023/01/27/world/ukraine-tanks-western-allies-intl-hnk/index.html

20) Defence Intelligence. (2022, February, 16). Latest Defence Intelligence update on the situation in Ukraine—16 February 2023. Ministry of Defence. https://mobile.twitter.com/DefenceHQ/status/1626117344186576896

21) The Kyiv Independent. (2023, February 24). Makarenko, O. One year of Russia's all-out war through the eyes of one Ukrainian newsroom. https://kyivindependent.com/one-year-of-russias-all-out-war-through-the-eyes-of-one-ukrainian-newsroom/

22) Defence Intelligence. (2023, March 4)Latest Defence Intelligence update on the situation in Ukraine—04 March 2023. Ministry of Defence. https://twitter.com/DefenceHQ/status/1631917276126380033

23) Defence Intelligence. (2023, March 5)Latest Defence Intelligence update on the situation in Ukraine—05 March 2023. Ministry of Defence. https://twitter.com/DefenceHQ/status/1632270968868466689

24) Ukraine Weapon Tracker. (2023, April 14). The Russian Army has indeed started to use ancient T-54/T-55 tanks- one of them was already filmed in #Zaporozhzhia Oblast.. Ukraine Weapon Tracker. https://twitter.com/UAWeapons/status/1646622737580933121?s=20

25) Kakissis, J. (2023, March 9). Russia hit Ukraine with missiles Thursday morning, killing at least six people. NPR. https://www.npr.org/2023/03/09/1162390559/russia-hit-ukrai

ne-with-missiles-thursday-morning-killing-at-least-six-people

26) Baker, S. (2023, March 22). Russia faces an 'exodus' of troops as prisoners recruited to fight in Ukraine start to be pardoned and return home, says UK intel. Insider. https://www.businessinsider.com/wagner-likely-face-personnel-issues-thousands-prisoners-pardoned-uk-2023-3?utm_source=reddit.com

27) Miller, J. (2023, March 27). Ukrainian Maritime drone attacked Russian Fleet in Sevastopol. Continental Defence. https://continental-defence.com/ukrainian-maritime-drone-attacked-russian-fleet-in-sevastopol

28) 이 인터뷰는 우크라이나의 소셜 미디어 'Front 18 Channel'에서 직접 현장을 찾아가 취재한 것이며, 우크라이나어로 제작되었기 때문에 이후 이코노미스트 등 영어권 매체들이 이 인터뷰를 번역해 알려졌다. https://www.youtube.com/watch?v=cHBQYjJZ2vI(accessed April 15, 2024).

5부 **1)** Defense One, "C4ISR: The Military's Nervous System" [website]. https://www.defenseone.com/insights/cards/c4isr-military-nervous-system/(accessed June 17, 2023).

2) J. R. Boyd, "The Essence of Winning and Losing" [website]. https://web.archive.org/web/20110324054054/http://www.danford.net/boyd/essence.htm(accessed June 17, 2023).

9장 **1)** Vikram, op. cit.

2) Military Watch Magazine, "Evaluating Russia's T-72B3: How a Modernised Tank Based on a Design Over 45 Years Old Can Match Newer Combat Platforms," *Military Watch Magazine*, February 22, 2021; https://militarywatchmagazine.com/article/evaluating-russia-s-t-72b3-how-a-modernised-tank-based-on-a-design-over-45-years-old-can-match-newer-combat-platforms(accessed June 17, 2023).

3) IISS의 *Military Balance 2021*에서는 SU-57 5세대 스텔스 전투기, T-14 아르마타 4세대 전차의 현역 보유대수를 모두 0기로 계산했으나, 언론 및 군사 전문가들은 최소 2기 정도는 배치된 것으로 본다. IISS, *The Military Balance 2021*(London: Routledge, 2021), pp. 191~195.

189) SIPRI, "World military expenditure passes $2 trillion for first time," *SIPRI*, April 25, 2022; https://www.sipri.org/media/press-release/2022/world-military-expenditure-passes-2-trillion-first-time(accessed June 17, 2023).

4) J. Cooper, "Finding the 'Golden Mean': Russia's Resource Commitment to Defence," *Revue Défense Nationale*, 802(2017): 105.

5) P. Beliakova, "Russian military's corruption quagmire," *Politico*, March 8, 2022; https://

www.politico.eu/article/russia-military-corruption-quagmire/(accessed June 17, 2023).

6) Transparency International Defence and Security, "Russia Assessment" [website]. https://ti-defence.org/gdi/countries/russia/(accessed June 17, 2023).

7) M. K. Bremer and K. A. Grieco, "In Denial About Denial: Why Ukraine's Air Success Should Worry the West," *War on the Rocks*, June 15, 2022; https://warontherocks.com/2022/06/in-denial-about-denial-why-ukraines-air-success-should-worry-the-west/(accessed June 17, 2023).

8) S. G. Jones, "Russia's Ill-Fated Invasion of Ukraine: Lessons in Modern Warfare," *Center for Strategic and International Studies*, June 1, 2022; https://www.csis.org/analysis/russias-ill-fated-invasion-ukraine-lessons-modern-warfare(accessed June 17, 2023).

9) C. McFall, "Russia likely running short on drones, hindering key war reconnaissance strategy: UK," *Fox News*, May 21, 2022; https://www.foxnews.com/world/russia-drone-shortage-reconnaissance-strategy-uk(accessed June 17, 2023).

10) J. Norem, "Russian Drones Are a Jerry-Rigged Mess," *Extreme Tech*, April 19, 2022; https://www.extremetech.com/extreme/334246-russian-drones-are-a-jerry-rigged-mess(accessed June 17, 2023).

11) P. Nanda, "The Big 'Show-Down' Of Drones—Decoding Why Super-Power Russia Is Losing the UAV War To An Impuissant Ukraine," *The Eurasian Times*, April 21, 2022; https://eurasiantimes.com/why-russia-is-losing-the-uav-war-to-an-impuissant-ukraine/(accessed June 17, 2023).

12) S. Witt, "The Turkish Drone That Changed the Nature of Warfare," *The New Yorker*, May 16, 2022; https://www.newyorker.com/magazine/2022/05/16/the-turkish-drone-that-changed-the-nature-of-warfare(accessed June 17, 2023).

13) Global Defense Corp, "Azerbaijan Destroyed Armenian S-300 Anti-air System Using Harop Kamikzae Dron and Bayraktar TB2 Drone," *Global Defense Corp*, September 15, 2022; https://www.globaldefensecorp.com/2022/09/15/azerbaijan-destroyed-armenian-s-300-radar-using-israeli-made-harop-kamikaze-drone/(accessed June 17, 2023).

14) S. Cranny-Evans, "Russia trials new EW tactics" [website]. https://www.janes.com/defence-news/news-detail/russia-trials-new-ew-tactics(accessed June 17, 2023).

15) G. Carbonaro, "Ukraine Soldiers Find Mysterious Container Left Behind by Russian Forces," *Newsweek*, March 23, 2022; https://www.newsweek.com/ukraine-mysterious-electroic-system-russia-invasion-1690997(accessed June 17, 2023).

16) Ukrainian Military Center, "The Ukrainian Armed Forces seize Russian electronic warfare weapon system Borisoglebsk-2" [website]. https://mil.in.ua/en/news/the-ukrainian-ar

med-forces-seize-russian-electronic-warfare-weapon-system-borisoglebsk-2/(accessed June 17, 2023).

17) IISS, *The Military Balance 2021*(London: Routledge, 2021), p. 268.

18) C. Horle, *World Air Forces 2022*(London: FlightGlobal, part of DVV Media Internatio nal Ltd, 2022), pp. 22~29.

19) Eastern Order of Battle, "Russian Frontal Aviation Arms Order of Battle" [website]. http://www.easternorbat.com/html/russian_air_force_eng.html#Russian6thAirandAirDefen ceArmy(accessed, June 17, 2023).

20) M. B. Petersen, "How Would the Russian Navy Fight in a Full-Scale Conflict?" *The Mar itime Executive*, April 11, 2022; https://maritime-executive.com/editorials/how-would-the -russian-navy-fight-in-a-full-scale-conflict(accessed June 20, 2023)

21) F. Shah, "Russian naval forces have blockaded Ukraine's Black Sea coast, say UK offi cials," *The Independent*, March 14, 2022; https://www.independent.co.uk/news/world/e urope/russia-ukraine-black-sea-coast-b2035317.html(accessed June 17, 2023).

22) E. Maishman and P. Chatterjee, "Ukraine war: First grain ship out of Ukraine cleared to sail to Lebanon," *BBC News*, August 3, 2022; https://www.bbc.com/news/world-europ e-62401342(accessed June 17, 2023).

23) J. Hardie, R. Brobst and B. B. Taleblu, "Iranian drones could make Russia's military more lethal in Ukraine," *Breaking Defense*, July 27, 2022; https://breakingdefense.com/20 22/07/iranian-drones-could-make-russias-military-more-lethal-in-ukraine/(accessed June 17, 2023).

24) F. Nadimi, "Iranian Drones to Russia: Capabilities and Limitations," *The Washington In stitute for Near East Policy*, August 1, 2022; https://www.washingtoninstitute.org/policy-analysis/iranian-drones-russia-capabilities-and-limitations(accessed June 17, 2023).

25) M. Hunder and T. Balmforth, "Russia steps up attacks with Iranian drones, Ukraine plans defences," *Reuters*, September 26, 2022; https://www.reuters.com/world/europe/rus sia-steps-up-attacks-with-iranian-drones-ukraine-plans-defences-officials-2022-09-26/(acces sed June 17, 2023).

26) M. Jankowicz, "Russia is already experiencing several failures in the first shipment of drones from Iran, reports say," *Business Insider*, August 30, 2022; https://www.businessi nsider.in/international/news/russia-is-already-experiencing-several-failures-in-the-first-ship ment-of-drones-from-iran-reports-say/articleshow/93883843.cms(accessed June 17, 2023).

10장 **1)** A. Mahshie, "US Air Force Discusses Tactics with Ukrainian Air Force as Russian Advance Stalls," *Air and Space Forces Magazine*, March 2, 2022; https://www.airandspaceforces.com/us-air-force-discusses-tactics-with-ukrainian-air-force-as-russian-advance-stalls/(accessed June 17, 2023).

2) D. Flatley and P. Martin, "Sharing More Intelligence with Ukraine for Fight in Donbas," *Bloomberg*, April 28, 2022; https://www.bloomberg.com/news/articles/2022-04-27/u-s-sharing-more-intelligence-with-ukraine-for-fight-in-donbas#xj4y7vzkg(accessed June 17, 2023).

3) K. B. Lillis, J. Herb and Z. Cohen, "White House walks a fine line with intelligence sharing in Ukraine," *CNN*, May 6, 2022; https://edition.cnn.com/2022/05/06/politics/white-house-intelligence-sharing-ukraine-red-line-russia/index.html(accessed June 17, 2023).

4) North Atlantic Treaty Organization, "Joint Intelligence, Surveillance and Reconnaissance" [website]. https://www.nato.int/cps/en/natohq/topics_111830.htm(accessed June 17, 2023).

5) G. Jennings, "NATO loses ISR capability over Ukraine as Putin closes airspace," *JANES*, February 24, 2022; https://www.janes.com/defence-news/news-detail/nato-loses-isr-capability-over-ukraine-as-putin-closes-airspace(accessed June 17, 2023).

6) 에어나브는 항공기의 기종 및 항적을 실시간으로 제공하지만, 군용기만 필터링하는 기능은 제공하지 않기 때문에 우크라이나 인근 상공의 항공기를 모두 확인해야 한다. 자세한 기능은 https://www.radarbox.com/@44.69003,23.61364,z6 참조.

7) 플라이트레이더24는 에어나브와 유사한 기능을 서비스하지만, 민항기 검색 기능을 별도 제공하기 때문에 역필터링(민간 항공기를 먼저 제거)을 하고 나면 군용기의 항적을 비교적 쉽게 파악할 수 있다. https://www.flightradar24.com/blog/a-look-at-some-military-activity-in-airspace-around-ukraine/에서 기종별로 확인할 수 있다.

8) Mahshie, op. cit.

9) J. E. Barnes, H. Cooper, and E. Schmitt, "U.S. Intelligence Is Helping Ukraine Kill Russian Generals, Officials Say," *The New York Times*, May 4, 2022; https://www.nytimes.com/2022/05/04/us/politics/russia-generals-killed-ukraine.html(accessed June 17, 2023).

10) M. Murphy, "Ukraine war: Another Russian general killed by Ukrainian forces—reports," *BBC News*, June 6, 2022; https://www.bbc.com/news/world-europe-61702862(accessed June 17, 2023).

11) G. Leigh, "A look at some military activity in airspace around Ukraine," *Flightradar* 24, March 1, 2022; https://www.flightradar24.com/blog/a-look-at-some-military-activity-in-airspace-around-ukraine/(accessed June 17, 2023).

12) C. Charpentreau, "USAF MQ-9 Reaper drone crashes in Romania," *Aerotime HUB*, July

14, 2022; https://www.aerotime.aero/articles/31592-usaf-reaper-drone-crash-romania(accessed June 17, 2023).

13) A. Capaccio, "U.S. Reaper Drone Left Soleimani with Little Chance," *Bloomberg*, January 6, 2022; https://www.bloomberg.com/news/articles/2020-01-06/general-atomics-reaper-drone-left-soleimani-with-little-chance#xj4y7vzkg(accessed June 17, 2023).

14) M. Stone, "U.S. plans to sell armed drones to Ukraine in coming days-sources," *Reuters*, June 2, 2022; https://www.reuters.com/business/aerospace-defense/exclusive-us-plans-sell-armed-drones-ukraine-coming-days-sources-2022-06-01/(accessed June 17, 2023).

15) The Economist, "Sorrows in Battalions," *The Economist*, April 30, 2022: 17.

16) J. Oakes, "DRAGON program to improve aging E-3" [website]. https://www.af.mil/News/Article-Display/Article/497312/dragon-program-to-improve-aging-e-3/(accessed June 17, 2023).

17) C. Lorne, "NATO is using its 'eyes in the sky' to keep Europe out of Russia's war on Ukraine," *AP*, April 9, 2022; https://apnews.com/article/russia-ukraine-putin-europe-germany-jens-stoltenberg-d186834ecf0c8815ab33f4ef0258db47(accessed June 17, 2023).

18) Naval News, "US Navy P-8 Poseidon aircraft reportedly assisted Ukrainians in hitting Moskva," *Navy Forces Maritime Defense Industry*, April 22, 2022; https://navyrecognition.com/index.php/naval-news/naval-news-archive/2022/april/11650-us-navy-p-8-poseidon-aircraft-reportedly-assisted-ukrainians-in-hitting-moskva.html(accessed June 17, 2023).

19) J. Trevithick, "Behold These Awesome Shots of a Navy P-8A Poseidon Carrying Its Big Secretive Radar Pod," *The Warzone*, May 15, 2022; https://www.thedrive.com/the-war-zone/33289/behold-these-awesome-shots-of-a-navy-p-8a-poseidon-carrying-its-big-secretive-radar-pod(accessed June 17, 2023).

20) D. Sabbagh, "US Shared Location of Cruiser Moskva with Ukraine Prior to Sinking," *The Guardian*, May 6, 2022; https://www.theguardian.com/world/2022/may/05/us-intelligence-russia-moskva-ukraine(accessed June 17, 2023).

21) J. Hauser, "1 dead and 27 missing after Russian flagship Moskva sunk in Black Sea, Russia says," *CNN*, April 22, 2022; https://edition.cnn.com/2022/04/22/europe/moskva-russia-casualties-intl/index.html(accessed June 17, 2023).

22) N. Bertrand, and K. B. Lillis, "US provided intelligence that helped Ukraine target Russian warship," *CNN*, May 7, 2022; https://edition.cnn.com/2022/05/05/politics/us-intelligence-russian-moskva-warship-ukraine-target/index.html(accessed June 17, 2023).

23) Barnes, op. cit.

24) L. Harding, and I. Koshiw, "Russia's Black Sea flagship damaged in Crimea drone atta ck, video suggests," *The Guardian*, October 30, 2022; https://www.theguardian.com/world/2022/oct/30/russias-black-sea-flagship-damaged-in-crimea-drone-attack-video-suggests(accessed June 17, 2023).

25) P. Satam, "Circumstantial Evidence Points to US RQ-4B Global Hawk Drone For Ukrainian Strike On Sevastopol—Russian Media," *The Eurasian Times*, October 30, 2022; https://eurasiantimes.com/us-rq-4b-global-hawk-drone-coordinated-ukrainian-strike-on-russia/(accessed June 17, 2023).

26) T. Kdam, "2 Russian Su-30 Fighters, The Backbone of Indian & Chinese Air Force, Knocked Out By Ukraine—Kiev Claims," *The Eurasian Times*, September 24, 2022; https://eurasiantimes.com/2-russian-su-30-fighters-the-backbone-of-indian-chinese-air-force-knocked-out-by-ukraine-kiev-claims/(accessed June 17, 2023).

27) 러시아 육군이 운용하는 자체 드론은 Granat 1, Granat 2, Eleron-3, Zala models, Orlan-10, Takhion and Zastava 등이다. 이들 대부분이 20여 년 전에 개발되었으며 탑재량이 작아서 공격임무에는 제한적이다.

28) C. Hetzner, "The cheap, slow, and bulky drones taking down Russian armored tanks for Ukraine," *Fortune*, March 5, 2022; https://finance.yahoo.com/news/cheap-slow-bulky-drones-taking-150243711.html(accessed June 17, 2023).

29) V. Mittal, "The Ukrainian Military Is Changing Its Tactics with Bayraktar TB2 Drones," *Forbes*, June 23, 2022; https://www.forbes.com/sites/vikrammittal/2022/06/23/ukrainian-military-is-changing-its-tactics-with-the-bayraktar-tb2-drones/?sh=27e8e08d1ec0(accessed June 17, 2023).

30) I. S. Bisht, "US Plans Armed MQ-1C Gray Eagle Drone Sale to Ukraine: Report," *The Defense Post*, June 2, 2022; https://www.thedefensepost.com/2022/06/02/us-gray-eagle-drone-ukraine/(accessed June 17, 2023).

31) R. Muczynski, "Bayraktar TB2 Surprise" [website]. https://milmag.pl/en/bayraktar-tb2-surprise/(accessed June 17, 2023).

32) L. Kay, "Russian Electronic Warfare Systems Cannot Beat Bayraktar UAVs: Baykar," *Defense World*, March 2, 2021; https://www.defenseworld.net/2021/03/02/russian-electronic-warfare-systems-cannot-beat-bayraktar-uavs-baykar.html(accessed June 17, 2023).

33) Baykar, "Bayraktar TB2—General Information" [website]. https://baykartech.com/en/uav/bayraktar-tb2/(accessed June 17, 2023).

34) R. Soylu, "Ukraine received 50 Turkish Bayraktar TB2 drones since Russian invasion," *Middle East Eye*, June 28, 2022; https://www.middleeasteye.net/news/russia-ukraine-war-tb2-bayraktar-drones-fifty-received(accessed June 17, 2023).

35) K. Starr, "The game-changers," *The Institute for Business and Finance Research*(Hilo, Hawaii, 2014), p. 266.

36) Brimley, FitzGerald and Sayler(2013: 11).

37) Center for Strategic and International Studies Missile Defence Project, "Missile Threat: FGM-148 Javelin" [website]. https://missilethreat.csis.org/missile/fgm-148-javelin/(accessed June 17, 2023).

38) 6,500기의 재블린 시스템이라고 발표되었으나, 10만 달러에 달하는 발사기 포함 미사일이 6,500인지 혹은 재활용이 가능한 발사기는 제외하고 탄두만 6,500인지 혹은 어느 정도 비율로 공급되었는지는 밝히지 않았다.

39) J. Sink, A. Capaccio and J. Jacobs, "Javelin Anti-Tank Missiles Get Biden Nod as Ukraine Depletes U.S. Stash," *Bloomberg*, May 3, 2022; https://www.bloomberg.com/news/articles/2022-05-03/tank-killing-javelin-gets-biden-nod-as-ukraine-thins-u-s-stash(accessed June 17, 2023).

40) D. Achom, "300 Shots Fired, 280 Russian Tanks Gone: US Missiles In Ukrainian Hands," *New Delhi Television*, March 4, 2022; https://www.ndtv.com/world-news/how-small-ukraine-force-is-killing-russian-tanks-with-us-javelin-missiles-2803289(accessed June 17, 2023).

41) 이 책에서 사용하는 ISRTA는 Intelligence, Surveillance, Reconnaissance, Target Acquisition을 의미하는 합성어로써, 필자가 고안안 용어이다. ISTAR, ISR, C4ISR 등의 기존 용어가 있으나, ISRTA라는 신규 용어를 고안한 이유는 전장의 정보(intelligence)를 얻기 위해 감시(surveillance)를 하고, 특정 지역에 집중적·구체적 군사목적을 가지고 더 적극적인 정보수집활동의 일환인 정찰(reconnaissance)을 실시한 후 최종 정보의 형태인 표적획득(target acquisition)까지 이어지는 일련의 과정을 보다 강조하기 위해서이다.

42) I. Ponomarenko, "Why Ukraine struggles to combat Russia's artillery superiority," *The Kyiv Independence*, August 12, 2022; https://kyivindependent.com/why-ukraine-struggles-to-combat-russias-artillery-superiority/(accessed June 17, 2023).

43) M. Peck. "A 'game changer' weapon the US is now giving Ukraine began life as a battlefield terror in World War II," *Business Insider*, August 26, 2022; https://www.businessinsider.in/international/news/a-game-changer-weapon-the-us-is-now-giving-ukraine-began-life-as-a-battlefield-terror-in-world-war-ii/articleshow/93787072.cms(accessed June 17, 2023).

44) BBC News, "Ukraine: What are HIMARS missiles and are they changing the war?" *BBC News*, August 30, 2022; https://www.bbc.com/news/world-62512681(accessed June 17, 2023).

45) T. Copp, "Elon Musk blocking Starlink to stop Ukraine attack troubling for DoD," *Military Times*, September.13, 2023: https://www.militarytimes.com/news/your-military/2023/09/12/elon-musk-blocking-starlink-to-stop-ukraine-attack-troubling-for-dod/

46) T. Lister and O. Liebermann, "Ukraine's new US rockets are causing fresh problems for Russia," *CNN*, July 14, 2022; https://edition.cnn.com/2022/07/14/europe/ukraine-western-weapons-russia-front-lines-intl-cmd/index.html(accessed June 18, 2023).

11장 **1)** A. Higgins, M. R. Gordon and A. E. Kramer, "Photos Link Masked Men in East Ukraine to Russia," *The New York Times*, April 20, 2014; https://www.nytimes.com/2014/04/21/world/europe/photos-link-masked-men-in-east-ukraine-to-russia.html(accessed June 17, 2023).

2) S. Harris et al., "Road to war: U.S. struggled to convince allies, and Zelensky, of risk of invasion," *The Washington Post*, August 16, 2022; https://www.washingtonpost.com/national-security/interactive/2022/ukraine-road-to-war/(accessed June 22, 2023).

3) D. Sabbagh and I. Koshiw, "The battle for Kyiv revisited: the litany of mistakes that cost Russia a quick win," *The Guardian*, December 28, 2022; https://www.theguardian.com/world/2022/dec/28/the-battle-for-kyiv-revisited-the-litany-of-mistakes-that-cost-russia-a-quick-win(accessed June 22, 2023).

4) J. Marson, "Putin Thought Ukraine Would Fall Quickly. An Airport Battle Proved Him Wrong," *The Wall Street Journal*, March 3, 2022; https://www.wsj.com/articles/putin-thought-ukraine-would-fall-quickly-an-airport-battle-proved-him-wrong-11646343121(accessed June 22, 2023).

5) IISS, *The Military Balance 2021*(London: Routledge, 2021), p. 190.

6) S. Sandhu, "Russian tanks likely to be in a 'poor state' and may not be usable in Ukraine, say defence experts," *iNews*, May 5, 2022; https://inews.co.uk/news/world/russia-tanks-storage-likely-poor-state-not-usable-ukraine-defence-experts-1646167(accessed June 17, 2023).

7) 러시아는 2014년부터 2021년까지 3.5세대 전차의 신규 생산에 실패했거나, 혹은 중단했을 가능성이 매우 높다.

8) Army Recognition, "Uralvagonzavod starts production of T-80BVM tank upgrade of T-80 MBT" [website]. https://www.armyrecognition.com/weapons_defence_industry_military_technology_uk/uralvagonzavod_starts_production_of_t-80bvm_tank_upgrade_of_t-80_mbt.html(accessed June 17, 2023).

9) Gady, op. cit.

10) A. Dewan, "Russia sanctions: What you need to know," *CNN*, August 2, 2017; https://edition.cnn.com/2017/07/25/europe/russia-sanctions-explainer/index.html(accessed June

17, 2023).

11) E. Snodgrass and J. Haltiwanger, "Russian soldier says his comrades took armor off Ukrainian corpses because 'NATO armor is better than ours', according to audio obtained," *Business Insider*, September 29, 2022; https://www.businessinsider.com/russian-soldier-comrades-nato-took-armor-off-ukrainian-corpses-nyt-2022-9(accessed June 17, 2023).

12) 김서영, "러시아 징집 신병, 전장 투입 며칠 만에 전사 속출 … 총알받이 신세", ≪경향신문≫, 2022.10.17; https://m.khan.co.kr/world/europe-russia/article/202210171420001(accessed June 17, 2023).

13) N. MacFarquhar, "'Coffins Are Already Coming': The Toll of Russia's Chaotic Draft," *The New York Times*, October 16, 2022; https://www.nytimes.com/2022/10/16/world/europe/russia-draft-ukraine.html(accessed June 17, 2023).

14) P. Stewart, "Exclusive: U.S. assesses up to 60% failure rate for some Russian missiles, officials say," *Reuters*, March 26, 2022; https://www.reuters.com/business/aerospace-defense/exclusive-us-assesses-up-60-failure-rate-some-russian-missiles-officials-say-2022-03-24/(accessed June 17, 2023).

15) A. Shull, "Russia has fired hundreds of missiles in its war with Ukraine, but the US assesses most have failed, reports say," *Business Insider*, May 28, 2022; https://news.yahoo.com/russia-fired-hundreds-missiles-war-195233715.html(accessed June 17, 2023).

16) A. Walsh, "Crimea bridge: Putin accuses Ukraine of 'terrorism'," *BBC News*, October 9, 2022; https://www.bbc.com/news/world-europe-63195504(accessed June 17, 2023).

17) R. Olearchyk et al., "Vladimir Putin says Russia launched strikes on Ukraine overCrimea bridge explosion," *Financial Times*, October 11, 2022; https://www.ft.com/content/24da8f9c-e27b-4522-a520-d2d29f8f2469(accessed June 17, 2023).

18) R. Petrenko, "Russia has launched 83 rockets so far this morning, 45 have been shot down," *Ukrainska Pravda*, October 10, 2022; https://www.pravda.com.ua/ eng/news/2022/10/10/7371095/(accessed June 17, 2023).

19) M. Ives, "Here's what Russia's attacks may indicate about its weapons stockpile," *The New York Times*, October 11, 2022; https://www.nytimes.com/2022/10/11/world/europe/russia-missiles-weapons-stockpile.html(accessed June 17, 2023).

20) J. Byrne et al., *Silicon Lifeline: Western Electronics at the Heart of Russia's War Machine*(London: Royal United Services Institute, 2022), 34~37; https://rusi.org/explore-our-research/publications/special-resources/silicon-lifeline-western-electronics-heart-russias-war-machine(accessed June 17, 2023).

12장 **1)** K. Hird, M. Clark and G. Barros, "Russian Offensive Campaign Assessment, May 8," *Institute for the Study of War*, May 8, 2022; https://www.understandingwar.org/backgrounder/russian-offensive-campaign-assessment-may-8(accessed June 17, 2023).

2) C. Parker, "Russian Battalion Wiped out Try to Cross River of Death," *The Times*, May 12, 2022; https://www.thetimes.co.uk/article/russian-battalion-devastated-as-it-crosses-river-989vvnj9v(accessed June 17, 2023).

3) C. Parker, "Uber-style technology helped Ukraine to destroy Russian battalion," *The Times*, May 14, 2022; https://www.thetimes.co.uk/article/uk-assisted-uber-style-technology-helped-ukraine-to-destroy-russian-battalion-5pxnh6m9p(accessed June 17, 2023).

4) D. Hambling, "How Drones Are Making Ukrainian Artillery Lethally Accurate," *Forbes*, May 12, 2022; https://www.forbes.com/sites/davidhambling/2022/05/12/drones-give-ukrainian-artillery-lethal-accuracy/?sh=437c4bed424b(accessed June 17, 2023).

5) S. L. Peterson, *An Analysis of the Common Missile and TOW 2B on the Stryker Anti-Tank Guided Missile Platform, Using the Janus Simulation*(Monterey, CA: Naval Postgrauate School, 2002), p. 65.

6) GlobalSecurity.org, "Anti-Tank Guided Missiles" [website]. https://www.globalsecurity.org/military/world/atgm.htm(accessed June 17, 2023).

7) S. Mitzer and J. Janovsky, "Attack on Europe: Documenting Russian Equipment Losses During The 2022 Russian Invasion of Ukraine," *Oryx*, October 8, 2022;(accessed June 17, 2023).

8) J. Sink, A. Capaccio and J. Jacobs, "Javelin Anti-Tank Missiles Get Biden Nod as Ukraine Depletes U.S. Stash," *Bloomberg*, May 3, 2022; https://www.bloomberg.com/news/articles/2022-05-03/tank-killing-javelin-gets-biden-nod-as-ukraine-thins-u-s-stash(accessed June 17, 2023).

9) D. Achom, "300 Shots Fired, 280 Russian Tanks Gone: US Missiles In Ukrainian Hands," *New Delhi Television*, March 4, 2022; https://www.ndtv.com/world-news/how-small-ukraine-force-is-killing-russian-tanks-with-us-javelin-missiles-2803289(accessed June 17, 2023).

10) F. Gady, "Russia: Delivery of T-14 Armata Main Battle Tank Delayed," *The Diplomat*, January 15, 2022; https://thediplomat.com/2020/01/russia-delivery-of-t-14-armata-main-battle-tank-delayed/(accessed June 17, 2023).

11) S. Westfall and W. Neff, "How the 'jack-in-the-box' flaw dooms some Russian tanks," *The Washington Post*, April 30, 2022; https://www.washingtonpost.com/world/2022/04/30/russian-tank-turret-blast-jack-in-the-box/(accessed June 17, 2023).

12) M. Stone, "U.S. buys more Stingers after missiles' success in Ukraine," *Reuters*, May

28, 2022; https://www.reuters.com/business/aerospace-defense/exclusive-us-army-replen ishes-stinger-missiles-after-ukraine-shipments-2022-05-27/(accessed June 17, 2023).

13) G. Howard, "Stingers could be a game-changer in the battle for Ukraine," *The Hill*, April 2, 2022; https://thehill.com/opinion/international/592673-stingers-could-be-a-game-changer-in-the-battle-for-ukraine/(accessed June 17, 2023).

14) The Economist, "What are MANPADS, the portable missiles bringing down Russian air craft?" *The Economist*, April 6, 2022; https://www.economist.com/the-economist-explains /2022/04/06/what-are-manpads-the-portable-missiles-bringing-down-russian-aircraft

15) J. Golder and Z. News, "Ukrainian Paratrooper Shoots Down Russian Attack Helicop ter," *Newsweek*, June 28, 2022; https://www.newsweek.com/watch-ukrainian-paratrooper--shoots-down-russian-attack-helicopter-1720076(accessed June 17, 2023).

16) 1개 시스템은 조종기 1개와 드론 10개로 구성되었으므로, 총 7천 개의 드론이 제공되었다. 대부분의 국내 언론에서는 이 사실을 파악하지 못하고 카미카제 드론 700발을 공급했다고 보도했다.

17) U.S. Department of Defense, "Fact Sheet on U.S. Security Assistance to Ukraine" [we bsite]. https://media.defense.gov/2023/Jun/09/2003238573/-1/-1/0/UKRAINE-FACT-SHEET -JUNE-9.PDF(accessed June 17, 2023).

18) M. Walsh, "Switchblade drone: How the 'kamikaze' anti-tank weapon works," *CBS Ne ws*, May 1, 2022; https://www.cbsnews.com/news/switchblade-drone-how-the-kamikaze-anti-tank-weapon-works/(accessed June 17, 2023).

19) D. Malyasov, "Ukraine claims suicide drone destroyed Russian tank," *Defence Blog*, May 24, 2022; https://defence-blog.com/ukraine-claims-suicide-drone-destroyed-russian-tank/(accessed June 17, 2023).

20) J. Bickerton, "Fact Check: Did Russia Claim it Destroyed 44 HIMARS Launchers in Ukr aine?" *Newsweek*, September 2, 2022; https://www.newsweek.com/did-russia- claim-dest roy-44-himars-launchers-ukraine-1739314(accessed June 17, 2023).

21) I. Ponomarenko, "Why Ukraine struggles to combat Russia's artillery superiority," *The Kyiv Independence*, August 12, 2022; https://kyivindependent.com/why-ukraine-struggle s-to-combat-russias-artillery-superiority/(accessed June 17, 2023).

22) D. Hambling, "New Types of Ammunition Make Ukraine's HIMARS Far Deadlier," *For bes*, October 5, 2022; https://www.forbes.com/sites/davidhambling/2022/10/05/new-typ es-of-ammunition-make-ukraines-himars-far-deadlier/(accessed June 17, 2023).

23) K. Stepanenko et al., "Russian Offensive Campaign Assessment, September 30," *Insti tute for the Study of War*, September 30, 2022; https://www.criti calthreats.org/analysis/

russian-offensive-campaign-assessment-september-30(accessed June 17, 2023).

24) J. E. Barnes, E. Schumitt and H. Cooper, "The Critical Moment Behind Ukraine's Rapid Advance," *The New York Times*, September 13, 2022; https://www.nytimes.com/2022/09/13/us/politics/ukraine-russia-pentagon.html(accessed June 22, 2023).

25) J. Epstein, "More than half of Ukraine's deployed tank force may be captured armor left behind by retreating Russians, intel says," *Business Insider*, October 8, 2022; https://www.businessinsider.com/over-half-ukraine-tank-force-captured-retreating-russian-armor-intelligence-2022-10(accessed June 17, 2023).

26) M. Cooke, "Kremlin mocked for 'poor battle discipline' as Ukraine captures more than 1,000 vehicles," *Express*, October 7, 2022; https://www.express.co.uk/news/world/1679711/Russia-war-updates-UK-Kremlin-Ukraine-news-armoured-vehicles-tanks-putin(accessed June 17, 2023).

27) J. Trevithick, "Russia to 'Modernize' 800 Vintage T-62 Tanks Due to Ukraine Losses: Report," *Warzone*, October 10, 2022; https://www.thedrive.com/the-war-zone/russia-to-modernize-800-vintage-t-62-tanks-due-to-ukraine-losses-report(accessed June 17, 2023).

7부

1) Reuters, "Russian troops stop near northeast city of Konotop-Ukraine's land forces," *Reuters*, February 26, 2022; https://www.reuters.com/world/europe/russian-troops-stop-near-northeast-city-konotop-ukraines-land-forces-2022-02-25/(accessed June 17, 2023).

2) W. G. Pagonis and M. D. Kaause, "Operational Logistics and the Gulf War," *The Land warfare Papers*, 13(1992): 7~8.

3) B. D. Lafferty et al., "Gulf War Logistics: Theory Into Practice"(Defense Technical Information Center of Department of Defense, 1995), p.23.

4) D. E. Ryan, "The Airship's Potential for Intertheater and Intratheater Airlift"(Air University, 1992), pp. 8~9.

13장

1) A. David, "Too Few Troops, Not Enough Supplies—Russia's Eastern Offensive Could Be Doomed," *Forbes*, April 22, 2022; https://www.forbes.com/sites/davidaxe/2022/04/22/too-few-troops-not-enough-supplies-russias-eastern-offensive-could-be-doomed/?sh=2975dd8a376f(accessed June 17, 2023).

2) Institute for the Study of War, "Ukraine Conflict Update 14," *Institute for the Study of*

War, March 3, 2022; https://www.understandingwar.org/backgrounder/ukraine-conflict-update-14(accessed June 17, 2023).

3) W. Hammac, "The Russo-Japanese War of 1904-1905 and the Evolution of Operational Art"(U.S. Army Command and General Staff College, 2013), p. 20.

4) N. Dubeski, "Victory Myths and The Battle of Tannenberg," *Journal of Political & Milit ary Sociology*, 29(2)(Winter 2001): 287.

5) S. Tanner, *Afghanistan: A Military History from Alexander the Great to the War Again st the Taliban*(New York: Da Capo Press, 2009), p. 396.

6) 우평균, 「러시아의 국방개혁: 성과와 시사점」, ≪중소연구≫, 40(2): 123~125.

7) Beliakova, op. cit.

8) A. Crowther, "Russia's Military: Failure on an Awesome Scale," *Center for European Policy Analysis*. April 15, 2022; https://cepa.org/article/russias-military-failure-on-an-awes ome-scale/(accessed June 17, 2023).

9) 일부 자료에서는 프랑스의 영토가 유럽에서 가장 넓다고 표기하고 있으나, 아프리카의 식민지 및 해외령을 포함하지 않은 유럽 대륙 내의 영토(547,557km^2)를 비교하면 우크라이나의 영토(579,320km^2)가 가장 넓다. Worldometer, "Largest Countries in the World (by area)" [web site]; https://www.worldometers.info/geography/largest-countries-in-the-world/(accessed June 19, 2023).

10) R. Baker, "The Russian invasion has some logistical problems. That doesn't mean it's doomed," *The Washington Post*, February 28, 2022; https://www.washingtonpost.com/politics/2022/02/28/russia-ukraine-logistics-invasion/(accessed June 18, 2023).

11) L. McGee, "Here's what we know about the 40-mile-long Russian convoy outside Ukr aine's capital," *CNN*, March 3, 2022; https://edition.cnn.com/2022/03/03/europe/russian-convoy-stalled-outside-kyiv-intl/index.html(accessed June 18, 2023).

12) P. Suciu, "Is Mud Delaying a Russian Invasion of Ukraine?" *The National Interest*, Feb ruary 17, 2022; https://nationalinterest.org/blog/buzz/mud-delaying-russian-invasion-ukra ine-200649(accessed June 18, 2023).

13) A. Hill, "General Mud Has Usually Been on Russia's Side in War. Not This Time. The big thaw is coming for Putin and his army," *The Slate*, March 11, 2022; https://slate.com/news-and-politics/2022/03/mud-in-ukraine-history-of-russian-army-and-rasputitsa.html(acc essed June 18, 2023).

14) 소셜 미디어 Trends-map의 서브 채널 Tattunen은 실시간으로 우크라이나의 전황을 동영상과 함께 전달하며, 많은 언론이 이러한 소셜 미디어를 기반으로 OSINT를 보도하고 있다.

15) C. J. Dick, "Mujahideen Tactics in the Soviet-Afghan War"(Conflict Studies Research

Centre, 2002), pp. 6~7.

16) B. Berkowitz and A. Galocha, "Why the Russian military is bogged down by logistics in Ukraine," *The Washington Post*, March 30, 2022; https://www.washingtonpost.com/world/2022/03/30/russia-military-logistics-supply-chain/(accessed June 18, 2023).

17) GlobalSecurity.org, "Mi-8—In Afghanistan" [website]. https://www.globalsecurity.org/military/world/russia/mi-8-afghan.htm(accessed June 18, 2023).

18) S. M. Aye, "Logistics Play Key Role in US War Effort in Afghanistan," *VOA*, February 24, 2010; https://www.voanews.com/a/logistics-play-key-roll-in-us-war-effort-in-afghanistan-78285942/416085.html(accessed June 18, 2023).

19) GlobalSecurity.org, "Battalion Tactical Group" [website]. https://www.globalsecurity.org/military/world/russia/army-btg.htm(accessed June 18, 2023).

20) Z. Majeed, "Short of Essential Supplies, Russian Troops Loot Local Stores in Konotop," *Republic World*, February 27, 2022; https://www.republicworld.com/world-news/russia-ukraine-crisis/ukraine-short-of-essential-supplies-russian-troops-loot-local-stores-in-konotop-articleshow.html(accessed June 18, 2023).

21) J. Garamone, "Ukrainian Resistance, Logistics Nightmares Plague Russian Invaders," *US DOD News*. March 1, 2022; https://www.defense.gov/News/News-Stories/Article/Article/2950915/ukrainian-resistance-logistics-nightmares-plague-russian-invaders/(accessed June 18, 2023).

22) L. Sly, "Russia will soon exhaust its combat capabilities, Western assessments predict," *The Washington Post*, June 25, 2022; https://www.washingtonpost.com/world/2022/06/25/ukraine-russia-balance-of-forces/(accessed June 18, 2023).

23) A. Carey et al., "Ukrainians claim to have destroyed large Russian warship in Berdyansk," *CNN*, March 25, 2022); https://edition.cnn.com/2022/03/24/europe/ukraine-russian-warship-berdyansk-intl/index.html(accessed June 18, 2023).

24) T. Lister and O. Liebermann, "Ukraine's new US rockets are causing fresh problems for Russia," *CNN*, July 14, 2022; https://edition.cnn.com/2022/07/14/europe/ukraine-western-weapons-russia-front-lines-intl-cmd/index.html(accessed June 18, 2023).

25) S. Fidler and T. Grove, "Behind the Front Lines, Russia's Military Struggles to Supply Its Forces; Weaknesses in logistics mean Moscow's forces suffer shortages of food, fuel and ammunition, Western analysts say," *The Wall Street Journal*, April 1, 2022; https://www.wsj.com/articles/behind-the-front-lines-russias-military-struggles-to-supply-its-forces-11648805401(accessed June 18, 2023).

26) H. Cooper, E. Schmitt and J. E. Barnes, "As Russia's Military Stumbles, Its Adversaries

Take Note," *The New York Times*, March 7, 2022; https://www.nytimes.com/2022/03/07/us/politics/russia-ukraine-military.html(accessed June 18, 2023).

27) A. Vershinin, "The Return of Industrial Warfare," *Royal United Services Institute*, June 17, 2022; https://rusi.org/explore-our-research/publications/commentary/return-industrial-warfare(accessed June 18, 2023).

28) J. Watling and N. Reynolds, "Ukraine at War: Paving the Road from Survival to Victory," *Royal United Services Institute*, July 4, 2022; https://www.rusi.org/explore-our-research/publications/special-resources/ukraine-war-paving-road-survival-victory(accessed June 18, 2023).

29) Institute for the Study of War, "Russian Offensive Campaign Assessment, July 21," *Institute for the Study of War*, July 21, 2022; https://www.understandingwar.org/backgrounder/russian-offensive-campaign-assessment-july-21(accessed June 18, 2023).

30) K. Demirjian, "U.S. sending Ukraine precision artillery rounds," *The Washington Post*, July 8, 2022; https://www.washingtonpost.com/national-security/2022/07/08/ukraine-pentagon-precision-weapons/(accessed June 18, 2023).

31) K. Stepanenko et al., "Russian Offensive Campaign Assessment, August 1," *Institute for the Study of War*, August 1, 2022; https://www.understandingwar.org/backgrounder/russian-offensive-campaign-assessment-august-1(accessed June 18, 2023).

32) K. Stepanenko et al., "Russian Offensive Campaign Assessment, August 29," *Institute for the Study of War*, August 29, 2022; https://www.understandingwar.org/backgrounder/russian-offensive-campaign-assessment-august-29(accessed June 18, 2023).

33) T. Gibbons-Neff, A. E. Kramer and N. Yermak, "Shortage of Artillery Ammunition Saps Ukrainian Frontline Morale," *The New York Times*, June 10, 2022; https://www.nytimes.com/2022/06/10/world/europe/ukraine-ammo-shortage-artillery.html(accessed June 18, 2023).

34) S. Stanikzai, "Afghan General Says Russia's Vagner Group Recruiting His Former Troops for Ukraine War," *RadioFreeEurope RadioLiberty*, November 1, 2022; https://www.rferl.org/a/russia-afghanistan-commandos-recruiting-vagner/32110975.html(accessed June 18, 2023).

35) K. Hird et al., "Russian Offensive Campaign Assessment, November 25," *Institute for the Study of War*, November 25, 2022; https://www.understandingwar.org/backgrounder/russian-offensive-campaign-assessment-november-25(accessed June 18, 2023).

36) Defence Intelligence of the UK, "Latest Defence Intelligence update on the situation in Ukraine—04 November 2022," *Ministry of Defence of the UK*, November 4, 2022; https://

twitter.com/DefenceHQ/status/1588418427944898561(accessed June 18, 2023).

37) P. Sauer, "We Were Completely Exposed, Russian Conscripts Say Hundreds Killed in Attack," *The Guardian*, November 7, 2022; https://www.theguardian.com/world/2022/nov/07/we-were-completely-exposed-russian-conscripts-say-hundreds-killed-in-attack(accessed June 18, 2023).

38) J. Abrahams, "Russian soldiers 'living in holes they have dug with their bare hands' in Ukraine," *The Telegraph*, October 22, 2022; https://www.telegraph.co.uk/world-news/2022/10/22/russian-soldiers-living-holes-have-dug-bare-hands-ukraine/(accessed June 18, 2023).

39) N. Gazeta, "Where did they disappear to? Russian MP says 1.5 military uniforms are missing," *Novaya Gazeta Europe*, October 2, 2022; https://novayagazeta.eu/articles/2022/10/02/where-did-they-disappear-to-russian-local-pm-says-1-5-mln-military-uniforms-are-missing-news(accessed June 18, 2023).

40) F. Guarascio, "Risk of medical gear shortage in Russia falls as West restores exports," *Reuters*, April 20, 2022; https://www.reuters.com/world/europe/risk-medical-gear-shortage-russia-falls-west-restores-exports-2022-04-20/(accessed June 18, 2023).

41) H. Cooper, "Heavy Losses Leave Russia Short of Its Goal, U.S. Officials Say: The estimated deaths and injuries are stalling Russia's progress in eastern Ukraine, military experts say, as fighting intensifies in the south," *The New York Times*, August 11, 2022; https://www.nytimes.com/2022/08/11/us/politics/russian-casualties-ukraine.html(accessed June 18, 2023).

14장

1) H. Altman, "Inside Ukraine's Daring Helicopter Missions Into Russian-Occupied Mariupol," *The War Zone*, May 25, 2022; https://www.thedrive.com/the-war-zone/exclusive-details-of-ukraines-daring-helicopter-missions-into-russian-occupied-mariupol(accessed June 24, 2023).

2) H. Taylor, *How Shall Lend-Lease Accounts Be Settled?*(New York: Columbia University, 1945); https://www.historians.org/about-aha-and-membership/aha-history-and-archives/gi-roundtable-series/pamphlets/em-13-how-shall-lend-lease-accounts-be-settled-(1945)/how-much-of-what-goods-have-we-sent-to-which-allies(accessed June 18, 2023).

3) U.S. Mission Russia, "World War II Allies: U.S. Lend-Lease to the Soviet Union, 1941-1945" [website]. https://ru.usembassy.gov/world-war-ii-allies-u-s-lend-lease-to-the-soviet-union-1941-1945/(accessed June 18, 2023).

4) "나토 사무총장 "우크라 전쟁, 수년간 지속될 것 대비해야"", YTN, 2022.6.20; https://www.ytn.co.kr/_ln/0104_202206200050064000(2023.6.23 접속).

5) A. J. Blinken, "$2.8 Billion in Additional U.S. Military Assistance for Ukraine and Its Neighbors," *U.S. Department of State*, September 8, 2022; https://www.state.gov/2-8-billion-in-additional-u-s-military-assistance-for-ukraine-and-its-neighbors/(accessed June 18, 2023).

6) A. Antezza et. al., "KIEL Working Paper: The Ukraine Support Tracker, Which countries help Ukraine and How"(KIEL Institute for the World Economy, 2022), pp. 23~25; https://www.ifw-kiel.de/publications/kiel-working-papers/2022/the-ukraine-support-tracker-which-countries-help-ukraine-and-how-17204/(accessed June 18, 2023).

7) U.S. Congressional Research Service, *U.S. Security Assistance to Ukraine*, February 27, 2023, IF12040; https://crsreports.congress.gov/product/pdf/IF/IF12040(accessed June 18, 2023).

8) D. Axe, "The Ukrainian Army Has More Tanks Now Than When The War Began—Because It Keeps Capturing Them From Russia," *Forbes*, March 24, 2022; https://www.forbes.com/sites/davidaxe/2022/03/24/the-ukrainian-army-has-captured-enough-russian-tanks-to-make-good-all-its-own-losses-and-then-some/?sh=32c288867922(accessed June 18, 2023).

9) G. Gowans, "Europe's logistics industry rallies to help Ukraine and its people," *Trans Info*, February 28, 2022; https://trans.info/logistics-industry-277434(accessed June 18, 2023).

10) B. Dawson, "Meet the international team of volunteers who are retrofitting civilian Fords and Toyotas into battle trucks for the Ukrainian forces," *Business Insider*, June 12, 2022; https://www.businessinsider.com/civilian-fords-and-toyotas-turned-into-battle-trucks-for-ukraines-forces-2022-6(accessed June 18, 2023).

11) Forces.net, "How Ukrainian forces are weaponising civilian vehicles like scenes from Mad Max," *Forces net*, June 23, 2022; https://www.forces.net/ukraine/how-ukrainian-forces-are-weaponising-civilian-vehicles-scenes-mad-max(accessed June 18, 2023).

12) N. Rivero, "A fleet of volunteer truckers is keeping aid flowing into Ukraine," *Quartz*, March 16, 2022; https://qz.com/2142451/a-fleet-of-volunteer-truckers-is-keeping-aid-flowing--into-ukraine(accessed June 18, 2023).

13) L. Monsen, "America Sent Gear to the USSR to Help Win World War II" [website]. https://share.america.gov/america-sent-equipment-to-soviet-union-in-world-war-ii/(accessed June 18, 2023).

14) V. Venckunas, "UK to provide Ukraine with cargo drones," *Aerotime Hub*, May 4, 2022; https://www.aerotime.aero/articles/30920-uk-to-provide-ukraine-with-cargo-drones(accessed June 18, 2023).

15) C. J. Lovelace, "Medical Logistics ensures readiness in Europe," *U.S. Army MEDLOG Monthly*, July 19, 2022; https://www.army.mil/article/258521/medical_logistics_ensures_rea

diness_in_europe(accessed June 18, 2023).

16) O. Liebermann, Z. Cohen and B. Starr, "US approves treatment of wounded Ukrainian soldiers at US military hospital in Germany," *CNN*, July 26, 2022; https://edition.cnn.com/2022/07/26/politics/us-ukraine-soldiers-treatment/index.html(accessed June 18, 2023).

8부 **1)** 국방부 조직총괄, 국방조직 및 정원 관리 훈령(법제처 국가법령정보센터 제3조, 2019); https://www.law.go.kr/LSW/admRulLsInfoP.do?admRulSeq=2100000176166(2023.6.18 접속).

2) IISS, *The Military Balance 2021*(London: Routledge, 2021), p. 207.

3) US Army Training and Doctrine Command, *Russia Military Reference Guide*(TRADOC of US Army, 2020): 8~11.

4) K. Crane, O. Oliker and B. Nichiporuk, *Trends in Russia's Armed Foreces—An Overview of Budgets and Capabilities* (Santa Monica, CA: RAND Corporation, 2004), p. 31.

5) Bloomberg, "A Visual Guide to the Russian Invasion of Ukraine—The Personnel Build up," *Bloomberg*, February 18, 2022; https://www.bloomberg.com/graphics/2022-ukraine-russia-us-nato-conflict/(accessed June 18, 2023).

6) Crane, Oliker and Nichiporuk, op. cit., pp. 32~33.

15장 **1)** NBC News, "Pentagon: Russians Seem Short on Morale, Supplies, Food," *NBC News*, March 8, 2022; https://www.nbcnews.com/now/video/pentagon-russians-seem-short-on-morale-supplies-food-134793285866(accessed June 18, 2023).

2) 박기련, 『기동전이란 무엇인가』(서울: 일조각, 1998), 202~203쪽.

3) Iosebashvili, op. cit.

4) Radin et al., op. cit., pp. 47~49.

5) N. J. Fiore, "Defeating the Russian Battalion Tactical Group," *Cavalry & Armor Journal*, 8(2)(April 2017): 10.

6) A. C. Fox and A. J. Rossow, *Making Sense of Russian Hybrid Warfare: A Brief Assessment of the Russo—Ukrainian War*(Arlington, VA: The Institute of Land Warfare, 2017), pp. 21~23.

7) Ukrainian Military Pages, *Russian electronic warfare stations in Donbas*, (Ukrainian Military Pages, May 2, 2016); https://www.ukrmilitary.com/2016/05/russian-electronic-warfare-stations-donbas.html(accessed June 18, 2023).

8) Jones, op. cit.

9) J. Geraghty, "U.S. Defense Official: Russia Has Committed 75 Percent of Its Total Milit ary to Ukraine," *National Review*, March 17, 2022; https://www.nationalreview.com/cor ner/u-s-defense-official-russia-has-committed-75-percent-of-its-total-military-to-ukraine/(ac cessed June 18, 2023).

10) M. Ryan, "Inside Russia's strategy to take Kyiv: How Putin could take Ukraine's capital by force," *ABC News*, March 8, 2022; https://www.abc.net.au/news/2022-03-08/russia-sei ze-kyiv-ukraine-capital-president-volodymyr-zelenskyy/100888008(accessed June 18, 2023).

11) Fiore, op. cit., p. 4.

12) J. Warrick, E. Nakashima and S. Harris, "Iran plans to send missiles, drones to Russia for Ukraine war, officials say," *The Washington Post*, October 16, 2022; https://www.was hingtonpost.com/national-security/2022/10/16/iran-russia-missiles-ukraine/(accessed June 18, 2023).

13) Jones, op. cit.

14) A. Fox, *Cyborgs at Little Stalingrad: A Brief History of the Battles of the Donetsk Air port*(Arlington, VA: The Institute of LAND Warfare, 2019), p. 13.

15) Grau, op. cit., pp. 39~40.

16) Ibid., pp. 46~49.

17) M. Kofman and R. Lee, "Not Built for Purpose: The Russian Military's Ill-Fated Force Design," *War on the Rocks*, June 2, 2022; https://warontherocks.com/2022/06/not-built-for-purpose-the-russian-militarys-ill-fated-force-design/(accessed June 18, 2023).

18) P. Luzin, "Russia's Military Manpower Crunch Will Worsen," *Center for European Poli cy Analysis*, September 21, 2022; https://cepa.org/article/russias-military-manpower-crun ch-will-worsen/(accessed June 18, 2023).

19) B. Lendon, "What images of Russian trucks say about its military's struggles in Ukrai ne," *CNN*, April 14, 2022; https://edition.cnn.com/2022/04/14/europe/ukraine-war-russia-trucks-logistics-intl-hnk-ml/index.html(accessed June 18, 2023).

20) M. N. Posard and K. Holynska, "Russia's Problems with Military Professionalization," *The RAND Blog*, March 21, 2022; https://www.rand.org/blog/2022/03/russias-problems-with-military-professionalization.html(accessed June 18, 2023).

21) M. Zabrodskyi et al., *Preliminary Lessons in Conventional Warfighting from Russia's Invasion of Ukraine: February—July 2022*(London, UK: Royal United Services Institute, 2022), p. 46.

22) K. Bayford, "Putin's conscripts won't fix the Russian army's big flaw," *Spectator*, Septe mber 22, 2022; https://www.spectator.co.uk/article/putin-s-conscripts-won-t-fix-the-russian-army-s-big-flaw/(accessed June 18, 2023).

23) L. Grau and C. Bartles, *The Russian Way of War: Force Structure, Tactics, and Modernization of the Russian Ground Forces*(Leavenworth, Kansas: Foreign Military Studies Office, 2016), pp. 8~9.

24) F. Westerlund and S. Oxenstierna, ed., *Russian Military Capability in a Ten-Year Perspective—2019*(Stockholm: Swedish Defence Research Agency, 2019), pp. 23~24.

25) U.S. Congressional Research Service, *Defense Primer: Military Enlisted Personnel*, December 1, 2021. IF10684; https://crsreports.congress.gov/product/pdf/IF/IF10684(accessed June 18, 2023).

26) Ministry of Defence of Ukraine, *The White Book 2019-2020: The Armed Forces of Ukraine and the State Special Transport Service*(Kyiv: Ministry of Defence of Ukraine, 2021), p. 77.

27) Fiore, op. cit., p. 2.

28) 한국국방연구원, 『세계국방인력편람』(한국국방연구원, 2005), 239~241쪽.

29) Y. Talmazan et al., "Putin mobilizes more troops for Ukraine, threatens nuclear retaliation and backs annexation of Russian-occupied land," *NBC News*, September 21, 2022; https://www.nbcnews.com/news/world/putin-announces-partial-mobilization-russian-military-ukraine-war-rcna48585(accessed June 18, 2023).

30) Berkowitz, op. cit.

31) L. Grau and C. Bartles, "Getting to Know the Russian Battalion Tactical Group," *Royal United Services Institute*, April 14, 2022; https://rusi.org/explore-our-research/publications/commentary/getting-know-russian-battalion-tactical-group

32) Institute for the Study of War. *Ukraine Conflict Updates*, (Institute for the Study of War, August 15, 2022); https://www.understandingwar.org/backgrounder/ukraine-conflict-updates(accessed June 18, 2023).

33) V. Melkozerova, "Russia may have lost an entire elite brigade near a Donetsk coal-mining town," *Politico*, February 12, 2022; https://www.politico.eu/article/russia-may-have-lost-an-entire-elite-brigade-near-a-coal-mining-town-in-donbas-ukraine-says/(accessed June 18, 2023).

16장 **1)** IISS, *The Military Balance 2014*(The International Institute for Strategic Studies, 2014), p. 195

2) W. Richter, *NATO-Russia Tensions: Putin Orders Invasion of Ukraine*(German Institute for International and Security Affairs, March 1, 2022), pp. 2~3.

3) M. Butchenko, "Ukraine's Territorial Defence on a War Footing," *International Center for Defense and Security*, April 13, 2022; https://icds.ee/en/ukraines-territorial-defence-on-a-war-footing/(accessed June 18, 2023).

4) The EU Military Assistance Mission, "Special Training Command—Training the Ukrainians to win. EU Military Assistance Mission," *EUMAM*, February 8, 2023; https://www.eeas.europa.eu/eumam-ukraine/special-training-command-training-ukrainians-win_en?s=410260(accessed June 18, 2023).

5) S. Shah, "The Russian Military's 4 Biggest Mistakes in Ukraine," *Time*, February 24, 2023; https://time.com/6258141/ukraine-russia-war-putin-military-mistakes/(accessed June 18, 2023).

6) 유철종, "친서방 옛 소련국 우크라이나 군대, 나토 계급 체계 도입하기로", 연합뉴스, 2021. 1.6; https://www.yna.co.kr/view/AKR20210106173900080(2023.6.18 접속).

7) The Economist, "Sorrows in Battalions," *The Economist*, April 30, 2022.

8) 육군교육사령부, 『미 육군기능개념: 임무형지휘 2020-2040』(미 교육사령부, 525-3-3).

9) 신희현, 「임무형 지휘에 기초한 우크라이나군의 분권화 전투 연구」, ≪문화기술의 융합≫, 8(4)(2022): 116~117.

10) 박종환, "미군, 우크라이나군 3개 대대 훈련 … '친러 반군 공격' 방어법 등", CBS 뉴스, 2022.2.12; https://www.nocutnews.co.kr/news/4368600(2023.6.18 접속).

11) M. Srivastava, F. Schwartz and J. P. Rathbone, "Military Briefing: Himars fuel Ukraine hopes of 'limited' counter-offensive," *Financial Times*, August 4, 2022; https://www.ft.com/content/0d41cd08-eab3-44e0-a16e-1aa22bb6beb3(accessed June 18, 2023).

12) J. E. Barnes, H. Cooper and E. Schmitt, "The Critical Moment Behind Ukraine's Rapid Advance," *The New York Times*, September 13, 2022; https://www.nytimes.com/2022/09/13/us/politics/ukraine-russia-pentagon.html.(accessed June 19, 2023).

13) K. Stepanenko et al., "Russian Offensive Campaign Assessment, September 8," *Institute for the Study of War*, September 8, 2022; https://www.understandingwar.org/backgrounder/russian-offensive-campaign-assessment-september-8(accessed June 18, 2023).

14) Defence Intelligence of the UK, "Latest Defence Intelligence update on the situation in Ukraine—13 September 2022," *Ministry of Defence of the UK*, September 13, 2022; https://twitter.com/DefenceHQ/status/1569550041194405890(accessed June 18, 2023).

15) North Atlantic Treaty Organization, "Standardization" [website]. https://www.nato.int/cps/en/natohq/topics_69269.htm(accessed June 18, 2023).

16) J. Adamowski, "Europe goes on shopping spree to fill capability gaps," *Defense News*,

September 6, 2022; https://www.defensenews.com/global/europe/2022/09/06/europe-goes-on-shopping-spree-to-fill-capability-gaps/(accessed June 18, 2023).

17) U.S. Congressional Research Service, *U.S. Security Assistance to Ukraine*, March.28, 2022. IF12040; https://crsreports.congress.gov/product/pdf/IF/IF12040(accessed June 18, 2023).

18) Militarnyi—Ukrainian Military Center, "Pentagon: The Armed Forces of Ukraine will gradually switch to NATO-standard equipment," *Ukrainian Military Center*, August 25, 2022; https://mil.in.ua/en/news/pentagon-the-armed-forces-of-ukraine-will-gradually-switch-to-nato-standard-equipment/(accessed June 18, 2023).

19) A. Getmanchuk and M. Fakhurdinova, *Ukraine and NATO Standards: Progress under Zelenskyy's Presidency*(Kyiv: New Europe Center—The Black Sea Trust for Regional Cooperation, 2021), pp. 13~14

20) J. Ismay and L. Jakes, "Meeting in Brussels Signifies a Turning Point for Allies Arming Ukraine," *The New York Times*, September 28, 2022; https://www.nytimes.com/2022/09/28/us/politics/ukraine-weapons-nato.html(accessed June 18, 2023).

참고문헌

• **저서 및 학술논문**

고영훈 등. 2014.8.「전투 개체간의 정보 공유가 가능한 모델링 및 시뮬레이션 사례 분석」. ≪한국군사과학기술학회지≫, 17(4): 395~403.

김만수. 2020.『전쟁론 강의』. 서울: 갈무리.

문수언. 2013.「상하이협력기구(SCO)를 통하여 본 러시아와 중국 관계: 러시아의 우려와 대응」. ≪사회과학논총≫, 13: 1~33.

박기련. 1998.『기동전이란 무엇인가』. 서울: 일조각.

박종수. 2022.「우크라이나 사태 배경, 과정, 전망 및 시사점」. ≪KPI Issue Brief≫, 2: 1~5.

신동엽·이재승. 2015.「러시아의 정부와 국영에너지기업 관계 연구: 로스네프트의 사례를 중심으로」. ≪국제정치연구≫, 18(1): 403~421.

신희현. 2022.「임무형 지휘에 기초한 우크라이나군의 분권화 전투 연구」. ≪문화기술의 융합≫, 8(4): 115~120.

우평균. 2016.「러시아의 국방개혁: 성과와 시사점」. ≪중소연구≫, 40(2): 121~162.

이주리. 2017.「러시아의 대아시아 석유수출 현황과 잠재력」. ≪세계 에너지시장 인사이트≫, 17(5): 1~17.

조명철·김지연. 2010.「GTI(Greater Tumen Initiative)의 추진동향과 국제협력방안」. ≪대외경제정책연구원≫, 10(16): 1~130.

한국국방연구원. 2005.『세계국방인력편람』. 한국국방연구원.

Antezza, A. et al. 2022. "KIEL Working Paper: The Ukraine Support Tracker, Which countries help Ukraine and How." *KIEL Institute for the World Economy*, 2118.

Balboni, M. et al. 2020. *Mission Command of Multi-Domain Operations*. Carlisle Barracks. PA: The United States Army War College.

Byrne, J. et al. 2022. *Silicon Lifeline: Western Electronicsat the Heart of Russia's War Machine*. London: Royal United Services Institute.

Cooper, J. 2017. "Finding the 'Golden Mean': Russia's Resource Commitment to Defence." *Revue Défense Nationale*, 802: 103~108.

Coyne, C. J. and Blanco, A. R. H. 2016. "Empire State of Mind: The Illiberal Foundations of Liberal Hegemony." *The Independent Review*, 21(2): 237~250.

Crane, K., Oliker, O. and Nichiporuk, B. 2004. *Trends in Russia's Armed Foreces-An Overview of Budgetsand Capabilities*. Santa Monica, CA: RAND Corporation.

Dick, C. J. 2002. "Mujahideen Tactics in the Soviet-Afghan War." *Conflict Studies Research Centre*.

Diuk, N. 2014. "Euromaidan: Ukraine's Self-Organizing Revolution." *World Affairs*, 176, 6(March/April): 9~16.

Dubeski, N. 2001. "Victory Myths and The Battle of Tannenberg." *Journal of Political & Military Sociology*, 29, 2(Winter): 282~292.

Evera, S. V. 1988. "Offense, Defense, and the Causes of War." *International Security*, 22, 4: 5~43.

Fiore, N. J. 2017. "Defeating the Russian Battalion Tactical Group." *Cavalry & Armor Journal*, 8, 2(April).

Fox, A. 2019. *Cyborgsat Little Stalingrad: A Brief History of the Battles of the Donetsk Airport*. Arlington, VA: The Institute of LAND Warfare.

Fox, A. C. and Rossow, A. J. 2017. *Making Sense of Russian Hybrid Warfare: A Brief Assessment of the Russo-Ukrainian War*. Arlington, VA: The Institute of Land Warfare.

Getmanchuk, A. and Fakhurdinova, M. 2021. *Ukraineand NATO Standards: Progressunder Zelenskyy's Presidency*. Kyiv: New Europe Center-The Black Sea Trust for Regional Cooperation.

Grau, L. and Bartles, C. 2016. *The Russian Way of War: Force Structure, Tactics, and Modernization of the Russian Ground Forces*. Leavenworth, KS: Foreign Military Studies Office.

Hamilton, R. E. 2018. *August 2008 and Everything After: A Ten-Year Retrospective on the Russia-Georgia War*. Philadelphia, PA: Foreign Policy Research Institute.

Hammac, W. 2013. "The Russo-Japanese War of 1904-1905 and the Evolution of Operational Art." U.S. Army Command and General Staff College.

Horle, C. 2022. *World Air Forces 2022*. London: Flight Global, part of DVV Media International Ltd.

Huygen, C. 2022. "One Step Forward, Two Steps Back: Boris Yeltsin and the Failure of Shock Therapy." *Constellations*, 3, 1: 1~11.

Kennedy, P. 1988. "The Influence and the Limitations of Sea Power." *The International History Review*, 10, 1(February).

Keohane, R. O. and Nye, J. S. 1987. "Power and interdependence Revisited." *International Organization*, 41, 4(Autumn): 725~753.

Lafferty, B. D. et al. 1995. "Gulf War Logistics: Theory into Practice." *Defense Technical Information Center of Department of Defense*, pp. 1~51.

Lutz, S. D. 1983. "A Counterforce/Countervalue Scenario: or How Much Destructive Capability Is Enough?" *Journal of Peace Research*, 20, 1: 17~26.

Mearsheimer, J. J. 2014. *The Tragedy of Great Power Politics*. New York: W. W. Norton.

Ministry of Defence of Ukraine. 2021. *The White Book 2019-2020: The Armed Forces of Ukraine and the State Special Transport Service*. Kyiv: Ministry of Defence of Ukraine.

Oliker, O. 2001. *Russia's Chechen Wars 1994-2000: Lessons from Urban Combat*. Santa Monica, CA: RAND Corporation.

Olsson, P. 2022. "Measuring Quality of Military Equipment." *Defence and Peace Economics*, 33, 1: 93~107.

Pagonis, W. G. and Kaause, M. D. 1992. "Operational Logistics and the Gulf War." *The Land Warfare Papers*, 13: 1~23.

Peterson, S. L. 2002. *An Analysis of the Common Missile and TOW2B on the Stryker Anti-Tank Guided Missile Platform, Using the Janus Simulation*. Monterey, CA: Naval Postgrauate School.

Posen, B. 2014. *Restraint: A New Foundation for U.S. Grand Strategy*. Ithaca, NY: Cornell University Press.

Radin, A. et al. 2019. *The Future of the Russian Military*. Santa Monica, CA: RAND Corporation

Russo, C. A. 1991. "Soviet Logistics in the Afghanistan War." U.S. Army War College.

Ryan, D. E. 1992. "The Airship's Potential for Intertheater and Intratheater Airlift." Air University.

Scott, H. F. 1971. "Soviet Military Doctrine: Its Continuity—1960-1970." Defense Technical Information Center, US DOD, June, pp. 1~105.

Shields J. M. and Potter W. C. ed. 1997. *Dismantling the Cold War: U. S. and NIS Perspectives on the Nunn-Lugar Cooperative Theater Reduction Program*. Cambridge, MA: The MIT Press.

Smith, H. 1990. "The Womb of War: Clausewitz and International Politics." *Review of International Studies*, 16, 1(January): 39~58.

Tanner, S. 2009. *Afghanistan: A Military History from Alexander the Greatto the War Against the Taliban*. New York: Da Capo Press.

Taylor, H. 1945. *How Shall Lend-Lease Accounts Be Settled?* New York: Columbia University.

The International Institute for Strategic Studies. 2014. *The Military Balance 2014*. London: Routledge.

The International Institute for Strategic Studies. 2021. *The Military Balance 2021*. London: Routledge.

Treisman, D. 2016. "Why Putin Took Crimea: The Gambler in the Kremlin." *Foreign Affairs*, 95, 3(May/June): 47~55.

Troxell, J. F. 2016. "Military Power and the Use of Force." *Strategic Studies Institute of US Army War College*, 46, 2: 217~239.

Walt, S. M. 2018. *The Hell of Good Intentions: America's Foreign Policy Elite and the Decline of U.S. Primacy*. New York: Macmillan

Westerlund, F. and Oxenstierna, S. ed. 2019. Russian Military Capabilityina Ten-Year Perspective-2019. Stockholm: Swedish Defence Research Agency.

Zabrodskyi, M. et al. 2022. *Preliminary Lessonsin Conventional Warfighting from Russia's Invasion of Ukraine: February—July 2022*. London, UK: Royal United Services Institute

• 기사 및 미디어 자료

김서영. 2022. "러시아 징집 신병, 전장 투입 며칠 만에 전사 속출 … 총알받이 신세". ≪경향신문≫, 2022년 10월 17일.

김서원. 2022. "우크라 다음 타깃 몰도바 … 친러 지역서 의문의 연쇄폭발". ≪중앙일보≫, 2022년 4월 26일.

박종환. 2022. "미군, 우크라이나군 3개 대대 훈련 … '친러 반군 공격' 방어법 등". CBS 뉴스, 2022년 2월 12일.

방종관. 2022. "미군도 못해본 파격 … 지역분쟁 딱 맞춘 '푸틴 대대전술단' 위력". ≪중앙일보≫, 2022년 2월 15일.

신희섭. 2021. 「신희섭의 정치학: 우크라이나를 둘러싼 러시아와 미국」. ≪법률저널≫, 2021년 12월 10일.

유철종. 2021. "친서방 옛 소련국 우크라이나 군대, 나토 계급 체계 도입하기로". 연합뉴스, 2021년 1월 6일.

YTN. 2022. "나토 사무총장 우크라 전쟁, 수년간 지속될 것 대비해야". YTN, 2022년 6월 20일.

YTN. 2022. "우크라이나 수도 키예프 함락 임박 … 친러 정권 들어서나?". YTN, 2022년 2월 25일.

YTN. 2022. "푸틴, 우크라이나 침공. 수도 키예프 함락 초읽기". YTN, 2022년 2월 25일.

Abrahams, J. 2022. "Russian soldiers 'living in holes they have dug with their bare hands' in Ukraine." *The Telegraph*, October 22.

Achom, D. 2022. "300 Shots Fired, 280 Russian Tanks Gone: US Missiles In Ukrainian Hands." *New Delhi Television*, March 4.

Adamowski, J. 2022. "Europe goes on shopping spree to fill capability gaps." *Defense*

News, September 6

Aizhu, C. and Xu, M. 2022. "China extends record imports of Russian oil into June, cuts Saudi supply-trade." *Reuters*, June 6.

Ali, I. and Stewart, P. 2022. "Russian forces appear to shift to siege warfare in Ukraine-U.S. official." *Reuters*, February 27.

Aliyev, N. 2020. "Military Cooperation Between Russia and China: The Military Alliance Without an Agreement?" *International Centre for Defence and Security*, July 1.

Aljazeera. 2022. "Ukraine-Russia crisis: What is the Minsk agreement?" *Aljazeera*, February 9.

Altman, H. 2022. "Inside Ukraine's Daring Helicopter Missions into Russian-Occupied Mariupol." *The War Zone*, May 25.

Altman, H., Cook, L. and Fraser, S. 2022. "More Russian forces mass near border, but still not ready to attack: Ukraine." *Military Times*, February 4.

Altman. H. 2022. "Ukraine jets hit Russian column: Russia has used thermobarics, Ukraine military says." *Military Times*, Mar 2.

Axe, D. 2022. "Russian Artillery Can Lob Shells at Ukrainian Troops With 10 Seconds' Notice." *Forbes*, February 2.

Axe, D. 2022. "The Ukrainian Army Has More Tanks Now Than When the War Began: Because It Keeps Capturing Them From Russia." *Forbes*, March 24.

Aye, S. M. 2010. "Logistics Play Key Role in US War Effort in Afghanistan." *VOA*, February 24.

Baker, R. 2022. "The Russian invasion has some logistical problems. That doesn't mean it's doomed." *The Washington Post*, February 28.

Barkey, H. J. 2020. "Why There's No Easy Solution to the U.S.-Turkey Dispute Over the S-400." *World Politics Review*, December 9.

Barnes, J. E., Cooper, H. and Schmitt, E. 2022. "The Critical Moment Behind Ukraine's Rapid Advance." *The New York Times*, September 13.

Barnes, J. E., Cooper, H. and Schmitt, E. 2022. "U.S. Intelligence Is Helping Ukraine Kill Russian Generals, Officials Say." *The New York Times*, May 4.

Batashvili, D. 2018. "Why It Is Necessary to Know the Day the Russo-Georgian War of 2008 Started." *Georgian Foundation for Strategicand International Studies*, July 31.

Bayford, K. 2022. "Putin's conscripts won't fix the Russian army's big flaw." *Spectator*, September 22.

BBC News. 2014. "Ukraine rejects Russia Gazprom gas price hike." *BBC News*, April 5.

BBC News. 2018. "Crimea Profile." *BBCNews*, January 7.

BBC News. 2022. "Ukraine: What are HIMARS missiles and are they changing the war?" *BBCNews*, August 30.

Beale, J. 2022. "How hard will it be to defend Ukraine from Russian invasion?" *BBC News*, February 24.

Beliakova, P. 2022. "Russian military's corruption quagmire." *Politico*, March 8.

Berkowitz, B. and Galocha, A. 2022. "Why the Russian military is bogged down by logistics in Ukraine." *The Washington Post*, March 30.

Bershidsky, L. 2021. "Putin's Priority Is Selling Gas, Not Waging War." *The Washington Post*, November 8.

Bertrand, N. and Lillis, K. B. 2022. "US provided intelligence that helped Ukraine target Russian warship." *CNN*, May 7.

Bickerton, J. 2022. "Fact Check: Did Russia Claim it Destroyed 44 HIMARS Launchers in Ukraine?" *Newsweek*, September 2

Bisht, I. S. 2022. "US Plans Armed MQ-1C Gray Eagle Drone Sale to Ukraine: Report." *The Defense Post*, June 2.

Blake, A. 2022. "What the Budapest Memorandum means for the U.S. on Ukraine." *The Washington Post*, February 1.

Blinken, A. J. 2022. "$2.8 Billion in Additional U.S. Military Assistance for Ukraine and Its Neighbors." *U.S. Department of State*, September 8.

Bloomberg. 2022. "A Visual Guide to the Russian Invasion of Ukraine - The Personnel Buildup." *Bloomberg*, February 18.

Bremer, M. K. and Grieco, K. A. 2022. "In Denial About Denial: Why Ukraine's Air Success Should Worry the West." *War on the Rocks*, June 15.

Butchenko, M. 2022. "Ukraine's Territorial Defence on a War Footing." *International Center for Defense and Security*, April 13.

Capaccio, A. 2022. "U.S. Reaper Drone Left Soleimani with Little Chance." *Bloomberg*, January 6.

Carbonaro, G. 2022. "Ukraine Soldiers Find Mysterious Container Left Behind by Russian Forces." *Newsweek*, March 23.

Carey, A. et al. 2022. "Ukrainians claim to have destroyed large Russian warship in Berdyansk." *CNN*, March 25.

Carlotta, C, and Waal, T. D. 1999. *Chechnya: Calamity in the Caucasus*. New York: New York University Press.

Chacko, J. P. 2022. "Ukraine's Sumy Region claims Bayraktar TB2 has destroyed about 100 tanks and 20 Grads from Russia." *Frontier India*, March 1.

Charpentreau, C. 2022. "USAF MQ-9 Reaper drone crashes in Romania." *Aerotime HUB*, July 14.

Clark, M., Barros, G. and Stepanenko, K. 2022. "Russian Offensive Campaign Assessment, February 28." *Institute for the Study of War*, February 28.

Clark, M., Barros, G. and Stepanenko, K. 2022. "Russian Offensive Campaign Assessment, March 11." *Institute for the Study of War*, March 11.

Clark, M., Barros, G. and Stepanenko, K. 2022. "Russian Offensive Campaign Assessment, March 28." *Institute for the Study of War*, March 28.

Cooke, M. 2022. "Kremlin mocked for 'poor battle discipline' as Ukraine captures more than 1,000 vehicles." *Express*, October 7.

Cooper, H. 2022. "Heavy Losses Leave Russia Short of Its Goal, U.S. Officials Say: The estimated deaths and injuries are stalling Russia's progress in eastern Ukraine, military experts say, as fighting intensifies in the south." *The New York Times*, August 11.

Cooper, H., Schmitt, E. and Barnes, J. E. 2022. "As Russia's Military Stumbles, Its Adversaries Take Note." *The New York Times*, March 7.

Crowther, A. 2022. "Russia's Military: Failure on an Awesome Scale." *Center for European Policy Analysis*, April 15.

David, A. 2022. "Too Few Troops, Not Enough Supplies: Russia's Eastern Offensive Could Be Doomed." *Forbes,* April 22.

Dawson, B. 2022. "Meet the international team of volunteers who are retrofitting civilian Fords and Toyotas into battle trucks for the Ukrainian forces." *BusinessInsider*, June 12

Defence Intelligence of the UK. 2022. "Latest Defence Intelligence update on the situation in Ukraine." *Ministry of Defence of the UK*, November 4.

Defence Intelligence of the UK. 2022. "Latest Defence Intelligence update on the situation in Ukraine." *Ministry of Defence of the UK*, September 13.

Demirjian, K. 2022. "U.S. sending Ukraine precision artillery rounds." *The Washington Post*, July 8.

Dempsey, J. 2013. "Victory for Russia as the EU's Nabucco Gas Project Collapses." *Carnegie Europe*, July 1.

Dewan, A. 2017. "Russia sanctions: What you need to know." *CNN*, August 2.

Dewdney, C. J. 2022. "History of Soviet Union: Historical State, Eurasia." *Britanica*, April 4.

Dickinson, P. 2021. "Putin's new Ukraine essay reveals imperial ambitions." *Atlantic Council*, July 15.

Dickinson, P. 2021. "The 2008 Russo-Georgian War: Putin's green light." *Atlantic Council*, August 7.

Epstein, J. 2022. "More than half of Ukraine's deployed tank force may be captured armor left behind by retreating Russians, intel says." *Business Insider*, October 8.

Euromaidan Press. 2016. "A Timeline of the Euromaidan Revolution." *Euromaidan Press*, February 19.

Fidler, S. and Grove, T. 2022. "Behind the Front Lines, Russia's Military Struggles to Supply Its Forces: Weaknesses in logistics mean Moscow's forces suffer shortages of food, fuel and ammunition, Western analysts say." *The Wall Street Journal*, April 1.

Fisher, M. 2014. "Everything you need to know about the 2014 Ukraine crisis." *VOX*, September 3.

Flatley, D. and Martin, P. 2022. "Sharing More Intelligence with Ukraine for Fight in Donbas." *Bloomberg*, April 28.

Forces Net. 2017. "Kuznetsov Back in Russia after Destroying 1000 targets in Syria." *Forces Net*, February 6.

Forces Net. 2022. "How Ukrainian forces are weaponising civilian vehicles like scenes from Mad Max." *Forces Net*, June 23.

Gady, F. 2022. "Russia: Delivery of T-14 Armata Main Battle Tank Delayed." *The Diplomat*, January15.

Garamone, J. 2022. "Ukrainian Resistance, Logistics Nightmares Plague Russian Invaders." *U.S. Department of Defense*, March 1.

Gatopoulos, A. 2022. "The Struggle for Snake Island." *Aljazeera*, June 30.

Gazeta, N. 2022. "Where did they disappear to? Russian MP says 1.5 military uniforms are missing." *Novaya Gazeta Europe*, October 2

Geraghty, J. 2022. "U.S. Defense Official: Russia Has Committed 75 Percent of Its Total Military to Ukraine." *National Review*, March 17.

Gibbons-Neff, T., Kramer, A. E. and Yermak, N. 2022. "Shortage of Artillery Ammunition Saps Ukrainian Frontline Morale." *The New York Times*, June 10.

Global Defense Corp. 2022. "Azerbaijan Destroyed Armenian S-300 Anti-air System Using Harop Kamikzae Dron and Bayraktar TB2 Drone." *Global Defense Corp*, September 15.

Golder, J. and News, Z. 2022. "Ukrainian Paratrooper Shoots Down Russian Attack Helicopter." *Newsweek*, June 28.

Gowans, G. 2022. "Europe's logistics industry rallies to help Ukraine and its people." *Trans Info*, February 28.

Grau, L. and Bartles, C. 2022. "Getting to Know the Russian Battalion Tactical Group." *Royal United Services Institute*, April 14.

Guarascio, F. 2022. "Risk of medical gear shortage in Russia falls as West restores exports." *Reuters*, April 20.

Haines, J. R. 2016. "How, Why and When Russia Will Deploy Little Green Men—and Why the US Cannot." *Foreign Policy Research Institute*, March 9.

Hambling, D. 2022. "How Drones Are Making Ukrainian Artillery Lethally Accurate." *Forbes*, May 12.

Hambling, D. 2022. "New Types of Ammunition Make Ukraine's HIMARS Far Deadlier." *Forbes*, October 5.

Hardie, J., Brobst, R. and Taleblu, B. B. 2022. "Iranian drones could make Russia's military more lethal in Ukraine." *Breaking Defense*, July 27.

Harding, L. and Koshiw, I. 2022. "Russia's Black Sea flagship damaged in Crimea drone attack, video suggests." *The Guardian*, October 30.

Hauser, J. 2022. "1 dead and 27 missing after Russian flagship Moskva sunk in Black Sea, Russia says." *CNN*, April 22.

Hetzner, C. 2022. "The cheap, slow, and bulky drones taking down Russian armored tanks for Ukraine." *Fortune*, March 5.

Higgins, A. 2019. "The War That Continues to Shape Russia, 25 Years Later." *The New York Times*, December 10.

Higgins, A., Gordon, M. R. and Kramer, A. E. 2014. "Photos Link Masked Men in East Ukraine to Russia." *The New York Times*, April 20.

Hill, A. 2022. "General Mud Has Usually Been on Russia's Side in War. Not This Time. The big thaw is coming for Putin and his army." *The Slate*, March 11.

Hille, K. 2019. "Beijing's first China-built aircraft carrier enters service." *Financial Times*, December 18.

Hird, K. et al. 2022. "Russian Offensive Campaign Assessment." *Institute for the Study of War*, November 25.

Hird, K., Clark, M. and Barros, G. 2022. "Russian Offensive Campaign Assessment." *Institute for the Study of War*, May 8.

Howard, G. 2022. "Stingers could be a game-changer in the battle for Ukraine." *The Hill*, April 2.

Hunder, M. and Balmforth, T. 2022. "Russia steps up attacks with Iranian drones, Ukraine plans defences." *Reuters*, September 26.

Institute for the Study of War. 2022. "Russian Offensive Campaign Assessment." *Institute for the Study of War*, July 21.

Institute for the Study of War. 2022. "Ukraine Conflict Update 14." *Institute for the Study of War*, March 3.

Iosebashvili, I. 2022. "Putin Pledges More Defense Spending." *The Wall Street Journal*, February 20.

Ismay, J. and Jakes, L. 2022. "Meeting in Brussels Signifies a Turning Point for Allies Arming Ukraine." *The New York Times*, September 28.

Ives, M. 2022. "Here's what Russia's attacks may indicate about its weapons stockpile." *The New York Times*, October 11.

Jankowicz, M. 2022. "Russia is already experiencing several failures in the first shipment of drones from Iran, reports say." *Business Insider*, August 30.

Jennings, G. 2022. "NATO loses ISR capability over Ukraine as Putin closes airspace." *JANES*, February 24.

Jones, S. G. 2022. "Russia's Ill-Fated Invasion of Ukraine: Lessons in Modern Warfare." *Center for Strategic and International Studies*, June 1.

Katz, M. N. 2015. "Why Russia Shouldn't Fear NATO: Far from threatening Russia, a strong NATO has a much greater incentive to act with self-restraint toward Russia than individual countries." *The National Interest*, July 2.

Kay, L. 2021. "Russian Electronic Warfare Systems Cannot Beat Bayraktar UAVs: Baykar." *Defense World*, March 2.

Kdam, T. 2022. "2 Russian Su-30 Fighters, The Backbone of Indian & Chinese Air Force, Knocked Out By Ukraine—Kiev Claims." *The Eurasian Times*, September 24.

Kimball, S. 2014. "Bound by treaty: Russia, Ukraine and Crimea." *Deutsche Welle*, November 3.

Kofman, M. and Lee, R. 2022. "Not Built for Purpose: The Russian Military's Ill-Fated Force Design." *War on the Rocks*, June 2.

Kupchinsky, R. 2006. "World: NATO Prepares for Energy Wars." *Radio Free Europe*, December 5.

Leigh, G. 2022. "A look at some military activity in airspace around Ukraine." *Flightra dar24*, March 1.

Lendon, B. 2022. "What images of Russian trucks say about its military's struggles in Ukraine." *CNN*, April 14.

Lerner, D. 2022. "Ukraine war casts shadow over Transnistria as security alerts sow fear."

FinancialTimes, May 3.

Liebermann, O., Cohen, Z. and Starr, B. 2022. "US approves treatment of wounded Ukrainian soldiers at US military hospital in Germany." *CNN*, July 26.

Lillis, K. B., Herb, J. and Cohen, Z. 2022. "White House walks a fine line with intelligence sharing in Ukraine." *CNN*, May 6.

Lister, T. and Liebermann, O. 2022. "Ukraine's new US rockets are causing fresh problems for Russia." *CNN*, July 14.

Lorne, C. 2022. "NATO is using its 'eyes in the sky' to keep Europe out of Russia's war on Ukraine." *AP*, April 9.

Lovelace, C. J. 2022. "Medical Logistics ensures readiness in Europe." *U.S. Army MEDLOG Monthly*, July 19.

Luzin, P. 2022. "Russia's Military Manpower Crunch Will Worsen." *Center for European Policy Analysis*, September 21.

MacFarquhar, N. 2022. "'Coffins Are Already Coming': The Toll of Russia's Chaotic Draft." *The New York Times*, October 16.

Mahshie, A. 2022. "US Air Force Discusses Tactics with Ukrainian Air Force as Russian Advance Stalls." *Air and Space Forces Magazine*, March 2.

Maishman, E. and Chatterjee, P. 2022. "Ukraine war: First grain ship out of Ukraine cleared to sail to Lebanon." *BBC News*, August 3.

Majeed, Z. 2022. "Short of Essential Supplies, Russian Troops Loot Local Stores in Konotop." *Republic World*, February 27.

Malyasov, D. 2022. "Ukraine claims suicide drone destroyed Russian tank." *Defence Blog*, May 24.

Marson, J. 2022. "Putin Thought Ukraine Would Fall Quickly. An Airport Battle Proved Him Wrong." *The Wall Street Journal*, March 3.

McFall, C. 2022. "Russia likely running short on drones, hindering key war reconnaissance strategy: UK." *Fox News*, May 21.

McGee, L. 2022. "Here's what we know about the 40-mile-long Russian convoy outside Ukraine's capital." *CNN*, March 3.

Melkozerova, V. 2022. "Russia may have lost an entire elite brigade near a Donetsk coal-mining town." *Politico*, February 12.

Militarnyi—Ukrainian Military Center. 2022. "Pentagon: The Armed Forces of Ukraine will gradually switch to NATO-standard equipment." *Ukrainian Military Center*, August 25.

Militarnyi—Ukrainian Military Center. 2022. "The Ukrainian Armed Forces seize Russian electronic warfare weapon system Borisoglebsk-2" [website]. https://mil.in.ua/en/news/the-ukrainian-armed-forces-seize-russian-electronic-warfare-weapon-system-borisoglebsk-2/(accessed June 17, 2023).

Military Watch Magazine. 2021. "Evaluating Russia's T-72B3: How a Modernised Tank Based on a Design Over 45 Years Old Can Match Newer Combat Platforms." *Military Watch Magazine*, February 22.

Mittal, V. 2022. "The Ukrainian Military Is Changing Its Tactics with Bayraktar TB2 Drones." *Forbes*, June 23.

Mitzer, S. and Janovsky, J. 2022. "Attack on Europe: Documenting Russian Equipment Losses During The 2022 Russian Invasion of Ukraine." *Oryx*, October 8.

Murphy, M. 2022. "Ukraine war: Another Russian general killed by Ukrainian forces - reports." *BBC News*, June 6.

Nadimi, F. 2022. "Iranian Drones to Russia: Capabilities and Limitations." *The Washington Institute for Near East Policy*, August 1.

Nanda, P. 2022. "The Big 'Show-Down' Of Drones—Decoding Why Super-Power Russia Is Losing the UAV War To An Impuissant Ukraine." *The Eurasian Times*, April 21.

Naval News. 2022. "US Navy P-8 Poseidon aircraft reportedly assisted Ukrainians in hitting Moskva." *Navy Forces Maritime Defense Industry*, April 22.

NBC News. 2022. "Pentagon: Russians Seem Short on Morale, Supplies, Food." *NBC News*, March 8.

Norem, J. 2022. "Russian Drones Are a Jerry-Rigged Mess." *Extreme Tech*, April 19.

Odom, W. E. 1988/1989. "Soviet Military Doctrine." *Foreign Affairs,* winter.

Olearchyk, R. et al. 2022. "Vladimir Putin says Russia launched strikes on Ukraine over Crimea bridge explosion." *Financial Times*, October 11.

Ozberk, T. 2022. "Ukraine Strikes Russia's Vasily Bekh Rescue Tug with Antiship Missiles." *Naval News*, June 17.

Parker, C. 2022. "Russian Battalion Wiped out Try to Cross River of Death." *The Times*, May 12.

Parker, C. 2022. "Uber-style technology helped Ukraine to destroy Russian battalion." *The Times*, May 14.

Peck. M. 2022. "A 'game changer' weapon the US is now giving Ukraine began life as a battlefield terror in World War II." *Business Insider*, August 26.

Petersen, M. B. 2022. "How Would the Russian Navy Fight in a Full-Scale Conflict?" *The Maritime Executive*, April 11.

Petrenko, R. 2022. "Russia has launched 83 rockets so far this morning, 45 have been shot down." *Ukrainska Pravda*, October 10.

Ponomarenko, I. 2022. "Why Ukraine struggles to combat Russia's artillery superiority." *The Kyiv Independence*, August 12.

Posard, M. N. and Holynska, K. 2022. "Russia's Problems with Military Professionalization." *The RAND Blog*, March 21.

Remler, P. 2022. "Transdniestria, Moldova, and Russia's War in Ukraine." *Carnegie Endowment for International Peace*, August 2.

Reuters. 2022. "Russia plans ESPO Blend oil sea exports at record high for May." *Reuters*, March 30.

Reuters. 2022. "Russian troops stop near northeast city of Konotop—Ukraine's land forces." *Reuters*, February 26.

Rivero, N. 2022. "A fleet of volunteer truckers is keeping aid flowing into Ukraine." *Quartz*, March 16.

Roblin. S. 2022. "The decades-old T-62 tanks Russia is being forced to send into combat could still give Ukrainians trouble." *Business Insider*, July 13.

Rumer, E. and Weiss, A. 2021. "Ukraine: Putin's Unfinished Business." *Carnegie Endowment for International Peace*, November 12.

Ryan, M. 2022. "Inside Russia's strategy to take Kyiv: How Putin could take Ukraine's capital by force." *ABC News*, March 8.

Sabbagh, D. 2022. "US Shared Location of Cruiser Moskva with Ukraine Prior to Sinking." *The Guardian*, May 6.

Sabbagh, D. and Koshiw, I. 2022. "The battle for Kyiv revisited: the litany of mistakes that cost Russia a quick win." *The Guardian*, December 28.

Sandhu, S. 2022. "Russian tanks likely to be in a 'poor state' and may not be usable in Ukraine, say defence experts." *iNews*, May 5.

Sands, L. 2022. "Sunken Russian warship Moskva: What do we know?" *BBC News*, April 18.

Satam, P. 2022. "Circumstantial Evidence Points to US RQ-4B Global Hawk Drone For Ukrainian Strike On Sevastopol—Russian Media." *The Eurasian Times*, October 30.

Sauer, P. 2022. "We Were Completely Exposed, Russian Conscripts Say Hundreds Killed in Attack." *The Guardian*, November 7.

Schwarz, K. 2022. "Europe's Addiction to Russia's Gas: Why and How the EU Must Use This Moment to Invest in Renewable Energy." *The New Federalist*, April 20.

Shah, F. 2022. "Russian naval forces have blockaded Ukraine's Black Sea coast, say UK officials." *The Independent*, March 14.

Shah, S. 2023. "The Russian Military's 4 Biggest Mistakes in Ukraine." *Time*, February 24.

Shull, A. 2022. "Russia has fired hundreds of missiles in its war with Ukraine, but the US assesses most have failed, reports say." *Business Insider*, May 28.

Shuster, S. 2014. "Putin's Man in Crimea Is Ukraine's Worst Nightmare." *Time*, March 10.

Sink, J., Capaccio, A. and Jacobs, J. 2022. "Javelin Anti-Tank Missiles Get Biden Nod as Ukraine Depletes U.S. Stash." *Bloomberg*, May 3.

SIPRI. 2022. "World military expenditure passes $2 trillion for first time." SIPRI, April 25.

Sly, L. 2022. "Russia will soon exhaust its combat capabilities, Western assessments predict." *The Washington Post*, June 25.

Snodgrass, E. and Haltiwanger, J. 2022. "Russian soldier says his comrades took armor off Ukrainian corpses because 'NATO armor is better than ours', according to audio obtained." *Business Insider*, September 29.

Sonne, P. 2021. "Putin is Testing U.S., NATO with Buildup along Russia-Ukraine Border." *The Washington Post*, November 19.

Soylu, R. 2022. "Ukraine received 50 Turkish Bayraktar TB2 drones since Russian invasion." *Middle East Eye*, June 28.

Srivastava, M., Schwartz, F. and Rathbone, J. P. 2022. "Military Briefing: Himars fuel Ukraine hopes of 'limited' counter-offensive." *Financial Times*, August 4.

Stanikzai, S. 2022. "Afghan General Says Russia's Vagner Group Recruiting His Former Troops for Ukraine War." *Radio Free Europe Radio Liberty*, November 1.

Stavridis, J. 2022. "How Ukraine Turned the Tide Against Russia." *Time*, September 14.

Stepanenko, K. et al. "Russian Offensive Campaign Assessment." *Institute for the Study of War*, September 30.

Stepanenko, K. et al. 2022. "Russian Offensive Campaign Assessment." *Institute for the Study of War*, August 1.

Stepanenko, K. et al. 2022. "Russian Offensive Campaign Assessment." *Institute for the Study of War*, August 29.

Stepanenko, K. et al. 2022. "Russian Offensive Campaign Assessment." *Institute for the Study of War*, July 3.

Stepanenko, K. et al. 2022. "Russian Offensive Campaign Assessment." *Institute for the Study of War*, September 8.

Stewart, P. 2022. "Exclusive: U.S. assesses up to 60% failure rate for some Russian missiles, officials say." *Reuters*, March 26.

Stockholm International Peace Research Institute. 2013. "China Replaces UK as World's Fifth Largest Arms Exporter." *SIPRI*, March 9.

Stone, M. 2022. "U.S. buys more Stingers after missiles' success in Ukraine." *Reuters*, May 28.

Stone, M. 2022. "U.S. plans to sell armed drones to Ukraine in coming days—sources." *Reuters*, June 2.

Suciu, P. 2022. "Is Mud Delaying a Russian Invasion of Ukraine?" *The National Interest*, February 17.

Talmazan, Y. et al. 2022. "Putin mobilizes more troops for Ukraine, threatens nuclear retaliation and backs annexation of Russian-occupied land." *NBC News*, September 21.

The Economist. 2022. "What are MANPADS, the portable missiles bringing down Russian aircraft?" *The Economist*, April 6.

The EU Military Assistance Mission. 2023. "Special Training Command—Training the Ukrainians to win. EU Military Assistance Mission." *EUMAM*, February 8.

Trevithick, J. 2022. "Russia to 'Modernize' 800 Vintage T-62 Tanks Due to Ukraine Losses—Report." *TheWarzone*, October 10.

Trevithick. J. 2022. "Behold These Awesome Shots of a Navy P-8A Poseidon Carrying Its Big Secretive Radar Pod." *The Warzone*, May 15.

Udasin, S. 2022. "How a Ukrainian dam played a key role in tensions with Russia." *The Hill*, March 12.

Ukrinform. 2022. "In Sumy Region, Ukraine Army Destroyed about 80 Units of Enemy Equipment Using Bayraktar." *Ukrinform*, July 6.

Venckunas, V. 2022. "UK to provide Ukraine with cargo drones," *Aerotime Hub*, May 4.

Vershinin, A. 2022. "The Return of Industrial Warfare." *Royal United Services Institute*, June 17.

Vikram, A. 2021. "Russia's New Nuclear Weapons: Understanding Avangard, Kinzhal, and Tsirkon." *Next Generation Nuclear Network*, August 2.

Walsh, A. 2022. "Crimea bridge: Putin accuses Ukraine of 'terrorism'." *BBCNews*, October 9.

Walsh, M. 2022. "Switchblade drone: How the 'kamikaze' anti-tank weapon works." *CBS News*, May 1.

Warrick, J., Nakashima, E. and Harris, S. 2022. "Iran plans to send missiles, drones to Russia for Ukraine war, officials say." *The Washington Post*, October 16.

Watling, J. and Reynolds, N. 2022. "Ukraine at War: Paving the Road from Survival to Victory." *Royal United Services Institute*, July 4.

Westfall, S. and Neff, W. 2022. "How the 'jack-in-the-box' flaw dooms some Russian tanks." *The Washington Post*, April 30.

Wilson, A. 2021. "Russia and Ukraine: 'One People' as Putin Claims?" *Royal United Services Institute*, December 23.

Witt, S. 2022. "The Turkish Drone That Changed the Nature of Warfare." *The New Yorker*, May 16.

Wojciech, L. 2020. "Polish Leopard 2 Modernization Meets Dead End." *Overt Defense*, February 12.

Woody, C. 2022. "Russian forces 'can't cope' with the 'unpredictability' of Ukrainian troops, top enlisted leader says." *BusinessInsider*, August 3.

Yilmaz, H. 2022. "No, Russia will not invade Ukraine." *AlJazeera*, February 9.

• 기타

국방부 조직총괄. 국방조직 및 정원 관리 훈령(법제처 국가법령정보센터 제3조, 2019); https://www.law.go.kr/LSW/admRulLsInfoP.do?admRulSeq=2100000176166(2023.6.18 접속).

Army Recognition. "Uralvagonzavod starts production of T-80BVM tank upgrade of T-80 MBT" [website]. https://www.armyrecognition.com/weapons_defence_industry_military_technology_uk/uralvagonzavod_starts_production_of_t-80bvm_tank_upgrade_of_t-80_mbt.html(accessed June 17, 2023).

Baykar. "Bayraktar TB2—General Information" [website]. https://baykartech.com/en/uav/bayraktar-tb2/(accessed June 17, 2023).

Boyd, J. R. "The Essence of Winning and Losing" [website]. https://web.archive.org/web/20110324054054/http://www.danford.net/boyd/essence.htm(accessed June 17, 2023).

British Petroleum. "Country Insight—Russia" [website]. https://www.bp.com/en/global/corporate/news-and-insights/press-releases/bps-position-in-russia.html(accessed June 17, 2023).

Center for Arms Control and Non-Proliferation. "The Nunn-Lugar Cooperative Threat Reduction Program" [website]. https://armscontrolcenter.org/fact-sheet-the-nunn-lugar-cooperative-threat-reduction-program-2/(accessed June 17, 2023)

Center for Strategic and International Studies Missile Defence Project. "Missile Threat: FGM-148 Javelin" [website]. https://missilethreat.csis.org/missile/fgm-148-javelin/(accessed June 17, 2023).

Central Intelligence Agency, "The World Factbook—Economy of China" [website]. https://www.cia.gov/the-world-factbook/countries/china/(accessed June 17, 2023).

Cranny-Evans, S. "Russia trials new EW tactics" [website]. https://www.janes.com/defence-news/news-detail/russia-trials-new-ew-tactics(accessed June 17, 2023).

Defense One. "C4ISR: The Military's Nervous System" [website]. https://www.defenseone.com/insights/cards/c4isr-military-nervous-system/(accessed June 17, 2023).

Eastern Order of Battle. "Russian Frontal Aviation Arms Order of Battle" [website]. http://www.easternorbat.com/html/russian_air_force_eng.html#Russian6thAirandAirDefenceArmy(accessed, June 17, 2023).

Enerdata, "World Energy & Climate Statistics—Natural gas production" [website]. https://yearbook.enerdata.co.kr/natural-gas/gas-consumption-data.html(accessed June 17, 2023).

Freedom House. "Freedom in the World 2023" [website]. https://freedomhouse.org/country/russia/freedom-world/2023(accessed June 17, 2023).

Gazprom. "Contribution to Russia's Economy" [website]. https://sustainability.gazpromreport.ru/en/2020/3-about-the-gazprom-group/35-contribution-to-russias-economy/(accessed June 17, 2023).

Global Power Fire. "2023 Russia Military Strength" [website]. https://www.globalfirepower.com/country-military-strength-detail.php?country_id=russia(accessed June 17, 2023).

GlobalSecurity.org "Mi-8—In Afghanistan" [website]. https://www.globalsecurity.org/military/world/russia/mi-8-afghan.htm(accessed June 18, 2023).

GlobalSecurity.org. "Anti-Tank Guided Missiles" [website]. https://www.globalsecurity.org/military/world/atgm.htm(accessed June 17, 2023).

GlobalSecurity.org. "Battalion Tactical Group" [website]. https://www.globalsecurity.org/military/world/russia/army-btg.htm(accessed June 18, 2023).

GlobalSecurity.org. "Russian combat aircraft" [website]. https://www.globalsecurity.org/military/world/russia/aircraft.htm(accessed June 19, 2003).

Kimball, D. G. "Ukraine, Nuclear Weapons, and Security Assurances Fact Sheets and Briefs" [website]. https://www.armscontrol.org/factsheets/Ukraine-Nuclear-Weapons(accessed June 17, 2023).

Monsen, L. "America Sent Gear to the USSR to Help Win World War II" [website]. https://share.america.gov/america-sent-equipment-to-soviet-union-in-world-war-ii/(accessed June 18, 2023).

Muczynski, R. "Bayraktar TB2 Surprise" [website]. https://milmag.pl/en/bayraktar-tb2-surprise/(accessed June 17, 2023).

Nation Master. "Economy Stats: compare key data on China & Russia" [website]. https://www.nationmaster.com/country-info/compare/China/Russia/Economy(accessed June 17,

2023).

North Atlantic Treaty Organization. "Joint Intelligence, Surveillance and Reconnaissance" [website]. https://www.nato.int/cps/en/natohq/topics_111830.htm(accessed June 17, 2023).

North Atlantic Treaty Organization. "Standardization" [website]. https://www.nato.int/cps/en/natohq/topics_69269.htm(2023.6.18 접속).

Oakes, J. "DRAGON program to improve aging E-3" [website]. https://www.af.mil/News/Article-Display/Article/497312/dragon-program-to-improve-aging-e-3/(accessed June 17, 2023).

Putin. V. V. "On the Historical Unity of Russians and Ukrainians" [website]. https://www.prlib.ru/en/article-vladimir-putin-historical-unity-russians-and-ukrainians(accessed June 17, 2023).

Reif, K. "The Lisbon Protocol—at a Glance" [website]. https://www.armscontrol.org/node/3289(accessed June 17, 2023).

Republic of Moldova. "Moldovan officials commemorate soldiers fallen in armed conflict in Transnistria" [website]. https://moldova.md/en/content/moldovan-officials-commemorate-soldiers-fallen-armed-conflict-transnistria(accessed June 18, 2023).

Richter, W. NATO-Russia Tensions: Putin Orders Invasion of Ukraine. German Institute for Internationaland Security Affairs, March 1, 2022.

State Statistics Committee of Ukraine. "All-Ukrainian population census' 2001 data" [web site]. http://2001.ukrcensus.gov.ua/eng/results/general/(accessed June 17, 2023).

The World Bank. "GDP growth (annual %)—Russian Federation 1990-2021" [website]. https://data.worldbank.org/indicator/NY.GDP.MKTP.KD.ZG?locations=RU(accessed June 17, 2023).

The World Bank. "Population growth (annual %)—Russian Federation 2022" [website]. https://data.worldbank.org/indicator/SP.POP.GROW?locations=RU(accessed June 17, 2023).

Thomas, T. L. "Battle for Grozny: The 31 December 1994-8 February 1995" [website]. https://indianstrategicknowledgeonline.com/web/48253073-Battle-for-Grozny-Timothy-L-Thomas.pdf(accessed June 17, 2023).

Transparency International Defence and Security. "Russia Assessment" [website]. https://ti-defence.org/gdi/countries/russia/(accessed June 17, 2023).

U.S. Army Training and Doctrine Command. *Russia Military Reference Guide*. TRADOC of US Army, 2020.

U.S. Army Training and Doctrine Command. The U.S. Army Functional Concept for Mission Command, 525-3-3. TRADOC of US Army, 2017.

U.S. Congressional Research Service. *Defense Primer: Military Enlisted Personnel*. December 1, 2021. IF10684.

U.S. Congressional Research Service. *U.S. Security Assistanceto Ukraine*. February 27, 2023. IF12040.

U.S. Department of Defense. "Fact Sheet on U.S. Security Assistance to Ukraine" [website]. https://media.defense.gov/2023/Jun/09/2003238573/-1/-1/0/UKRAINE-FACT-SHEET-JUNE-9.PDF(accessed June 17, 2023).

U.S. Department of the Treasury. "Ukraine and Russia Sanctions" [website]. https://ofac.treasury.gov/sanctions-programs-and-country-information/ukraine-russia-related-sanctions(accessed June 17, 2023).

U.S. Energy Information Administration. "Ukraine Natural Gas" [website]. https://www.eia.gov/international/analysis/country/UKR(accessed June 17, 2023).

U.S. Mission Russia. "World War II Allies: U.S. Lend-Lease to the Soviet Union, 1941-1945" [website]. https://ru.usembassy.gov/world-war-ii-allies-u-s-lend-lease-to-the-soviet-union-1941-1945/(accessed June 18, 2023).

United Nation. "United Nations Population Division—World Population Prospects: 2019" [website]. https://data.un.org/CountryProfile.aspx/_Docs/Country Profile.aspx?crName=Russian%20Federation(accessed June 17, 2023).

United Nations Treaty Collection. "Memorandum on security assurances in connection with Ukraine's accession to the Treaty on the Non-Proliferation of Nuclear Weapons" [website]. https://treaties.un.org/doc/Publication/UNTS/Volume%203007/Part/volume-3007-I-52241.pdf(accessed June 17, 2023).

Workman, D. "Top 15 Crude Oil Suppliers to China" [website]. https://www.worldstopexports.com/top-15-crude-oil-suppliers-to-china/(accessed June 17, 2023).

Worldometer. "Largest Countries in the World (by area)" [website]. https://www.worldometers.info/geography/largest-countries-in-the-world/(accessed June 19, 2023).

찾아보기

지은이

정병주

서강대학교 육군력연구소 선임연구원. 한국군의 전력구조 및 방위산업 정책 연구, 동북아시아 해양력, NATO의 군사정책 등에 관한 국제정치학 분야를 연구해 왔다. 주요 논문으로는 「글로벌 안보이슈의 용광로가 된 프리덤 에지 훈련」(2024), 「러시아-우크라이나 전쟁과 북한의 무기체계 변화」(2023), 「2022 러시아-우크라이나 전쟁과 러시아 연방군 전쟁수행 평가」(2023) 등이 있다.

한울아카데미 2558

드론이 지배한 21세기 참호전

러시아-우크라이나 전쟁, 2년의 궤적

지은이 | 정병주
펴낸이 | 김종수
펴낸곳 | 한울엠플러스(주)
편집 | 배소영

초판 1쇄 인쇄 | 2025년 1월 3일
초판 1쇄 발행 | 2025년 1월 10일

주소 | 10881 경기도 파주시 광인사길 153 한울시소빌딩 3층
전화 | 031-955-0655
팩스 | 031-955-0656
홈페이지 | www.hanulmplus.kr
등록 | 제406-2015-000143호

Printed in Korea.
ISBN 978-89-460-7558-0 93340 (양장)
978-89-460-8355-4 93340 (무선)

* 책값은 겉표지에 표시되어 있습니다.
* 무선제본 책을 교재로 사용하시려면 본사로 연락해 주시기 바랍니다.